血紀

從反右到文革

首部曲

孔令平——著

寫在《血紀》出版前

這部長篇傳記，取材於我個人的親身經歷，我想通過它反映出中共統治中國半個世紀的歷史一角。所以，它既是我個人一生不幸的記錄，也是那個時期的歷史悲劇。

中國是世界的一部份，中國人是人類的一部份，組成這個時代的統治者和被統治者；壓迫者和被壓迫者，也許都在想，自己這一生為什麼而生存？為什麼而奮鬥？任何人在回憶自己一生時，是想為自己樹碑呢，還是想真實總結過去，拿出一點對人類有益的教訓以告誡後代？

上世紀八十年代初，中國有過幾年的「傷痕文學」時期，我看《天雲山傳奇》、《漩渦裡的歌》、《牧馬人》、《淚痕》，感覺這些作品產生於中共監視之下，留著專制主義的影子。它們不敢真實暴露毛澤東時期的內幕，缺乏中國史學秉筆直書的傳統，缺了脊樑。

《血紀》記述了我所經歷地獄裡，一些人間煉獄的過程，他們怎麼生龍活虎走進來，被餓死、打死，踢死的真實過程，令人為之驚心！同時記述了他們中不堪壓迫的一批人，毅然在劊子手屠刀下舉起了「火炬」，他們雖然倒下了，但他們舉起的「火炬」永遠照亮著這片苦難的熱土！

可惜，在今天「一切為經濟發展」的指導中心下，在金錢誘惑和生活壓力下，人們越來越不瞭解中共歷史上最血腥的毛澤東時代。今天，毛澤東留下的種種流毒沒有被批判，真相依然蒙蔽，黑白仍被顛倒。這樣，歷史完全可能重演新一輪的悲劇，這是我們這一代親歷暴政者最擔心的事。

看到年輕一代對中共獨裁專制帶給中華民族的巨大災難渾然不知，想到一個個犧牲烈士們的生前囑託，我無法安享「改正」後的晚年。於是，本著對民族負責的精神，整整二十年來每夜每夜，我在燈下伏案疾書，點點滴滴記下我所親歷的這段血腥歷史。

《血紀》尋找到它的根：一小撮掌權的中共頑固派，死守著既得利益不放，死守「獨裁」不放。

我想，有著像我一樣的情感和經歷的海外人士、為中華民族前途而奔走呼號的人不在少數。相信會在大家幫助下，克服重重困難，使《血紀》能儘快問世，與讀者見面。為我們共同總結這段歷史，並為中華民族今後怎麼走路，提供一點教訓。

當這本書有幸與你相逢時，讓我們珍惜這種來之不易的相識，為融化中國專制主義，建立中華民主而共同增加一把火。

——作者：二〇〇七・七

僅以此紀念在反對獨裁專制主義中
為中國民主事業犧牲的烈士們！

在二〇〇九年國際法蘭克福書展上對《血紀》的介紹

／武宜三

孔令平的《血紀》三部曲，全書共一百多萬字；是史詩式的展現了作者一家在極權中國的困難圖卷；是作者被打成右派之後九死一生的親身經歷、所聞所見，極具震撼性，是中國的《古拉格群島》。

此書未曾面世已轟動，二〇〇九年參與此書編輯的荊楚先生，被廣西新聞出版局局長秦某、桂林新聞出版局局長陳某等中共宣傳部門官員約談，警告如敢出版，將報復其妻子和孩子。而且聲稱此書的出版，將影響中國的穩定，有關人等將治以「煽動顛覆國家政權罪」。

孔令平父母都是一介書生，對抗日救亡和建設新教育有過貢獻。孔祥嘉，在一九五一年鎮反中，被抓進監獄並蠻橫的拒絕通知家屬，也拒絕向家屬提供判決書。直到一九八二年，四川省公安廳才在發了一紙共三十二個字的《來信來訪通知》中說他一九五六年死在獄中。

一九五七年孔令平和母親方堅志先後以替父親翻案而打成右派分子，年幼無知弟弟於一九六七年被不明不白殺害。母親因忍受不了非人虐待而投塘自殺（未果），孔令平也幾乎被處死。

《血紀》再現了毛澤東一手製造的大躍進、全民煉鋼、人民公社、高產衛星、社教運動、一打三反直到文化大革命中所發生的場景，以及人們被活活餓死、被鬥爭、被打死的心驚場面。《血紀》描述被監督勞動的飢寒交迫和所受非人虐待：遭打罵、戴內圈有倒刺的小銬、吊打繩捆，關禁閉、陪殺場等，還要在飢餓中服苦役。記錄了他們被打死、捆死、踢死、自殺死，以及為活命逃亡被擊斃，餓死在途中的真人真事……

《血紀》也記載難友們在暴力的侮辱、摧殘下，奮起反抗的故事：陳力、張錫錕、劉順森、皮天明等烈士們將作為中華民族的靈魂，永遠活在人們心中。

國家不幸作家幸，一生在苦難的血淚中浸泡的孔令平，終於把嘔心瀝血的《血紀》貢獻出來了。這不朽《血紀》三部曲也將使它的作者成為不朽的人物；孔令平又是幸運的作家。

《血紀》告訴了你什麼

這一部長篇回憶錄，是通過我一生經歷的回憶，用事實揭示中共統治中國大陸六十年的歷史，因為它的真實性，可以成為研究中國大陸從一九四九至二〇〇九年期間歷史的參考，為不瞭解大陸真相的年輕朋友，提供一本關於認識獨裁專制的讀物。

中國的悲劇已引起世人的關注，包括中共內部的異見者，他們在讀到這本書時如果引起良知和人性的震撼，感到不應固守著毛澤東獨裁衣缽不放，而毅然接受民主，投身到民主大潮中，便是我衷心的願望。

願它成為「中國的良心」，留給我的民族，並獻給年輕一代。

《血紀》全書分上「從反右到文革」、中「從文革到平反」、下「從平反到改革開放」三集，全書共一百萬字，上集從中共建國寫到一九六四年「文革狂飆」，中集從一九六五年寫到一九七九年「平反」，下集從一九七九年寫到二〇〇九年。

上集，敘述了我的家被中共破碎的過程：我的父母都是新教育的開拓者，他們對抗日救亡和建設新教育有過貢獻。我的父親孔祥嘉，中共對他洗腦後，仍於一九五一年底抓進監獄，判處結果不告知家人，不發判決書。

直到我「平反」後，向公安機關一再追問（共發信十一封），先說下落不明，直到追問到四川省公安廳，才在一九八二年發了一紙共三十二個字的「來信來訪」通知，說他一九五六年死在獄中。

如此草菅人命還不算，還對我們一家四口進行了殘害：一九五七年我和母親先後因替他翻案打成右派，我的年幼無知弟弟以「黑崽子」在一九六七年被不明不白殺害。我的母親因忍受不了非人虐待而投塘自殺（未果），我也幾乎被處死！

這種對無辜者無緣無故的「滅家」，便是毛澤東口口聲聲的人道主義！幸好我大難不死，今天我得以利用這個機會，向世界講述我二十三年冤獄和六十年來的所見所聞——

「血紀—從反右到文革」記載了在農村中我所見到的場景，再現了毛澤東一手製造的「大躍進」、「全民煉鋼」、「人民公社」、高產「衛星田」、「社教運動」、直到「文化大革命」所經歷的歷史，揭示了大陸餓死幾千萬人的原因，剝開毛澤東的畫皮，這是一個中華歷史上從未有過的暴君；一個中華民族的千古罪人！

本書描述了年僅二十歲的我劃成右派後，被「監督勞動」受到非人虐待；記下了我入監的過程，為了扭曲我，逼我「認罪」，我被頸上吊三十斤重的磚頭，遭暴打；還要在晚上睡覺時戴上內圈有倒刺的小銬子；使我整夜痛徹心脾，吊打繩捆是我受到的家常刑罰。

一九六四年鹽源農牧場小監裡關了我和陳力倆人，後來我又在農六隊與張錫錕、劉順森等人一起戰鬥，今天他們都先後去世多年了，若非神靈安排我一個傳揚他們的使命，我哪能堅持長達二十年自始至終寫完這部巨著？特別是今年清明節，我們再訪鹽源時，神又將四十餘年前的現場完好地呈現在我們面前，並將當地老百姓親眼所見提供給我們，以充實《血紀》。

當年流放甘洛，我被餓得皮包骨頭，一個一百七十公分的人，靠水腫的雙腳支持著三十公斤的骨架，形同骷髏。已這般可憐，而隊長並不放過我，白天逼著我們開荒，因飢餓偷地裡的玉米，我被捆死在山野裡的水溝邊餵毒蚊；把我捆在黃桷樹下學老鴉叫；我在獄中只有用絕食表達我軟弱的反抗，沒有人性的劊子手居然剝奪我喝屋簷水的權力；為了侮辱我，在我睡覺時用刺刀劃破我的頭；用繩子五馬傳蹄捆著把生病的我抬上工地，至於關我的禁閉、陪殺場、用死亡威脅我更是常事……我驚嘆我頑強的生命力，支持著我撞過了一個又一個鬼門關。

《血紀》用大量篇幅揭露「無產階級專政」的殘暴：描述獄吏的貪婪，自私。直到今天這些故事仍被當局禁談，正好說明中共對血腥的過去十分心虛，更害怕老百姓覺醒，起來聲討他們，推翻他們！

《血紀》用大量篇幅記載了奴隸們向施暴者進行的反抗，「血紀—從文革到平反」記載了難友們在暴力摧殘下，奮起反抗的故事。

陳力：早先加入共產黨，參加「抗美援朝」立過「戰功」，後來生活使他認識了毛澤東，認識了中共，因宣傳鐵托而被捕入獄，入獄後更加認清了中共，痛感自己被騙。在獄中留下痛斥劊子手的五十萬字檄文，聲討毛澤東，痛斥中共。

一九六九年八月二十一日，昂頭走上刑場，他的英勇就義故事至今仍在民間傳頌：膽怯而殘暴的劊子手，怕聽到他臨刑前的斥責，割下了他的舌頭，並用刺刀逼令他跪下，他卻扭過頭去將口中鮮血向他噴去。惱羞成怒的劊子手舉起槍用槍上的刺刀向他後膝彎刺去。這壯烈的一幕至今還在鹽源老百姓中傳頌。

張錫錕：為反抗中共的暴虐，他在獄中舉起反抗的火炬，在獄中製作刊物驚動了中共公安部。事情敗露後，瘋狂的劊子手用寬大誘他交待出「同夥」，他坦然回答：「要我交代我的同夥嗎？那麼我告訴你，全中國在你們鐵蹄下受壓迫的六億老百姓都是我的『同夥』！」他犧牲於一九七五年八月二十六日，臨刑前被劊子手殘暴的用鐵絲鎖住喉嚨。

劉順森：在獄中高舉「火炬」，他淵博的知識和口才成為流放奴隸人人尊敬的良師益友，被當局認為最危險的煽動家。張錫錕的犧牲並沒有嚇住他，反而更激發了他探求光明的意志，抱著追求光明，一九七六年越獄，被抓回鹽源後，於一九七七年九月二十七日在鹽源就義，臨刑前劊子手用鐵絲鎖住了他的喉。

皮天明：火炬忠實的追隨者，一九七六年掩護劉順森越獄，為反抗狗的盯哨和欺侮，用利斧怒劈狗腿子，一九七六年七月二十八日在鹽源農場從容就義。

烈士們都有一個共同點：他們都曾被中共宣傳所騙，當他們覺悟到被騙後，便以十倍的憤怒向施騙者還擊。抱著為真理而犧牲的信念，無悔無怨獻出了生命，這種反抗暴力的動力，是中共永遠都沒有估計到的，這正是中華民族魂在近代的復生，欲知其中細節，請閱讀《血紀—從文革到平反》。

《血紀—從平反到改革開放》記載了中共鄧小平開創的後極權時代，以平反冤假案開場，因此我的下集就以「落實政策的馬拉松」開始，寫下了平反的自相矛盾及受害者為爭生存權而鬥爭，特別是在家破人亡後，修復「家」所留不可克服的「後遺症」，這場冤獄將無盡的苦難留給了下一代。

此外我以典型的案例描述了一群官僚在落實政策中的胡作非為，把這場消弭毛澤東的遺害，變成一場踢皮球甚至向受害人的勒索。

《血紀》「下集」以真人真事描述中共「改革開放」的混亂。「不管黑貓白貓抓著耗子才是好貓」論，否定了毛澤東的「階級鬥爭」一抓就靈論。正好說明共產黨是「沒有任何主義」的黨。「沒有主義」怎麼執政？

中共建立的特權卻是不可觸動的，於是一群自私的官僚變成了國庫裡的碩鼠，碩鼠的特權加沒有主義的「執政」，社會被搞得一團糟。「六四」為什麼在北京風起雲湧？當年學生舉起的大旗中明明白白寫著：「反對腐敗，反對官倒」。

結果沒有主義的中共在學生運動中分裂了；結果鄧小平慌忙決定用坦克碾壓「自由村」，創下當今世界驚聞，於是鄧小平驚呼：「穩定是壓倒一切的中心」，我們看到中國共產黨正走向滅亡，一股復活毛澤東的力量蠢蠢待動。

我想通過這本書對這個「沒有主義」的中共進一言，希望能從中華民族大局出發，從全人類出發，能直接面對過去，對所作所為能向受害的中國人有一個交代，向全體人民有一個交代，若能放棄獨裁，走民主的路，人民幸矣，國家幸矣，中華民族幸矣！

但願我善良的願望不致又一次落空！

子乙於二〇〇九・八

目次

第一章：陷入陽謀的初生牛犢

一九五七年四月初，重慶大學校園裡春意正濃。這天中午，學生們正在學生食堂用餐時，高音喇叭裡傳出了校黨委辦公室的通知：「今天下午兩點正，全校員工在新修學生食堂聽取校黨委書記傳達中央重要文件，自帶坐凳，不得缺席。」

廣播裡放著周璇唱的優美四季歌。我端著飯盅，走出第一食堂西側的大門。同班女同學馬開先正坐在門前石階梯上邊吃飯邊曬太陽。

「今天下午又要聽報告，我們誰拿凳子？」我問。

她轉過那張被春光曬得像蘋果般微紅的少女臉蛋，回答道：「當然是你去囉，我就在這兒等你。」說完她朝我頑皮地甩了甩腦後的小辮，做了個鬼臉。

我是一九五五年考入重慶大學機械系的，大學的生活學習與中學有許多不同，沒有固定教室，每一節課上課都是按照課表上排定的教室，時間一到就到指定的教室自選座位，下課就離開。平時自習、複習都沒有固定的場所，除了下夜自習歸宿和上課以外，同學們都背著書包，各自尋找圖書館或教室，自由度比中學時代大多了。入學兩年下來，為選擇自習的最佳場所，我便熟悉了校園內所有的角落。

我和馬開先選中了松林坡後校門處一幢很舊的教學樓，教室裡面的課桌板凳多數都已殘缺，很少有人光顧。不過，這兒很安靜，周圍是松林，空氣特別清新。那時，我倆正在初戀，這兒給我們提供了一個可以在一起複習討論，而又不受他人打擾的固定場所。我們自己動手，修好了兩套桌椅，釘了兩個可以隨身攜帶的小方凳，專供開會和看露天電影時用。

那天下午，傳達毛澤東在第十一次最高國務會議上作的《關於正確處理人民內部矛盾的問題》的原聲講話錄音。開始時，黨委書記鄭思群在麥克風裡宣佈，今天的傳達不准作記錄。

他的話音一字一板，從那嚴肅的口氣中表達這是一條必須遵守的紀律。原先曾拿出筆記本的幾位老教授悄悄收起了筆記本，坐在那裡翹首聆聽。毛澤東那渾濁的湖南口音，加上錄製過程的雜音，雖然影響了收聽效果，但他許多在以往政治學習中沒聽到的話，令人感到新鮮，與鄭校長嚴肅的禁令，構成了一種與往常多少不同的氣氛。

當時大家對這位黨和「國家」的最高元首懷著肅然的感情。儘管那錄音講話冗長而雜亂，但現場秩序一直很好，將近一萬平方公尺的「會場」上，從下午兩點到傍晚六點半，很少有人交頭接耳，也沒有人中途溜號。

我至今都記得那慢悠的湖南腔，講到了赫魯雪夫和蘇共十九大，講到了匈牙利事件和波蘭事件，講到東歐局勢。當時在我們的政治課程裡，聯共（布）黨史是我們的主修課，對於工科學生，尤其是像我這種「反革命家庭」出身的子女，一直沒有興趣去弄清楚那些課程中的真正內容，即使當時因蘇共二十大的秘密報告，被美國中央情報局向全世界公諸後，引發一連串共產黨陣營內地震般的分裂，也絲毫沒有引起我的正視和思索。

我自幼就被「反革命家屬」的緊箍咒罩著，一聽到反革命暴亂和鎮壓反革命的話，就如芒刺在背，想的都是挨整和可怕的後果。我入大學的第一年就碰上了反胡風反革命集團的運動，每次學習都彷彿在我耳邊念緊箍咒語，我從來不敢認真去追問：胡風為什麼要反革命？我發言、說話除按團員們乾巴巴的老調門重複一遍，絕不敢再多說。

我上中學時，父親就被捕入獄，在一連串紅色恐怖運動中長大的我，始終謹記著母親的教導：「不要像你父親那樣，不要去過問政治，讀好你的書，有了求生的本領，才有一切，其他的千萬不要多嘴，不要參與，孩子，你要記住你父親慘痛的教訓。」

關於蘇聯，我只知道：「社會主義陣營是堅不可摧的，是無比強大的，共產主義是不可戰勝的，共產黨粉碎了帝國主義的一切反革命陰謀」。

然而，這個下午，我們卻從毛澤東的嘴裡，聽到反對個人迷信和個人崇拜。聽到這位湖南人對被神化的偶像史達林作了「功」「過」三七開的評價——那個被推崇到「導師」、「父親」尊位上的蘇共頭目，成了一個犯了「錯誤」的凡人！

我們第一次聽到一些全新的說法，如：神聖的至高無上的共產黨也存在著嚴重的主觀主義、官僚主義和宗派主義；東歐各社會主義國家發生的工人罷工遊行是因為那裡的共產黨沒有解決人民內部矛盾；如「人民內部的矛盾是大量存在的，有時是很激烈」，要用批評和自我批評的方法，民主、說服的方法，去解決人民內部矛盾；如「百花齊放，百家爭鳴」的方針是學術界應當遵循的「根本方針」；如「大鳴、大放、大字報」。這些說法，如陣陣春雨，讓在以往政治運動中寒透了心的大學學子們，無不感到親切和鼓舞，我注意到那些坐在中心地帶的老教授們挺直腰板，聚精會神……

傳達會開完後，同學們熱烈地討論起來。

甚至有人在學生食堂繪聲繪色地講述，美國的中央情報局的特工們潛入蘇共二十大，竊取了赫魯雪夫在這次會議上所作的秘密政治報告。圖書館的《參考消息》以及刊登這些報導的翻譯刊物被搶借一空，大家爭閱著這些材料，思索著國內外發生的一切。我和戀人阿先也不例外，我們兩人在我們選定的複習地展開討論。

一個思想活躍的春天降臨了！

第一節：「大鳴大放」

兩天後，教學大樓前掛出了「百花齊放，百家爭鳴」的巨大紅色字幅。

接著，全校的黨團員和教師職工，在松林坡大禮堂參加了由黨委副書記宋殿賓主持的「幫助黨整風」的「大鳴大放」動員會。會場上和周圍建築物的圍牆上，張貼著各種彩色標語，上面寫著：「正確區分兩類矛盾，正確處理人民內部的矛盾」；「發動群眾，和風細雨的幫助黨認真整頓黨風」；「反對主觀主義、官僚主義和宗派主義」；「言者無過、聞者足戒，知無不言、言無不盡」。

在那次動員大會上宋殿賓用異常委婉和誠懇的語氣，表達了當時學校中共黨委的態度，他拍著胸口保證自己帶頭在這次運動中，虛心聽取大家的意見，不管有多麼尖銳都要接受。

宋殿賓動員大會的第二天，在團結廣場又召開了規模更大的全校性大鳴大放動員大會，所有的校級領導都登臺表態，歡迎大家本著知無不言的態度向他們提意見。緊接著，便是系的、年級的、班的大鳴大放動員會；這些會更具體，更直接地面對著全校的師生員工，要求他們無一「逃避」。

與此同時，全國媒體開足馬力，一個勁地鼓吹：「全黨全國全體人民積極投入大鳴大放大辯論。黨的整風運動就是當前壓倒一切的中心任務」；尤其是「黨外民主人士更要積極幫助黨進行整風」。當局擺出了一副中共「要與人民同心同德，與人民共同建設繁榮昌盛新中國」的決心，展示出「同民主黨派人士為建設國家共存共榮，相互監督，披肝瀝膽」的坦誠。

在中共中央召集的全國各民主黨派和民主人士座談會上，這些人的發言中有代表性的，諸如陳名樞的《向非黨人士求師求友》，我讀後，認為陳名樞的講話全是對共產黨的奉承話，即使在「三人行必有我師」的古訓下，奉勸了共產黨也應當向非黨人士聽取意見這一條，也是毛澤東自己說的。

至於黃紹竑所說的「以黨代政」，倒是涉及到了共產黨領導這個極為敏感的話題，不過，既然領導要講究「方法」，包攬一切可不是好作風、好方法呀！事實不正證明，事無巨細都得由共產黨點頭，不產生「主觀主義、官僚主義和宗派主義」才真有點怪。

再說張奚若所列中共四大偏差中「好大喜功、急功近利、鄙視既往、迷信將來」四條卻真是給毛澤東見仁見智的「把診切脈」。毛澤東不是誠懇歡迎大家給自己提意見要暢所欲言麼？誰又能料到張先生的這一番苦心，正好切中毛澤東的心病和大忌？

至於章伯鈞的「政治設計院」講些什麼？主張共同「設計」政治藍圖麼？四個臭皮匠頂個諸葛亮，這可是毛澤東自己屢次講過的話。他不是主張百花齊放麼？這一政治設計院，未必不是對他的號召一種熱情反映呢！

說到儲安平的「黨天下」轟動一時，原出於小和尚給老和尚唱頌經這麼一點幽默，「黨天下」者可以顧名思義了，不像陳名樞那般臣子的卑下，比之黃紹竑更為直接，共產黨的霸道，雖然已引起了當年中共盟友們的「不滿」。

專制同民主之爭本是這個世界的全部主題，然而被紅色恐怖所控制的大學生們怎麼能懂呢？大小事宜共產黨一手遮天難道不是事實麼？反對一黨專制的微弱呼聲，難道不是共產黨在反對國民黨時積極主張過的麼？

至於羅隆基提「平反委員會」，正好說明黨天之下冤海無邊的事實麼？在那個年代中包含因家庭受到衝擊的人哪一個沒有體會？從執政黨的角度考慮，為錯案和冤案糾偏，正是一種最好的補正，至誠之見啊！

要知道，這些「見解」提及人權，來自曾是為中共吶喊和提供援助的「老朋友」們，（毛澤東自己也承認共產黨的取勝有他們的一份功勞，）這些老朋友所說的，大多都是共產黨曾經提出和主張過的東西。現在反過來應用在執政地位的中共身上罷了。

一針「全國大規模的急風暴雨似的階級鬥爭已經過去，現在是和平建國新時期」的強力麻醉劑，使三反五反，鎮反和反胡風反革命集團的恐怖空氣一掃而空。似乎歐洲激烈的大民主是可以用和風細雨的「小民主」加以解決的。

就這樣，一九五七年舊曆三月的陽春花開季節，毛澤東為全國送來了一陣迷人的「香」風！在一曲「正確處理人民內部矛盾」的輕鬆樂曲中，袒露出對中共領導下所出現的民眾「鬧事」，以引咎自責的「寬宏胸懷」，躬身歡迎百姓的「責備」和「建議」。他像一個「偉大」的「民主之神」為了國家和人民，來到校園裡培植這「百花齊放」的美景來了。春天正是耕種的季節，春天正是顯示「造物主」偉大形象的時機。

在中共紅色恐怖下已生活了七年的人們，對於這種突然的寬鬆氣氛，感到一種受寵若驚的惶恐，習慣於被剝奪了的民主權利，對言論自由向來諱莫如深，生怕弄得不好便是反革命言論，那胡風反革命集團剛反了才幾個月？

他們習慣於國家大事都由「黨的政策」所包代，學校「大政」由黨委包代，而從不去用心思考。他們甚至為怕沾著「反動」家庭和「反動思想」，被「追查」，而遠遠躲開。

因為胡風分子有先例，凡收聽外台的均可

以投敵叛國治罪下獄，所以他們不敢收聽外台，相反，他們認為，中共這種專橫的做法都是天經地義的，有民主追求的想法反而是十分危險的，他們懦弱到連自己的親人在運動中遭到冤屈，而上訴的權利也視為不可逾越的禁區，放棄了。至於他們對於黨組織那種盛氣凌人的作風，更是不敢公開反對。

所以，面對著黨團支部再三的誠懇開導，鳴放會在開始時反而冷場了。叫這些工科學子們說什麼呢？他們可以在一場學術討論中，在答辯一個設計論文時，爭得上火。可現在讓他們坐在「主人翁」位置上，「憑空」向黨提意見，確無準備，也沒有想過。

為了檢查各班鳴放情況，系黨支部書記召集了所屬各年級各班的團支部書記會議，專門給他們每人發了一個筆記本，吩咐他們必須準確完整地記下一天內發言者的姓名，並摘錄發言的內容，規定他們每天晚上熄燈前，必須將筆記本交到他的辦公室裡。

當時不光各班的團支書們鬧不清楚要他們這樣做的居心，就連系黨支部書記自己也只是奉校黨委指示辦事，共產黨的保密制度極其嚴密，由中央定的政策，要求基層組織只能不折不扣執行，不能問為什麼！

我們班的鳴放會，在團支部書記陳思所住的二〇四房間進行。那時學生中黨員人數極少，系裡一千三百名學生中，才十幾名黨員。這種本應由黨員主持的會議，在班級都是由班的團支部書記代理。

陳思對這種政策性極強的會議，心中沒有底，拿不準犯了錯，還不知道錯在哪裡。二年級政治輔導員鄧某就曾在這間屋子裡，舉行過胡風反革命小集團的「背靠背」揭發批判會。當時的一位助教因說「學習，是獨立奮鬥獨立拼搏的過程」而被劃成了胡風份子，後來還送去勞動教養。

陳思並沒有想通，這提倡學習的獨立奮鬥錯在哪裡？罪從何來？他親眼看到那位助教被送上囚車。從此，他同黨員接觸便分外小心，平時傳達政治學習，總是按年級的黨支部組織委員曹英的話記下，回來逐字照讀不敢走樣。

這事還沒隔上一年，鄧指導員殺氣騰騰的話音猶在耳畔，突然又要求大家廣開思路，鼓勵知無不言，大家真沒有來得及想通。

陳思根據在系裡開會時記錄的筆記作了「開場白」，班長郭英華打開了會議記錄本。第一天開張就冷了場，開會發言同圖書館或飯堂裡的高談闊論的「亂侃」是絕對不同的。

這可急壞了陳思，像這種啞巴會，怎麼去交那黨書記的記錄本？於是只好沿用歷次政治學習的老辦法：挨次發言。

結果，所有的發言幾乎都與陳思的「開場白」一個譜調，儘管郭英華在記錄時作了語言的調整，但無非只是用詞的不同，意思卻沒變。拿到黨書記那裡，果然挨了批評。

不過，全系各班的情況大致雷同，黨書記再作佈置，要求各班團支部務必想一切方法，讓大家說出「心裡話」來。

陳思回來召開了一個團支部的支委會，宣教委員出了一個點子：自告奮勇去找平時就愛放大炮的林娟和劉唐先發言，讓他們就班的團支部工作發表意見，組織委員劉奎則建議由林娟最看不起的雷田沛先說話，林娟必會作出反應，大家從中一激，就會讓氣氛活躍起來。

第二天的鳴放會「依計」而行，雷田沛首先發言，只說了不到十句話便草草終結。果然引起林娟的一番挖苦，說他像一個放音都放不好的答錄機，不像一個男同學的樣子。她說完後出其不意，話鋒直逼班長郭英華，說她的工作作風簡單生硬，經常憑個人主觀想像組織班裡的活動，凡是她不喜歡的就不搞，比方說組織郊遊，本學期已過去兩個多月了一次都還沒進行，鄰班五班已組織去了長壽湖，又去了大足，每週都有活動。希望郭英華在這次整風中好好改一改。

郭英華臉上紅一陣、白一陣，手拿的筆停

了下來，等到提起筆作記錄時，竟不知怎麼的記法，只好記下幾句：「林娟發言：批評班長郭英華思想古板，有主觀主義和教條主義的毛病，組織班上工作死板，應當改進。」

林娟既開了頭炮，劉唐緊跟而上，他舉了一個實例來批評郭英華的「官僚」作風。他說：「去年，機械原理上齒輪課時，大家對齒輪變位齒的正負變位的選齒還沒鬧清楚，認為林教授講快了一點，希望他能在自習課抽點時間給大家再補一下，偏偏郭英華卻反對，她說『自習課就是要自己學習，自己消化，根本沒必要全班抽時間為一個小問題而補一堂課』。結果，就這麼一個主觀認識，大家的意見便被輕易否定，這種作風就是主觀主義，也是一種教條主義，對不對？」

為了同大鳴大放的主題相切近，劉唐對這位不到二十歲的班長，連扣了兩頂帽子。郭英華不是黨員，似乎同「幫助黨整風」完全不沾邊，雖文不對題，但畢竟有了爭論，大家七言八語，鳴放會開成了一個實實在在的民主生活檢討會。

工科學子們的大鳴大放，只侷限於與自己的生活學習直接發生關係的班幹部們。別說年齡還未滿二十歲的陳思、郭英華，恐怕就連重大最受人尊敬的黨委書記鄭思群，也未必弄清楚了中央的用心。

全國有幾個人弄得清？毛澤東葫蘆裡賣的藥，這是在運動的後期，乃至十幾年、幾十年以後，才逐漸地暴露出來。

然而校園裡最初貼出的大字報，為平靜的校園攪起了一點風波。

我記得機械系的第一張大字報，是以客氣而謙恭的語氣，向曹英「進一言」。曹英是年級的黨小組長，系黨支部組織委員，是某機關調來的「調幹生」。他比我們這些沒見過世面的嫩娃娃大十歲，他文化程度不會高於小學畢業，是一個已有兩個小孩的父親，從機關專門抽到大學來「鍍金」的。

機械系有好幾個像這種帶著黨員和官帽的大齡「調幹生」。「解放」初期，為改變知識份子「結構」，在剝削階級出生的學生中，滲入工農成份，「調幹生」就這樣來到了大學校園。學習是否跟得上不管，他們的全部能耐，就是言必黨的利益，言必訓人「階級意識太差」。誰都對他們畏懼三分。

貼大字報的人，謙卑語言中含著譏諷和挖苦，意思是希望他能在這次整風中為自己洗個澡，與其裝腔作勢訓人不如多讀點數學和力學，不至於畢業考試吃鵝蛋，今後工作時「辜負」了黨的期望，難以真正為人民服務。

以曹英的文化水平，他未必能領會和懂得。

接著就有第二張、第三張，以至於無數張。曹英在學生中已有緋聞，說他借「政審」和「個別談話」之機，常常對那些剛入大學的漂亮女孩子們動手動腳。

鳴放期間，鬧得最凶就是對膳食科長貼出的大字報。據說這位四十多歲的北方農家子弟，扛著步槍從農村跟著大部隊幹了幾年革命，曾當過營長，復員後被分配到學校當了膳食科長。大鳴大放別的說不上，唯獨一事引起全校轟動，這便是名噪全校的瘟豬肉事件。

不知這位張科長從哪裡買進了幾百頭肥豬，第二天重大膳食科的養豬場便開始發瘟。豬死後賣到學生食堂，頓頓豬肉，但學生們並不知吃的是瘟豬肉。

大鳴大放時張科長上了大字報，瘟豬肉事件使他無地自容，他既說不清何以從不法中間商那裡一次買那麼多病豬，更說不清楚為什麼明知是病豬，卻用來毒害三千多名大學學子。

張科長是一個老黨員，老八路，做出這件可惡事，便成了眾矢之的的「貪官」、「殺人犯」。使他許多天夜不能寐，負著沉重的罪惡枷鎖，那些日子成天低著頭走路。

看來，學生們有相當的輿論能力，口誅筆伐用得好，足可以監視共產黨的不良作風的。這一點並不比當今南韓和印尼的學生差勁。

五四運動就有光榮傳統，只是因為共產黨的霸道，而使學生們處在愚昧和迷信狀態，對客觀是非缺了理性判斷罷了。

張科長的「後臺」，便是校黨委副書記兼人事處主任宋殿賓，這幾年，頻繁的鎮壓反革命、三反、五反、反胡風反革命集團，哪一次運動他不扮演「太上皇」的角色？豈止是犯官僚主義、主觀主義的錯誤，就是殺人冤案的製造也首推其人。於是對張科長放的這把火，便燒到了這位平素裡頗給人以勢壓人的「太上皇」頭上。

不過，所有貼出的大字報依然很懂政策，絕不會超過「批評」這個框框，語意和用詞絕對的「以人為善」，只是在漫畫大師林毓森的筆下，將宋主任畫成了身材又矮又胖的「退耳」。這幅漫畫上，見他每天上班時間將腳翹在辦公桌上，旁邊擺著茶杯和香菸，和一些剛剛批示的散亂文件，附打油詩一首，意思是說：宋書記平時辦公時，喝茶抽菸，草率地批發文件，而不關心師生疾苦的作風，希望他能在這次運動中認真改一改。

另一些對黨團幹部批評的大字報，基本上只屬於生活作風和工作作風的意見。偶爾出現幾張附會教授治校，反對黨委獨攬的大字報，以及批評人民代表的選舉由黨委包辦的大字報，和歷次運動中傷害無辜的大字報也是語調低沉，張數寥落，被淹沒在對校內各領導幹部提出個人工作作風和生活作風的大字報汪洋大海之中。

後來還出現過幾張列舉蘇聯駐華大使館中，蘇聯武官和旅順港總領事館蘇聯駐軍的兵士，在中國舉辦的舞會上，對中國女招待動手動腳強行「接吻」的非禮行為大字報。

重慶大學的學子畢竟以工科和技術為「宗」，那時，家庭出身被定為「剝削階級」的，占學生總人數的八成。「解放」後經過了鬥地主、殺惡霸、三反五反、鎮反運動，恐怖氣氛籠罩著全國，那些被沾上剝削階級家庭的人正是革命的對象，雖然暫時在大學生人數上占著優勢，但在社會氣氛的壓力，已形成對他們的精神壓力。

以我這種父親仍在獄中服刑的「反革命」家屬，在這種壓力下，對「政治」敬如鬼神，自覺「矮人一等」。這種很深的「階級烙印」，使我每聞「反革命」三個字就提心吊膽，家母的教誨「千萬不要涉足政治，平時更要休談國是」隨時響在耳畔，所以我下決心攻讀理工科，今後能與一般公民「平身」就不錯了。

對政治的戒心，必然使我們這些孩子成為政治的盲人和懦夫。

從美國歸來的董時光先生在西師任教，他在鳴放會上發言，以兩個國家、兩種制度、兩種人民生活水平的對比，來說明他的觀點——共產黨在執政上的專斷獨裁。

重慶大學邀他來向全校作了一次近似民主沙龍的演講會，他的演講，給從小就受中共傳統教育而閉塞的大學學子們，開了一個認識世界，自由思考的竅。可那次我卻沒有去。

倒是馬開先去了，她回來向我傳達，顯露出受益匪淺的快感。她說：董先生所講的全是兩種制度的對比，全用事實說話，比方說，在美國，學校的一個教師和學生，可以就學校設備、教學安排、乃至於教師待遇向校董事會提出質疑，而校董事會必須給予答覆，凡正確的，需採納並出示改正時間。

還有，美國政府必須遵守美國憲法，尊重任何人的意見；任何人有權批評政府，並通過議員彈劾政府官員等等。其實，對這些方面的瞭解，我們已從報刊文摘中略知一二，只不過被中共的「資本主義社會中民主自由是有錢人的民主，在那裡被剝削的階級過著被奴役的牛馬不如的生活」所歪曲，加上不斷的政治運動，將崇美恐美當成了極大的反革命罪惡，不敢正視和思考。在整個大鳴大放中，我完全處於無知之中，愚昧使我們失去了對世界潮流和進步文化的任何接觸，失去了對民主社會的瞭解，失去了真正生活的一切動力。

壓抑使愚昧頑固化，愚昧使壓抑合法化。

大鳴大放觸動了我們長期的壓抑和愚昧，我們開始感覺到，我們真是長期處在愚昧和壓抑之中的可悲人類！這種狀況仍是毛澤東的基本思想保證，要不然，為什麼毛澤東視「民主」為洪水猛獸，一有露頭便要徹底剷除；要不然他何以在生前掀起一個接一個的政治運動？毛氏極權再明白不過，中國人一朝明白了自己愚昧和壓抑的可悲處境，獨裁是很難堅持下去的。

對於大鳴大放將預伏著一場比反胡風運動規模更大、範圍更廣的狂風暴雨，更是我們這些閉塞的年輕學子們想不到的。有「百花齊放」的政策，有各級黨組織對知無不言、言者無罪的莊嚴承諾，誰會想到等待「言者」們的是手銬和監獄！

直到譚天榮在北京大學刷出了爭取民主自由的大字報；林希翎在北大發表演說為胡風鳴冤；四川大學馮竹君發出爭取民主自由的聲音時，重慶大學才站出了一位冶金系團委書記蒲世光，貼出了一張署名「非團員呼聲編輯部」的大字報，旨在替家庭出身不好的非團員學生們，喊一聲「反對唯成分論」罷了。即使如此，全國大學生們的思想仍沒擺脫「愚昧和壓抑」的牢籠，也絕沒超過中共思想的封鎖圈。

譚天榮的大字報是以「中國共產黨萬歲」，「自由、民主、理性人權萬歲」的口號為結束語；林希翎所吶喊出的民主依然是「社會主義民主」。這種在壓抑之下的呼喊，這種同共產主義理論「靠攏」的姿態，並沒有絲毫感動毛澤東。

已步入專制迷的毛澤東，此時正在醞釀一次大規模的「陽謀」——向民主瘋狂揮動屠刀的「陽謀」。連蒲世光這種對「唯成分論」的小小反對聲，也沒有逃掉殘酷的鎮壓。蒲世光以組織反革命集團罪，被捕入獄，並被處以二十年徒刑，儘管這個取名「非團員編輯部」的全體成員只有他一個人。

第二節：我的少年

一九四九年底，解放軍佔領了重慶和大西南，隨之而來的是「民主改革」運動，清匪反霸、土改、三反五反……一九五一年大規模的鎮反運動，對數以百萬計在國民政府中服過役的人員，大肆捕殺。

一九五〇年我十三歲，常去附近農村看鬥爭地主的大會，那些被鬥的人，有些還是孩子，裸膝跪在炭渣上，雙膝血流斑斑，慘不忍睹。公判大會由軍管會主持，在我居住的這個小城每隔不到一個月就要開一次，每次都有一批人被處以死刑，在北碚嘉陵江邊的碼頭上，每次公判大會的最後一幕便是在那裡槍斃人，人血染紅了鵝卵石鋪蓋的河灘，日久變成了黑色一片，雖大雨沖刷，也難以褪掉留下的黑色血痕。

這是繼長達五年的內戰後，同胞們自相殘殺的延伸。

（一）一九五〇年我的家人

我的父親抗戰時期在中央大學任教，抗戰勝利後從重慶回到南京，不久到杭州師範擔任校長。一九四八年下半年他應顧毓秀先生（抗戰時中央大學校長）之邀，赴南京中央政治大學任職，我們一家便離開了杭州遷居南京，接著父親又經上海、廣州，輾轉再赴重慶。

一九四八年冬天，父親擔任中央政治大學重慶分校代理校長，次年任分校校長，一九四九年下半年重慶「解放」前夕，他匆忙地把我母親、外婆、我和弟弟安頓到了北碚，住在當年父親的同班同學兼證婚人劉漢良的家裡。從此以後，我們便定居在這座嘉陵江畔的小城——北碚。

一九五一年他因「歷史罪惡」，被當時

劉伯承擔任校長的西南革命大學召去「學習」。他所在的班稱作「特別高幹班」。後來，半年的學業屆滿畢業，歷史問題已「交待清楚」，他被遣送回北碚，要他以國民黨高級知識份子留用人員身份，聽候分配。不料，就在這一年的年底，他被當時的川東行署軍管會逮捕入獄。

我的母親，是三十年代畢業於蘇州女子師範的一位老教育工作者，她的班主任老師孫起孟，是中國民主建國會創始人之一。母親學生時代的同窗在孫起孟先生民主主義思想的影響下，成了蘇州女子師範的學潮的積極參與者，曾轟動當年的蘇州教育界。後來，這些人在三十年代末期成為中共地下活動的週邊，一九三九年紛紛從重慶去了延安。

唯有母親與父親結了婚，滯留在南京。她悉心辦學，一生從事教育，一九四三年在國民政府軍工署署長俞大維的支持下，在重慶雙碑創建私立嘉陵中學。抗戰勝利後，一家人遷居南京，本以為可以過幾天和平寧靜的日子。不料國內戰火紛起，我們這五口之家又輾轉遷徙，像一葉行駛在戰火火海裡的小舟東撞西突，顛沛流離。

一九四八年國民政府已呈敗勢，父親曾要她攜帶家人從廣州去臺灣，她卻自恃著過去「光榮」的歷史，以及和孫起孟等人的友情，估計共產黨不會給她為難，便斷然決定留在大陸，等候「解放」。

一九五〇年後，母親便與中共國務院第六辦公廳主任的孫起孟取得了聯繫，希望在當年學潮中共患難的知己的保護下，得到一個繼續從教，平安度日的老百姓生活。以後的事實證明，當年學潮的友誼在毛澤東時代是多麼的脆弱。

一九五一年，她在民政局的安排下，在北碚機關托兒所擔任了一名「教養員」。一九五一年底，軍事管制委員會兩名軍人來家中把父親抓走，並抄了我們的家，他們抄走了母親用多年積蓄購買的金銀首飾和存款，還硬說這是國民黨留給父親做反革命潛伏的活動經費。搜走後也不給任何手續，母親為此氣得三天沒吃飯。從此後，我們一家四口，就靠母親每月三十元工資艱難度日。

我的外祖母生在光緒年間，出生貧寒，十六歲嫁給了一個蘇州城的浪蕩子，但很快就被遺棄擱置一邊。後來因為有了一個男孩，才改變了她在家裡的地位，可她兒子不久就去世，於是她被當成棄婦，從方家大院遷出。兩年後外祖父在花天酒地中死去，那時我母親還不滿四歲。

在那個三從四德的年代，女人不得隨意改嫁，只有守著這婦道的名節，方能得到親朋好友的尊重和資助，外祖母雖不是《鏡花緣》中的才女，卻實實在在做到了「苦守名節夫死孀居」的節女要求。

自此母女相依為命，外祖母靠著女紅和親友資助度日，自是吃不盡的苦頭。她認為苦命，是前世作孽的業報，便一心修佛，常年齋戒，抱著與世無爭的態度，默然負著生活的重負。大抵因為嚴重缺鈣，她五十多歲就駝彎了腰。我是在她的懷抱中長大，並在她的教養下鑄成了我人格的初胚。

一九五二年，我十四歲，讀初中二年級，弟弟六歲，剛上小學。我們住在托兒所的職工宿舍裡，這是一幢坐落在半山腰上的三層樓房，我讀書的學校離家有五華里。為了補助母親收入的不足，我從上學時就開始了勞動。

那時，北碚凡半山之間是不通自來水的，家裡的用水部分靠雨水，供洗臉洗腳洗衣服，吃的水必須在離家一華里的水井中去挑。自從父親被送往革命大學「學習」時，我就開始從山下向山上挑水。

一挑裝水不過五十來斤的木桶，我只挑得起半挑，楠竹扁擔壓在我又瘦又窄的肩上，搖搖擺擺走不上百步，便覺得肩上承受不住。水從井口挑到家，我要停歇四五次，累得氣喘吁吁。

因為不斷的換肩，扁擔在我的兩個肩頭之間摩擦得火辣辣的，疼痛難忍。倘若遇到下雨天就更慘了，一溜一滑地在山腰中打穿，不留意一跤摔下，碰傷出血是常有的事。

經過一年的鍛鍊，我的力氣一天一天大起來，肩頭上磨破和紅腫的地方也長出了厚厚的繭巴，挑著能裝一百斤重水的大桶，從山下雄赳赳地挑上來，不需五分鐘。從此以後，家裡挑水的事就由我包了。

（二）陳戶籍

家被抄以後，每月靠母親的三十元，要維持四口之家實在太難。初中三年級時，班主任說，如果家庭經濟確實困難，可以向學校申請助學金，免交學雜費。但是，申請必須要由街道辦事處簽字。我們住區的街道辦事處主任也是朝陽派出所的所長，我寫好了申請書，修改了兩遍，端端正正地謄寫在一張信箋上，拿去找陳所長簽字。

派出所在北碚公園坡腳下一個原來的舊廟裡。那一天天氣很沉悶，天空中淅淅疏疏飛著毛毛細雨。廟宇隱沒在梧桐林蔭之中，顯得十分陰森。走進梧桐樹叢中，雨點敲擊樹葉發出滴滴答答的響聲，有一種神秘感。這是我第一次與成年人打交道。我才十四歲，又背負著父親入獄的精神重壓，頭一次同政府打交道，心裡不免害怕緊張。我一邊向裡走，一邊心裡直打鼓。

到了門口，我定了定神，努力穩住加劇的心跳，怯生生地站在門外。門裡黑洞洞的，看不清，也不知道有沒有人。「報告。」我試探性地喊了一聲。沒人應。等了片刻，仍不見動靜，我向裡看去，黑呼呼的什麼也沒看清。我心中暗想，這裡可是衙門，倘若別人把我當小偷，我就說不清了，於是大聲吼道：

「報告！」

「啪」地一聲，電燈一下子亮了起來，藉

著黃色的燈光，我才看清了那正屋中的辦公桌旁，坐著身材魁梧、一臉橫肉的陳戶籍。一年前我為父親辦戶口時，曾跟著外婆來過這裡，當時經辦戶口的人正是他，大家喊他陳戶籍。

他從座椅上微微欠起身，懶洋洋地從桌上把腿收下。不知是因為看我是一個身高不足四尺的孩子，還是本來就對我這個反革命家屬子女早有印象，他似乎很不滿我驚吵了他的好夢，輕蔑地瞄了我一眼，又重新躺了下去，恢復了剛才的姿勢。

我連忙跨進門，慌張中將剛才想好的的開場白忘得精光，傻呼呼地站在那裡，右手下意識地揣進口袋裡，緊緊捏著那張申請書。如此等了三分鐘，他才半睜著眼不屑地問：「幹什麼？」我把申請書拿了出來，嘴裡卻像被什麼塞住，說不出話，只得把捏著申請書的手伸了過去。我覺得伸過去的手在發抖。他終於從椅子上站了起來，左手從我手裡接過那紙條，右手叉著腰，活像一個夜叉對著一個小鬼。

他看過申請書，右手從叉腰的地方緩緩提上來，摸著那很肥很橫的胖下巴，嘿嘿冷笑道：「沒聽說過反革命分子的子女還要申請人民助學金。」說著便把那紙條扔在桌子上。嘿嘿的笑聲在空中迴響，我覺得臉上好像重重地挨了他一巴掌，腦門裡嗡嗡直響，耳根也火辣辣的。

此時，積鬱在我心靈上的傷痛一陣陣地襲來：父親被捕那天早上，全家人在驚嚇中回不過神來；母親抱著才七歲的弟弟躲在床角滿面恐怖；抄家時，外婆和母親束手無策；星期天母親在地攤上拍賣衣服的窘境；托兒所母親的同事們對我們兄弟倆的白眼。

那一瞬間，好像天地間本來就嫌我這種渺小生命的存在；無數張扭曲的臉莫名其妙地向我吐口水，如果當時地上突然裂開一道縫，我會毫不猶豫地化作一溜青煙，從那裂開的地方鑽進去，永遠羞於再回到這個人世中來……

突然一股勇氣湧上我的心頭，我猛然伸過

手把那張扔在桌邊的紙抓住，拼命地把它揉成一團，什麼話也沒說，扭頭就跑出那黑洞洞的大門，我踩著地上的水窪，濺起的泥漿劈劈啪啪在身後直響，彷彿還聽見那梧桐林在身後，發出的嘿嘿冷笑。

外婆在洗衣服，我撲倒在她的懷中放聲大哭。

從此以後，那張點綴著雀斑，一張橫肉獰笑的臉，和那叉著腰像夜叉的兇惡姿態，便常常闖進我的惡夢中，直到今日仍然如此。

（三）窮人的孩子早當家

一位姓李的中年婦女是我家緊鄰，她在房後搭起一個豬圈，以街段名義餵了四頭豬，每天下午以三毛錢一百斤的價格收購豬草。我看準這個機會，每天放學歸來，沿途打豬草。從學校到家五里路，路兩邊是交錯的農田，那裡面的蛾兒常，馬斯莧品種齊全。我每天放學抓緊採集，一背兜大約三十斤，如此下來每月可掙兩塊錢，夠我的學費了。

十四歲的我，羞恥心已經很重，每天早上上學我都背一個背兜，為怕同學們看到，每天我都比其他同學早到學校。到學校後我將背兜藏在教室背牆與後山間不足半米的窄縫裡。

等到放學後，同學們散盡，我趕緊從後牆裡取出背兜，打豬草回家。此外，在從學校到家裡的路途上還有兩處是我經常光顧的地方，一是北碚醫院，另一個是一家地主大宅院——李家花園。

一九五二年李家花園被沒收，做了北碚法院的臨時看守所。醫院和看守所伙食團外面都有傾倒垃圾的山坡，有大量炭灰渣，炭灰渣裡夾著許多小塊的沒有完全燒盡的「二煤炭」。雖然炭灰渣中傾倒著有酸味和惡臭的污水，但我還是常常背著背兜去光顧。我每天都要在晚上七八點鐘才回家，那時，天已斷黑，我背著沉重的背兜滿載而歸，那裡面裝的不是豬草，便是二煤炭和柴火。

每當我登上石階，就會在朦朧的夜色中看到外婆花白的頭——她早已在那裡躬腰盼望了。還沒有等我爬完那七十公尺長的山坡，她便會走下坡來，從我的背上接下沉沉的背兜，同我一起把它一顛一簸地抬進家門。

回到家，一盆熱氣騰騰的洗臉水已放在小方凳上，我脫下被泥土、煤灰和鋸末弄得又黑又臭的補巴內衣，洗擦滿頭滿臉的灰塵、油汗。洗淨之後，再同她和弟弟一起共進晚餐。每一頓飯，她都把最好的菜往我碗裡夾。

那時家裡一個星期才吃一次肉。外婆總是避開弟弟，在我的碗底設下埋伏，在她的眼裡我每天付出的太多。而我總是要從碗底翻出來分給饞嘴的弟弟。這推讓之間，倒也使我們很深地感受到家人相依為命的溫暖。那時，家裡從不缺柴和煤燒，也從沒有花錢去買過。

有時候星期天一大早，我還背著背兜鑽進龍鳳橋周圍的密林中採摘野菜和則耳根，托余媽媽拿到菜市去賣，龍鳳河水浸透的叢林中地下泛出一股股腐植的難聞的臭味，下過雨，路也很滑一不小心就會摔倒，偶爾還會碰上從草叢中竄出來的蛇，我都從不畏懼，好像老天時時保佑著我這可憐的窮孩子，無論是打豬草、揀二炭、拾柴禾，從來沒有受到過意外的傷害。

學校後門有一個磚瓦窯，那也是我少年時代出賣勞力的場所，周圍的鄰居都誇獎我懂事，特別是緊鄰的余媽媽，她常常把我當她的孩子看待。這極大地拂去了因為父親被捕而帶給我的陰影。那時間我雖又苦又累，但心情還算愉快，學習的成績也是班上前幾名。

那些年我和弟弟從來就沒有做過新衣服，腳上以布鞋和草鞋為主，布鞋的鞋底是外婆每天晚上用舊衣裁下的布、糊成布殼，再在電燈下一針一針的納出來的，鞋面也是用筍殼和碎布褙糊而成，外婆年輕時就在苦水裡渡過，對於針線活習以為常，晚上她戴上老花眼鏡納著鞋底的時候常常哼著蘇州小調，真的非常的好聽。

我躺在她的腳前聽她低聲吟唱，那聲音裡充滿了慈母的愛。晚上，她幾乎天天在半夜裡為我和弟弟蓋被子，常常深情地吻摸著我們的臉頰，在她的心中，我們便是她生命的全部希望。

我勤勞節儉的習慣就是在她的薰陶下養成的。那時，為了讓我在學校吃中飯時有一點補充，有時，媽媽給我一毛錢，好在附近的小飯館去端一碗小麵，可我從來都沒有花過，回來便交給了外婆。為這事外婆常常責備我，並在我的書包裡放著專門為我煮的雞蛋。

有一天從學校打豬草回家時，天色突變，狂風驟起，雷電交加。我急忙背上背兜往家裡趕，剛到李家花園，滂沱的大雨便傾盆而瀉，我急忙躲進看守所廚房的灶坑中。

一名大約四十歲的中年伙夫走出來，藍色的背心上印著一個碩大的「勞」字。我聯想到歷史書上，載著前清的罪犯背上也是這相仿的標記，不過那圓圈中是一個「囚」字。他走到爐堂前，打開火門，用火勾去勾火，一股濃灰夾著濃烈的煤氣從爐膛下捲了起來。上好煤後他注意到了我，便操著濃厚的江蘇口音問我：「小朋友，你在哪兒讀書？」

「北碚一中。」

「叫什麼名字？」

「孔令平。」

「多大了？」

「十三歲。」

雨越下越大，他索性叫我進廚房去躲雨，還揭開了放在案桌上的巨大蒸籠，從籠裡取出兩個饅頭來遞給我。我猜想我的樣子看上去很可憐，我下意識地盯著我腳上大腳拇指已突出鞋幫的破膠鞋，靦腆地接過饅頭。

「你的爸媽呢？他們做什麼的？」

我警覺地望著他。我知道這就是關我爸的地方，每每上學或放學，途經這裡，我都會下意識地朝這群神秘的房子窺視，希望突然有一天他會出現在壩子裡或者在某一號房間的窗口洞中，但始終就沒有看到過。眼前這位叔叔很和善，告訴他父親的名字和處境，興許還會從他這兒知道一點父親的情況。

他聽到父親的名字後，盯著我看了好一陣，似乎明白了什麼，便附著我的耳朵悄悄地說：「你的父親住在X號房，那背後那排房，你看不到的。不知什麼原因，戴著腳鐐。」他接著說：「這兒帶腳鐐的人，肯定是問題嚴重。不是想逃跑的，就是不交代問題，或不認罪。」說完他又盯著我。

聽到這番話，我心裡一驚，不但擔心爸的安危，還擔心他做出什麼危險的事。「我們能到這兒來探望他嗎？」我問。

「難，不過你實在要看他，可以到張家灣工地，他們每天上午九點到下午三點在那裡勞動。」

雨漸漸停下來，天色也已黃昏，我本想去掏那爐膛下那剛剛勾下來的二煤炭，但一點心情都沒有，於是便收拾起背兜、書包，匆忙趕回家。

回到家，我立刻把這個消息告訴了外婆。自從父親被捕後，外婆是全家最傷心的一個。我們一家五口人中，她的輩份最高，年事也最大。中國民間上輩人對下輩人的關愛，往往超過同輩之間或下輩對上輩的關愛。

這些天來，她常常合掌祈禱，暗中哀嘆流淚，也常常向女兒嘮叨：「祥嘉已抓走大半年了，一直不知道他犯了什麼法？關在哪裡？現在也不知怎麼樣了？生活上缺什麼？不管怎麼說，總該去法院問個究竟。……探監你不去，我去。你叫你單位開個介紹信，給我老婆子了，快死的人怕什麼？」

母親心裡更難受。撐著這個家，誰還有她的壓力大？自從丈夫被捕以後，周圍的同事就將她視為異物，往日相處不錯的幾個人突然間不大同她說話了，即便說話也小心翼翼。那時電影院放電影都是反特影片，組織上非要她去看。每逢政治學習，那主持人翻來覆去講，被推翻的階級，不甘心他們的失敗，正在千方百計地妄圖顛覆這個新生的政權。美帝國主義在朝鮮戰場上發動了戰爭，國民黨敗退後遺留下來的「反革命份子」到處都在蠢蠢欲動，企圖恢復他們失去的天堂。

母親聽了這些話心情可想而知。

當時，托兒所沒有共產黨員，最高領導是青年團支部書記張世模，她認為母親曾當過中學校長，可能瞧不起她這個剛剛畢業的中學生。出於這種心理，她特別對這個「反革命家屬」嚴加教育，好幾次談話都是以組織的身分要她「主動與反革命丈夫劃清界線，主動檢舉揭發丈夫的反革命罪行，這樣才能得到組織上的諒解」。

每一次張世模對這個比她年長二十歲的人一番訓斥以後，都會從我母親露出的恐懼和惶惑中得到一種奇怪的快感。這種快感吸引著她，她便越是用最嚴厲的口吻教訓母親。

母親白天臉色異常的蒼白，晚上幾乎都失眠，常常從惡夢中驚醒，許多次還莫名其妙地昏倒。我看到她常常學習歸來，獨自對著電燈發愣……

她感到恐怖，也感到困惑：自己犯了什麼罪？丈夫又犯了什麼罪？僅僅因為丈夫是國民黨的校長嗎？他任校長時可沒有「密告」過誰，無論是學生還是教師，沒有被抓去坐牢的呀。

是的，當學生上街遊行時，他確實勸說過這些血氣方剛的孩子們，那是因為他是一校之長，出了人命他可要負責的呀。他確實把學生的伙食改善得很好，但那也是罪惡麼？學生不是反飢餓麼？他每天早上起來，拿起掃帚打掃學校的大門口，那也是破壞學潮籠絡學生麼？如果這些都不對，那麼作為一校之長又該怎麼當呢？就算那是為國民黨做事，但這一切不都已在西南革大向政府交代過了嗎？政府不是說既往不咎嗎？

張世模刻薄而帶刺的話，不斷在她耳邊迴響，她膽寒了：萬一那些首飾，真的被確認為「反革命活動經費」，自己不是也要跟著被抓？

如果真如此，兩個沒成年的孩子怎麼辦？七旬老母該怎麼活？她越想越難過，越想越後悔，當初真不該不聽丈夫的勸告，強著留在大陸。現在生不如死，她想到了自殺。

（四）余媽媽

余媽媽是我們的緊鄰，她的丈夫是托兒所的會計，她本人是一個合川的農村婦女，和母親年紀差不多。她有五個孩子，最大的比我還小一歲，最小的才一歲多，憑著丈夫菲薄的工資，七口之家比我們還困難。好在她出身貧農，自小就勤勞慣了，一個人除了帶孩子包攬了家務，還包下了附近二十多人洗衣服的活。

那時洗衣服特別難，要下到嘉陵江邊去。她外出洗衣時，拜託我外婆為她照看三個最小的孩子。因為她特別勤快，也樂意幫助周圍的鄰人，在孩子們心目中，她就像一個母親，那層樓的孩子們都管她叫余媽媽。

外婆不便上坡下坎，家裡買菜買米便全由余媽媽代勞。我每天中午都看見她背一大背衣服，拎一大籃菜從坡下吃力地走上來。

父親被捕後，周圍的鄰人對我家懷著戒備，生性善良的余媽媽便成了外婆和母親唯一的安慰人。

聽見母親的泣聲，余媽媽便會進來安慰她：「你急有什麼用？急壞了身子病倒了，外婆怎麼辦？兩個孩子怎麼辦？」余媽媽拿過手絹替母親擦去眼淚。「你看，你們家小平這麼個小孩子，挑水、撿二炭，打豬草樣樣幹，成績還那麼好，有這樣的孩子你還傷心什麼？你生氣，氣誰？氣生病了還不是自己痛苦。再說這幾年鬥地主、殺惡霸、抓反革命、抓貪污犯，像你這種遭遇的人還少哇？你看對面的王光英。丈夫關起來了，兩個兒子比你的還小，還不是很重的負擔，可人家還不是照樣的活。外婆是善心人，你也是好人，就是你丈夫，什麼反革命？我看不出來。我還比你困難，要不是外婆常常照看我的孩子，我能下河去洗衣服掙錢嗎？人要講良心，你有什麼難事跟我說。外婆說要去看人，我哪一天就陪他去一趟法院，正大光明的，怕什麼？」

人也需要點撥，想得狹而鑽了牛角尖的人，無人點撥會發生意想不到的悲劇，而一經人提醒又往往可以避免。聽了余媽媽的一席話，母親似乎得到了鼓舞，一步一步從想自殺的絕望裡解脫出來。

得到父親每天在張家灣勞動的消息，外婆立即去找余媽媽商量，請她能否抽出一天時間，陪她一同去探望工地上的父親。余媽媽毫不猶豫地答應了。時間就訂在本周星期天，那一天余叔在家可以照看孩子，我也是放假，可以一同去。我為外婆準備了一根結實的木棍作拐杖。外婆準備了一聯肥皂，一塊毛巾和一捲草紙，裝在一個布口袋裡。

從家裡到張家灣，一大半都是鄉間小道。我們那天起了一個大早，我和余媽媽扶著外婆，天亮不久就上路了。

初秋的早上，郊外的空氣分外新鮮，但山路卻有些泥濘，外婆是小腳走得很慢，許久沒有到鄉下來了，她不免東張西望。我格外小心，生怕她跌倒，心裡卻翻騰著一種說不出來的滋味，不知道父親究竟怎樣了，他還健康嗎？他的問題有多嚴重，他能回來麼……

一路上余媽媽不斷的向路人點頭，她的人緣真好。

到達張家灣工地時，大約已是十一點了，遠處傳來嘈雜的響聲；二錘打在鋼釬上發出鏗鏘的撞擊聲；石頭泥沙垮塌聲；石匠長聲喲喲的呼號聲；雜亂的人聲合在一起。

前面沒路時，我們才看見山溝中的人影。

「工地」是兩個小山丘之間狹長的山溝，山溝裡有四五十名身穿帶「勞」字背心的人，其中想必也有我的父親。

我看見草叢中的石縫間還安放著兩挺機關槍。我們這一老、一婦、一小，一進入岔口，便引起監視兵士的注意，這裡是不准人在這兒逗留的。機智的余媽媽連忙向那兵士主動發問：「唉，同志，請問你到雷音石怎麼走？」那士兵打量我們，確認了是走親戚的路人，便揮手道：「這裡不能走了，繞山樑過去吧！」說著還用手指著東邊樑子上，一條被雜草遮蓋得很難辨認的小路。

於是我們又扶著外婆裝著找路的樣子，爬上山樑。

（五）與父親的最後一見

在山樑上，下面的人盡收眼底。我緊張地睜大眼搜尋。哨兵沒有理會我們，他們正在聊天。我蹲在草叢中，拉著外婆和余媽媽叫她們蹲下，她們立刻會意的彎下了腰。撥開亂草，順著我手指的方向看去。

我看見他了——我的父親！

他穿著灰色的勞改服，腳上套著腳鐐，形容憔悴，步履艱難，頭剃得光光的，臉卻是黑沉沉的，好像很久都沒有剃過鬍鬚。我心中一陣酸楚，眼淚湧了出來。回頭看外婆，她佈滿皺紋的臉上，熱淚縱橫。

父親埋著頭一下一下地揮動著鐵鎬，此時他肯定不會想到，他日夜思念的親人，正在山巔的草叢中用淚眼凝視著他。

我們的行蹤終於被對面山崖上的哨兵看見了，他們向我們高聲吼叫，使勁地揮手，要我們立即離去。我們不得不拖著沉重的步子，在余媽媽的攙領下沿原路慢慢退了回去。

這便是我最後一次見到父親。

接下來一個星期天，外婆又在余媽媽的攙扶下，來到了法院。法院的值班人索要單位的介紹信，余媽媽解釋說不知道要開證明才能見到人。人雖沒有見到，但在余媽媽好說歹說下，看守收下了外婆給父親帶來的那一聯肥皂、一盒草紙和一塊毛巾。

當外婆詢問父親究竟犯了什麼罪時，那位看守不耐煩地說：「他的案子不能向你們家屬說，你回去吧。」

母親在巨大的政治壓力下，終於向法院提出了「離婚」訴訟。我們都不理解，她為什麼要這樣做？也許她想，只有這樣，才能釋下沉重的精神枷鎖吧。

半年以後，我們接到了父親從獄中寄來的信，收信人竟是我的名字。信上的第一句話，就是他已同意和母親離婚。他告訴我他已判了徒刑，現在正在西康的一個伐木場勞動改造。他說他一切都好，身體也很棒，相信我們一定還有相會的一天，只是需要爭取了。

他在信的最後寫著：「平兒，爸爸對不起你，沒能使你成人便要撒手了。所幸的是你已經長大，已經懂事。今後一定要好好念書，照顧好外婆和媽媽，生活的重擔就交給你了……」

我真傻！真的，我怎麼就沒有看出那灑滿紙頁的淚痕呢？我怎麼就沒有查覺到他暗藏著與世永別的絕望呢？我還真以為他會健健康康活在人間，並且終有一天和我們相聚。

我犯了與母親完全相同的錯誤，我沒有回他的信，輕率地認為，為了我自己今後的生存和前途，我不能公開地表示對他的眷戀之情！

倘如當時我就洞察了毛澤東的一切陽謀，斷然地表示了對父親的親情，並且寫信甚至千里迢迢去西康探望他，也許他會在親情的撫慰下堅強地活下去。我們也許真的還會相逢。當時我幼稚的幻想，讓我付出了終身悔恨的代價！

父親已離開我半個世紀了，但他的慈父之愛始終沒有離開過我，並且讓我自責曾經對他的不敬不孝。

童真無奈的我，幼小的心靈卻在知識的海洋中尋求著寄託。當我剛剛泅入其中，便被光怪陸離的科學現象所吸引，生命的、化學的、物理的、電磁的、宇宙的。

當一群人聯合起來，打倒另一群人，殺戮、掠奪，產生出可怕的人吃人社會。一部份腐敗、窮奢極欲，一部份受凌辱、被殺，這種無休止的人類自殺悲劇何時才能了結？人類為什麼不能洗刷這種欺壓同胞、欺壓同類的汙跡，而效仿那些向大自然討索宇宙玄機的科學家？

我雖不可能像當時的一些年輕人，把毛澤東和共產黨當成偶像和再生父母那麼崇拜，但也還並不敵視它。既不敢，也不願。我只是從自身的不幸經歷中，產生出對政治敬若鬼神的距離和戒懼罷了。

後來，母親常以父親的悲劇告誡我遠離政治，甚至不要再像他那樣從事教育，他們體會到了教育者的失落和痛苦。我下定決心，不問政治、埋頭苦讀，立志成為一名自然科學家，或者成為設計師、工程師。

第三節：災難襲來

我和馬開先逃避大鳴大放，躲在重大後校園那幢我們選擇的「世外桃源」裡。但是，民主自由的思潮，使馬開先耐不住了。我沒有能阻止她在臨近尾聲的鳴放大會上，含著一腔被激發起來的正義，走上鳴放講臺，講出在三五反運動中的悲劇，並為董時光叫好。

我們確實沒有想到，一張巨大的預設的災難之網，已經向我們罩來……

六月八日，人民日報按照毛澤東已經定好的「右派份子」框框，以盧郁文收到「恐嚇匿名信」為突破口，發表〈這是為什麼？〉的社論。

一場預謀的浩劫，向神州大地劈空襲來。一群才開始走向人生旅途的大學學子們、一群被民主思潮撥動的初生牛犢，陷入了「陽謀」的陷阱。

在重大學生們的心目中，包括那位團支

部書記蒲世光，共產黨仍是一個威嚴的「母親」。他們天真地相信共產黨是由「特殊材料」鑄成的、是具有偉大人格的優秀分子。但他們做夢也沒有想到，那「聞者足戒」的「誠摯」許諾，原來是一個陷阱！

這些天真的孩子們沒看出，鳴放動員會上「坦誠相待」的外衣裡，竟藏著一張「毒草香花六條標準」的羅網。等他們說出真話後，便被一網打盡了。

學校的「工人階級」也被組織起來，由伙食團的炊事員、臨時工、門衛們組織起來的一支隊伍，從民主湖畔出發，沿著環繞學生宿舍剛修好的馬路，舉行了「聲勢浩大」的遊行。他們一路高喊著：「不許攻擊偉大的中國共產黨！」「右派老實一點！」等口號。

學校的同學都擠著去觀看了，隨後，各系還組織了討論。大家心裡還不明白，這「右派」們究竟是誰？尤其沒想到遊行隊伍背後的組織者竟是張科長和曹英們。

想在反擊右派的運動中立功的人，敏銳地抓住了這個機會，「反擊」火藥味甚濃的大字報一張接一張地貼出來。在林毓森張貼那張漫畫的位置上，代之以一張巨幅「質問」書。那幾幅將張科長畫成胖豬，將宋書記畫成矮怪物的畫已被撕下，並被收藏到校黨委的整風辦公室裡去了。

至於〈××講教授治校是什麼意思？〉、〈不准××污衊黨〉、〈「非團員呼聲編輯部」的反革命真相〉等大字報更是一個比一個充滿殺氣。最初被點了名的幾位同學，傻呼呼地站在自己貼大字報的地方，感到一場大禍臨頭了。

有些人剛被推上「右派言行批判大會」的講臺時，就像一群被漁人之網撈起的小魚，開始還在漁網中蹦跳，聲明自己善良的動機，顯露出乞求寬恕的可憐相。但哪裡再有你「辯論」的餘地？他們被主持批判的人喝令「不准狡辯」！只有老實交代，低頭認罪才可以求得人民的寬大。

凡被批判的人在開過批判大會後，便要接過主持會議者交給的一疊白紙，沒完沒了地寫「我的檢查」。

也有很有個性的同學拒不認罪，我看到在機械系組織的鬥爭會上，二年級的殷世紅同學一直昂著頭不說話，開過會以後拒絕寫檢查，但他立刻遭到了隔離、禁閉。在冶金系批鬥大會上，蒲世光面對氣勢洶洶的幾個打手，用冷笑來回答，但他也立即被關了起來。

就這樣，早春的暖風迅速變成了寒流，剛剛開始活躍的校園空氣，變得更加凝重而沉悶。

我僥倖地躲開了這最初的襲擊，這要托我嚴守了不問政治的「忠告」，我既對黨天下「麻木不仁」，對「政治設計院」如觀海外奇聞，至於《人民日報》上提到李康年的贖買二十年；黃紹竑的批評「以黨代政」更是從未研究，就連在松林坡禮堂董時光的報告，我都沒去聽。

因為我遠遠躲開了大小鳴放會，所以我也暫時躲脫了「秋後追查」。當各系將一個多月前鳴放大字報的照片作為「毒草」刊登出來，我才驚叫：「好險！」

機械系的年級黨小組，在支部宣傳委員曹英的組織下異常活躍。曹英到學校來與其是求一技之長，不如說是共產黨在學校中的統治骨幹，他們班上說他幾乎沒有一個學科是及格的，他的專長就是「整人」。

此時憑著他多年幹「革命」的嗅覺，正是「接受黨的考驗」，完成「黨交給的特殊任務」，為他今後平步青雲創造良好條件的時候，這種機會豈可放過？

他這些日子特別忙碌，系裡的批判會幾乎都由他主持，將在大鳴大放中提了意見的老師和同學，一個個推上批鬥台。

馬開先沒有倖免，她被曹英叫去做了特別談話，她是青年團員，得按六條劃定毒草的標準，對照著自己的言行寫出檢查和認識。曹英威脅她說，所有在董時光鳴放會上跳出來攻擊黨的人，都將受到嚴肅的處理。

馬開先不願屈從，突然向機械系主任呈遞了退學報告。

她收到了她父母的回信，父母認為她之所以如此，全是受了我的影響。她的哥哥在給她的回信中，明確要她立即斷掉同我的戀愛關係。在他們看來，她之所以會如此「反動」，全是受了我的影響。

得知她要退學，我堅決反對。我們之間便發生了激烈的爭論，她認為：現在讀書已經沒有任何意義，她也無心讀書。我則認為，不讀書，何以在這個社會中求取生存之地？

一天下午，我幾乎強拉著她到松林坡我們系主任錢企范的家裡。錢教授也勸她回心轉意安心求學，可生性倔強的她並沒有被說服。當我們從錢教授家裡出來以後，我出奇不意地向她表示：「如果你要退學，我們就此決裂。」

一句戲言，不歡而散。唉，我剛撞進了情場，哪裡懂得愛情是一個非常脆弱的甜果，一不小心就被摔壞了。後來，我的不幸遭遇使我明白，馬開先的退學選擇恰恰是正確而明智的。可惜，悔之晚矣。

放暑假，我獨自憂傷地回到北碚，在車站分手時，她說她去城裡姑媽家暫住一段時間，在學校沒有批准她退學的申請前，當然還得回校。弟弟迎出來了，接過行李，興沖沖地喊著外婆。外婆聞聲走了出來，照例用她那慈祥的眼睛，仔細端詳我，用她那粗糙的手撫摸著我的頭，笑著說：「你比寒假回來的時候瘦了。」

母親依然心事重重，雖然四年前她與父親正式辦了離婚手續，但她沒有能力抗住社會的壓力和良知的責備。這些年來，她從沒給父親寫信，也不知道他的下落，但內心常常自責，有一種罪惡感，這使她經常做惡夢。

父親被判刑的通知書和判決書，我們一直

沒有收到，開始我們還去法院怯生生詢問過，但法院拒絕回答我們，並說他的情況，你們家屬無權過問，面對這種無理拒絕，我們就再也不敢問，更從來不敢抗議。

直到二十四年後，我寫了數十封信，尋找父親的下落，才由四川省公安廳發給我一張巴掌大的回函，告之一九五六年五月六日父親因病死於西康一個伐木勞改營。

（一）躲不開的陽謀

一九五七年，母親終於在大鳴大放的「和煦春風」中，突破了沈默多年的心理禁區，小心翼翼的向托兒所所長倪佩蘭講起她對丈夫「反革命案件」的懷疑：不是說革大學習以後，他的所有歷史問題都交代了嗎？作為「班主任」的鄧小平不是在散學典禮上向他們宣佈：「你們終於丟下沉重的歷史包袱，從此可以輕裝上陣，參加革命的隊伍了嗎？」不是曾許諾讓他充任當時十分稀缺的大學教師麼？政府的政策怎麼就突然變了呢？

還有，那「反革命活動經費」就純屬子虛烏有了，那家庭的積蓄怎麼被當成了「活動經費」呢？

母親在大鳴大放中的這幾句疑問，使她鑽入了毛澤東的「陽謀」圈套，讓她付出了一生的慘重代價！

我回來後不幾天，周生碧把我叫到她的辦公室。在那裡還有張世模，這些年齡上屬於我長輩的人，是看著我長大的。她們不得不從心底裡承認，在所有托兒所家屬的孩子中，我是最勤勞、最刻苦，也是最乖的一個孩子。

入學重大以後，她們改變了過去的眼光，表面上非常客氣，相見時顯出一種尊重來。但我在她們面前始終保持著一種「戰戰兢兢」的謙恭。

「我們找你來是想向你瞭解一些情況，也讓你來參加對你母親的幫助。」張世模說。

「你媽媽在鳴放期間給你寫過信嗎？」

周生碧抽出鋼筆，開始在小本子上記起來。我點了點頭，並沒有領會她們的意圖。「這些信談到你的父親了麼？」張世模接著問，用狡猾的眼光盯著我。我遲疑了一下，又點了點頭，但不明白問這幹嘛。

「你媽一共給你寫過多少信？」

她們想調查什麼？

我想到了胡風反革命集團的材料，那不都是一些來往的信件麼，心中一愣。

母親確實把她對父親被捕的種種疑慮，以及她在鳴放會上的發言寫信告訴了我，但那又怎麼構成犯法了呢？我如實回答：「大概有二、三封吧。」

張世模帶著顯然是裝出來的「寬慰」和「鼓勵」對我說：「小夥子，你已是大學生了，前途遠大，好好讀書，對你母親要幫助她一下，舊社會的人常鑽牛角尖，腦筋轉不過彎來。」

她們的盤問使我莫名其妙，十九歲對於我真是太懵懂了，我絕沒想到一場橫禍已經悄然逼近。

回到家，外婆笑眯了眼睛，在她看來，一家四口人，兩個外孫，尤其是我，是她生命的寄託和延伸，她是可以為我倆付出一切的。

（二）我的外婆

自幼父母親很忙，很少管過我，我的生活起居全是外婆呵護。晚上，我都是睡在她的腳下。

一九五七年的那個暑假，她叫我坐在她的身邊，嘮叨著那些不知重複了多少次的故事，講我是怎麼難產降生在南京鼓樓醫院中，講日本飛機的狂轟濫炸，講我因為醫院護理不當幾乎窒息死亡，講如何從炮火連天的南京逃難出來，從遍地屍首和棄兒堆中，抱著我拼命擠進逃難的人群……

她蒼白的頭髮蓬亂地散蓋在滿布皺紋的臉龐上。我發現她真的已經很老了，背也越來越駝。

說到她的駝背，她便會述說當年的艱辛：「抗戰時，我們一家人從南京逃到重慶，經濟窘迫，在上清寺租了一間閣樓。那閣樓又矮又黑，平時人在裡面是直不起腰的，只是價錢便宜，每月只付五個銅板。白天，你爸媽整天在外奔波，家務活和你全扔給了我。你小時候托媽的福，她奶水特別好，你長得又白又胖，但是你白天非要人抱，於是我就只好成天彎著腰一邊背著你，一邊洗衣做飯。半年下來，我的背就開始駝了。」

她講述這些臉上全是幸福。

每當我注視她佝僂、蒼老的身軀，心裡就有一種說不出的痛惜。她青年守寡，中年跟隨女兒顛沛流離，操勞終日，從來沒有過過氣派的悠閒日子。我握著她那長滿老繭的手，輕聲而自信地對她說：「外婆，你為了我們兄弟倆勞碌了一輩子，從沒享過福，等我大學畢業，我一定把你接在我身邊，給你專門找一間舒適的房間，好好地過幾年快快樂樂的晚年生活。」

她笑了，眼裡含著淚花。

二十多天的暑假，我的心情始終是陰鬱的，面對著犯愁的母親，心中老是壓著一塊石頭。我不時想到馬開先，想起她對生活的絕望。若不是這場「大鳴大放」，我們本打算在這個暑假同車回北碚。她的姨爹和姨媽在西南農學院任教，她可以住在她姨爹家，趁著一個多月的假期，一同去縉雲山和北溫泉，痛痛快快地玩。

可現在一切都被打破了，假期她竟忙著辦理退學手續，今後我們的關係也不知會發展成怎樣。

因為心境不佳，我提前了五天返校。弟弟幫助我收拾東西，外婆不停地嘮叨冬天的衣物要帶好。她好像有一種恐懼的預感，一再地提醒我，在學校不要亂說話，不要同人吵架。她拄著拐杖，一直拉著我的手，顫抖著把我送到那竹籬笆做的小門外。當我跨上馬路，她突然把我叫到她身邊，一再地撫摸我的頭，我情不自禁將身俯下，把我的臉貼在她那蒼白的前額上，吻了吻。我感覺到她熱呼呼的淚水順著臉頰向我的脖子裡流。

到了拐彎的地方，我又回過頭去，她的身影還一動不動地佇立在那木門邊。這一幕像永遠不能褪去的底片，儲存在我的大腦中，跟了我一輩子。

我對她許下的諾言，也許正是她盼望了一輩子的夢想。但是，它終於成了泡影。而這一別，也成了我和她飲恨一生的永訣！

（三）馬開先

回到學校，剛剛跨進寢室，正碰上留校「工作」的郭英華，她詫異地看著我，問道：「你怎麼一個人回來了，馬開先呢？」我吃了一驚，預感到發生了什麼，回答她：「我怎麼知道她上哪兒去了？」

「你們吵架了嗎？放學那天你們不是一起離校的嗎？怎麼她那天晚上獨自回來了？還酗酒大鬧了一場，學校正在追查這件事。」

我說：「我們確是一起出校的，但到了車站，她說要上姑媽家去，便分手了，後來，我就再不知道她在哪兒。」

郭英華便把當天晚上發生的事，向我一一敍說。

那天晚上大約九點鐘，馬開先提著一瓶白酒和一包糖果，獨自一人回到了她的寢室並關上門窗。不一會，屋裡傳出走了譜的歌聲，沙啞而不清，但聽得出是「麗達之歌」，接著是一陣狂笑，狂笑後又是一陣哭聲，後來傳出了玻璃摔碎的聲音。

有人從門的一條細縫向裡看，只見她滿臉通紅，手舞足蹈在那裡「跳舞」。一瓶白酒只剩下了半瓶，酒杯摔碎在地下。

門外的人拼命敲門，但無濟於事。不一會，裡面突然靜下來，郭英華趕緊到男生寢室找來陳思和劉大奎。踹開門，只見馬開先正大口大口嘔吐，屋子裡充斥著酒味和發酸的臭氣。聽到這裡，我知道悲劇終於開始了。我連忙到她的寢室去，在她的課桌前呆坐。

她酗酒和狂舞是因為我嗎？女孩子真有這樣脆弱嗎？她究竟到哪裡去了？我上哪兒去找她呢？這時，我的心裡再也無法平靜，我想得很複雜，她是出走還是自殺？

我決定要先找到她的姑媽。想到這裡，我便打開她抽屜，尋找她收到的信件。信件提供了重慶城裡的兩個地址，一個是黃花園某巷十號；一個是在枇杷山公園。

我匆匆走出校門，坐上了開往牛角沱的公共汽車。到了牛角沱，便下車步行。我按信封上的地址，邊走邊問路，整整在城裡找了四個小時，下午四點鐘，我終於在枇杷山公園下街的某巷中找到了她姑媽。房主人打開了嵌在圍牆中間的小門，裡屋竟傳出了馬開先的聲音。

她穿著一身白色連衣裙，從樓上迎了下來，看到我，她十分驚喜，接著帶著歉意地說：「你怎麼知道我在這裡？」

一塊空懸的石頭終於從我的心裡落地，我裝出神秘而頑皮的樣子說：「我有特異功能，隨便你跑到天涯海角，我也會把你找出來。」

我在車上準備好的那些道歉話全部吞了回去，兩個人的誤解也立刻冰釋。

「你吃飯了嗎？」她問道。此時我才感到飢腸轆轆。從早上北碚出發到現在，整整九個小時的奔波，疲勞和飢餓竟在這一連串怪誕的過程中忘得乾乾淨淨。

那天晚上，阿先主灶，飯菜很香，我們吃得很開心，我也得了教訓，暫時對阿先退學的事緘口不提，也沒有問她那晚何以酗酒狂唱？她的姑媽對人挺熱忱，看不出她是不是同她的哥、媽一樣，反對我和阿先的初戀？

晚飯以後，我和阿先漫步在臨江的公路上，憑著石欄望去，嘉陵江蜿蜒如帶，兩岸分佈在岩壁上的建築點點燈光，映著月色，立體的構成一幅很有詩意的圖畫。

重重愁緒又重新湧上我的心頭，母親的憂鬱重新爬上我的心扉，我看著面前的這個阿先，江風拂動著她的白色連衣裙，顯得動人而瀟灑。我希望第二天她能同我一起歸校，但是她拒絕了。看來，我昨日的辛苦並沒有動搖她退學的決心。

學校並沒有如期上課，自習占去了大部分的時間。國慶日剛過，團結廣場召開了由千餘名大學生組成的下鄉支農的誓師動員大會。第二天大學生們便開赴井口參加挖水堰的「勞動鍛鍊」。

下鄉支農的勞動大軍一走，秋天的校園空蕩蕩的，幾場連續的秋雨之後，更顯得寂寞蒼涼，一種積鬱在我心中很久的不祥之兆，越來越近地向我圍攏。

終於有一天，陳思把我叫到一個僻靜的教室，語氣嚴峻地對我說：「你必須認真反省在大鳴大放中的思想言行，包括與母親的不利於社會主義的言行，也包括與馬開先的言行。」他還說：「你要看清形勢，爭取主動，黨的政策擺得很明白，懲前毖後，治病救人，凡是在鳴放中有過錯誤言行的都要徹底弄清楚，予以批判幫助，決不能存在僥倖心理蒙混過關。」

緊接著他用嚴肅的口氣警告我：「組織上已經掌握了你的情況，這次井口勞動沒有叫你去，就是給你充分的時間反省和交代自己的問題，早交代比拖延好，不交代就等於頑抗，性質是可以變化的，希望你爭取用人民內部的方法解決你的問題。」說完他給了我一疊稿紙，那紙就是一年多前在反胡風運動中曾用過的，用來讓有問題的學生寫交代的那一種。

我接過稿紙心裡一陣緊張，現在，我終於不得不改變我原先的態度——置身運動之外而自樂了。不久，我收到了弟弟給我的來信，告訴我是母親叫他寫的，他說母親已在組織的監督下。周生碧警告她說，這一段時間不准向重慶大學寫信。我立即找到了那本《關於正確處理人民內部矛盾》的小冊子，翻到香花毒草區別的六條標準一一對照。我個人在鳴放中並沒有在公開場合下發過言，更談不上右派言行。

我不知母親是不是犯六條中的哪幾條。是分裂了人民、破壞了社會主義改造和建設、破壞削弱了人民民主專政、破壞削弱了民主集中制、擺脫和削弱了共產黨的領導，還是損害了社會主義國際團結？

我想，即使母親在鳴放中對父親提出了幾個政策上的疑問，也夠不上這六個破壞和削弱的大罪呀。

至於馬開先，她在鳴放時說了什麼？黨天下？教授治校？對照六大標準似乎只有涉嫌擺脫和削弱共產黨領導那條了。

在我看來，純潔無邪的馬開先怎麼也不可能同「老謀深算」、「陰險毒辣」的資產階級右派扯在一起。這麼一想，我緊張的心態開始鬆弛下來。但是，母親憂傷的面容又浮現在我眼前。陳思的警告又使我的神經繃緊了。

從開學以來就一直沒有見到阿先，我是直到在下鄉勞動隊伍中，才看到她的背影。看來，她是在故意躲避我了。她為什麼一直躲避我？阿先啊，你可知道，我現在也陷入了麻煩。我是多麼想你，多麼需要你給我安慰和鼓勵。

（四）荒唐的辯解

我忽然想到了該寫信了。

第一封是：「開先，你知道我母親的痛苦嗎？父親被捕以後，她一人負擔著四口老小已不容易，加上反革命家屬的精神壓力，她終於選擇了同父親離婚。她年輕時就已經在教育事業上顯示才能，她是一個事業心極強的人，這一次大鳴大放，本想向組織說清多年積疑，消除認為她包庇自己丈夫的懷疑，這樣提出來，沒有別意。」

我這封稱謂馬開先的信，是寄給母親單位上看的，張世模不是在尋找我和我母親在最近一段時間的通訊嗎？讓張世模看到這封我給女友的信，更能為母親辯誣。

第二封是這樣寫的：「媽媽，你好嗎？外婆和弟弟也好嗎？整個暑假我的心情都十分沉重，當我返回學校時得知馬開先因誤解了我，傷心過度，竟然酗酒傷身……我真地感到對不起她，她是真愛著我的，她是一個心地善良的女孩，我不知道她為什麼到現在還轉不過彎來，開學以後，我一直沒有見到她，心中非常掛念，我不希望她輟學，那前途全毀了，後果不堪設想，一個女孩子單獨流到社會上闖蕩該有多麼危險。媽媽，我求你，勸勸她吧，也許她能聽你的話，讓她去掉那個荒唐決定吧……」

這封稱謂媽媽的信，卻是寄給馬開先的。

兩封信，當然要張冠李戴顛倒了寄，稱謂開先的信，信封上寫了母親的地址寄給了北碚托兒所，而稱謂媽媽的信箋卻裝進了寄往井口的信封。

這兩封信裡面包含了多少無奈。倘若當年我就看清了毛澤東心狠手辣的陽謀，我也不會那麼可笑地「表演」。

信寄出以後，我心情放鬆了許多。

日子也真難熬，才兩個月的日子就像過了幾年，發出的去的信一封也沒有收到回信，於是我又擔心這些信是否寄到了收信人的手中。到了十二月初，我又提筆寫了內容與手法與前面完全相同的兩封信。

這次，寄往北碚的信終於有了回音。

（五）同弟弟的最後團聚

一九五七年十二月中旬的一天，大約上午十一點鐘左右，弟弟突然出現在我寢室的門口，他的到來，給我孤單悲傷的心吹來了一陣暖風，同時也帶來了更多的憂慮。他手裡拎著一個黃色的布包，怯生生地站在門口。見到他，我慌忙站起身來，緊握著他的手，那手是冰涼的。

「你什麼時候來的？」

「今天一大早。」

屋裡還坐著其他人，不便多說什麼。

他打開黃布口袋，說：「這是外婆關照帶來的，天冷了，外婆叫你注意不要生病了。」口袋裡裝著一雙舊毛線打織的毛襪、一雙新布鞋，還有一張用手帕包好的二十塊錢。見到那毛襪，我就知道那一定是她戴著昏花的老光眼鏡一針一針織出來的。

中午時分，我便同他去學生食堂吃了便飯，然後牽著他的手，從後校門慢慢走到小龍坎醫院，當時我的痔瘡結痂還沒有合好，那兒還留著我的病床。

小小的病房沒有其他人，是我們兄弟倆談心的好地方，弟弟坐在床前細說我走以後發生的情況。

「自從你走以後，托兒所一連開了許多天批判會，媽媽和陳玉如兩個成了批判對象。媽媽的主要問題就是替父親翻案，會上會下追她交代，特別追問同你的聯繫，說什麼串通大兒子訂攻守同盟。上星期起正式給媽戴上了右派分子的帽子，規定她今後外出和投信都必須事先告知組織。」

弟弟說得很慢，像是被什麼東西堵著喉，邊說還邊痛苦地思索。

他才十三歲，從他呆滯的目光中，我看到了他嫩弱心靈上的陰影和莫名傷害。

媽媽會被劃為右派，從假期中周生碧的態度和語氣中我早就聽出來了，本是預料中的事，所以也不太驚詫。

弟弟接著說：「昨天下午，外婆把那黃口袋交給我，還給我五塊錢作車費，叫我馬上到你這裡來一趟。她說：家裡情況不好，要你不要回家，也不要再寫信回來，她說你的信被周生碧拿到會上當作死不認錯的證據。外婆還關照你就在學校過年，好好注意身體，不要同人多說什麼。」

弟弟講完，我們兩人都沈默不語，心中感

到一種巨大的壓力，腦子裡一片空白。

天漸漸暗了下來，我忽然想到，過不了幾天就是新年了，今年過年肯定不能回家，便建議說：「今晚我們倆上館子，算是提前團個年，晚上就同我在病房過一夜，明早我送你上車回北碚。」

弟弟眼裡閃了一下，點點頭說：「好，今晚我們過年。」

我們兄弟倆手牽手，朝土灣方向走去。我們進了一家飯館，選了一個窗口臨江的座位。既是過年，自然要「奢侈」一點，我破天荒地點了五個菜，是弟弟平素最愛吃的砂鍋魚頭、蒜泥白肉、白斬雞、燒白菜，還要了一小杯酒。因為捨不得剩下，便慢慢地吃，整整吃了一個多小時，直到把五盤菜全部吃光。

吃完晚飯，我們兩人緊緊地靠在一起，踩著石板鋪成的人行道向沙坪壩逛去。我倆投在路面上的影子漸漸拉長又漸漸縮短，遠方隱隱傳來如訴如泣的「拉茨之歌」。在一家賣副食品商店的門市部，我買了一小袋花生米、一袋水果糖，一小袋桃酥，仍裝在弟弟帶來的黃口袋中，囑弟弟明天帶給外婆和媽媽，關照他們，我在這兒一切都好，請他們不要牽掛……。

十點鐘左右，我們回到病房。那晚，我們兄弟倆和鋪而眠。他已經很累，不一會便入睡，我卻怎麼也睡不著，望著他童稚的臉，萬般愁緒湧上心頭。打開臨江的窗戶，嘉陵江的江風令人清醒、令人斷腸……

我沒有料到這是蒼天安排我們兄弟倆最後的一次相聚，第二日車站的離別竟成了我們倆的生死永訣。

第四節：被揪鬥的日子——扭曲人性

在井口參加勞動鍛鍊的大軍，一直到年底前最後幾天才回到學校。令我感到困惑的是，同班的同學，相別了兩個多月，竟沒有一個人問起我的病情。他們見了我像有一種說不出來的陌生，再沒有以往的玩笑和親切的交談。尤其是沒有見到馬開先，我更感到疑惑。

我偷偷向劉玉華詢問，她很神秘地反問：「你還不知道？你慢慢就知道了。」同寢室同學的冷漠態度，使我感到了一種無形的壓迫。

一九五八年元旦後五天，陳思和郭英華把我叫到一間教室裡，拿出我年前交給他們的那份「檢討書」。陳思十分嚴厲地訓斥我：「你這叫什麼坦白交代？給你整整兩個月的時間，你白白放過了給你的機會，你那個材料除了替自己辯解就是隱瞞，照你所寫的，還有什麼右派言行？」郭英華也一臉怒氣地說：「既然你的態度如此頑固，那麼從明天開始就向全班同學交待吧。」

我突然感到一陣心悸，從中學一起上學的小夥伴，怎麼突然變了臉？變得猙獰可怕，想到前年清理胡風集團的漏網反革命份子時，一位高年級同學，被隔離反省，沒幾天便被公安抓入監獄。想到這裡我十分害怕。

第一天的批判會叫我坐著辯論，全班同學顯然背著我開過「準備會」。我注意到馬開先沒有到場。青年團組織委員劉大奎是這次批判會揭發我的主要發言人，他是我中學六年的同班同學。

我們曾在一起偷過學校香蕉林種植的番茄，曾經趁黑夜把學校過河的小船偷走，划到對岸去「夜遊」，寒假時在一起打過野狗，在寢室裡偷偷煮了「改善伙食」，我們還捉弄過班上一位年齡比我們大五歲的女同學，捕風捉影硬說她與班主任老師「偷情」，弄得全校當成新聞傳播。

總之，一切孩子幹的調皮事我們都一起幹過。後來由於我父親被捕，我變得老成起來，這種調皮事才收了手。中學畢業，我們同時考進了重慶大學同一個班，而且同住在一間寢室，頗有「手足之情」。所不同的是他積極靠攏組織，當了團幹部，而我因家庭出身問題，被長期關在青年團的門外。

鑒於這種關係，批鬥會開始時我並沒有產生恐懼感。然而令我沒有想到的是，「手足之情」也要翻臉不認人，硬說我父親被捕時，我曾哭過，還說過：「共產黨亂抓人」。另外，他還揭發說我背地裡經常讚揚大右派董時光。

我試圖否認這些揭發，當場爭論起來。陳思說，我的檢查是在事實面前抵賴，並且暗示說我更為嚴重、更為關鍵的問題已經被組織掌握。他再次警告我必須端正態度，休想蒙混過關。

批判會，特別是好朋友劉大奎的冷酷，讓我心中寒透。這是我第一次嚐到鬥爭會的滋味。難怪我看到鬥爭自己父親時，有兒子登臺揭發，當場表示與父親劃清界線的。

怎麼在政治壓力下，人性被扭曲得這樣快，這樣可怕？

第二天的批判會責令我站在會場的中間，氣氛比前一天嚴肅多了。但我察覺到有一半同學眼裡流露出對我的同情，他們並不發言，只是在喊口號時為虛張聲勢舉舉手。

上綱上線本是共產黨一貫的黨風，這一點我已在歷次運動中初步領教過了。平時一貫小心翼翼回避政治的我，從來沒有去想共產黨的好壞，也從來不發表意見，真沒想到因為幾封同母親的家信，就被攪進了這次政治運動中。

這麼一想，我馬上產生了抗拒心理。開始我還承認這些信屬於認識問題，但是剛剛說了幾句，就遭到了劉大奎和陳思的駁斥，他們硬要把我們母子通信往替反革命份子翻案上套，說我的言行是公然反對人民民主政權的行為。這引起了我的強烈反感，我橫下心，絕不向批鬥會屈服。我一口咬定我在大鳴大放中沒有說過任何反對共產黨的話，並且說劉大奎的檢舉純屬無中生有。

我的拒不認錯態度激怒了包圍我的同學們，會場氣氛開始敵對。陳思說在全校的鬥爭會上，還沒有看到一個被批判鬥爭的人有我這麼蠻橫。會場上響起了口號聲。

三天的批鬥會下來，我被機械系反右領導小組認定是全系右派分子中態度最惡劣的一個，於是決定對我採用特殊的鬥爭方法。

（一）曹英主持反右「批臭」會

從第四天開始，年級的反右領導小組長曹英親自指揮了對我的批鬥會。反右以來，他的反右領導小組，在全系組織了幾十場鬥爭會，這人有一種使被鬥爭的人在他的面前垂頭喪氣而獲得快感的心理癖。

為了滿足這種快感，他不惜使用卑鄙的手段。全年級二十幾名同學都敗在他手中，一個個低頭認罪，乖乖地戴上右派帽子。

四班的一位女生被他鬥得幾乎跳嘉陵江自殺，事隔二十五年以後才知道那位女生因拒絕過他的求愛才遭此下場。他得意洋洋誇下海口說，沒有在他面前不低頭的右派分子，所以他深得校黨委的青睞。

那天，曹英將批鬥會場專門進行了佈置。會場上貼著標語，所有的課桌集中到教室的最後面，反右領導小組的三人成員坐在教室的講臺上，曹英坐在中間。會場籠罩著一種緊張空氣。曹英的「三角眼」裡，射出凶光。

鬥爭會開始，他一聲斷喝：「把右派分子孔令平抓出來！」

我的心一震，被推到會場中間。會場上響起了口號聲，我頭腦裡空蕩蕩的，耳朵裡分辨不出誰究竟在說什麼。鬥爭會開了一整天，我也整整站了一天，兩腿發硬，兩眼發黑，心裡難受極了。

散會後曹英宣佈，晚上不准我回寢室，要在他們指定的房間裡繼續反省，並寫出檢查交待。這天晚上，三名黨員輪流值班，守著我寫了一個通宵檢查。

天快亮時，我實在支持不下去，想打個盹。頭剛剛伏在桌邊，就被值班人在我背上打了一拳。

第二天，我又被帶回批鬥會現場聽大家的辱罵和口號。因為一夜未眠和精神上的壓力，我的身體已經漸漸不能支持，耳朵裡發出嗡嗡的聲音。

曹英拿出我早晨交給他的檢查材料，當著我的面撕成碎片，一邊吼道：「這叫什麼檢查，重寫！」他還罵道：「你這反革命家庭出身的黑崽子，生下來就反動，不過你放明白一點，你在鳴放中寫給你母親的信，她都做了交代，你怎麼賴得掉？現在你越是替自己狡辯，你脖子上的絞索就套得越緊。」

第二天早上，我幾乎交了一張白卷。

我實在不知道該怎麼寫了！曹英拉長臉，冷笑道：「你以為你在大鳴大放中一言不發就可以掩蓋你的右派本質麼？現在根據大家的揭發，你已是一個典型的右派分子，老實告訴你，你的那個反革命老子註定了你是國民黨的孝子賢孫。毛主席怎麼說的，你那反革命家庭和社會地位，在無產階級取得勝利後是絕不會甘心退出歷史舞臺的，你們千方百計想恢復你們失去的天堂。你的出生就註定你對共產黨和人民有刻骨的階級仇恨，你在大鳴大放中越是一言不發，越是表明你的階級仇恨深！」

照此邏輯，我便明白，對我進行專政是天經地義的了。既然罪惡在我生下時就印烙在我身上，我這輩子就在劫難逃了。

既然如此，還要開什麼鬥爭批判會，還要我向同學交代什麼呢？

又過了一天，曹英突然說：「今天你向全班同學交代你和馬開先的關係。」這句話倒是提醒了我，這麼多天來，我還從來沒有見到她，她並沒有參加我的鬥爭會。據說她在另一間教室裡受到追查，我們被曹英有意地分割鬥爭。

「你看，這是馬開先的交代。」曹英手裡捏著一疊紙，狡滑而得意的向我宣示。「你必須老實交代鳴放期間你和馬開先發生的姦情。就憑這一點就可以處份你，開除你的學籍，現在這些醜事，她已經交代清楚了，現在就看你的了。」

我此時終於如夢初醒，我與阿先隔絕，原來是工作組的預謀。為完成上級交給的抓百分之十的右派份子名額的任務，反右工作組這幾個月來真是煞費苦心！

男女私情是中國封建殘餘的禁區，現代中國雖不像古代那樣，男女授受不親，但發生不正當的「男女關係」始終被認為是道德敗壞。大學同學中，誰沾染上這種嫌疑，必會招致周圍人的譴責，不但父母不容，就是同學之間也會受到冷眼和攻擊。

因忍受不了這種攻擊，涉嫌通姦的女同學在校園裡投湖自盡的事時有所聞。我同開先雖有這種生理上的衝動，但始終不敢偷吃禁果。

今天，阿先怎麼會這樣糊塗，難道她也痛苦到了這種求生不得，求死不能而「抓屎糊臉」的程度了麼？

為什麼這種嚴肅的政治批判會攪進這麼一齣莫名其妙的緋聞？我來不及細細的推敲了，只是下意識地向曹英吼道：「把那材料拿給我看。」我盯著他手裡的那疊紙，他奸笑一聲，把那疊紙收了回去。

「把她叫來同我對質！」我衝他吼道，然而，這完全是徒勞的。

正是借用了這一手，會場興奮起來，批判會立刻出現了高潮，先前一直緘默，並用惻隱眼光看我的幾位同學，此時露出來的是鄙視和驚詫。

會場上一片罵聲、吼聲：「偽君子！」、「下流！」、「裝什麼假正經！」

那天晚上，我依然躺在那間關閉我的小房裡，面前還是那張桌子，桌上還是放著一疊紙，曹英正坐在我的對面。

「何必裝瘋賣傻，自討苦吃！」他以勝利者對失敗者的挖苦語氣說。「在強大的工農民眾面前，哪一個資產階級右派不向人民繳械投降？別說你一個學生，像章伯鈞、羅隆基那樣的全國都有影響的大人物，還要寫不完的檢查，你算什麼？你必須下決心徹底認罪，徹底交代，今晚必須寫出深刻的檢查……」

我不知道如何寫完了我最後的一次「檢查」。我至今已完全不記得上面寫了些什麼，那幾乎是在曹英一問和我的一答中寫下的。

「抓屎糊臉吧！」只能如此了。我寫完只覺得六魂出竅，噁心想吐。也不知道什麼時候，我伏在那桌上呼呼大睡，夢中突然又被一陣震耳的口號聲驚醒。

曹英已經走了，屋裡靜悄悄的，就我一人，我向玻窗望去，黃黃的燈下面，照著一個蓬頭垢面的鬼！我心似刀割般難受，腦子裡又開始膨脹起來，耳朵裡還響著那可怕的回音：「反革命的兒子必是反革命。」

我想，自己是不是神經失常了？我想起那些瘋子在垃圾堆裡尋覓腐爛食物，找到後大把往嘴裡塞的情景。我一陣心驚肉跳，立即摸了一下自己的頭和臉，待證明我還能判定這些最重要的身體部位時，我才舒了一口氣。

從此以後，我便想唱歌，或大聲地發些連我自己都莫名其妙的吶喊。晚上老想出去「散步」，在後校園的環校馬路上，覺得涼爽的江風真夠刺激，可以使我忘記那些我無法再忍受的苦惱和悲哀。我聽得清楚身後跟蹤我的腳步聲，我便唱歌，雖然我自己都不知道唱了些什麼。

我想，我已臨近瘋狂了，我得躲開這可怕的後果。

現在回想起來，那個年代中不知有多少與我相似遭遇的人被逼瘋、自殺，我算嘗試到了那悲劇的滋味。就在這精神快錯亂的時候，我忽然從當時盛行的師生寫血書向黨交心中受到啟發，我也寫了一封交給黨委宋殿賓的「血書」。

鬥爭會上口口聲聲說我是國民黨的孑遺，因而刻骨仇恨共產黨，既如此，為了解開這根套在我身上的繩子，為了證明我的「清白」，我請求中共派我到「對敵鬥爭」第一線，接受中共的考驗。我想，有了這封「血書」在中共手裡，國民黨孝子賢孫的罪名就不會再糾纏我了。

不料，這恰恰成了套我一生的絞索，這是後話。

只記得陳思、劉大奎、郭英華像看守犯人一般緊緊地跟著我，連上廁所都要守候在廁所門外。但是，他們再沒有阻止我大哭大笑和唱歌了。也許他們怕真地把我逼成無法救治的瘋子，或尋找自殺，「死了」可不好交代。也許還出自童稚之交的那份良心發現和同情可憐吧！

我以「全校的右派極品」受到了「保留學籍，勞動考查」的最高處分，這是全校頂級右派分子中的第一類。除了按「敵我矛盾」被抓的蒲世光、被勞教的林毓森之外，我便成了性質最嚴重的「右派分子」。

全校一共七十六名這樣的極品，其中還包括四位年事已五十歲左右的老教師，處分既已確定，七十六人集中交總務處統一管理。

我終於從被人四面包圍和監視的第二學生宿舍裡搬了出來，搬進早先我同阿光一起複習功課，那幢舊教學樓旁邊的樓房中，開始了我們正式接受監督勞動的改造生活。

臨近春節了。那年的春節怎麼過的，我一點都想不起來了，只記得陳思、劉大奎、郭英華像看守犯人一般緊緊地跟著我，連上廁所都要守候在廁所門外。但是，他們再沒有阻止我大哭大笑和唱歌了。也許他們怕真把我逼成無法救治的瘋子，或尋找自殺。

（二）校園裡的牛

老圖書館崖下，那片長滿雜草的老足球場被劃為重慶大學農場的耕作基地，這裡便是我們這七十六名極品脫胎換骨的勞動改造基地。

五八年二月，春寒料峭，我們七十六個人便靠鋤挖、肩挑，將球場周邊高低不平的地方填平成一彎足有五畝大的「水田」。「水田」灌滿水後，用人力拉著犁耙將它刮平。

拉耙的五、六個大學生一字排開，踩著刺骨的冰水，在水田中歪歪倒倒掙扎著前進。我們滿身被濺起的污泥弄成了泥人，摔倒在田裡的就更慘了，那是寒冷的早春，冷得瑟瑟發抖，這種「壯觀」還常常吸引路過的昔日同窗。

他們三五成群站在高處，指點著這些掙扎在水田中的「牛群」，有時還能聽見他們的竊竊笑聲。

當年抗日圖存時學生走在街頭，面對噴來的高壓水柱的那種前仆後繼、相互扶助的傳統美德，不是還在中學語文課本中讀過的麼？今天，這些人怎麼就這麼殘忍對待起自己的同學？他們的憐憫之心，當真被毛澤東接連不斷的整人運動弄得蕩然無存了麼？

然而，反省起來，我的神經不是也完全麻木了麼？我並沒有因遭受冤屈，受到這般非人的虐待和羞辱而奮起反抗，當時胸中冷冰冰的，連一點反抗的火星都沒有。經過鬥爭會那劇烈的刺激以後，神經處於麻木狀態了。

在我蓬頭垢面形同乞丐的軀殼內，只有恨在猛烈生長。遭到無端的殘酷折磨和侮辱而不知道恨的人，恐怕不是白癡就是瘋子！

到了晚上，腳上總是奇癢難忍，水田裡灌進了從教學大樓的蓄糞池裡抽出的屎尿，癢大致是勾蟲作祟，加上被石塊瓦礫劃破的傷痕，真是又痛又癢。

這倒分散了精神上的苦惱，使我不再想其他事，每當仰望窗外的夜色想哭泣長嘆時，卻拼命去搔那雙又痛又癢的腳板。

有一次，外語教研室的鄭老師拉耙時，摔倒在水田裡，我和旁邊的兩個拉耙手卻喘著氣，既沒有馬上把他扶起來，又不曾安慰他，看著他一個人蹣跚從水田裡爬起來，全身發抖。

在他生病時，我未給他端過一杯開水。後

來，每憶這事，都覺得慚愧，面對他，我的人性不也被這些可愛的同學們毀滅了麼？我當時不是只想到個人的不幸，還在千方百計的向共產黨辯誣自己的「罪惡」麼？

不過，我並沒有喪失記憶，正當我們掙扎在水田裡向全校同學們，上著活生生的「監督勞動」的「現身課」時，全校的同學正在校黨委的領導下「如火如荼」開展了「紅、專」大辯論。

松林坡的大禮堂前的松樹樹桿上，牽著一排排的鋼絲，上面掛著一幅幅用白紙寫成的「向黨」交心書，這是些令人看後就噁心的傑作，其中許多篇還隱隱帶著斑斑血跡。

那抬頭的稱謂就很令人肉麻，千篇一律以「親愛的媽媽」開了頭，下文抓了些「學而優則仕」或「光宗耀祖」的帽子胡亂戴上，以痛罵自己的「糊塗」。

作者的這些「傑作」是出於真心還是懾於某種「淫威」？若出自真心，我想，前提就是虛構的。以我自比，自幼讀書從沒有「學而優則仕」的東西，光宗耀祖和剝削他人，我連想都沒有想過。

從中學到大學，我一直是在共產黨的教育下成長起來，捫心想來，若不是不斷的運動步步逼迫，社會的歧視和壓迫，我怎能由怕變成恨？

但直到當時，我肯定沒有對共產黨的刻骨仇視，也更沒有預謀的猖狂進攻，我只是可憐和渺小的犧牲品，是一個用來使周圍人產生害怕而不敢反抗的犧牲品而已！

至於要討論這些「交心書」問世的原因，我想當時看到我的同學們如此受人踐踏，也未必不會像他們一樣寫出這樣水平的「文章」來！

無奈啊！也罷，且看看另一張怎麼寫：

那標題是醒目得多了，〈拔××白旗，與××商榷〉：

「近來據我觀察，你的思想包袱背得不輕，平日生活無精打采，學習不發言，鬥爭右派不表態。好像完全置身運動之外，你在想什麼自己最清楚，單提你在這次大鳴大放中的錯誤言論就已不少。你說我們現在沒有自由，我們不禁要問你所要的是什麼自由？自由自來就是有階級性的。

有資產階級的自由就沒有無產階級自由；今天有我們工人階級當家作主的自由，就容不了你的資產階級自由。我們今天只能用無產階級的標準衡量，你當然會說沒了自由。

由此可見，你是站在資產階級右派的立場上來攻擊我們今天的社會了。你又說：『我們現在是非都是由黨來劃，不是按大家認定的標準來劃。』你又錯了。

難道你所謂『大家的標準』還有與黨的標準完全對立的嗎？如果是這樣，那麼你那個『大家的標準』不就是資產階級右派的標準麼？你又說：『大鳴大放把我弄得糊里糊塗，但確無反黨的意思，我只覺得應當尊重事實。』

姑且我們也承認你並無惡意，但是你那個『尊重事實』該首先承認黨的領導是無比正確的事實；無產階級專政也是無比強大的事實；一切與這個事實相違背的不是錯誤的就是反動的。

你之所以現在生活消極，犯了那麼多錯誤還認識不到根本的原因，是你長期站在資產階級的立場上，在你靈魂深處還牢牢樹立著一桿資產階級，只專不紅的白旗。但是你已經看到資產階級右派份子向黨進攻的可悲下場！前車之覆不可不鑒，亡羊補牢未為晚也……」

好厲害的邏輯，彷彿世界上除了共產黨的主張才絕對正確，再無其他意見的容身之地！當然，隨之而來的就有「領袖」的絕對權威和個人迷信。一個人說了算的專制極權就從這裡生下了根。

至於那些「運動」，就好比在街上無故地抓了些行人，硬給他們加了一大堆罪名便拉去砍頭，砍頭時還要他承認犯了不可饒恕的大罪一樣。

直到今後證明，一人獨裁，一黨統治，變成了少數人追逐自己的「權」、「利」給國家帶來的不是繁榮幸福、而是災難絕途時，人民才起來反抗它、推倒它，這要中華民族付出多慘痛的代價？

經歷幾十年殘害的我，意外的苟活至今，回憶起五十年代之大學校園的同學大家庭，其成員中許多人格的卑怯，懦弱和盲從。理性地思考其原因恐怕主要是專制主義暴力的扭曲，一黨專制肆無忌憚踐踏了人的尊嚴！

它的領導就是典型的黨獨裁的代表，灌輸著共產黨至高無上的信條，學校一經變成了狂熱個人盲目崇拜的發源地。中華民族就面臨著自相殘殺和毀滅。

然而，生活又以無情的事實鞭撻著校園。當市場上的供應一天一天匱乏，尤其是那個為控制農民而施行的農業集體化，施行以後，全體人民都已嘗到它的苦果，所謂的「天災」正用飢餓懲罰著每個中國人。

每到吃飯時，當每個學生都排著隊在領取飯菜的窗口處，領到一個三兩重的饅頭和一勺白菜時，學生們當然不會忘記十年前，他們的大哥大姐曾在共產黨的秘密組織下，吃飽喝足後，還要走上街頭，舉起小旗同遊行隊伍隨流著高喊「反內戰，反飢餓」的口號。

那殷世紅僅僅說了稀飯清的像「浪打浪」，便被抓了出來鬥爭，最後關進了勞動教養所。現在，回想到那一時衝動而貼出的「交心書」，該不該有些矛盾和尷尬呢？也罷，共產黨本來就是說一套做一套，何必對他如此「認真」？

問題是，他們真得到了忍飢挨餓時，就不敢說半個「不」字了！

當人們醒悟到這些，起來反對時，國家已掙扎在災難絕途上了。這要中華民族付出多慘痛的代價？

（三）飢餓的大學生

五月一日，伙食團傳來一個特大喜訊：為紀念國際勞動節，放假一天，五一全天三頓飯可以敞開肚皮吃。這一喜訊確實使我們這七十六名苦役犯振奮不已。

四月三十日下午五點鐘我們提前收工，平時最感到吃不飽的江遠被派去廚房幫廚，深夜十二點江遠回來，興高采烈地宣佈：「伙食團拿出了比平時多五倍的麵粉，張科長說，這次讓大家敞開肚皮吃。大家老喊吃不飽！其實只差了點油葷，我平時還沒有你們吃得多，這次讓大家敞開肚皮吃，看你們吃得到多少？」

可中國人就是天生的窮命：食一直是打牙祭時才能見得到的。勞動的農民從來是拿糧食打主食，這些年來這統購一搞，農民連豬也不餵了，豬肉沒了，加上我們也成了體力勞動者，原先那點定量當然就不夠，這些道理，誰都明白。即使五一節這一天可以美美的撐一肚子，又能管過幾個小時？

難道中國真因為人口驟增，土地收入微薄，收到的糧食已不能滿足六億老百姓果腹了麼？那形容得似天堂般的共產主義豈不成了海市蜃樓？

我們為明天的「精彩」生活而興奮不已，江遠報告說，明天早上是稀飯、豆乾和油炸花生米，中午六菜一湯，饅頭隨便吃，只是准吃不准包。有人大聲喊道：「打二兩白乾慶祝一下，今朝有酒今朝醉！」

唯獨我獨自躺在床上想家。弟弟走後，一直沒有信來，不知道他們的近況如何了，他們可知道我現在也身陷右派泥潭，失去了自由，今後恐怕難以回家了。最讓我牽掛的是外婆，最好不要讓她知道我的不幸。

唉，以拯救全人類為己任的共產黨，你不是自稱是受苦受難者的救星麼？怎麼就連我家的四個老人孩子都不能寬恕呢？

第二天早上的稀飯已不比往常，乾得能插穩筷子。那豆腐乾和花生米大概已經半年沒有上過飯桌了。黃豆和花生米是一類統購統銷物資，普通商店裡買不到，若問為什麼買不到，答道：「去向蘇聯老大哥換機器了。」

中午時分，每一個桌上擺著六碗菜和一盆排骨豆芽湯，主食是白花花的饅頭，一桌一籠。那一頓，我吃了五個饅頭，劉武吃了九個。

饅頭畢竟不是早上的稀飯，加上肉食，下午胃便感到難受，肚子發脹的滋味並不比飢餓好受。我找了個僻靜處在那裡對肚子進行人工按摩。按摩的人漸漸多起來，按摩許久，仍不能消解，晚飯時就再也不想吃了。

張科長不知從哪裡冒了出來，嘲諷地說：「怎麼樣？我說呢，這國家的糧食定量是經過計算的，成天喊不夠吃，我看是思想作用。不好好勞動改造，卻盯著這糧食定量做文章，就憑這一點就該好好改造。」

晚上八點鐘，忽然男生宿舍傳來了救護車的鳴號聲。有人傳出消息：冶金系一名學生得了胃穿孔，正被救護車送往醫院。阿彌陀佛，我們這七十六名「同改」還算平安無事。

不過躲了今日禍，未測來年災，年紀輕輕我們已陷在這種絕境中，還不知命中有多少災難等著我們呢！

批鬥示眾，殺雞給猴看過後，我們這七十六個人自忖這堂堂學府、幾畝水田，又豈能久留我等被批倒批臭的五類極品，作脫胎換骨的天地？

能想出了一個「大鳴大放」，使出了放長線釣大魚的「陰謀」，劃百萬計的知識份子使他們聲名狼藉的變成「資產階級右派」，封住剛剛想開口說「不」的口，已屬亙古首創、聞所未聞的中外專制獨創。

毛澤東很明白，一個不小的知識份子群體劃到了「專政」位置上，暫時是不能用「殺」以儆效尤的，對這個已產生出來的群體處置，確實很費了毛公的一番「苦心」。

他的關於正確處理人民內部矛盾，用他「博大與寬宏」的政治胸懷，提出了一個用解決人民內部矛盾的方法，來解決已經成為「敵我矛盾」的右派分子群。

這種瞞天過海，既欺瞞了他的黨內信徒，也堵住了世界諸公的指責。

以後的歷史證明，消化掉這麼一個完全出自獨裁陰謀的無辜知識份子群體，演出了中國歷史上比焚書坑儒更大的悲劇。我就是經歷了這麼一個消化、改造全過程的倖存者。

五月二十日，全校師生員工在校園裡舉行了聲勢浩大的遊行。上午十點鐘左右，彩旗、標語和橫幅，從四面八方向風雨操場匯集。主席臺上，懸掛的橫幅紅布寫著「重慶大學首批下放幹部歡送大會」。主席臺兩側是標語式的對聯，左邊是：自覺響應黨的號召，幹部下到農村去。右邊是：接受農民再教育，決心改造世界觀。

校長金錫如在主席臺上講了話，接著呼「下放幹部萬歲」、「共產黨萬歲」、「毛主席萬歲」。

一批因「家庭出身」不良的員工，和社會問題複雜的「幹部」共二十餘人，站到了主席臺前，他們在一片口號聲中，戴上了校方特製的「大紅花」，遊行隊伍簇擁著他們登上一輛披紅戴綠的公共汽車。接著，彩車開路，遊行隊伍鑼鼓齊鳴，跟著緩緩駛進的彩車沿環校公路繞行一周，以示告別。

這批下放幹部，也是在以後的日子裡對我們這七十六名「極右」分子進行監督改造的工作組，不過這二十幾人中除了幾位共產黨員是專職的特工人員外，其餘都各自有問題，他們從此也永別了學校，再也沒能回去。

我們七十六人一早就接到命令，叫打好各自的背包，到指定地點接受處分。我們沒有資格參加「歡送」大會，我們心中明白，我們才是這次「歡送」的主體。大家默守在黃色樓房前面，默默無語，各自都有難言的悲哀和惶恐。

午飯後，駛來五輛「吉爾」卡車，將我們連人帶行李裝滿每一個車廂。下午一點鐘左右，在大彩車的引路之下，我們離開了重慶大學，向著南桐礦區進發。當重大的一草一木，一舍一樓，一一從車旁馳過時，我心中有說不出的滋味——我畢竟在這裡生活了整整三年了。

我忽然想到了阿先，一直就再沒見到她，她真的永遠消失了？她終於固執地主動地離開了學校，這總比我現在被押送離校要好得多。不過，一個女孩子在那個時候戴著那頂沉重的右派帽子，今後的路還不知怎麼坎坷，她現在上哪兒去了？她的命運又該如何呢？也許緣分就到此結束，我們真的就這樣失散了，多麼不祥的戀愛啊！

（四）余協和

當我們從學校押上煉獄之路剛剛兩個月，一九五八年七月，余媽媽的大兒子余協和來到了我住的宿舍中。

一進門他見我昔日睡的舖上堆著亂穀草，卻不見了我的行李、什物，忙向周圍鄰舖的人詢問，他們都只是簡單的搖了搖頭，並不答話，問到上舖的那一位，他面露惶恐的回答說「這舖從來沒睡過人。」

余協和反覆看那滿舖堆著的亂草，心裡擁起了一陣陣的疑惑，畢竟當時他才十六歲，雖耳聞大學校園裡的種種傳說，並不太懂這「反右」究竟是怎麼回事，尤其是疑慮我這個比他才大三歲的鄰居，一個未出茅蘆的大學生，怎麼會身陷其中？

一九五五年我考入重慶大學時，我家緊鄰的余媽媽家中就有了七口人，兄妹五人的吃穿上學，僅靠父親菲薄的工資，幸好余媽媽沒日沒夜為人幫傭、洗衣，拼死拼活賺錢養家。

年僅十歲的余協和也同我一樣背著背兜遍山遍野地拾柴火、撿二炭，十四歲初中畢業，本打算輟學在街上找零工，但是慈祥而善良的余媽媽說什麼也不讓才十四歲的長子失去讀書的機會。（直到十幾年後才知道，為了籌孩子上中學的學費，在勞累之餘還每個月到醫院賣血一次……）

一九五五年初中畢業的余協和，以優異的成績在全市的升學考試中被市一中和市三中同時錄取，為了能減少學費，他聽從了我的建議，選擇了憑成績減免學費的重慶第一中學，一中是當時重慶的重點學校，又緊鄰重慶大學，從此他每遇到學習上弄不清楚的難題都會到我的宿舍，找我這個兒時一同背背兜的夥伴，也兼有一種照應的意思。

可他怎麼也沒想到，兒時同他在一起揹著背兜，滿山遍野為生存而掙扎的夥伴，就這麼離開了學校，消失在一個不為人知的地方了！

那時的校園已是特務密佈，處處陷阱的恐怖場所。

第二章：監督勞動的最初歲月

從沙坪壩到南桐，進入目的地南桐礦區叢林煤礦時，已是晚上八點多鐘了。車隊一直開抵叢林小學的操場壩裡才停下來。藉著教室走廊射出來的微弱燈光，我們從車上卸下了各自的行李，搬進了一排已沒有學生上課的空教室裡，打開行李，吃了隨帶的乾饅頭，在升旗台左側水池邊洗漱後，已是深夜了。

顧不得那教室三合土地上的潮濕，便打開了被子就地而眠。

第二天天剛亮便被下放幹部的領隊催促著醒來，全體人員在升旗台前集合，由下放幹部的組長王懷壽點了名，並按照預先編好的名冊，將所有的人分成五個大組，每一個組都配備了四至五名的下放幹部，並指定了組長。

我們這個大組共十八名右派，四名下放幹部，魯召是我們的主要管理者。四名下放幹部中有一位女幹部，這次下放唯獨她一直很沈默，好像心事重重的。

分組完畢，王懷壽講了話，他說：「從今天開始，根據黨的政策和學校安排，我們每一個右派將分散的到指定的農家，接受農民的監督勞動，這是一次接受貧下中農教育的機會，每一個人都應當認清前途，在這個改造環境中，脫胎換骨，重新做人。」

講話完畢，各隊分列出發，我們這個組在魯召的帶領下，穿山越嶺，繞著山路走了十餘里地，中午時分才到達名叫「界牌」的地方。

南桐是四川著名的煤窩子，礦區大大小小數十個礦井散落在山丘起伏的山陵中，同農家田舍交織相倚。這裡的農村、農田阡陌交錯，小溪潺潺，被一個接一個的山包分割成一些小小的村落。

時值初夏麥黃季節，山坡上一塊一塊麥地裡，泛出一種泥土和霉氣混雜的氣息來。

才下過幾天雨，今天正是晴天，卻難看到下地幹活的農民。麥子好像被草交纏著顯得荒涼。但那綠樹成蔭的小道，倒挺秀美，走在其間並不覺得熱，只因為背負行李，手提沉甸甸的帆布書包，走不上三里地大汗直冒出來。

在一處山樑上小息五分鐘，迎來田梗上吹來的風，敞開自己的衣服，特感涼爽，似乎驅散了幾個月鬱積在校園內的煩悶，大家開始說話，指點那嵌在綠蔭叢中的點點農家：「小屋平頭虛落裡，炊煙起處是人家。」

可惜，我們現在落魄的心裡總是淒淒惶惶，不知道，哪裡才是落腳棲身的住處？

第一節：南桐礦區叢林

界牌原是一個鎮，自從合作化以後，這兒便是一個聯社中心。以一座很大古廟為核心，依附它的近百戶農家圍成一個祠堂，名叫曹家祠堂，這兒就是我們今後集中學習的地方。

古廟裡原本彩色的觀音，也已剝落凋零，留下了千瘡百孔的泥身，香爐也被推倒，半埋在垮塌的泥牆之下。不過，地上還算打掃得乾淨，堂中擺著十餘張方桌，這裡似乎是食堂的樣子。

當我們這支裝束古怪的隊伍，背著背包，提著各自的帆布書包，腳穿草鞋跨進殿堂時，引來一大群孩子圍觀。他們用好奇、陌生、稚氣的眼光觀察著這一支古怪的隊伍；既不像勘探煤礦的地質工作隊，又不像來這兒搞合作化運動的工作組。我們自己都感到很猥瑣。

兩名頭上纏著環形盤狀白布頭帕的人，從裡屋走了出來。看樣子好像是這兒的幹部，那年長的大約四十多歲，魯召向他迎去，遞過重大介紹信，謙讓著向裡屋走去。那年輕的一面招呼我們，一面吆喝著圍觀的孩子們。

我們放下各自的行李，各尋座位，拿出毛巾擦著身上的汗，古廟殿堂上的掛鐘已經指著十二點了。

不一會，兩名食堂的炊事員，端著一個甑子和兩大碗菜出來，擺在兩張桌上，那便是我們離開學校在農村裡的第一餐飯。那甑子裡黃澄澄的玉米飯，不見一粒大米，吃下去滿口鑽，大碗裡是蒸的牛皮菜酢，每桌一盤小碟子裡是紅辣椒粉和鹽巴水。

對飢腸轆轆的我們和下放幹部感到噴香可口，這是三個月大學校園裡的定量伙食和勞動磨練的成果，那一頓我們吃得很飽，很滿足。

而那些一直圍觀我們的孩子們並沒有散去，從他們瘦削而蠟黃的臉上那一雙雙睜得大大的童稚眼睛裡，流射出一種毫不掩飾的飢餓和羨慕來。

吃過午飯，下午三點鐘，白頭帕中年人引來十幾名背著步槍的年輕小夥子，我們猜這大概是鎮政府武裝部的民兵。我們便由那中年人指派：每一個人由一個年輕民兵帶路，押送到各自將落戶接受農民「監督勞動」的農家。

押送我的是一個年齡稍大於我的小夥子。從他那傲慢的態度便知道，在我們初識的關係中，他是以高人一等的「管理」身分待我的。

一種敵意已反映到臉上。我背上背包，拎著書包，走在前面，出了祠堂大門，他便保持著同我大約五公尺的距離押著我。我們出了那祠堂大院，在彎彎曲曲的田坎上迂迴前行，每到一個岔路口，就會聽見他從背後傳來的生硬喝令聲：「向左」或「向右」。

間或我回過頭去想問他朝哪一條田坎上走？便見他警惕地用手握住槍栓，用極不友好的態度喝道：「幹什麼？」好在，校內三個月的鍛鍊，已讓我明確了身分，習慣於低人一等，對別人莫名其妙的無禮訓斥，從不吭聲反對或稍現出自尊心受辱的惱怒來。

過了許多水田田坎，進到林蔭覆蓋的山路。對那田梗兩旁田地裡種的什麼莊稼和景色全沒留意，心裡充滿了孤單和害怕，好像是一隻被獵人牽著走的受了傷的小山羊。

看看天色漸晚，背包漸漸的沉重起來，汗水早已濕透了背心，眼裡死死地盯著遠方，同身後的這個人已是無話可說了，心裡卻像亂麻纏著，想著，我將去的究竟是一個怎樣可怕的地方呢？

第二節：趙家灣

（一）趙凡父子

當我們翻過一個山嵐的埡口，眼前夾在兩座山丘之間的岔地是一彎彎水田，山丘的坡土裡荒草叢生，遠遠看得見，靠左邊的山腰間，一座被竹林覆蓋泥牆圍住的院落，我們沿通向院落的石板小道走去。

黃昏時分，我們終於到達了目的地，那小院落裡，三排瓦房圍著一片大約五百平方公尺的三合土院壩。進入院子大門，正堂屋階簷坎上，一位抽著旱菸的老人，斜躺在一張很舊的竹涼椅上。那旱菸桿足有一米多長，烏黑的像是銅的。

他頭上纏著大白布盤，斜襟布衫和齊著膝蓋的褲子，那裝束和模樣活像《烏龍山剿匪記》裡的老土匪。他見我們進來，斜著眼睛朝我們仔細打量，一面把含在嘴裡的長菸桿拿下來靠在牆上，慢慢地從涼椅上站起身來，沙啞著喊道：「張二娃，咋個這個時候才到？」

「唔，趙大爺，下午三點才從界牌起身，這小子又走得斯文，磨蹭到這個時候，反正現在任務完成了，人交給你，跟隊長說一聲，天色不早，我還要趕回去。」那張二娃向趙大爺交代完畢便背著槍，轉身走出圍牆的大門。

我在院壩的中央放下了背包，兩邊廂房門口的階簷坎上，早已站著兩家人家的大人小孩。此時的我活像一隻被許多人圍觀的猴子，還來不及看清這即將進入我「改造」的環境是什麼樣子，便在十幾雙陌生好奇目光的逼視下低下了頭，呆呆地站在那裡，搓弄著我那帆皮書包的背帶。那時的心情很像做了錯事，被老師罰站的學生。

那趙大爺提著長菸桿，點燃了剛剛裝好的一袋菸，一邊眨巴著，從正中那排堂屋的階簷坎上走了下來，上下打量著我，用沙啞的聲音問道：「你姓孔對嗎？」我惶恐地抬眼望著他，點了點頭。

「我的兒子沒有回來，你跟我進屋去吧。」他的語氣溫和多了，我想，此時我一定很讓人可憐，便一手拎著背包，一手提著書包跟著他跨上堂屋的石階，跨進那朱紅漆已剝落殆盡的大門。

天色已很暗，藉著那盞斜掛在堂屋正中的電燈光，看清這家共三間屋子，正中間的堂屋正中滿披灰塵的神龕上，天、地、君、親、師的牌位，已由一張毛澤東的彩畫所代替，神龕下方放著一個老式的雕花大黑漆方桌，右邊是一個巨大的老式大糧櫃。

左面牆上開的小門裡面，是兩張木床和一個舊式的衣櫃，木床上罩著的帳子在昏暗中顯得又黑又黃，也許許久未洗過了。

每一間房子很大，顯得異常的空。堂屋右面牆上那道小門後面，便是一眼土灶，那裡面堆了許多麥稈、稻草之類的燃料，旁邊堆著一小堆煤炭。

我走進「臥室」的那一間，老大爺點燃了一個松明子走進來，我才看清，天花板頂部有一層厚厚木板鋪成的「閣樓」。

一個可以移動的木樓梯，斜靠在一個足有兩平方公尺大小的長方形「天窗」口。趙老漢指著那「天窗」說：「樓上是空著的，今後你就住在上面。」

仗著他手上松明子的光，我爬上了「閣樓」，這裡倒也寬敞，裡面沒有點燈，一縷月光從兩排亮瓦中射了進來，隱約只見屋角落裡堆放著雜物，兩隻老鼠突然從那雜物裡竄出來，沿著瓦縫鑽了進去。

地板上到處是泥塊灰塵和已經乾枯了的樹葉，估計那一定是從瓦閣縫裡飄進來的，四面的蚊蟲發出的嗡嗡聲，就像一隊飛臨空襲的轟炸機。

趙老漢從天窗口裡給我遞來了一把掃帚，我便開始藉著月光和從天窗口射進來的松明子火光，將地板清掃出十平方公尺的位置，打掃乾淨後，便借助老漢的幫助，將自己的行李就地打開，正好房主人趙隊長推門進來。

這是一個中等個子的年輕人，比我年長兩歲，他滿不在乎的看了我一眼，便端了一條長板凳，坐在門前的屋簷坎上抽起旱菸來。

大約半小時後，趙老漢從廚房裡端出了一盆菜粥，一碟子辣椒鹽水，菜粥由玉米麵攪成，裡面放著許多菜葉和蘿蔔頭，吃起來有一股苦味。

趙隊長並沒打聽我的家境和學業，而是簡單向我交代了今後的「政策」：每天必須跟大家一起勞動，力所能及，但不能偷懶；不准亂說亂動，有事要到哪裡去，必須向他本人或他爹說一聲。

吃完飯，夜已很深，我在院落門外的小溪邊洗淨了一身的泥汗。趙老漢引燃了臥室裡堆著的一堆艾草，滾滾濃煙嗆得人無法在屋裡呆下去，好一會兒，濃煙散盡，空氣裡充滿了苦艾的煙味，那「轟炸機群」也被這滾滾濃煙驅散。

我爬上了閣樓，躺在鋪開的被子上。夜晚已退熱，涼風刮過瓦縫，吹在我的身上還真有一點涼意，便拉著一張被單蓋上。透過亮瓦漏進來的那束月光，已斜移到堆放雜物的角落裡。雖然白天行路一天，累得精疲力竭，但腦子裡還在閃現白天種種的突變。

此時，我的家門，那竹籬笆邊上老外婆撫摸我頭的那最後一別，又重新浮到了我的眼前，還有弟弟與我臨別在小龍坎那最後的晚餐……母親的眼淚和父親山頭上的相見，阿先含恨的目光，統統都複印出來。

兩行淚水悄悄地滾落到我的枕頭上。正是：「夜深風竹敲竹韻，萬葉千聲皆是恨。故欹單枕夢中尋，夢又不成燈又盡」——《木蘭花．歐陽修》。

下鄉直接管理我的「教育者」，就是這趙氏父子，趙老漢解放前一直佃地主的田種，做地主的丘二，為地主抬過滑竿，也跟著去重慶跑過碼頭，那市井經歷，市俗見識是這裡從未出過山溝的男人無法比的，這趙家灣上上下下二百來號人家都得讓他三分。

他一共三個兒子，老大「光榮」犧牲於抗美援朝戰場，他被尊為烈屬，老二又在修築川藏公路時，因工傷亡故，這都是他的光榮家史。

現在跟著他的就只剩下這個最小的兒子趙凡，年紀才二十二歲，也是合作社趙家生產大隊隊長兼基幹民兵隊長，雖然還沒有婚配，但據趙老漢說他眼光太高，這彎裡的幾個姑娘他全都看不起，想到外地去物色一個有文化的。

趙老漢的老伴五〇年就已去世，所以這一排足有一百多平方公尺的住宅裡，暫時還只有他父子二人，家裡的擺設是當年分田分土時，從地主家得到的「勝利果實」。

如此看來，這父子倆是這趙家灣五六十戶人家的「父母官」，將我安排在他們二人的管制之下是理所當然的。

好在我從小就養成了勞動的習慣，很快適

應了日常的農活，不論下地挖土，挑糞上山，都勉強可以充個數。加上，當時正在從農業合作過渡到人民公社去，農村中的統購統銷和定量政策，農民已經怨氣連天，對社員是否下地幹活，幹多幹少，並沒有人認真過問，只憑生產隊工分員做出的工分記載，以供分配糧食的依據。所以無形中，對我的壓力就減小了。

時間一久，同這些質樸的農民打交道，還會聽到他們的真話，不像學校中滿口階級觀念的同學那麼複雜，大可不必小心翼翼地不敢說話，防備著禍從口出，防備著有人記下我的「牢騷」話，拿到我的鬥爭會上施壓。所以漸漸的，心裡上釋了重負，感到輕鬆起來。

第二天，天剛亮我就從樓板上輕手輕腳的起來，走出趙家院子大門。這院子之外的環境真很幽雅，茂密的竹林，在圍牆四周，環抱著整個小院，院子的大門石梯坎下，橫著那通向界牌的石板路，與石板路平行的是一條流著清澀溪水的堰溝，跨過堰溝就是橫貫兩邊山坡的田坎通道。

圍牆門口石梯坎兩旁兩顆綠蔭遮天的大棗樹，更添了這小院的秀色。四周很靜，靜得令我總覺得這正常的農家，缺了一點什麼？側耳細聽，果然沒有雞叫、犬吠。

問到這趙大爺，他翻著白眼，沒好氣的說：「餵啥子牲口，社裡的幹部說，這是資本主義尾巴，要通通宰掉，再說，分那點口糧，連人都沒得吃的，哪還有去餵雞鴨？」趙家父子倆所住的屋後靠著灶房，還有一個用竹條和木棍圍成的豬圈，裡面圈著一頭尖嘴駝背，骨瘦如柴的架子豬。

趙老漢說，自從合作化以後，農民的糧食統購了，所以沒糧食餵豬了，所有的豬，便由生產隊統一圈養，每頭豬每天只配給一兩玉米，而餵豬的人家自己的口糧都還差老遠，那豬便只能吃「草」了，所以一個個都瘦成那樣，一過冬天死了一大半，能熬到今天已不容易。

房子的背後，是一片用竹籬笆圍起來的一分自留地。自留地是趙老漢的主要勞動基地。裡面種的菜以牛皮菜為主，還有南瓜和地瓜，南瓜的瓜藤牽出了界圍老遠，那上面的花蕾已開始凋落，園裡的瓜果與大田莊稼截然不同，所種的瓜菜長勢十分茂盛。

（二）農民怎麼解決飢餓

對我們當前最大的威脅仍是食不果腹。按照糧食統購統銷政策和界牌鄉鎮村舍的收成，合作社分配給全勞動力每天的口糧，僅只有八兩黃穀，折合大米不到六兩。

趙氏父子自不例外，而我的口糧按城市戶口撥發每月大米二十八斤，尚且不夠，更何況勞動慣了的趙氏父子？既成一家，三個人當然是一鍋吃飯，這嚴重的短缺部份，當時只好到屋後那自留地裡去找，我明白，統購統銷的最大受難者，便是這些生產糧食的農民。

五月底，正是桃李成熟的季節。這丘陵地帶，聽老漢說，滿山遍野都是李子樹。這個季節李子樹已碩果滿枝。

口糧短缺的飢餓農民，見著這些果實，誰都會打它的主意，但是合作社制定規定，這些果木樹統統是社裡的集體財產，誰如果去那樹上摘下或打落果子，誰都會因此而受到扣除口糧的處分。

好在近年被強迫加入合作社的農民漸漸明白，就是合作社把李子全部收下來拿到市場上去賣，社員們也分不到幾個李子錢，倒不如不去收，也不去管，憑它熟透而掉在地下，揀來吃還可以充飢。

成熟的李子既沒有人過問了，許多社員中午下班也從來不回家的，反正鍋裡無米可炊，對著冷灶發呆，不如就在坡上滿坡的尋覓那些掉在山溝裡、土縫中的爛果子充飢。

有一天，東面背灣裡一位叫曾二爺的社員，下午三點鐘左右，就在玉米地裡喊肚子痛，中途回家休息，回家後見他痛得大汗直冒，在地上打滾，連忙請來鄰院村社衛生員。他拿著藥箱去他家時，只見他臉色慘白，口吐白沫，曾二娘慌了手腳，請幾個年輕人幫忙抬到界牌去，又沒有找到擔架，還不到午夜時分曾二爺就斷了氣。

第二天背灣那院子裡圍滿了人，曾二娘哭得死去活來。鄰人說這一個月來，曾二爺中午就從沒回家燒過火，靠揀山坡上的爛李子過一頓，這一次一定是吃上被毒蛇爬過的爛李子了。

我去看時，那曾二爺全身浮腫，兩眼睜開，好像有什麼不甘心的冤情。曾二爺死後，那山溝裡的從樹上掉落下來的爛李子，仍然是社員們充飢揀食的東西，只不過，揀的時候多加了一分小心，充其量把它們包好，拿到堰溝裡清洗一下。

（三）大量餓死人從此開始

水腫病終於開始蔓延起來。趙家的自留地已經跟不上三個人的需要，最高產的牛皮菜已經砍得差不多了，新種上的白菜還只有毽子那麼大。

趙大爺已把穀子、連殼都磨成「穀麵」並且將四季豆的葉子，南瓜葉、地瓜藤上的葉子勒下來，攪拌在「穀粉」中，以充主糧，開始還蒸成了酢，後來乾脆煮成了粥。在我們三個人中，趙老漢最先得了水腫病。

據我親身經歷，這全國性水腫病當從一九五八年夏天開始，一直蔓延延續到毛澤東壽終正寢。得病的原因很簡單，飢餓性營養不良，而醫治的辦法也很簡單，吃飽啊！中國大陸上遇到了歷史上從未有過的漫長「餓飯」期。

曾二爺死的第二天晚上，我從蚊鳴中驚醒，飢腸轆轆不能入睡，突然聽見，灶房裡傳來一陣隱隱約約的劈劈啪啪響聲，接著，飄進來一股顯然是什麼米粑烤出的香味，便悄悄地從天窗裡探頭往下面看，趙家父子的床上沒有人，我便爬下樓梯，躡手躡腳的走進堂屋，把頭探向灶房，藉著那灶膛前平時燻蚊子的火堆發出微弱的火光，看見趙氏父子倆正在火堆裡向外掏什麼東西，再定睛一看，分明是用鐵絲串在一起，正香味四溢的嫩玉米。

自留地裡並沒有這種國家一類「統購物資」，這火堆裡埋的，分明是山坡大田裡偷來的無疑。

不一會又見父子倆從鐵絲上將這些燒得香噴噴的東西抹到地上，堆成一堆。再從那裡揀起一個，拍淨裹在上面的灰，便狼吞虎嚥的大嚼起來。

看清了這麼一回事，我倒抽了一口涼氣，連忙把腳退縮回到了裡屋，悄悄地爬回了樓上，心裡卻跳個不停。

三天以前，下水灣院子裡一個放牛娃，借在玉米地裡割牛草的機會，偷了十幾個玉米埋在草背兜裡，被民兵張二娃抓了個「現行」。便連人帶背兜押送到這裡交給趙隊，趙隊長便將他五花大綁捆在門口那棵大棗樹下示眾。

那放牛娃才十五歲，怎經得起這等刑罰，早已哭嘶了喉嚨，等到晚上把他放下來時，已暈死過去。

晚上界牌合作聯社的書記專為此事跑到趙家灣來，趙隊長就在那堂屋裡向他的頂頭上司叨叨訴苦，說社員野得很，山坡上的莊稼守不住，現在天天都有人偷，請書記解決。

當即召開了全體趙家灣的社員大會，就在這小院裡，趙隊長當著百來號鄉親們正顏厲色的宣佈：「這山坡上沒有成熟的莊稼，誰去碰，被民兵抓住，挨捆，吃槍托自己受，就是打傷打死也自認晦氣吧。」當時，他一臉殺氣，百來號社員沒人吭聲。

記得十一歲時曾在龍鳳橋一帶看到過農村鬥地主，叫跪煤炭渣，被跪者雙膝血肉模糊，看後心中十分害怕。有一個地主婆就因不堪此虐待被逼上吊，但終沒有探究其中的是非。

「苦大仇深」的農民未必沒有過頭之氣？後來在重大大鳴大放時，就有為這種野蠻的行為被人指責過，說農村中的幹部橫行霸道私設公堂，結果提意見的人被扣「右派」的帽子。

今天，我竟親眼目睹了這趙隊長對一個年紀不過十五歲的放牛娃，施行如此酷刑，便感到心中非常害怕。這偏僻的小山村，農民們固然純厚，但也相當的粗獷和「匪氣」，小小一個趙隊長便是一彎之主，他下的令就是法令，誰都必須執行。

為了偷社上幾個玉米，那十五歲的孩子可以整得他個半死。這可是毛澤東關於正確處理人民內部矛盾的問題中從沒提到過的。

想到「戰國策」中秦晉乞糴的故事，與晉國為敵的秦君尚能以「其君是惡，其民何罪，天殃流行，國家代有，補乏薦飢，道也，不可以廢道於天下。」為飢晉糴糧。何故自家一村的弟兄，竟會如此殘忍？

而我自認了身分，豈敢說半個不字？而現在面對趙隊長剛才的一幕，我好不心驚。自保為上策，我只有回避，躲進小閣了。

第二天是挑糞上山淋玉米，我剛剛將第一挑糞淋完，天時突變，大風捲著一堆濃雲向這邊壓來，沒出五分鐘，陰風起處，風雷大作，上山淋糞的社員，匆忙收拾各自的「傢伙」往山下跑。我卻一不小心踩在石骨子上面，從半坡摔了下來，一隻糞桶的「耳朵」也摔斷了，左腳被石骨子擦傷了一大片，強忍疼痛，拎著桶，冒著已狂瀉的大雨，一瘸一拐的回到趙家，甚是狼狽。

這一次趙老漢很是寬容，不但沒有追究那被跌破了耳朵的桶，叫我擦乾濕漉漉的一身，洗淨傷口的污泥，從神龕上取下一個紙包，那是他平時上山採集的草藥，磨成粉自製的專療跌打的藥，倒了少許白酒在碗中兌上，淺淺敷在我的腳上傷口處。我只感到火辣辣的痛，老漢什麼話也不說，只是往那長菸桿中裝上曬乾了的茄子葉、巴打巴打的坐在那裡抽起菸來。從嘴角滑出的一縷縷帶著草香味的菸子裡，不時用眼斜瞄著我。

說也真靈，老漢的水腫漸漸的好起來，我的腳傷也一天天恢復，三個人的關係發生了十分微妙的變化，只是大家心裡都明白。看來我的裝聾作啞是明智的選擇。

自從那一晚上的事發生以後，晚上我便十分的警醒。過了大約五天的晚上，大家入睡後一個多小時，大門被推開，發出微弱的響聲，把我從迷糊中驚醒，輕輕的把頭從天花洞口向下探望，又是五天前那一晚上聽到的劈啪聲，接著又是那一股玉米烤香的味道撲鼻而來，大約又過了半個小時，大門又重新輕輕的打開，這下藉著微弱的月光，我辨認了那熟悉的身影，不是張二娃嗎？此時他的懷裡揣得脹鼓鼓的，掩上門後，一切又恢復了安靜……

自從我發現他們父子倆的半夜祕密後，我們之間的關係一天一天在變化。同趙老漢幾次談心，便把我的家，劃右之前前後後，向他交了底。他的眼裡充滿了驚訝，「組織」上交給他必須嚴加管理的人。原來如此單純。

（四）大躍進時期的農村

運動一個接著一個是毛澤東的愛好，他要成為中國百姓的太陽，豈能不時時發光？趙凡把界牌聯社下發給他的所有文件都抱出來了，他說他因為只有初小文化水平，所以雖然聯社要求他向社員們全文宣讀，但他從來沒有讀過。現在他決定委託我宣讀上級下達的文件。對於這種照本宣科的事，我答應了。

成熟的玉米，剛剛從山上搶收完畢，便碰上連日秋霖，稻田裡已熟透的稻子，倒伏在水田裡，發黑發霉，無人收割。遍山的地瓜爛在地裡發霉，生芽，也不敢私自搶收到家裡。誰要是把這些爛在地裡的糧食收藏進屋，那麼那十五歲的放牛娃就是「先例」。

大夥的目光都盯著的同村的人，雖然那目光極為飢餓和渴望，但對同村人的違規舉動會馬上喊起來，「看，誰在土裡挖地瓜了？」並且報到趙凡這裡來。他們最多飢腸轆轆的望著這些爛掉的糧食，以「水腫病」為理由不出工。靜靜地忍受農業合作制的淫政之威。

然而大概受了曾二爺亡靈的啟示，下灣的幾家人，竟趁著深秋的兩個雨夜，突擊搶挖，把兩塊大約一畝地最好的地瓜，挖了個精光，還連夜把挖出來的地瓜用爐膛的草灰裹過，下到了兩個大窖裡。等到過了幾天天色放晴，張二娃來向趙隊報告時，那埋在土窖裡的地瓜，已被飢餓的農民吃掉了一半。

想瞞是瞞不住了，趙隊長除了如實上報外，帶領三個民兵收繳了地窖裡所剩餘的全部地瓜。接連還開了三天批判會。這一次，下灣的人第一次齊心，大家悶坐著，一個也不發言。趙凡出於無奈以每人每天扣除口糧二兩，時間一個月，向上作了的交代。

連續二十天的陰雨，我睡的樓板上到處都泛出白色的霉灰。我在樓閣上私藏了許多玉米，那是在收穫季節時從院壩裡取回留下的。此外，還有那棗樹上打下的棗子。因為食物豐富起來，老鼠卻常常在我睡覺時，在我腳前竄來竄去，而我一個人特感孤單。

想到復學，我便從書包裡取出課本筆記本來，伏在地板上，藉著天花瓦片的光，細細地複習起功課來。我還天真地擔心到勞動結束以後回到學校功課荒廢了怎麼趕？

一直到將臨中秋的時候，老天才開始收斂起它的哭臉。天剛放晴，趙隊長便將趙家灣的百餘勞動力驅上了土地。首先，當然是搶收已經爛在田裡的水稻。工間休息，大家都會把稻穗捏在手心裡用力搓，再將搓下的穀粒一把把往嘴裡送。鄉里人的吃穀吐殼的本事真強，一把黃穀入口，用不了一分鐘，就會把那穀殼往水田裡吐出，然後嚼那吐了殼的「米」，這倒是「充飢」的好辦法，比偷地瓜、玉米、揀爛李子吃，無論從營養和衛生的角度都好。我也跟著大家學，只是那剛從穗上剝落下來帶著刺的穀殼，老是「纏著」舌頭。

第二天趙凡到界牌去開了整整一天的會，晚上回來得很晚，他帶來了界牌人民公社將於下周開成立大會的消息，並且還帶回了一大捆「志願申請加入人民公社」的表格。

共產黨一貫的規矩，「務虛」以後就要「務實」了，一個接著一個的群眾運動內容雖然不同，但方式都一樣。

次日晚上的學習會上，趙隊長親自主持社員大會，嘴裡生硬的翻著人民公社化，大躍進和總路線這些怪拗口的名詞，不時用眼睛打量我，似乎希望我能對他完全講錯了的話多加「包涵」。

但從他那彆扭而一本正經的態度上，想像得出，這是「上級」十分重視而又極其重要的事情，不能當成平時學習可以交給我。雖然人們對諸如：什麼是人民公社？人民公社的優越性在哪裡？為什麼必須「堅持」社員自願加入公社的原則？可否不加入公社，甚至於單幹等等，一頭霧水，這位隊長講得連自己都一片茫然。大多數「社員」仍以鼾聲回應。

他卻並不顧及這些，只知道「上級下達的任務他只能完成」這一條。當場就把志願申請加入××公社的表格，發給到會的每一家。對於沒到會的兩家人也由他們相鄰的人帶回去。並且告誡大家，必須在三天之內填好，交上來。

任務一下達。我的事便多了起來，趙家灣五十戶人家的上百張表格，幾乎全由我一人填寫。那三天，從早到晚，我就「脫產」出來成為填表的突擊手。雖然我知道幾乎沒有一個人是「符合志願」這個原則。好在上級在這一點上絕不會查實，也不會去檢查這些表格真實性的。

第三節：一夜進入「人民公社」

界牌公社成立那一天，下午我們很早就收工。趙隊長集合起參加慶典的代表，天剛黑，就到達了界牌祠堂。入夜，界牌祠堂的寬大院子裡燈火通明，靠殿堂那臺階搭起了臨時的主席臺，正中橫幅上寫著：「界牌人民公社成立大會」，兩旁垂掛著標語，我擠在人群的後面，向主席臺望，今天魯召也在主席臺上就座，正四處尋找我們同來的夥計。

一個戴草帽的人宣佈了公社的成立，聽出聲音，正是我們第一天來界牌時，頭纏白布盤的中年人。他向到會的人宣佈：這次自願報名參加加入界牌人民公社的農戶，占界牌地區農戶總數的百分之九十九點五。全場報以稀稀拉拉的掌聲。接著，便由另一個戴軍帽的人宣讀了早已準備好的《界牌人民公社組織章程》，說這是一個集農、林、牧、副、漁為一體的，政社合一的農村組織，是一個人類社會創世紀的社會制度。

到會的人都不明白，將自己交給了一種什麼組織，從此，自己的命運和前途會怎樣。「人民公社萬歲！」、「總路線萬歲！」、「毛主席萬歲！」的口號聲和鑼鼓鞭炮聲，表示界牌地區高級合作社合併成一個人民公社，一萬多個農民就這樣在一晚上，跨入到一大二公的「共產主義天堂」。

散會以後已是十一點鐘，雖皎月當空，但在通向趙家灣的山溝道上，連串著星星點點的松明子火光使山道通明，第二天又是中秋的前一夜，趙凡在他的大院裡向兩百號趙家灣的人民公社社員宣佈：為集中力量搶收搶種，完成當前最迫切的「三秋」任務，從現在開始地瓜不算糧食。全村的所有勞動力已正式編為界牌地區趙家灣突擊連。

為了慶祝中秋佳節和趙家灣進入共產主義。趙老漢還端出了一瓶不知已存放多久的江津老白乾，幾個上了年紀的人圍攏來，用土碗盛酒，劃起老拳，將趙家院襯托得特別熱鬧。

不過，事情並不如趙氏父子規劃得那麼順利，上了歲數的老頭子並不願為了吃幾塊地瓜跑很遠的路，特別是下水灣的幾個老頭，他們一輩子都守著自己的窮窩老灶，論資格和成份，響噹噹的貧下中農，也不會向這趙老頭低頭。當張二娃領著民兵要來收鍋砸灶那天下午，就遇到了李大爺和曾大爺的狙截。

這千年祖宗留下來的灶神牌位豈能毀掉？這不等於給子孫後代斷炊麼？老頭們可是看著這些娃們長大的，仗著祖宗的威儀，按過去的規矩，他們完全可以操起扁擔，把張二娃們痛痛快快的打一頓，並從院子裡轟出去。

但是老爺子們自知時代變了，平時雖然早就對這幫子「遊手好閒」的二流子幹部看不慣了，也只好忍著，睜一隻眼閉一隻眼，嘆息自己管教不嚴。不過，今天要拆老爺子們的灶就沒那麼可忍了。

兩家的兒孫們站出來同張二娃們對峙，灶沒有被拆掉，鍋就那麼一口，碗就那麼幾個，爺們的「衣缽」只好給留下。當然要動員這兩位耆耄之齡的人，白天去趙家院照看各家的孩子，就更沒門了。

這可是趙凡所不曾料到的。兩個老人要求自炊，並不抵觸社員自願加入公社並在公共食堂用膳的原則，強求顯然說不過去，但已納入到食堂裡的兩份口糧要退回去，就難了，若給這兩個老人開了缺口，就難以對其他人維持下去。

於是兩個想延續灶王菩薩菸火的老人，面臨著無糧可炊的絕境，中秋剛過的第二天，兩個老人相伴地來找趙老漢評理來了。

趙老漢雖然板著面孔，仍說不過兩人的祖宗之訓，晚上便召開了趙家兩爺子外加媳婦的工作會。三個人一商議，灶還是留下了，但伙不允私開。商量的結果找兩家的後生們交待政策，兩家兒女在政策的威脅之下，只好說服兩位老人，灶雖不拆，但「伙」是不准開了，老人走不動就由兒女送，留著的鍋灶，就是為了把涼了的飯熱一下用。

風波暫停息下去，趙凡叮囑民兵們這幾天務必加強監督，並在吃飯時，當眾宣佈，禁止私煨亂煮，誰家違犯了，就砸誰家的鍋灶。每天晚上還專門派出民兵在山樑上巡邏，只要看見誰家的瓦房上炊煙嫋起，便去那家，必定是砸鍋毀灶，定不輕饒。以後的幾天，幾乎隔一天都會發生砸私灶的事。

正當趙家灣為強制農民改變傳統的生活習慣而鬧得沸沸揚揚的時候，我接到了要我立即去界牌公社集中的通知。

第四節：快步進入共產主義

到此，下農村的第一堂課，歷時四個月下課了，同趙氏父子相處得不錯，遠不像我初來所想像得那麼可怕，相互之間雖說不上相敬如賓，可還算按「人民內部矛盾」的辦法相處。比起在學校同班上的同學相處，反而覺得融洽多了。

走的那天上午，當我從樓閣上收拾好行李下樓時，趙老漢取出了一個紙包，塞進我的書包裡，那是一包曬乾了的紅棗。自從勞動開始以來，按學校規定，我們每月僅只能得到兩元錢的零用錢，用來買毛巾、牙刷、肥皂之類的日用品。自幼節儉慣了的我，居然還能把這兩元的零花錢中積攢下來。此時我想我沒有其他可以相送的紀念品，便從筆記本裡抽出五塊錢來塞到老漢的手裡，關照他下一場趕場時，一定去場上買一件新衣服。

看來，相處以後，他們已對右派的敵意發生了根本的改變，雖然他們還不知道我的遭遇以及深藏我內心深處的苦水，他們至少會認為上級所交代的這個必須監管的壞人，其實是一個天真的學生。

回到界牌，原先叢林分到這兒的二十二個人重新會聚到一起，我和其他三名「同學」加上魯召一共五個人，住在離公社食堂不到一百公尺遠、一位叫王大娘的家裡，她為我們五個人專門騰空了一個房間。

王大娘的獨生子和媳婦都在公共食堂工作。界牌的公共食堂比趙家灣大了好幾倍，炊事員和餵豬的飼養員就有九人之多。在這裡吃飯的是附近大約三百名農民和他們的子女。

食堂的旁邊還附設了一個供菸、酒和小百貨的小賣部。食堂的後面一排豬圈還可以圈養數百頭生豬。不過，那時，圈裡只關了二十多頭豬，這些豬原先由各家分養，公社化以後又集中到這兒來的，這是些與趙凡家相似的尖嘴隆骨的架子豬。

不過，這幾天沾了地瓜不作定量的光，不僅供應食堂，每頓用大甑子抬出來，讓社員吃飽了，好下地幹活。還撥出一部份，用來催肥那些餓得尖嘴隆骨的架子豬。但是糧食管理員卻說，地瓜也是有限的，眼看就要挖完後，社員們供應什麼還沒有決定，於是飼養員從幾百頭嗷嗷待食的豬裡選了兩頭，另圍圈圈養，準備過年殺了分給社員們過年。說也奇怪，另圈餵養的兩頭豬只餵了一個多月的地瓜，便被催成了兩百多斤的肥豬。

公共食堂裡上頓下頓的地瓜，苦了幾十個孩子，每頓吃飯時孩子們圍著飯甑滿甑的選，在地瓜中挑選飯粒，三歲以下的兒童啼哭著要他們的母親給他們飯吃。公社食堂每頓都是吵吵嚷嚷。

王大娘的媳婦剛剛分娩，奶水不夠，想專門弄點米漿來餵孩子，公社糧食保管員卻無可奈何的向她說：「每人每天還是原來配給的二兩黃穀，對於嬰兒額外由公社每月配了二兩白糖，人多嘴雜，怎麼好在大夥的伙食中專門匀出米來，推米漿？」王大娘無奈，只好寫了一個申請，她家裡的四個大人只吃地瓜，所配的黃穀專供孩子推米漿。

不料又引起其他社員的反對，集體去找到公社書記，要求把王大娘媳婦從食堂裡解聘，參加大夥一起幹活。為了一個新生嬰兒，全家人都作出了犧牲，大人們另灶開了「無米」伙食！

第五節：界牌公社

公共食堂成了界牌公社和附近近百戶農家生活、聚會、「學習」的中心場所，懸掛在大樑上的兩個麥克風，每到吃飯時就會播出南桐礦區的廣播。學生時代，我們習慣了新聞傳播的「單音調」。不知從什麼時候起，我就厭倦這廣播中的重複、虛假和枯燥。其中言而失實，言而無信，言而欺騙的地方一天天多起來，反而逆向去思考，才會得到符合實際的真實結論。

而由新華社發出的正版頭條新聞，對比我親身經歷農村之所見所聞：莊稼沒有草長得茂盛，成熟的糧食爛在地裡無人收，農民們飢餓潦倒，斷炊絕食，水腫，死亡成了多巨大的反差？

例如一九五八年自河南省遂縣，放出一個小麥畝產二千三百斤的社會主義高產「衛星」，而榮登全國第一個小春千斤縣以後，全國各地不甘示弱，先後報出畝產四千斤，畝產四千五百斤和畝產五千斤的衛星來。

此時，已是大春結尾，報紙和廣播像向賭場上押「注」一般火爆，經過一番哄抬，最終以廣西環江縣紅旗公社的中稻畝產十三萬斤的最高記錄中標。

與此同時，除了糧食外，廣播中相繼報導全國各地的高產衛星涉及棉花、油料、蔬菜和生豬等等；有畝產百萬斤大白菜，以及重八千斤的生豬這樣的「國家金氏」紀錄。

這種向全國老百姓撒出的瀰天大謊，除了給毛澤東的人民公社提供依據；為搞得人民啼飢號寒的農業打強心針外，還能有什麼作用？難道毛澤東當時昏庸到不明真相，連「民以食為天」這種最簡單的民生道理，和「人而無信，不知其可也」的治國信民道理都不懂嗎？

我到農村一年，每當聽到「東方紅」和「人民公社好」的廣播，就會條件反射：那是向中國老百姓公然在說謊。

聽不到真實的新聞，已是六億泱泱大國的悲哀。而今天，當這些從廣播中傳出的聲音，與真實的完全相反時，我們對共產黨何止厭惡？

正當毛澤東批轉山西洪趙縣委《就實論虛》的報告，吹噓小麥從此以後產量可以達到畝產八、九萬斤的神話，是可以用衝天的幹勁來實現的「革命浪漫主義想像」時，「一天等於二十年」就這樣提出來了。

新時代的趙高「恐群臣不聽，乃先設宴，持鹿獻於二世」之歷史醜劇，正迎合他的獨裁醜劇在全國公然上演。

可是，就在他的中南海裡根據全國各地上報的高產衛星和豐收喜報，津津樂道「糧食多了怎麼辦」時，一場史無前例的大飢荒便降到六億中國子民的頭上。

（一）高產試驗田

根據高產這個方針，界牌公社選定了一百畝小麥高產試驗田，按照公社幹部計算，只要認真執行「精耕細作，稀秧密植」就可以至少達到畝產五千斤水平，算下來比往年五千畝面積的小麥播種總收成還要高。於是界牌的黨委在國慶日以後，抽集了兩百多號勞動力集中兵力打搶播小麥的「殲滅戰」。

第一塊試驗田就選在公共食堂附近一塊十畝的大田中。按照兵團指揮部的安排，包含了我們的二十名「右派」在內兩百號勞動力，排成四個茬口，公社的幹部，兵團的指揮官們每人手裡拿著一根三尺長的竹棍，監視著每一排的茬口，發現沒有挖到三尺深必須重新返工。

那塊田原是界牌最肥的冬水田，為了「深翻」，排了足足兩個星期的水，肥泥的泥腳最深不會超過兩尺，要把肥泥先挖上來，再將一尺的紅穀子老底翻上來填在肥泥上才算標準。

這幾乎同挖戰壕沒有什麼區別，最初人們弄得一身的泥巴還不能達到深度。後來便摸索出經驗，先將肥泥挖翻轉，再將紅穀子底土挖鬆成一些大塊，丟下鋤頭，跳進像深溝般的茬口，將一塊一塊的紅穀子扔到翻過來的肥泥上面，才算達到了深度。

原來的茬口，一上午還沒有推進到三公尺遠，我們便已經一身泥濘，一身汗水。手打起了血泡，腿疼得站起來直打哆嗦。

這難倒了那位女下放幹部，她的個子小，跳下茬口那深溝裡已齊到了她的腰，爬上來就更困難了。沒到一個小時，便只好蹲在溝裡不再爬起來，當她回過頭去望那剛才挖過的「田」，竟是一條被自己踩成了像一條泥板樣的「紅帶」。失聲叫道：「這哪是種莊稼，簡直是折磨人。」

大家聽她的尖叫一齊掉過頭來，撐著鋤頭，回頭看了看挖過的地方，站在那裡發呆，也借此喘氣。站在田坎上監視挖田深度的頭纏白布巾的「指揮官」走了過來，厲聲吆喝著，要我們開動。

她自下鄉以來一直心情不好，被人吆喝，自尊心承受不下，便同那白頭巾頂起嘴來。全體同學哄笑不止，唯獨只有一位同學沒吭聲，仍在不停的揮動著鋤頭，繼續不停的挖。工地上發生的爭吵，驚動了魯召，他今天也是「指揮官」，看見她在同社裡的幹部吵架，走過來，叫走了她。

第一天的挖田除了中午一小時的吃飯休息時間，工間不到半小時的休息，一直到天色發黑才告收工。在迷迷糊糊的夜色中，看看一天下來勞動的「成果」，老農們搖著頭嘆息說：「這是哪一個出的餿點子？今後種下去的麥子，往哪兒紮根？」

不過，我們已顧不得思考這試驗田今後的莊稼生長和收穫，回到食堂累得連地瓜都不想吃，喝了一點菜湯，便粗略地洗淨滿身的污泥。正想倒床睡覺，卻被魯召叫到食堂裡，由他主持，就那位下放幹部的言行，開了一個批判會。

論身分，輪不到我們這些劃上右派的同學

發言，可是其他三位下放幹部卻悶坐在那裡不吭聲，於是魯召便叫當時繼續挖土的同學發言。這位同學把自下鄉以來這位女幹部的一些牢騷話抖了出來。接收監督的右派，反過來批評起下放幹部來，真是違反了規矩。

但細細想來，這種「反戈一擊」的立功表現，不是一直被讚揚的麼？平心自問：我們這十幾名「右派」同學中，誰都是在政治上極端幼稚的受害者，哪一個不想擺脫這痛苦的處境，重新回到自己的家，回到學校坐在教室裡好好地念書啊？

聽到數落她的種種，我的心裡無形之中產生了警惕，築起一道防範之牆。同這些「右派」們交談，可不是同大字不識的農民，說話得長一個心眼。

但是由於她的抗爭，第二天對挖田的深度明顯的減少了，只要把肥泥挖到見老底就夠了，進度加快了。即使如此，二百多號人挖這十畝水田，耽誤了整整八天。深挖以後緊接著就是碎土、打窩、下種，和蓋肥。深翻過來的田面，早被挖土人自己踩成了一個連毛細孔都沒的板塊，碎土無從下手。

打窩工序又是指揮官嚴加控制的環節，他們每人手裡拿著兩根長短不等的小木棍，短的一寸長，像一根火柴，那是用來量窩距的，長的兩寸長，那是用來量行距的。

畝產五千斤，純粹是一棵麥穗的平均收穫量乘上一畝地的窩數算出來的。所以窩子的尺寸仍是「保證」畝產五千斤的首要措施。誰說「疏秧密植」的首創人不懂科學？然而被踩平了的田面，用鋤口挖，不管怎麼小的力量，帶上來的那片土，都不止兩寸長。

好在，翻過來的田泥還來不及乾硬，在柔軟的泥面上，若用鋤跟去「敲」，倒反而勉強符合規定的尺寸。不過那用鋤跟「敲」出來的園窩子，雖然光滑，敲出的地方猶如蜂窩上密密麻麻的「洞」煞是好看，只是丟種子得小心，站直了身丟，那麥子非濺出來不可。其實，那麼密的「窩」不等於撒是一樣麼？

要知道，這是北京的最高指示啊，至於我們，得了的教訓，就連牢騷話也不敢公開的說了。從一九五八年十月到一九五九年十月，整整一年，田地裡幾乎顆粒無收。人禍，醞釀了這場餓死人數空前多的大災難。

（二）王大爺

年三十晚上，兩個樹疙瘩在堂屋的地坑裡燃起紅紅的火。王大娘的一家，兒子、娘倆和兩個孩子，加上她的大哥，連同我們一共十一個人便圍著「火爐」團起了年。

按中國民俗，三十晚上是要通宵守歲的，所以我們大家都不準備睡覺。王大爺的精神特別好。也許，今晚上這熱鬧的氣氛打破了他長期獨居的沉悶，看得出他是一個地道的中國老式農民，兩杯白乾下肚，便打開了話匣，叨叨不絕地講他民國三十年後為地主幫長工十幾年生活。

他說：「那時，我佃的是李老七的五畝田，兩畝坡土，到了秋收，打完穀子，要交糧是真的，可是，你們知道吧，這兒富得很，天府之國你們清楚嗎？」他抹了一下花白的鬍鬚，像一個老教師在教一群孩子。「每年除乾打淨，七畝地也要收三千斤，除交了租子，再差的年份也要把堂屋裡的穀囤子裝滿，我這輩子還沒聽說過沒得糧食吃的。」

王大娘向他直丟眼色，示意他不要再繼續說下去，但是被酒漲紅了臉的王大爺沒有理她，繼續嘮叨著：「一過中秋，我們就跟老七挑糧交佃，那老七也算仁義，早就給我們準備了幾罈子酒放在那裡，他家開的酒廠，現在還在岩彎那裡，你們知道一罈酒有多少嗎？大罈六十斤，小罈三十斤。幫他家的佃戶，見人一大罈。」

他又倒了一小杯酒，端了起來：「這兒過年，講的是規矩，主人家挨家挨戶，到佃客屋請酒，從三十晚直喝到初五。臘月初八殺年豬，哪一家都要把圈裡的過年豬拖來宰了。年要過到十五，肉是吃膩了的，年年都要剩半邊，燻來掛起。」他講得十分的得意，一雙長滿了繭巴的大手不停的在空中比劃。

魯召已經喝得酒糟鼻發紅了，他在那裡聽他講，一言不發。長期生活在城市，對「解放前」的農村一無所知的我，從他那平凡的介紹中感到了新鮮。在我的印象中，他說的李老七，就是在五〇年我所看到的龍鳳村鬥地主時，被農民包圍跪在煤炭渣上，雙膝流血苦苦哀告的秀才了。這些人至今大多已死去，留下來的也是被民兵們嚴格管制，不敢說一句真話。當然，問題絕不在這些李老七如何，就像我們今天的遭遇一樣。

夜漸漸深沈，王大爺也漸漸關上了他的話匣。孩子倒在他的懷裡，在溫暖的爐火前沉沉睡去。我卻凝望著王大娘開始花白的頭髮出神，看上去她比我的母親年長大約十歲。

我腦子裡重新翻騰起這一年來傳奇般的經歷，隔離反省，扣右派，挨批鬥，下鄉；趙家父子燒玉米；界牌的大兵團作戰……

我體會到在這場巨變中，億萬農民的不幸和所陷的慘境，尤其是親身經歷了被報紙吹得天花亂墜的「衛星試驗田」的內幕。這是當時在校園裡，在宣傳報導中無論如何都無法知道的。

就從這開始，我丟掉了少年天真的幻想。在以後漫長的歲月裡，我一直懷疑人性會被暴力扭曲的令人無法看到希望。

第六節：叢林鐵廠

我們是一九五九年四月初從界牌農村回到叢林煤礦，第二次回到這裡，第一景象是人流如海，熱鬧非凡。在那狹窄的叢林街旁，佈滿了臨時搭起的帳篷，裡面擠住著從重慶、南桐各地調集來的「煉鋼大軍」。叢林地區政府的大禮堂面前，懸掛著一個碩大的木牌，上書：

「叢林鐵廠煉鋼指揮部」。

大禮堂既是這裡大煉鋼鐵的指揮中心，又是平時煉鋼大軍暫時的食堂。這兒的吃飯完全是「共產主義式」的，凡參加煉鋼戰役的「戰士」，一律供給制。大甑子裡的玉米麵糙米飯可以隨你自取，八個人湊滿以後組成一桌，就可以到伙食團窗口領取一桌飯菜，僅此一點措施，就足以招攬那些城裡吃著定量供應的居民們。

那路邊街旁的帳篷裡，擠著一家一家的妻兒老小，每兩個家之間只用一張布單隔開。那裡面，嘻笑哭鬧，夫婦之間、母子之間、兩家之間，糾紛不斷，熱鬧非凡。

我們近一百號勞動力，暫時仍安住在叢林小學的教室裡。小學已經完全停課，除了兩個看守的老頭，教職員工全部抽去建設叢林鐵廠的「小高爐」。學校的孩子們當然只好回家，隨父母一道去為「大躍進」獻身了。

我們連下放幹部在內的所有的人員到齊以後，王懷壽才召開了全體人員的大會，他簡短總結了下鄉十一個月來全體人員的改造成績，著重講述了人民公社化，大躍進的偉大意義。

他的講話很平緩，好像是在背誦一篇熟讀了數百遍的經文，使我們這些習慣這八股文的人感到乏味，更因為他所講的除了中共那套謊言並無新鮮東西。

分別了九個月，他的黨棍形象絲毫沒有變，由於疲勞，我看見了周圍的人都在打瞌睡。

「精神集中一點！」王懷壽吼道，那一排排打瞌睡的人被他的吼聲驚醒，重新正起了腰板。

他環看了一下四周，繼續用平淡的聲音背誦下去：「今年是黨中央部署的持續大躍進的第二年，也是決定大躍進總路線成敗的關鍵一年，我們要在去年農業取得極大成績的基礎上完成這個任務，為完成毛主席提出的十五年內超英趕美，奠定堅實的物質基礎，為中國保證在最短的時間內跨入共產主義創造條件。」

他的平聲調，表明下鄉這一年來他之所見所聞，沖淡了去年初來時的那一股衝勁。這可能算是一種進步。

經他這一講，我們便明白了，把我們重新集中到這兒來是幹什麼的，全體人員仍按照原來的編制分成五個組，進行了一下午的討論學習。

第二天，全體人員整隊出發，去叢林鐵廠煉鋼指揮部的大禮堂，參加「叢林鐵廠籌建大會暨大煉鋼鐵誓師動員大會」。

我在牆上讀到了一條用綠紙寫的十分耐人尋味的「小標語」，上面寫道：「敞開肚皮吃飯，鼓足幹勁幹活」。我想寫這幅標語的人講實際的味就很濃了，而且似乎只有這種標語才能鼓動到這兒來的市民們。

按老套式召開的這種大會，本就是過場。會上主持人宣佈，七座小高爐，必須在五月底全部完工，六月開始煉鋼。他講了一大堆可以完成這個最低產量的理由。會場裡亂哄哄的開起了小會，大家七言八語的全是婦道家常。

我們最初的任務是為叢林鐵礦小高爐的建設籌集原材料。這是一些結構古怪的「小高爐」，可以容納十個人踩動的踏板像農村中的水車一樣的「鼓風機」，配套在每個小高爐旁。

當時我們實在沒有興趣關注這些「設備」，我們只顧著吃飯和完成交給的勞動，我們只望著儘早回到學校的一天。

分給我們這一百來號人的具體任務是，將那些從附近農村各地砍伐供「建築」高爐用的「圓木」運抵高爐建設工地。開始時，早出晚歸，沒有固定的地點，只是跟在伐木者的身後，砍下就運走。

叢林地處山區，兩山夾溝，山林茂密，農村裡的宅院裡，世代居住的農家，為了自己的環境和水土保持需要，素來有植樹的習慣。種下的樹木，就是缺柴也捨不得砍，祖輩相傳形成了這兒茂密的樹林，畫出美麗村寨，成了農民世代相傳的寶貴財富。

人民公社化以後，這些秀麗的山林雖然都充公社所有，現在為了奉獻給叢林鐵廠的建設和建築高爐，剛剛成立的人民公社首顯「優越性」，在煉鋼指揮部的安排下，無條件的奉獻了所有可供建爐的樹木。

於是伐木者持著手令，對附近的農村施行了「三光政策」。唯有那些世代居住在這兒的老農，才敢對這種敗壞祖業的行為表現出反感和心痛。每當這些老者請伐木者手下留情，不要對那些幼林下手而同伐木者發生衝突時，又必會招來煉鋼指揮官們的痛斥，扣上破壞大煉鋼鐵的帽子。

一片二十畝才長成酒杯那麼粗的幼林，在被砍伐時，被守林人阻攔，他痛斥指揮伐木的人：「這簡直是破壞，簡直是造孽。」他當下便被民兵抓走。農民們看到有例在前，誰敢抗拒？

就這樣，不到三個月，叢林周圍竹木成林、風景如畫的山村便成了光禿禿一片。在田坎上，在山坡上，在平時綠茵蔥蘢的行道邊，留下了一個個樹樁，那些原本就荒蕪的人民公社田野更顯得荒涼。

叢林地處山區，從此以後，每到夏季，山上的洪水爆發時，便無阻擋的直瀉而下，肆虐美麗的長江，沖刷著中下流的沿江各大城市。

遺憾的是，當二十八年後，江澤民向抗洪救災中犧牲的民工默哀致敬時，卻不敢去清算毛澤東當年給中華民族欠下的這筆孽債。

附近的山林砍完後，砍伐隊到遠處尋木頭，最遠的是距叢林足有二十里地的白果山區，這些坑木最小的也有二十公分的直徑，每根最輕的也有三十來公斤。抱著一根木頭，還不知怎樣往肩上放。我們運坑木的規定每天必須跑兩趟，每天早上，天不亮就被魯召吹響的哨聲追起，手裡拿了饅頭，手執繩索和助杵，匆匆上路。

這麼大的坑木對於從未用肩來扛的人，真

像第一次背十字架，墊肩往往擠到一邊隔不著肉。幾次換肩便把頸項和背部肩上到處擦破，鮮血斑斑，疼痛鑽心，可算是下鄉勞改以來最苦的「活」。我們白天一身污泥，常在路邊溝旁，因重心掌握不好而跌倒，遍體鱗傷。

回到住處，連腳也不洗，忙著給傷處擦一點紅藥水，碘酒之類，倒在鋪上便呼呼大睡，即使翻身傷痛而驚醒又馬上睡去。遇到雨天，行走在陡峭路滑的山間小路，踩在碎石路面上，稍一不慎便要滑倒。

有時，一跤摔下，坑木便猛然壓在身上，人和坑木一起往下滾，身上被那鋒利的石塊劃傷，血肉模糊。喘喘氣，平息以後還要忍著創痛，踉踉蹌蹌的扛著那帶血的圓木往回趕。唉！幹嗎要我還存著復學的念頭呢？有了這個幻想，拼了性命也不在乎。

（一）草腳碼

有一天，當我剛上山，便起了大霧，山上頓時四處茫茫，陰風四起，這是要下雨了。氣溫突然下降，我卻只穿了件夾衣，肩上除了一個護肩什麼也沒有，冷風吹得我直打哆嗦。心裡突然很慌，嘴唇發紫，心裡明白，這是高山反應，連忙走進了山腰的一戶農家暫避。

白果山區的老百姓，常年不斷地在堂屋地坑裡燃著樹疙瘩，我穿著破夾衣和破膠鞋，那單薄的褲子上還沾著一血跡，自忖一定比乞丐還狼狽。

走進大門，怯生生望著那火紅的地灶。那旁邊正坐著一個老漢和一個老大娘。從他們花白的頭髮和面容判斷，大約都上了七十多歲，平時路過已很面熟。老倆口見我進去，老大爺從旁邊拿了一張長凳，面對著火爐，叫我坐下。

那火爐送過來的一股暖流，使我瑟瑟作抖的身子鎮定下來。我深深地舒了一口氣，下意識地將雙腳伸向火邊。

老漢注視我褲子上沾著的血跡和腳上的破

膠鞋，片刻以後，便叫我把褲腳管捲起來。脫下鞋，雙腳上被石片劃破的傷口在火光映照下，已現出紫色。他回身裡屋，取出些搗碎的草藥，又去灶房取了一瓢泉水，為我輕輕洗去血痂，在傷口上敷上他調製的草藥，用一塊白布替我包好。

我聯想在趙凡家落戶時，那趙老漢也是用自採草藥療傷的，心裡好奇，想問這草藥是什麼草，但沒有開口。

那老奶奶卻從地上揀起我穿的那雙破膠鞋，嘆了口氣，進裡屋去取了一雙草鞋出來，告訴我這是她老伴平時閒下來編織的，叫我穿上後，指著那破膠鞋說：「這哪能穿呢？扔了吧。」

儘管毛澤東天天在摧毀中國禮教的仁慈、寬愛，把人和人變成了除廝殺和仇恨外，什麼也沒有的野獸。但今天，兩個老人用他們的行動證明，植根於人性之上的仁愛，永遠不會被暴虐的政治所泯滅。

我將要離開時，老漢走出門外，揀了一小指稻草，教我挫草繩，然後把挫好的草繩，套在腳跟上撓結打扣，便牢牢的捆在我的腳板上，護定我的腳跟踝骨，踏下腳覺得挺輕快。他告訴我：「這叫腳碼子，山裡人是從不穿鞋的，雨天路滑隨便在那個草樹上，挽上這腳碼，爬山利索又不容易滑倒。」

我穿上了老奶奶送給我的那雙草鞋，站起身來，深深向二老鞠了一躬。走出茅舍，回頭用心記下了這兒的位置。從此以後，我每經過都常來這兒歇腳，我真想知道他們何以單獨的住在這荒山野嶺中。

三個月後，當小高爐相繼在叢林小學山背後山樑上「站」立起來的時候，也是全國糧食告急之時。敞開肚皮吃飯的口號，無法再維持下去，所有從城裡來的居民陸續地遣送回各自的城鎮。叢林街道上的帳篷一天天減少，留在馬路邊的是一些破衣爛裳，竺林溝重新恢復了原來的清靜。

叢林鐵廠的伙食團也已落成，從大禮堂搬到了緊靠馬路的一幢平房中，所有叢林鐵廠的職工重新按照定量吃飯，八人一桌。自取米飯的共產主義生活，僅維持了三個月。

八人一桌取消後，鐵礦的工人按自己的糧食定量和經濟能力，買回所需的飯菜票。對我們這七十名右派，剝奪了購買菜飯票的權力，每個人的菜飯一律按定量發給了我們。這種定量對我們這些運送原木的小夥子勒緊了喉管，超負荷的勞動本已難以承受，再加上腹中飢腸轆轆，怎麼完成規定的任務？

記得以往早上，我出發時都要揣四個饅頭上路。現在按定量，只能拿兩個，還沒來得及在白果山頭打轉身，肚子裡的兩個饅頭便下了肚家壩。開頭幾天還忍著，不幾天，飢餓便成了我們最大的困擾，我們腦子裡成天都在打吃的主意。

開始，我們還用乞討的辦法，每次晚上等打飯的人都走以後，等到結尾時，走到取菜的窗前乞求炊事員，把剩下的菜多給我刮一點。但碰上菜全打完時，便只好餓一頓。

有一天，伙食團長嚷道，發現有人把飯票的數額私自竄改了。我明白，這多半是我們這幾十個苦孩子幹的事，便想也學著幹。

晚上天色已黑，燈光昏暗，上夜班和下班的人正多，瞅準炊事員正忙碌的機會，便把事先一張一斤的票額改成十斤的飯票，塞進了窗口，心裡撲通撲通的直跳。

只見那炊事員正要找補，卻不料那伙食團長走了過來，抓起剛才塞進來的飯票逐一辨認，恰好，我就碰在了釘子上了，當場被抓了一個現場。自尊心對我們已經很淡，當場的難堪還算不了什麼，倒是偷雞不著倒蝕了一把米，那一斤飯票被沒收了。

晚上魯召又召集了小組會，雷堯黑著臉數落我平時對食不裹腹的牢騷話，提上抗拒改造的綱上。這下子辛辛苦苦一年累下來返校求學的希望，被這件事影響了，心中著實懊悔了一夜。最後打定主意，勒緊褲帶，苦熬下去，等到過年以後，看看能否重新返校吧。

然而飢餓毫不留情地折磨著我們，尤其是大肚皮江遠，他竟在半個月內吃掉了發給他一個月的飯菜票，剩下半個月只有吊粉腸了。王懷壽看到他一派無奈，對他採取了特殊「照顧」，每天只發給他當天的飯菜票。

我們把目光集中到運送木料經過途中，滿山遍坡的玉米地瓜地裡。那時，玉米已掛了黑鬚，地瓜也結出疙瘩。然而這些誘人的莊稼，卻又偏偏集中在沿途都有農家的山溝底下。

天晴時日，一目可窮數里，白日行竊，極易被社員捉獲。夜間打趴又無法趕回住地，便瞄準陰雨晦暗的時候，看準了農家稀少的地帶，無人時，便連忙把玉米、地瓜連泥塞進預先準備好的口袋裡，慌慌張張趕到半山上的伙食團，趁人不備，便將這些獵物埋在那裡的爐膛下面。

等到撈坑木一趟打得轉身，又偷偷地去那裡取出燒得香噴噴的「加班糧」。但這樣作案，所遇風險極大，不是被民兵截獲，就是埋在灶膛下的東西被他人扒走，一無所獲。

漸漸的，大家也將發給我們每月兩元錢的零用錢，湊集起來，去向那伙食團長「分」出些胡豆、玉米之類的東西，就地添了從地裡所得的新鮮貨，可以勉強吃飽一頓。

然而，無論復學的誘惑力有多大，「右派」們所承受的壓迫有多沉，飢餓和內心的冤屈，加上下鄉以來對共產黨政策之所見所聞，都會產生巨大的反抗力，這種在我們心中增長的反抗，便陸續爆發出來。

面對這種不堪忍受的役使和飢餓，想逃亡的豈止一人？成天同右派們生活在一起的下放幹部，對這些蛛絲馬跡有了查覺，這正是這些幹部起作用的時候了。他們專門開了會，對這七十個人作了進一步的防範，去上山伐木的小組，每五個人就有一個下放幹部跟著，來去要求集體行動。

（二）叛國投敵集團

有一天，天下著大雨，白果山已無法上去，王懷壽決定紮雨班，同時派了四個人把郵件和報紙從南坪取回來。上午十點鐘左右，值班人發現臨時保管室的門關著，聽見派去南坪的四個人正小聲說話，側耳聽到說話的人楊治邦。是機械系四年級學生，此時他正低聲說道：「從這裡到綦江再到貴陽，由貴陽再到昆明通公路，可以搭乘汽車出國境到河口或西雙版納……」

據下放幹部查他的檔案，他在解放前，在昆明當過國民黨憲兵。

四個人關起門來討論去邊境方向的路，這引起了神經敏感的王懷壽懷疑：四人討論附近的交通，一定是想從邊境逃往國外。既然如此，便要撬開他們的嘴，讓他們招供出來。

他施展出反右派時整右派材料的慣技，先對其中最薄弱的人下手。四個人中，除楊治邦外，其餘三人都是剛剛進大學，年齡比我還小的毛娃子，而其中陳國喜出身富農家庭，最為無知，也最自私，是我們中意志最軟弱的一個。

午飯之後，王懷壽將陳國喜喊進了下放幹部辦公室，經過一下午的審訊，陳國喜被單獨隔離反省，其餘三人都派專人跟蹤，禁止他們相互交談以防訂立攻守同盟。接連兩天，在威逼利誘下，陳國喜終於按王懷壽的意圖，交代出第一起投敵叛國集團。據陳國喜招供，這個集團以楊治邦為首。

在那個年代，只要有思想，就算有了犯罪的根據，何況成員有了交談。中共發明的這種罪名叫思想罪。

十天以後，重大的一百號人在升旗台前集合。五個全副武裝的員警，站在升旗台旁，那形勢夠緊張的，一個姓陳的南桐礦區派出所民警，站在升旗臺上宣讀了南桐礦區公安局的拘捕令，並以「組織反革命投敵叛國集團」罪，逮捕楊治邦、毛貫益和李天德。同時對陳國喜則以悔改立功，免於起訴。

接著，三個人就在五名員警的喝斥聲中戴上了手銬，押上了停在叢林小學門口的吉普警車。

從此以後我們格外小心的管著自己的嘴巴，同時也防範著周圍的人。處在相同命運之中的這些夥伴並不齊心，有些人可出賣他人。

正好在這個時候，小高爐煉出來的鐵，送到煉鋼廠去被統統地被打了回來，化驗結果證明，它所含的雜質和有害的成份，超過合格鑄鐵的數倍，是一種無法冶煉，也無法使用的廢鐵鉈。

指揮部傻了眼，連忙分析，當然首先怪那座古怪的土高爐爐溫不足，排渣困難，風力不足，燃燒不完全，羅織了一大堆原因。但那「土高爐」是上級指定這麼幹的，再錯也不能直言。

就像種的試驗田，乃「元首」處方，誰敢不照辦？荒了莊稼，誤了農時，誰負得起這大責？然而，鐵還得繼續煉下去，高爐也不可能馬上丟掉，今年的十萬噸鋼材還要如期完成。最後商量的結果，就是如何提高進爐原材料的品質，那鐵礦本就在叢林背山的山頂上，採樣化驗證明，那絕對是富鐵礦。

就只有焦炭是就地從叢林煤礦挖出的煤，經煉焦爐煉出來的，含硫，磷較多，所以唯一能採取的措施就是提高焦炭的品質，建立一條洗煤的設備。指揮部把這個設計並建設洗煉場的任務交給了我們。

王懷壽這些天正在擔心，楊治邦案雖稀里糊塗以叛國投敵罪宣判了，但，事情本身卻在向他提出警告。等待時機逃亡的人說不準有多少？他心中非常明白，在這些年輕的學生中，僅靠「復學」這一點吸引力，正在被高強度的勞動和短缺的口糧抵消。

如果在這時萬一發生集體的逃逸，他王懷壽也很難擔待這個責任。去白果山扛坑木一直是令他最擔心的事，那無異於給想腳板擦油的人創造了便利溜走的機會，所以趁洗煉煤廠即將興建，便抓住這個機會，將自己所管的重大全體人員，集中到洗煉場當泥水匠。

叢林鐵廠新修的庫房，暫作了我們七十多人集中的宿舍。

當鐵廠職工恢復口糧定量的同時，農村中也恢復了每人每天黃穀四兩的舊制。那時，在我們剛剛搬去的住地，每天可以看到一個提著瓦罐，從集體食堂進出的老人，聽說，這是一位叢林公社的「五保戶」。

有一天，出於好奇，我攔住了老人，請他讓我看看他們每頓吃的什麼？他將他手中提著的瓦罐。戰戰兢兢地遞給了我。我打開蓋子向裡一看，那裡面是一罐照得清人影的黑湯湯。便用他手裡的筷子去一攪，便看到攪起來的，是一些牛皮菜和從地瓜藤上勒下來的地瓜葉子。

此時那老人眯縫著水腫的眼皮，喃喃地問我：「這年頭，三晴兩雨的好天時啊，地裡的莊稼，本該好收成啊，咋個弄得來連飯都沒得吃了？」

我們同叢林公社的農民，又一次為糧食、鋼鐵「大豐收」，交融到一起，沒日沒夜地打疲勞戰。所不同的是農民們除了白天為秋收秋種忙碌一天，晚上還要打著松明子挑著蘿兜為鐵廠運礦，婦女、孩子們在公社指定地方，去砸碎那些堆在馬路上的礦石，另一些勞動力還要在晚上下田收割未收回的穀稻。而我們白天當泥水匠，晚上則同他們一起蹲到水田裡割穀子，或者在收打玉米的曬場上捶打已經曬乾的玉米。

唯一能刺激我們日夜加班的，就是晚上超過十二點以後，農民可以在集體食堂裡領到三兩糧的罐罐加班飯，而我們則可以在鐵廠的伙食團吃到三兩糧的饅頭或三兩麵條。我們實際上已同當地的農民，成了共渡難關的難友了。

農民們吃過夜班飯「歇稍」，重新回到工地上或水田裡，但除非有書記親臨坐陣，下半夜以後，無論在挑礦石的工地，還是在曬場上都是靜悄悄的。

倘如有人去收割的稻田裡看一下，那兒一片漆黑，側耳聽去便在一片蛙鳴聲中夾雜著人的鼾聲。如果撥開稻桿去尋，就會看到那些疲憊不堪的社員，橫七豎八的睡在裡面。

第二天公社的廣播喇叭裡，照例播放前一天晚上，社員們如何響應大躍進號召，不分白日黑夜加班搶運搶收的「動人」事蹟，以及誰也不會相信的關於高產衛星之類的豐收「喜訊」。

（三）運鐵礦的玩命活

洗煉場僅用了不到一個月就完工了。我們這支勞動突擊隊接受了運送鐵礦石的任務，轉戰在通往煉鐵廠的馬路上。沿著叢林西北面的山崖，一條四米寬的公路蜿蜒著向上，那上面是著名的海孔農場，山頂的右方，隔著一道萬丈深壑的陡峭絕壁上，一個天然的巨大的山洞，隱藏在山巒奇峰之下。山洞的後面有一片巨大的開闊地，據說這便是抗戰時期陳納德將軍的飛虎隊，依憑著這個天塹，靠它上面的奇峰掩蔽駐守的地方。

馬路左側相距兩里距離，在那山洞略低的地方，便是今天正在採掘供叢林鐵廠的小鐵礦。礦工們住在臨時搭起的一排工棚裡，他們是來自四面八方帶職的工人，也有才開始學的農民，他們用鎬頭挖掘，再推著礦車，將礦石運到鐵軌盡頭一個露天礦石場上堆放著，我們的任務是把這些堆放著的礦石，運回叢林鐵廠的高爐旁。

我們將人分成兩組，一組將礦石從採礦場挑到馬路邊，另一組從馬路邊將礦石一車一車的運達小高爐邊，配置給我們的工具是籮筐、扁擔和三人一部的人力木板車。交給我們的任務是卡死的，必須保證小高爐生產所需的鐵礦石供應。

為了確保任務的完成，還增派了重慶市財

稅系統的二十多個人，加入我們之中。經過分解和計算，每一個人挑礦石的重量，和人力木板車每車的重量都有定額規定，完不成任務是不准收工的。

我被分配在人力車大組。我們這架人力木板車上還有江遠和袁如。袁如身材微胖，是一個口才利索，性格開朗，處世大膽而又精明過人的女孩。飢餓的折磨對她並不是一件難以克服的事，她的心中在想些什麼無人得知。

拉車運礦，重車上坡是最吃力的，重車下陡坡又是最危險的。為了完成每天所必須完成的任務，每一車都必須滿裝滿載，從車胎壓下的彈性變形估計每一車都不會少於一千斤，好在去海孔鐵礦上坡的路是空車。運回礦石基本上一路下坡，只有在抵達小高爐才有一段大約五十公尺的緩上坡路。

三個人駕車，上坡時駕轅的中槓必須掌好車把，肩上勒緊套繩，拉長頸項，埋頭用力的跨著碎步，呼著號子，以便讓兩邊的「飛蛾」按號子的節拍，保持三個人步調和用力一致，將板板車一點一點向那山頭上拉，到了裝礦石的地方。連汗水都沒有擦淨，便趕緊裝上滿滿一車礦石馬上離開。

重車下坡，中槓又必須死死的用兩臂抬著車槓，以保證車尾下部的剎車著地剎著下行，兩邊的飛蛾要死死的拽著韁繩，控制著車速，以免衝剎失控發生慘禍。就這樣晴天頂著驕陽，下雨迎著狂風，起早貪黑，完成交給的任務。

我們三人中因為江遠的個頭最大，他擔負的中槓次數也最多。因為有袁如在一起，說笑的時候，常常沖淡著勞累和苦悶。

有一次江遠對袁如說道：「我們這個車啊，天天在演駱駝祥子。」「怎麼講？」我問。「我演祥子，袁如就扮演虎妞，怎麼樣？」江遠挑釁道。

袁如毫不示弱回敬道：「那我就不拉車了，你養得活我吧？」停頓片刻她接著說：

「老實告訴你，虎妞喝的燕窩人參湯，穿的綢緞綾羅，祥子喝的五加皮，吃的涮羊肉，你江遠怕是看都沒看過，想都不敢想呢。」這話裡尖酸刻薄，帶著刺，誰叫江遠得意忘形。

我想倘如老舍見到我們這樣子，那麼他必會搖頭嘆息：「怎麼了？中國的大學生，就是這般的苦力麼？待我有機會也寫上一本『叢林溝』來。」

他今天若在這裡目睹沒命飛奔的人力車，恐怕會嘆息，小說中描寫的舊北京底層人物，竟讓今日的大學生們羨慕不已，因此要停止駱駝祥子的出版了。可惜文革中他跳了昆明湖，這就是歷史對現實的嘲弄。

然而，江遠用手捂著嘴巴，意思說打住，說話出格，會惹禍的。

「嘿唷！嘿唷！」山谷裡回蕩著沉重的號子聲，汗水順著腳彎灑在烈日烤得燙腳的馬路上。

有一天，上午十點鐘，我們拉著空車跑第二趟的時候，剛剛拉進一個山彎的僻靜處，江遠把車停下來，對我說道：你們在這裡等我一下，我到山邊方便方便，說著便朝路邊草叢裡走去。我和袁如把車停穩在那裡等他，等了好久，後面的車都過去了幾趟，還不見江遠露面，袁如著急起來，咕嚕著「今天我們的任務完不成該怎麼辦？」

那草叢還不到十公尺遠，我順著那個方向找去，走到崖邊向下看，下面是一個只有寬兩公尺的土坎，種著地瓜，只見江遠正用隨車帶的一個鐵鏟，緊張在挖，邊挖邊用手抹去還沒長成熟的地瓜帶的泥巴，狼吞虎嚥地大嚼起來。

一切我都明白了，江遠是挖地瓜的老手，從白果運坑木開始，全仗著公社地裡的地瓜解了他不少困難。

此時相對審視，下鄉一年多，我們已面帶菜色，毫無年輕人的朝氣了。

運送礦石的那一段日子，經常晚上做夢，

夢到我們所駕板板車正從那山上騰空飛下。馬路邊寫的「總路線萬歲」、「大躍進萬歲」、「人民公社萬歲」的標語牌，一剎那變成了一些巨大的石碑，突然一聲巨響，那石碑群從上到下，一個接一個緊跟著我們的板車向我們倒下來。

我們無論如何的飛奔也無法躲避，最後那些標語像咒語般的懸在空中，發出一片魔鬼般的怪叫，在一片天昏地暗後，我們的板板車被這場下來的巨碑壓在底下。

奇怪的是，那板板車像一塊鋼鐵一樣硬撐著這堆石碑，使我們能存生於它墊起來的逢隙之下，免了一場「肉餅」之災。當我們從那夾縫中戰戰兢兢鑽出來，卻看見那王懷壽不知什麼時候，叉著腰虎視眈眈地站在我們面前，吼道：「算你們的命大！」

真的，我們真的把自己的性命緊緊地攢在自己手心裡，攢得緊緊的。

真的，從回到叢林的第一天開始，我們便開始了新的災難。

王懷壽心裡十分明白，他所管的幾十個人中，已經漸漸覺悟到自己的處境，他們已對學校復學的誘惑和「按人民內部矛盾」處理的諾言產生了懷疑。楊治邦案已經給了他第一次信號，現在，難免不會引起連鎖反應。

雖然他每天牢牢控制著像雷堯、王山這一類迷信極強的學生，試圖把握著每一個人。他明白，現在要憑學校反右那一套辦法，恐怕難以控制這些被生活一步一步逼向反抗的年輕人了。

（四）迷魂的「摘帽」

第二天，王懷壽一臉嚴肅向大家宣佈了一樁令所有人振奮的特大好消息：國慶日前由金校長親自率領的工作組，將來叢林檢查一年半以來對右派的思想改造工作。學校將根據在座的人所表現的好壞，考慮給接受改造的人摘掉帽子。所以，從現在開始，每一個人都必須認真填寫右派份子勞動考查期間鑑定表。說著便將手中的一疊表格發給了大家。

這個消息對在場的人確是一劑強力的興奮劑。人們交頭接耳開起了小會。然而大家的擔憂遠遠多於樂觀。

王懷壽宣佈完這個消息後，是自由發言，雷堯滔滔不絕地敍述自下鄉以來的一年半中，學校黨委根據共產黨：「懲前毖後，治病救人」的方針，對我們這七十多人「給政策，給出路」的偉大改造方針，王書記如何長期耐心的對我們進行挽救和教育。

聽他的吹捧，大家心中雖十分反感，但出自雷堯口中已練成一經，不會產生任何的肉麻和語塞。

國慶日前，叢林煤礦的周圍被打掃得乾乾淨淨。叢林溝非常認真來慶祝這個「偉大」的時刻，區委辦公大樓已經張燈結綵，兩邊巨幅的標語像鎮懾小鬼的鬼符貼了滿街。

為了迎接重慶大學的「下放幹部慰問團」即將來到叢林檢查一年多以來的「改造」工作，王懷壽親自督陣，將我們的住宿打掃得乾乾淨淨，還在會議室，佈置了「改造專刊」，久違的節日氣氛又隱隱的來到我們之中。他還親自檢查了每個人的衣著，督促大家拿出了最體面的衣服換上。

王懷壽一大早就到叢林溝的進口處，恭候下放幹部慰問團的專車，一直到中午才將慰問團接到我們的駐地。當顯得蒼老的金副校長站在升旗臺上發表了簡短的「慰問」講話時，我們才注意到了，經過這一年半以後，也不知從什麼時候起，因為什麼原因，原來的二十幾名下放幹部，只剩下幾個人了。

在場的主體幾乎就是我們這幾十個「極右」份子了，那場面和氣氛似乎是專門為我們而安排的。作為實際上的主體，我們第一次感覺到母校向我們伸過來的手。我看到楊家銘同學眼眶裡包著一片淚花，感到一股被拋棄的棄兒又被撿起的那種悲涼。

晚上，和第二天整天，我們便分組的在鐵廠的那一間會議室裡舉行了「改造一年半以來的心得座談會」。我們這些棄兒暫時忘卻了這一年多以來所受到的痛苦和目睹的種種荒唐事。大家浸沉在復學的迷夢之中。

第二天晚上隨慰問團同來叢林的學校文藝組，在叢林小學的升旗臺上演出了他們帶來的文藝節目，這些節目被三面紅旗的框框束縛，成了乾巴巴毫無藝術味的說教，慰問團的每一個人並不知道我們這一年多來經歷著多少痛楚和磨難。

第三天一早，慰問團返校，他們帶走了那一大卷這兒的棄兒們精心琢磨寫出來的「右派勞動考查調查鑑定表」。

（五）奪命煉焦場

國慶日過後，不知道是出於王懷壽進一步收縮監視圈，以加強管理，還是出自叢林煤礦的某一管理人員的建議，我們全體「右派」集中到煉焦場從事專門的出焦勞動。

叢林煤礦出煤洞口的前方，一大片開闊地上排佈著一群狀如鐵鍋似的「土煉焦爐」，這是幾百年來所沿用的最古老，最落後的手工煉焦法。

在像鍋底般的爐膛上面，架鋪好一層層的木材後，再從洗煉場運來的洗淨的原煤，一層層地鋪墊在它的上面，每一層之間用一排碗口大小的原木造好「通氣孔」，煤層堆好以後，像一個倒置的窩頭狀土丘，周圍再糊上一層稀泥覆蓋嚴實後，從爐底生火。經過十來天的焙燒，這玩意便成了一爐用來煉鐵的焦炭，再將底部的爐膛封閉，斷絕空氣，爐膛上便「烱成」一爐焦炭，等到熄火後，再用冷水從爐頂灌下，使火紅的焦炭冷卻，剝開最外層的「球殼」，將出爐的焦炭搗碎取出。

這是小煤礦中最髒、最累、也最危險的工種之一，所以，煤礦工人寧可甘冒瓦斯爆炸的殺生之險，也不願從井下抽上地面來幹這種活。然而對於我們這些無條件服從調派的監督勞動力，是不會考慮我們沒有經過培訓，沒有防毒用品，也沒有經驗的一群苦孩子的生命和安全的。

沒有人指導我們該怎麼幹，發給我們的是每人一根鋼釘，一條竹桿鐵爪子和兩隻口罩。規定我們每爐六個人，一天必須將一爐煉好的焦炭全部出淨。我們一早槓著鋼釘，鐵爪上到煉焦爐前。當我們打開已燒成黃白色的泥層「球殼」時，已感到灼熱逼人。

用了好大的勁從四個方向鑿開那「焦球」，爐心中暗紅的火焰，便從鑿開的縫中輻射出灼人的氣浪，直撲我們而來。那氣浪中，夾雜著燃燒的硫化物所釋放的黃褐色有毒煤氣，立即使我們感到窒息和昏弦。

我們被這股股毒氣，逼到爐沿無法再往後退的地方，只好背過身來，臉朝著外面直喘氣。

有人想到了水，便跳下爐沿的土坎，找到一個鐵桶，提來滿滿一桶水，朝著爐心中最紅的地方潑去。然而這才叫杯水車薪，從潑進水的地方，回捲起一股夾著煤氣的白色氣浪，猛烈反射回來，差一點沒把他擊倒，而那爐心處只稍稍地暗了一下。

此時六個人已經臉紅耳赤，身上的汗水早已被那不斷襲來的熱浪蒸發得乾乾的。只感到皮膚被灼傷的疼痛和呼吸的困難。六個人只好從爐上暫時退卻下來，相顧對視彼此的口罩，早已被那熱浪捲起的黑灰糊上了一層厚厚的「殼」。臉上除了看到眼珠還在轉動外，其他的地方也已成了灰紅一片。喉裡便覺得被堵上了什麼，乾咳著吐出來的便是黑色的痰。

劉漢光直搖著頭，喃喃地嘀咕道：「沒想到，這工作竟這麼惱火，這樣幹怕要作犧牲的準備了。」可是，休息還不到二十分鐘，大氣還沒有喘過來，那雷堯卻在附近的煉焦爐上向這邊喊道：「今天要出完啊，不出完是不准回去的啊。」劉漢光做了一個不肖的鬼臉，罵道：「假積極，催命鬼。」

我們只好重新站回到爐邊，灼熱的氣浪似乎退了一點，便揮動手中的鐵釘，向著那焦炭猛砸，將它們搗碎成水桶那麼大的碎塊，然後，執著長鐵勾，冒著不停地向我們撲來的熱浪和令人窒息的煤氣，一塊一塊地把它們勾上岸來。

倘如碰到那大塊的焦炭，一個人往往無可奈何，便兩人協力去勾，倘如不留神其中的一個鐵爪子滑脫，那麼那人便可能向後仰跌，跌下高高的爐坎，輕則傷及皮肉，重則跌斷手腳。而沒有滑脫鐵爪的那個人，如果不趕快甩掉手中的鐵爪，便會被那沉重的焦塊連人帶勾拖下爐去，那後果會不堪設想，掉進那火爐中猶如葬身火海，難保性命。

突然間聽見有人發出驚叫聲，他是我們中個頭最小體重最輕，因而也是體質最弱的一個，我們連忙側頭去看他發生了什麼？只見他正在那裡很吃力地伸著腰，腳上穿穿趺趺，手也不停地在空上亂舞，好像在反抗一股看不見的，正將他向爐中吸進去的力量。

我們便丟下手中的工具連忙將他抓住，並將他拖到距離爐邊十公尺遠的潮濕的地下躺下。只見他雙目緊閉，口裡不斷地吐著白泡沫，原先紅灰色的臉變成了青色，不停地喊道：「水、水、我要水。」

這一天，當黃昏降臨，我們這一爐焦炭才出了一半，剩下的另一半是更深的下層。加上天已黑了，就是加班今天是無論如何都完不成任務了。看焦場之外叢林埸口，昏黃的燈光，已爬上了路燈的燈架，抬頭望著銀灰色的天空，上弦月已在空中露臉，星星點點的星光也同我們一樣搖搖晃晃。

我們心裡發慌，又累又渴，滿身的毛細孔已被焦炭的灰塵粉末堵死，除了眼睛還能吃力的眨動，一身像被捆住一般，也罷，休息一下再作計議。

唯獨鄰近雷堯的爐子上，傳來了「捷

報」，他們正在最後的打掃爐底，第一個勝利的完成任務了。

我們爐上的五個人在夜色中暗自吃驚，實在佩服那雷堯的亡命幹勁，看來不完成任務還真的要受到嚴厲的苛責了。那理由是難以辯解的：「為什麼雷堯那一組能完成，你們這一組只完成一半？」

但是，我們已顧不上那麼多，且回去吃了飯，休息一下再作計議。早上同來的六個人此時只剩下五個。拖著沉重的腳往回走，走出煉焦場的出口一百公尺以外，我猛然回頭向焦場望去，煉焦場在夜色中呈現火紅一片，各個煉焦爐都爭著從那些蜂窩狀的出氣孔中，將數尺長的火舌噴向夜空，交織成了一片火海。

這是白天所看不清楚的，難怪身臨焦爐之上便感到灼熱燒身，煞似西遊記裡的唐僧過火焰山，可惜肉眼凡胎的我們，卻要從那火燙的爐中取出焦炭來，這不是在火中取栗一般麼？

到了食堂，第一個動作便是取過臉盆去盥洗間洗臉，先讓自己從煤灰的綑綁下解脫出來，用力擤鼻涕，擤出來的全是黑糊的炭粉。耳朵裡也塞滿這些東西，兩盆水洗下來，水已是黑色的，解下來的口罩還不敢洗，晚上加班還要用。用力的將灰拍掉，留下口腔處一圈黑黑的印圈，來不及去想，吸進肺裡，吞下肚裡究竟有多少汙物？幹這種活真像被奪命一般。

藉著取飯菜的機會，打聽昏倒在焦爐上那人的情況，說他在醫務室，暫時沒有生命的危險。肚子裡雖然很餓，卻更感到口渴。狠狠地灌下一大盅開水，胃液便被沖得淡淡的，面對著飯菜卻不想吞，我呆呆的坐在那裡發愣，大家也呆呆地坐在那裡，平時的話匣子今天關閉了。

上陣第一天，彼此都對這火中取栗的活感到害怕。想到雷堯那個組已經完成任務，那王書記說什麼也要逼我們去加班。又聽見劉漢光在那裡的咒罵聲，吃過晚飯五個人蹣跚著重新回到工地。

「大躍進」以來，白天黑夜，連續的守著工地已成了習慣，不管其效果如何。官話曰：「晝夜加油幹，一天等於二十年。」就是病倒了，死也要死在工地哇。好在爐溫暖和，雖已十一月的冬天，穿著件夾衣蒙頭大睡也不覺得冷。就這樣，我們五個人在那一夜裡守著這爐要命的焦炭，磨蹭了整整一夜。

白天出完了焦炭，晚上還必須全體加班，去空出的焦爐上運煤炭「造爐」。任務雖調整，出焦的勞動仍是一個難以勝任的工作。即便是爐子完全熄火，打開以後，那一股帶著濃烈煤氣的灼熱氣流，令人窒息。

為了完成任務，白天幾乎不敢休息，付出大量汗水以後，胃口極差；下班後，煤灰依然塞滿了我們每個人的七竅，堵死全身的毛細孔。尤其是，白天累了一天，晚上還要完成那心驚膽戰的造爐任務。

從洗煉廠運到煉焦場的煤炭，像一座長長的小山脈，堆放在煉焦場出口處的前方。從那裡到小焦爐群，最近的大約三十公尺，最遠的足有一百五十公尺。每一煉焦爐的爐面都高出地面兩公尺左右，用長跳板搭在上面，以溝通地面和爐子之間的高差。

兩個人從堆放煤炭的地方滿滿裝上一筐煤，然後抬著這上百斤的重量繞過高低不平的場壩，最後還要踩著那跳板搖搖晃晃地登上爐頂，將煤炭倒進爐膛才算完成了一趟。對於容量五噸的小煤焦爐，足足要抬足一百籮才夠一爐。

兩個已在白天出焦時耗盡了體力的年輕人，抬著滿筐煤炭，在昏暗不明的煉焦場高一腳低一腳踉踉蹌蹌前進，稍不留神，兩人中只要有一人被路上的一塊石頭絆倒，那麼兩個人就會連帶那滿筐煤炭，跌倒在路上，最輕也要擦破表皮，跌傷韌帶。

腳上已經因疲勞缺乏穩力，加上光線黯淡，跳板搖晃從高的跳板上跌下來可就不好玩了。如果人跌傷後，隨之墜下的那一籮煤正好又壓在受傷人的身上，那麼其後果就更慘了，那是有性命之虞的事。

偏偏為了增加「大躍進」的氣氛，每到晚上，煤窯出口處的高音喇叭便不停的發出鼓噪聲。

進行曲剛剛停，便是一陣陣催命似的喊叫：「五號爐已快裝完了，其餘各爐加油！」「八號爐怎麼掉這麼遠，趕快跟上」之類的吼叫喊個沒完。

我同劉漢光對抬，他在扛繩的位置上要小心眼兒，雖然我們爭執著，但也不停地提醒對方，大家都已十分困乏，加上漆黑的路又被耀眼的爐火晃花了眼睛，跌倒是常有的事。每次跌倒，他都要朝著喇叭的方向詛咒道：「夜班飯吃了不消化是不是？有本事你來試試。」

晚上過了十二點以後，整個的腦子便會不由自主的停頓了指揮，腳上往往不聽招呼的直打「醉拳」。抬著沉甸甸的煤，有時兩個人會突然的停下步來，我有幾次在後面聽到抬著槓，他清晰可辨的鼾聲，便索性叫醒他，兩人乾脆就倒在爐旁呼呼大睡，直到被人從夢中踢醒。

這就是狂噪的「持續第二年大躍進」的最後時刻，我們就是擔負著這種有毒的、高強度體力消耗，也是高度危險的勞役渡過了一九五九年最後的兩個月。

幸好，托老天保佑，這種帶著生命危險的勞動也僅僅只有兩個月，就在這兩個月中，幾乎人人身上都掛了彩，明顯呈現中毒的人數占了一半。萬幸的是，還沒有發生手足致殘，中毒喪命的事。如果時間再長一點，我們這六十餘人難保不會有捐軀叢林的悲劇發生。

第二年即一九六〇年春天，留在叢林的六十餘名同學和兩位老師，集中到廣元壩農場，在廣元壩農場，學校分別為三十幾名同學摘了帽，並回到重大，算圓了他們復學夢。

不過，這兩年的監督勞動倒真使他們成熟不少，原先對共產黨的迷信，終於在所見所聞中矯慮，而把這些所見所聞暫時的隱瞞在心底裡。

他們雖然復學了，卻永遠留著「磨難的烙印」。在以後不斷地揪動階級鬥爭和漫長的文化大革命的歲月裡，依然是「運動員」。

挨批鬥，入學習班，遊街，從來沒有斷過。其中因承受不了這種侮辱而自殺的就有好幾位。

例如一九五九年第一個被活活踢死的顏亨楷，那時我們剛下農村，分散在農家，大家又互不通氣，直到後來才知道，其經過的情節至今都不清楚。

一九六〇年因無法忍受非人虐待。在廁所裡懸樑自盡的尹安民，便是我進了南桐看守所後發生的事。

迄今為止，中共當局仍為堅持其一黨專制，而隱瞞這段悲慘的歷史，將它輕描淡寫為「極左」思潮的危害。

而我們這一代可悲的受害者，仍懾於專制主義的淫威，還不敢公開揭開這一頁。

不過，我們終將在中國的歷史上翻開這一頁，面對著這段歷史史實。我們中當年受殘害的人將以毛澤東罪惡的見證人，等待著正義的法庭將罪魁禍首推到歷史審判臺上的一天。

「向征夫之前路，恨晨光熹微」（歸去來辭）

一九六〇年春天，由於冶煉出來的是一堆不能煉鋼的廢鐵，叢林鐵廠同全國各地一哄而上的小土群高爐一樣，被迫關閉。

重大「右派」同學離開叢林去廣元壩農場集合的那天，煉鐵廠的幾個工人，指著那些聳立在後山坡上望天長嘆的小高爐，搖頭嘆息道：「那是花了好多工人、老百姓的血汗幹的『空事』呀。單單為建立這幾個爐子而損失的樹木，就是幾十年也長不成原來那樣了啊，真可惜。」

然而，當年大吹大擂建立這些小高爐的策劃者、組織者、督戰者，現在卻一個都見不著了，他們興許認為他們不但沒有任何責任，還會在以後的個人履歷表上填寫上這一段「光榮的歷史」，說自己如何付出了好多不眠之夜和心血，為繪製三面紅旗的「壯舉」而貢獻了一切。

在即將離開叢林的時候，我不知道我們之中有多少人在用心地思索和總結這一年零七個月，而我卻因那本「反動日記」被人發現，成為又一個脫離這個集體的游離份子，被押到新的地獄裡。

一九六〇年一月二十六日下午，我被魯召押送到南桐礦區看守所。

第三章：監獄歸宿

一九六〇年一月二十六日下午兩點鐘，魯召叫我將行李收拾好，同他一起坐上了一輛公共汽車。來不及同朝夕相處的夥伴告別，他們用莫名其妙的眼光目送我上車，也不知該向我作怎樣的表態，因為實在不知道，這是臨時的調動或是分批離開南桐。他們不知道，我就此與他們分別了。

車剛開動，我便怯生生地向魯召問道：「把我調到哪裡去？」他看著我淡淡一笑，從那笑裡分明泛出了一絲可憐，只說了聲：「等一會兒你就明白了。」

我在晃動中昏昏睡去，不知走了多久，只聽見車窗外面有人在喊：「萬盛到了。」

萬盛的市容於我已無任何興趣，我拎起背包和行李，跟著他就像一隻拖著去屠宰的羔羊。當時，我根本沒有被逮捕的預兆，我想知道的是，我究竟調到什麼地方去。魯召看著我天真的模樣，好像是跟著老師去上學一般，所以一路上對我非常放心。

我跟著他來到一處綠茵覆蓋的土牆門口。

魯召獨自走進了辦公室，將我一個人留在哪裡。我將自己破爛的衣物和「行李」放在牆邊，呆呆地站在那裡等候了足足半個小時。

突然，監獄的邊門打開了。兩名員警吆喝著從門邊湧出來的十幾名光頭囚犯，他們一律穿青色囚衣。我猛然想到七年前，我在北碚看守所遠遠看見那壩子裡也是這般模樣的人。一個信號才迅速地閃過了我的大腦：「我被關進監獄中了。」由是我想到在那個年代不知有多少人，就這麼輕而易舉地下獄了！

倘若在兩年前我會驚得全身顫抖，但經過這兩年的磨難，似乎有一種久臨其間而不覺其險的感覺，腦子裡還浮動著大煉鋼鐵時種種恐懼，而今脫離那裡反而感到輕鬆，認為隨便往哪兒送，都比叢林的煉焦場好。

第一節：我被糊里糊塗帶入看守所

大約半小時以後，魯召從辦公室走了出來，並不與我「告別」，便逕直從我們剛進來的那個門走了出去。

到了此時，我才有一種被人拋棄的感覺，心中再次泛起一陣悲哀，又過了二十分鐘，我曾在逮捕楊治邦的大會上認識的丁戶籍，把我叫到辦公室門口，對我全身上下來了個徹底搜查。他脫下了我的棉衣，仔細摸完了棉衣上的每一處縫線和疙瘩，並將它同我的破皮箱打成一捆，丟進了一個標著「保管室」的小屋。然後，有人給我送來了同老犯人們完全一樣的青色棉衣，穿上後叫我進到辦公室，坐在一張小板凳上，詢問了我的姓名、年齡、籍貫和進來前的「工作單位」。

當問到我因何故被押到這裡時，我自己都不知該如何回答，我莫名其妙的按了手印。接著，那位自稱姓王的幹事，帶我走進了陰森的監舍巷道。那巷道均布著兩排鐵門，每一道的門上留有一個可以左右滑動的小窗口。他將我帶到巷道右側盡頭的一道鐵門旁，拉開了那道門上滑動的風窗向裡張望。

王幹事用命令的口氣向我交代：「今後你

就住在這間舍房，從現在開始。不准你在他們中談監外的事，也不能用你自己的姓名，只可以用自己的代號，你的代號是四一九，除了反省交待等候提訊，你不能同他們談論與之無關的事。」

交代完畢，打開鐵門，我低著頭跨了進去，迎面撲來一股霉味和汗臭夾雜的濁氣。身後哐當一聲，鐵門關上了。室內很暗，除背牆上兩公尺高的地方，有一個十公分見方的窗口投進一束光能依稀看到室內的概況，還看不清裡面住著幾個人。

我站在那裡，閉眼定了定神，大約兩分鐘後，我看清這是一間大約十五平方公尺的桶子屋，沒有床，門口的進口左側放著一個馬桶，從進門的左牆角開始，地上墊了一圈大約有兩公尺進深的稻草，一直鋪到靠門右邊馬桶邊。對著門的地方中間地帶留著一條長約兩公尺、寬不到一公尺的空地面，上面放著鞋。

從右邊牆角開始，依次排坐著五個人，都盤腿而坐，每人的身後都墊著一床破爛被子。我呆站在那裡，五個人用一種新鮮而警覺的目光打量我。

過了一會兒，地鋪中間位置上，一個人從鋪位上慢慢站立起來，緩緩向我靠近，發話問：「哪來的？」我因為陌生而防備著，加之兩分鐘前剛進來時王管教的交代，所以沒有回答。

冷不防對方伸出一記快掌，重重打在我胸口上，我毫無防備，一個踉蹌，順著那拳風的方向跌倒在馬桶邊。我正要從地上爬起來反抗，其餘四個人一起吆喝起來。

打我的那人緊逼一步，捏緊著拳頭在我的眼前晃了晃，惡狠狠吼道：「既然進來就得懂規矩，從現在開始，你就睡在這個位置，沒有我的同意不得移到任何其他位置上。」我只好就地坐下，一聲也沒吭。

我默默地坐了幾分鐘，忽然覺得腳上漲得難受，關節酸軟，便在自己的踝關節上面的「窮骨頭」捏了一把，卻是軟綿綿的再也彈不回去了。

自從煉焦炭以後，我就開始患水腫病。現在越來越嚴重了，回想那些晚上抬著一筐煤上跳板心驚肉跳的景象，事後感到害怕。

也罷，總算離開了那要命的煉焦場，躲開了那道鬼門關，可以在這兒睡上幾天，恢復一下幾天幾夜沒合上眼的極度疲勞。我閉上了眼睛，聽五個老犯人說些什麼。

其中一個說道：「明天就過大年了，家裡人怎麼還沒來接見？」另一個答道：「這年頭家裡人都沒得吃的，哪裡還有東西往這裡頭送。」再一個接著說，「再怎麼說，我工作的單位也要發兩把掛麵吧。」

聽他們對話知道五個人基本上都是附近的農民或工人，他們也許還不知道監牆之外，公社的農民每天只分給六兩黃穀，工人和城鄉居民每月十八斤的口糧中，還要摳一斤出來「備荒」。

經他們提醒，我才恍然想起，明天就是大年三十了，還真沒想到，一九六〇年春節我要在鐵窗裡度過了。自從下鄉改造以來，我的腦子裡常處於空白狀態，有時連自己的年齡和出生年月都記不起來，最開始在學校裡受到的強烈刺激，被繁重的體力勞動消磨，使受到重創的大腦處於休克狀態，忘記了一切。

這種忘掉過去的自我休克，使我整個神經處於麻醉狀態，無論別人怎樣吆喝、斥罵、公開的撒謊、肉麻的吹捧、黑白顛倒、對弱者的欺凌等等，全都視而不見充耳不聞。就連什麼時候過年，這種兒時從臘月初八就掰著指頭算的日子，都忘得一乾二淨。

當我突然孤零零地置身在這陰森、陌生、四面鐵桶般的牢房中，我那幅久未拉動的記憶螢幕便開始晃動起來。

白髮蒼蒼佝僂著腰的老外婆，又彷彿在撫摸我的頭顱，長呼著我的小名；可憐的弟弟算來已十七歲了，他的爸、媽和哥哥真對不起他，留給他那麼深重的「階級烙印」，使他怎麼在這社會中生活啊。他現在是在上學呢，還是在社會上流蕩，甚至被關進「少年管教所」之類的地方？

還有，爸，您此刻在哪裡？我們一直都害怕來看您，您能原諒我嗎？我現在也同您一樣來到這個地方，在這裡我能與您相見嗎？

自從我被劃右以後，就一直沒有再往家裡寫信，開始是因為我真不知怎麼下筆，我被弄成這樣，錯在哪裡？是連我自己都說不清楚呀。至於今天為什麼會被抓進這兒來，今後又怎樣，我就更說不清了。

如實地告訴他們說我是冤屈的，不是反而徒增了他們精神的壓力麼？如實告訴他們我已被關進了監獄，那不是在逼老外婆麼？上了年紀的人可經受不起這等打擊的啊。

倒不如不給他們寫信，隱去了我現在的處境，興許對他們免去了無盡的牽掛。

母親一定去重大打聽我的下落了，當她知道我還保留著學籍，保存著一絲希望的幻覺，覺得「我會哪天奇蹟般的從學校歸來，重新回到他們身邊」，這樣不是好得多麼？而現在我進到這裡了，一切希望都成了泡影……

（一）看守所裡的年夜飯

突然一聲鐵門的響動，幻影立即消逝。監房盡頭的大門打開了，整個過道裡頓時躁動起來，過道兩旁的監舍裡傳出像一群關在籠子裡的動物發出的竄動聲，我們監舍的五個犯人也一齊站了起來。啪的一聲，鐵門上的風窗打開了，那個剛才出手打我的人，趴在剛剛打開的窗口上向外張望，室內昏黃的燈也不知是什麼時候亮的，後牆那窗口已是一個黑洞，無法判斷此時已是晚上幾點了，現在真的是飢腸轆轆，餓得難受極了。

過道裡響起了一個長聲吆吆的喊聲：「大家聽著，大年卅的年夜飯提前吃了，等會每個房出來領飯的人多派兩個，有菜，還有湯。」

兩分鐘以後，我們監舍的房門打開了，三個頭剃得發亮的犯人，一個挑著籮筐，裡面盛的是容量兩升的黑色盅子，裡面盛的是一盅子飯，另一個端著一個大盆，裡面是白菜燴著點點的肉丁；最後的一個挑著桶，一桶裡面裝的是湯，面上有油星，另一桶裝的是空盅子。

我從打開的門中向外張望了一眼，與對面監房趴在窗口邊的飢餓眼光碰了一個正著。大家幾乎沒有過年的歡悅，目光中透出渴望，這頓盼望已久的「年飯」，能否填夠一回從未滿足過的飢腸？

此時領來的飯菜已排成兩排，整齊的放在那「鋪」圍起來的中間地帶。我本能的伸手去領靠我最近的那罐，手還沒有伸攏，便被三〇三一掌打回。正要向他理論，五個人又一齊向我吆喝起來，我只好垂手等著。

只見三〇三對每一個罐子都仔細的掂在手裡，看了又看，然後不慌不忙的將這些飯菜端給了其他四名老犯人。剩下最後一罐，他取過那個要來的空盅子，取出準備好的一塊竹片，用迅速的動作將那罐飯分劃成兩半，一半倒進那空盅子，將剩下的另一半和那盅湯端給了我。

不明獄中牢霸規矩的我，無法忍受這種公開的欺侮。這年頭飯菜就是命，這監牢中每天名分上的八兩囚糧，攤掉吏耗、鼠耗、炊事員的消耗，落在這罐子裡頭每頓有三兩就算很不錯了。每天兩頓、每頓三兩、油葷全無，每頓吃喝完，對罐子裡的飯跡都要用舌頭舔了又舔，名曰舌洗。那時節，水腫病在獄中猖獗，幾乎每隔兩天，就有人被抬往監獄中專備的「太平間」。

我盯著他端過來的半盅飯菜，又看到他眼裡一股凶光緊緊逼著我，我顧不得力量的對比，一股必欲拼命的力量，集聚在我的拳上，便出其不意的打在對方的胸上，並順手去奪剛才被擀出來的那一半飯。就在那一瞬間，五個人一齊向我撲來。

三〇三喊道：「把他按倒角落去，免得弄髒了飯菜。」於是四人一起動手，將我按在左邊那牆角裡，鋪天蓋地的拳頭向我身上雨點般落下。另一個人已將擺在地上的飯盅子挪到了三〇三鋪位上。此時，我已完全失去控制，不顧一切的揮拳踢腳。沒有目標的回擊。

正此時，監舍的門忽然打開，押送飯菜的王幹事已經走了進來，叉著腰站在那裡厲聲喝道：「要造反不成？」

我此時已失去了理智，翻身站起來，也不向這王幹事訴說起因，便猛地向那三〇三撲去。三〇三連忙應戰，從他剛才的位置上搶步上前，兩個人扭成一團。等到室內的人將我們拉開，我才感覺臉上火辣辣的，特別是鼻孔濕漉漉的，用手一摸，滿手血跡。

王幹事衝著我吼道：「雞巴個大學生，狗屎不如的大學生。」

好在監獄中關久了的人已被磨得十分虛弱，經過剛才這番搏鬥，雙方都受了點皮肉傷。屋裡暫時平靜以後大家才發現，中間的那一小塊空地上已水跡一片，空氣裡充滿了臭味，不知什麼時候，那門邊左側角落裡的馬桶被掀翻了，王幹事捂著鼻子走了出去，五個老犯人連忙在門外過道裡找到了一件破棉衣，便一齊動手將撒在地上的尿水擦乾淨。

幸好，盛飯菜的盅子安全地放置在三〇三鋪位上。

大家端起了各自的那份飯菜默默無聲地吃著，好像什麼都沒發生。我也顧不上去擦臉上的鼻血和手上的污泥，捧著自己的那份東西狼吞虎嚥的吞下了，並且一如往常地把飯罐和菜碗底舔得乾乾淨淨。

此時，大家才平心靜氣相對而視，其實，誰都不是鬼，鬼是不食人間煙火的，哪會搶人吃食？缺了牢食，關在這裡面的人便不能活下去。正因為都不想變鬼，就只好為生存而爭了，不知中國歷史上監獄中曾有過多少這種記載。

像這種和平年代的大飢餓，濫及全國，因搶奪食物而發生的殺人事件甚至吃人的事，有史以來聞所罕聞。魯迅先生若能活到今日，他的《狂人日記》所撰寫的人肉筵席必會重新改寫。

以後的日子裡。我才知道，新來監舍的人，頭兩頓只吃一半的罐罐飯已成不成文的「監規」。本來，任何朝代中新到監中的人，由於獄中的牢飯本來就粗糙難嚥，加上初涉訟獄，難免心情難受，在開頭的幾天不想進食的並不是什麼怪事。偏逢這「大躍進」搞出來的飢荒，加上刑獄濫施，每次運動後，監獄人滿為患，原先只關一個人或兩三個人的房舍，現在竟關上許多人。初來者，被牢頭們嚇服，牢飯減半，睡在馬桶邊聞臭氣，又是新形勢下的新情況。

沒有進過監的人，被中共當局嚴密封鎖了監內情況，不知道這無產階級專政下的監獄原來如此。

「團年飯」吃完，我在黯淡的燈光下，開始撫摸方才格鬥時所留下的傷痕，輕輕將我的臉上和手上已結出的血痂摳下，因為沒有水，骯髒的手腳只有對搓擦一下便可睡覺，只是那被打潑的尿水浸透了稻草的地方，可正是該我今天安息的地方，加上還沒有領棉被，這隆冬季節的夜就難熬了。我忽然想到，一個人倘若遭逢我現在的處境，說不定會凍死或餓死，心中不禁哆嗦起來。

我對著門外的走廊呼喊著：「報告。」還好，沒過一會兒，炊事犯人依次挨著監舍來收吃過的空飯盅，我把浸濕的稻草抱到過道裡，又在那裡找到一些破布，爛絮重新鋪好，領了一床被子，便將就著那還在散發臭氣的地方躺下。

不知道因為剛才流血太多身體虛弱，還是因為天氣太冷鋪墊太薄，我剛睡下，全身一陣陣發冷，不停的打抖。便重新坐起身來，將被統裡的棉絮翻出來看，那中間有一個盆口般大小的洞，只好重新穿上棉衣，裹著那被子睡下。

漸漸地，一切安靜下來，我聽見監舍外呼呼吼叫的寒風中，隱約夾著遠方傳來的鞭炮和鑼鼓聲，想到這國度中的公民們，哪一個都是在鬼門關下忍受飢寒的煎熬，誰還有錢去買鞭炮禮花？

那一定是哪一個單位，哪一級政府正在歡慶「大躍進」的輝煌「業績」：人說鞭炮能鎮妖除魔，驅晦氣。

然而這年頭怎麼這麼多倒楣事？而且每逢怪事便鞭炮大作，人民公社成立界牌的鞭炮不斷；小高爐建成的第一爐又是鞭炮大作；糧食高產放衛星又是鞭炮不斷，這是哪門子邪門呀？

(二) 看守所見聞

第二天，王管教特別的把監規印成了許多份，每一個監舍一張，貼在監舍的門上，規定吃完早飯以後，由組長領讀三遍。對那些繁冗的條款我已經忘記，唯獨其中兩條至今還記得：一條是不准談監外的事，一條是不准相互交談案情。

儘管如此，我還是很快弄清楚了這五個老犯人各自的情況，這些人同那剛進來的農民一樣，身世實在太簡單了。緊挨著三〇三的那一個，年紀三十歲上下，原來是萬盛公社某大隊的倉庫保管員，因為從種子庫清理大春備耕的穀種中私自挪下了兩口袋，被人發現，便以破壞大躍進的罪名下到獄中，等候判處。

第三名是某大隊的牲畜飼養員，他告訴我說，公社的牛馬飼養從去年國慶日以後就沒有配糧食了，他負責餵養的兩頭耕牛整個冬天就靠發了霉的穀草和鹽水維持生命。年老的那頭水牛已經骨瘦如柴連站都站不起來，哪能再下水田迎春耕？而他的一家五口人中，老娘和兩個兒子得了嚴重的「水腫病」。妻子也久病不起，眼看一家人都要餓死，於是在一個晚上他宰了一頭耕牛……

第四名則是為了毆打公社的民兵隊長抓來

的，他當時已全身浮腫，他說：「我們那個生產隊連田坎上栽的芭蕉頭都挖來吃完了，隊上的人幾乎沒有一個不患水腫病。」他聲音低得幾乎聽不清楚。「民兵隊長卻在寒冬逼我們到試驗田去挖田。我說：『我都已水腫到肚子了，要我的命麼？我不去。』那民兵隊長提著繩子氣勢洶洶要捆我去，還動手把我從床上拖下來，我想絕了，反正是死，便從床頭抽出扁擔向他頭上砍去。」他就這樣被抓進來，好在他出身貧農，不會沾著「階級報復」與反革命掛邊。

第五名是南桐礦區的一個井下工人，在六個人中他的個頭最大，他為保命而逃，逃亡中砍傷了追捕他的人。因為他知道我曾在叢林煤礦勞動過，他向我坦言說：「你是知道的，我們那點定量上半個月吃了就缺下半個月。」

至於那三〇三，他一直對同監的人絕口不提他本人的案情和身分。給人一種假象，好像真的最聽「政府」的話，但只要聯想他對新來犯人扣吊命糧的那種殘忍，便可知他對政府其實是陽奉陰違，雖然他絕口不提自己的過去。經過幾次家屬探親，我們弄明白，他是萬盛公社一個生產大隊的書記，因逼公社的社員們出工和以曠工為由，剋扣社員的口糧，釀成三條人命案，被公社社員告上法院。

看守所每天生活極單調，早上七點鐘，過道裡便響起了那個王管教的皮靴聲，然後起床依次到院子裡的水池漱洗，然後讀監規，每天重複。

大約三月中旬的一個早上，我們監舍關進來了一個上著腳鐐手銬的年輕人，也許這裡面關的這幾個，還沒有見過這種戴全刑具進來的犯人，我猜想，這大概是負有命債，足可以處以死刑的人。那人被關進來以後，三〇三被王幹事叫到辦公室，耽誤了一個多小時。

上午九點鐘開飯以後，王幹事煞有介事的來了，宣佈對新來的犯人進行「幫助」。這種取名「幫助」的會，同我在這兩年裡經歷的鬥爭會完全一樣，不過手段更為殘忍。多半是讓被幫助者在暴打中精疲力竭時，按官方認定的罪名在招供上畫押。表面重證據，禁止「刑訊逼供」，其實是利用犯人「以毒攻毒」。

王幹事並沒有宣佈那人為何被捕，又為什麼上了刑具，只宣佈了他的代號叫三一九，並反覆交代了共產黨「坦白從寬，抗拒從嚴」的政策，隨即要大家幫助被鬥人認清形勢，將自己的問題交代清楚。

我望著他臉上四、五處青包，以及滿身泥垢，那被腳鐐鐵匝擦傷後凝結的血痂，知道他在逮捕時，已挨過一頓毒打。

現在三一九站在監舍中間，頸項已經掛上一對早已準備好的鐵桶，每個桶裡裝著四塊磚頭，鐵桶一掛上，年輕人的背立刻彎下。三〇三走上去捏了一下他手上的銬子喝道：「進到這裡就別再想耍花招，要想不再受皮肉苦，就乖乖的招來，免得爺爺動手。」年輕人遲疑了一下說：「我叫劉青平……」

話剛開始，他背上就挨了重重的一掌，他一個踉蹌幾乎跌倒。三〇三厲聲喝道：「誰叫你說名字，你叫三一九。」周圍響起了一陣吶喊。三一九繼續說下去：「我是工人，收聽敵臺是事實，但我沒有投敵叛國。」不等他說下去，背上又挨了重重一拳，又是三〇三喝道：「誰要你交代案情，你要交待就向政府交代去，不准你在這裡亂說。」

由於水桶的阻礙，三一九艱難的側過頭去，惶恐地看著站在他背後的三〇三。在這種會上，他除了任打是沒有一丁點自衛能力的，他確實弄不清楚他在這裡「交代」什麼？便怯生生問道：「那我該說什麼？」頸上的重物使他身形扭曲，額上冒著冷汗。

「要你交代為什麼要狡辯，是想賴？推卸責任，蒙混過關？」三〇三吼道。看來，王幹事對他交代的就是這些了。

「唔，我沒有蒙混，我沒有抗拒，我說的都是實話，我沒有投敵叛國，那是周書記強加在我頭上的。」三一九漲紅了臉，努力的把頭向上抬，作出掙扎的姿勢，所有的人馬上站立起來，將三一九圍在中間，你一拳，我一掌，像打排球似的。只聽見鐵鐐在地上發出急速的金屬撞擊聲，以及拳頭落在三一九身上沉悶的回應。水桶猛然晃動，三一九終於站立不住，連同他身上的所有附加物，砰然的跌倒在鐵門邊！

大家住了手，三〇三走近一步，看了看滿身傷痕，直喘著氣的三一九，那水桶仍套在他的頸上，樣子很像古時候套著刑枷，臉上黔字的死囚犯。那殺耕牛的走上前，替他取下了水桶後，三〇三便又將他拎了起來，又是一陣吆喝聲，第二次站穩以後，又重複著剛才的那一過程，重新套上水桶，喝令交代……站起……打倒，一直重複了四次。

最後，我再打量這年輕人，血順著頸項向下流著，手、腳到處是血。這才將他頸上的水桶拿掉，讓他站在中間反省，其餘的人再不理會他，按照老樣子扯開了各自的龍門陣。

使我感到不解的是，這些本身已十分不幸的老犯人，他們還患著水腫病，除開那工人外，無一例外的都對那三一九下著拳頭，這些同三一九素昧平生、無怨無仇，怎麼忍心對這麼一個遍體鱗傷的人下手？難道中國人真有那種從別人的痛苦中尋找釋放自身的怪僻麼？

三一九的「幫助會」一直開了三天，直到三〇三將他從地上再也拉不起來，癱倒在地上為止。三一九度過了也許是他一生中最痛苦的三天。最後王幹事再次提審三一九。這個遍體鱗傷的年輕人終於在「投敵叛國」的供詞上，簽上了自己的名字。他明白，如果不簽字，等待著他的將是前三天的繼續。

簽字後，三一九回到他所睡的那個馬桶邊位置，再也沒有人去理他。兩天後，他被調出。我們誰也不知道他被轉移到了哪裡。唯獨我卻始終沒有忘記過這個不幸的年輕人，擔心他是不是會被處決。

兩個月中除三〇三和我以外，大都已調

出，同時又陸續地抓進了不少新來者，他們大部分都是附近公社的農民，絕大多數都因飢寒所迫，有為搶一小袋玉米而殺人，甚至為搶一碗粥而釀出人命來的，更多的是因為水腫而抗工發生的各種情節的鬥毆、殺人，從他們口中知道，農村中飢荒越來越嚴重，水腫病越來越烈了，用他們的話說：「曾祖父的那一輩，從湖廣遭水災逃荒來此，便以為這是天府之國，逃荒來時也吃過觀音土[1]，但還從未聽說這天府之國有遍地飢荒的事，這是什麼『災』啊？」

公共食堂再也無法維持下去悄然解散了，許多人家因為鍋中無炊，懶得去找回一年前被砸碎的鍋盆碗盞。自留地重新退歸農家了，但面對著這荒蕪的土地，上哪去找菜秧、種子來「生產自救」？觀音土成了普遍的「食物」，有的農家整戶整戶地死於無法救治的「水腫」病，真的是「千村霹靂人遺矢，萬戶蕭疏鬼唱歌」的絕境。

到了五月份，南桐看守所已從巷道裡抬出了十來具餓殍。不過，進來的人反倒說：「這兒比農村好多了！這兒好歹每天還有兩頓吊命飯，農村裡芭蕉頭都挖來吃完了。」

（三）人民公社是農民的墳地

五月中旬，接連下了好幾天雨，天氣轉晴以後，有一天，丁管教挨著監房的次序點名完畢，卻沒有像往常那樣將人關進監舍，在背後的操場壩洗水池放風盥洗後，他手裡拿著點名冊，宣佈凡點到的人，馬上到籃球場集合。我們監舍那天除了三個剛進來的人，其餘五個人全都在列，其中也包含了我。

丁管教將我們整好隊伍，依次報數，一共四十個人。他向我們宣佈：「今天下鄉，支持農業，幫助公社割麥子，每人的飯每頓多加一兩米，多加一瓢菜，但是必須完成任務才能回

---

[1] 觀音土，又稱白鱔泥，是一種白色的軟泥，大饑饉時期曾被當成食物，吃下暫時解除飢餓感。但觀音土並非有機食物，毫無營養成份，吃久了會營養不良，手腳浮腫。

來。」他頓了一下，補充道：「政府相信你們，但也還要把話說在前頭，如果遇到老鄉，不准同他們交談，不准單獨行動，誰如果想開溜，打死了該背時。」接著炊事員便給我們送來了加班飯。

算來，我已在這監舍裡度過了四個月，胃還真有點萎縮，加班飯吃下去，倒也有一點「飽」覺。心中懷疑「公社勞動力缺到這種連關押的未決犯也要派去的程度了麼？」

大家吃完飯，重新排好隊，四名全副武裝的軍警已守候在看守所的大門外。

跨出看守所大門，沒走上兩百公尺馬路，便是農村的機耕道，那街道兩旁半年以前貼出來的標語，紛紛已被寒風撕去，只剩下牆上用墨汁刷出來的標語。

廣播喇叭也不知什麼原因，沒有聲音。過路的居民見到我們，似乎習慣了，並不圍追「看稀奇」。

出了場口，我們走了一段機耕道，便踏上了蜿蜒依附著丘陵的小道，隊伍只好拉成單行，員警們不斷地向那些掉隊的人發出吆喝聲。

這一天適逢初夏，又是晴天。四個月的桶子監生活後，乍然出來，呼吸著新鮮的空氣，精神為之一振，我拼命的大吐大吸，想把四個月來，在牢房中存積在肺裡的污垢全部吐出。

四個月來沒有像叢林那樣消耗大量體力，但吃進去的那點營養大抵也只能夠維持著吊命，剛入獄時的水腫病並不見好轉，還沒有走出一里地遠，手腳發軟，頭頂上的太陽射得我眼睛發黑，心中也開始發慌，便拼命的掐著人中穴。但腿已不聽使喚，漸漸掉下隊伍，任憑那丁管教怎麼吆喝，也趕不上大隊伍。前面的隊伍不得不停下等，就這樣，拖拖拉拉足足走了一個小時。

轉過一個山坳，眼前呈現出一彎麥田，四名員警早已揀了那最高處的一個山頭上，分作兩起撐起了帶來的大傘席地而坐，將槍口對準了下面的這四十個人。

一個身穿土布補疤衣物，頭上裹著白布頭巾的農民打扮的人，早已站在那最上面的田裡，身旁還放著一個背兜，此時他走到丁管教的面前，指著那背兜說：「那是四十五把鐮刀。」他們倆交接完畢，那農民順著剛才我們過來的路上，很快的消失在山丘後面。

接過鐮刀，我看著眼前的這彎麥田，不禁想起了一年半以前，我們在界牌公社由那裡的書記和社長親自指揮的傑作、聽說夏收時連種子也沒收回。只收了一把細細的麥草。

眼前又逢了夏收，面前這彎麥地怎麼看也是荒涼一片，在荒蕪的雜草裡稀稀拉拉的麥穗像是已經收過，但沒有收淨的一片田野，只不過沒有留下麥樁罷了。

下到田裡定睛細看，需仔細辨別才能看出麥稈來，不過那距離與前年的竟完全相反，不是三寸間距二寸退行，那窩與窩之間足有一尺多遠，走到田裡，那些在荒草之中的麥穗，已倒吊在草叢裡，需要仔細辨認才能找到。

那時，飢餓的農民出工後，便各尋靜背的田坎屋角裡睡足了大覺，醒來便胡亂的撒些種子在田裡，到了中耕除草，大家排成了一排像散步似的在那大田裡「過」一趟。有的田「種」下後就從沒有人去看過一眼，碰到公社偶爾檢查工作的檢查團，一面推口太忙，一面還虛報這三鋤三施。

不過，今天對我們來這兒收割的四十個人，倒是一件幸事，要不，這麼大一彎足有百來畝的麥田，怎能在一天之內收完？

丁管教把所有的人分成四個大組，每組占一塊田，十個人一字排開，一邊像攔河裡的魚似的搜索著前進，在草堆裡割下那稀稀拉拉的麥草，正因為是「尋找」，不會蹲下來使出騎馬樁刷刷的割，倒像是排著隊散步似的同那些麥稈捉迷藏。

割下來的麥草難成一把，一塊兩畝田，稀稀拉拉的東一堆西一堆，集中起來連帶著麥草，捆不起一大挑的。

忽然有人發現，那田坎上還按著老莊稼的模式種著豌胡豆，只是因為草更加茂盛，完全遮去了田坎邊的豆桿，需要扒開草叢，才能看見那些隱藏在草叢中的豆桿，豆桿開著紫色的小花，結著一兩片綠油油的豆莢。於是大家爭著靠田坎去割，一邊順手摘下那隱藏在草裡的豆莢。

找到後，迅速摘下，不管是黃的還是綠的都塞進自己的嘴巴，那股清香和甜美當然就比「精神牙祭」中的肥大片實在得多。丁管教在山頂上連聲喝斥，於是，十個人中便會有一人出來指揮，將田劃成十段，每個人包自己那一段的麥稈收完，也包那一段田坎裡草叢中埋藏著的美食。

今天真算爭氣，還沒到中午，這一彎田就已收完了一大半。丁管教走下已經割完的麥田檢查，也說不出哪兒還沒有割完。便吩咐大家坐在田坎上歇息片刻，大家便就地坐下。唯有幾個特別好動的小子，還在那剛剛割完的田坎上，不斷地尋覓著漏網的豆莢。

忽然，遠處傳來了一陣哭泣聲，由遠而近，幾分鐘以後，就在右側剛才我們過來的山腰小路上，依次地冒出了幾個人頭來。哭聲越來越近，到挨近了方才那員警撐傘放哨的地方，已看得分明，前面是兩個年輕人晃晃悠悠的抬著一個擔架，那擔架上躺著的分明是用一床竹席裹著的死人，後面跟著一老兩少，都穿著已經破爛的白衣服。頭上裹著的白布長帶在風中飄蕩。

走近我們，一個員警上前攔阻盤問，抬擔架的見阻便放下了擔架回答。

「怎麼在這裡埋人？」

「公社規定的。」

「什麼時候死的？」

「前天晚上。」

「怎麼死的？」

「水腫竄上了胸口，破了皮。」

這幾天在獄中不斷傳來農村裡一家人都餓死的消息，今天正趕上我們親眼目睹了。

「埋在哪裡？」

「你看，就埋在前方。」順著那抬擔架人伸出手指的方向，果然，就在那山樑左側，距那哨位不過五十公尺的地方，密密排著幾十個新壘起來的小土塚。兩個人重新抬起了擔架，吃力的繞過哨位。

我們的目光緊緊地跟著這支送葬隊伍，看得分明，那一老兩少都是腫眼皮泡的，想來，不光是因傷心而哭成那模樣，因為就連那兩個抬擔架的人也是浮腫著臉。送葬的人中，一個老者走出來指劃著，其他幾個人就在近處，七手八腳的挖出一個坑洞來，大家比劃著又挖了一會，等到那洞足以安放那裹著的竹席以後，便將那竹席抬進剛才挖好的洞穴中。

兩個孩子從坐著的地方爬起來，撲向這新的墳堆……

一直到下午四點鐘左右，祖孫三人才相互攙扶，蹣跚往山坡來的方向走去。那老奶奶還在路上跌倒了兩次，我目送著她那搖搖晃晃的身軀，頭上裹著的白布巾在春風中抖動，好像在為她的兒子撒一把紙錢。

恐怕他老人家過不了幾天，也會來這兒，躺在他兒子的身邊安息。

我們這四十名割麥的人，大多數都是附近的農人，興許其中還有死者相識的好友親朋，看到此般光景，心情能不沉痛？同病相憐，自己的家人也包括了自己，不是也在同剛才那死者和他的母親一樣，同赴此難麼？

當我們目送著這一老兩小的身影消失在這山林叢中以後，大家已無心言語，快快的收拾完最後一塊田，丁管教下令收工，此刻，他的心情如何？從他的不吭一聲便知一二。人心都是肉長成的，就是他的家未免能避此劫難。

員警們已收下崗傘，我佇立在那山崗上良久的回味著剛才目睹的一幕，不禁回過頭去望瞭望不遠處那剛剛壘起的新墳。

這種草草淺葬，沒有靈柩，墳塋和墓碑的無名死者，同惡戰沙場馬革裹屍的棄屍又有多大區別？此刻的死者正面對著這一彎彎祖祖輩輩賴以孕養的土地，面對著這一片荒涼吝嗇的土地，去向誰訴自己的不幸啊！

蒼天將他變為人類，降生到這裡時，就同時賜給了他面前這一彎彎安家樂業、繁衍子孫的樂土，他們的先祖們一代代耕種在這裡，並不介意當今的皇上是誰，也不管這些統治者們如何爭奪江山和榮華富貴，只要他們不被當成炮灰抓走，或是把他們從這片土地上驅趕他鄉，他們仍可以忍受這些爺們土匪的強徵暴斂，依靠自己的勤勞，精耕細作換回這片土地豐厚的回報。

可惜，這一代的兒女們可怎麼也沒有想到，他們從什麼時候起一個曾使他們狂熱追隨的魔王，將他們引到眼前的這種絕境？迷幻式的「社會主義」，使他們眼睜睜的看著這片沃土連年荒蕪，連年歉收。最後，竟昏頭轉向跟著大躍進的大兵團，像著魔似的拋棄了這片土地，讓它在荒草中哀嘆！

此時，我彷彿聽見了那死人，面對著面前這片荒蕪的土地，當著蒼天的一番對話：

死人說：「土地呀！你怎麼不負起蒼天交給你的神聖職責，繼續用你豐美的莊稼撫養我們，而留下這片荒地，讓我們挨餓、直到死去，回到你的面前來？」

土地卻在荒涼的草叢裡回答：「唉！我原是冰涼無情的泥土，僅僅靠了你們祖先勤勞汗水的澆灌，才從我們身上長出豐盛的糧食，也有了我們盎然的生機。蒼天將我們賜給你們，原是回報你們那番誠懇地投入，而現在，踩在我們身上，卻不給我們施肥除草，我還能拿什麼來回報你們？」

死人跪在地上對著蒼天喊道：「老天呀！你為什麼讓我出生，卻給我飢餓？把無窮的天災降臨給我們，讓我們活活的餓死而你見死不救？」

蒼天震怒了，扯起了濃濃的烏雲，擂動起沉悶的雷聲，惡狠狠的向著那下跪的人怒斥道：「你這軟弱的懦夫，可悲的族類，世界上怎麼偏有你們這種人，不看天時，不講人和，不究地利，不老老實實的幹你的活，卻聽憑著那獨斷專行的人世魔鬼，向你們胡編天堂的夢幻，而你那可鄙的人格和鼠目寸光，甘願聽憑那魔鬼的驅使和擺佈，去幹殘害同類的勾當，而今大錯鑄成，飢荒難逃，卻還在責怪我，以為我是啞巴，能替你擔當所有的惡果？」

我們回到監舍，天已黃昏，大家又聚在那籃球場上，分食著炊事員提來的豆渣煮的加班稀飯。在那飯桶邊免不了爭多論少，中國人對那瓢稀飯的多少向來看得很精確，也很認真，誰的瓢打滿一點，誰的瓢打淺一點都會引發爭執吵架。

我喝下了稀飯，同大家一樣，轆轆飢腸得到暫時滿足。大家抓緊時間洗了手腳，便各回各的監舍，勞累了一天大家很快睡下，不到八點鐘，監舍裡便響起了一片鼾聲，然而不知為什麼，躺在鋪上的我，腦子老翻動著白天割麥所看到的那墳堆，尤其是那老態龍鍾的老奶奶和她的孫兒……

「人已閉門鳥已棲，黃昏塚畔孤兒啼！」我又聯想到我的外婆和弟弟，不知道他們能熬過這災難的歲月麼？

「無言有淚，斷腸爭忍回顧」。

(四) 初悟與反抗

毛澤東思想光芒萬丈的頌歌，離開了「作假」便唱不下去的，不過，這假也實在太離譜，那老天爺也真怪，從夏初開始便把暴雨沒頭沒腦的往南方河流交錯的沃土上狂瀉，使那裡水汪一片，莊稼蕩然無存。接著又跳過廣大的丘陵山川，又沒頭沒腦的把暴雨狂瀉到黃河流域，使那兒黃湯一片，哀鴻萬里，唯獨就欺侮那山陵田野不給一絲雨水，來了個連續一兩個月的連晴高溫。

這玉皇大帝的雨司、雷公們真夠開毛澤東的玩笑，故意同大躍進過意不去。再說，那排成長龍一般，將一盆盆水從山下遞到山上去，能解得了幾塊田的渴？救活幾棵莊稼？真來了那麼大的旱災，就憑這種可笑的辦法行得通，救得了災嗎？如果這也叫人定勝天，不是愚弄中國百姓麼？

耳聽那三〇三叨叨絮絮的讀報聲，恍惚中明白那報紙說瞎話的原因。看透了那滿口為人民服務，為人民謀根本利益的中共，連百姓整戶整戶的餓死都毫無動容，毫無自責，毫無歉意，往「天災」上一推了之！

也只有在這個時候，我才看到這共產黨的真正面目，也只有在這個時候，我才明白將我步步緊逼到這種地步，一點都不是「家庭出身」，而是這位混世魔君為獨攬皇位，復辟專制而採取的卑鄙手段，我同全國百姓無非都是這場「政治試驗」的犧牲品。一場政治騙局的炮灰！

就在這個時候，王管教開始了對我的預審。我既是莫名其妙的進來，當然面對這無法用語言溝通的審訊者，不知怎樣來回答他向我提出的莫名其妙的問題。向他交代什麼？偷人搶人，投機倒把，殺人放火，還是組織暴動？我招惹了誰呀？至於提出那本「日記」就更令我反感，能說明什麼？造謠、謀反？到了這種地步，將自己扭曲得來連替自己辯說的勇氣都被剝奪了，只會躲在黑暗的角落裡以淚洗面，以文舒哀，這算哪門子事啊！這也叫「罪」麼？

「交代一下你的罪惡。」

沈默。

「你聽到沒有？講講你寫的那本日記的動機和目的。」

沈默。

持續了足足十多分鐘的沈默後，那姓王的忍耐不住了，向我遞過來一摞紙，「那麼，你寫吧，把你的犯罪連同認識全部寫出來。」

在那個年代裡，「罪」，原是一頂被人捏在手裡玩弄的帽子，例如，據實申辯，可以說是死不悔改不低頭認罪；揭示真相可以被說成「以點帶面，攻其一點，不計其餘」；若說「那衛星是假的，那公社報的產量也是假的」便是誣衊，破壞「群眾」的革命積極性；至於說道：「大煉鋼鐵勞民傷財」，「那報上假報豐收，老百姓餓得吃草皮樹根」那就是現行反革命，至少要判十年刑；若說那人民公社化造成農民大量餓死，那麼就只有槍斃有餘，死有餘辜了。

若說「共產黨太霸道太專制，該講講民主」，那麼就等著挨鬥、挨打、坐監、槍殺吧！反革命帽子反正不花一分錢，帽子公司有的是，鬥爭會總要不斷開下去，不然憑什麼來振懾老百姓？監獄拿來幹嘛呀？

而此刻的我已被壓抑到了忍無可忍的地步：這兩年來，我一直都在挨打，受侮辱，連替自己說句真話的權力也被剝奪的處境。我說：「我沒有替父親翻案，也沒有希望國民黨政權捲土重來的想法。」回答的除了鬥爭會、除了拳打腳踢外還能有別的結果嗎？

這樣壓抑自己，強迫認罪，兜著圈子打誑語的日子，是一種精神肉體同被煎熬的苦日子，我說真話便是攻擊，我說假話良知又不允，這般苦惱該到結束的時候了。回到監舍，整理了一下思路，我鼓足勇氣，提起筆來，在那位王管教所給的「交代材料」的白紙上寫下：「淺談三面紅旗之所失」的大字標題。

我畢竟是學生，雖然患著水腫，但血氣依然亢直，又沒有太多的罈罈罐罐顧忌，可惜，我的社會知識、歷史和文學的知識、閱歷和寫作能力都受限制，在這些方面我只不過中學生的水平。一種逃避精神折磨逼出來的勇氣，一股存於天地間的良知所鼓起來的勇氣，這何嘗不是中國人良心道德的啼血和哭泣。

這一篇寫成，還保留了一個幼稚的青年學生對中共當局的幻想。作為被動客體，作為跪在庭下受審的「罪人」除了呼冤，並寄希望中共領導能體察民情，糾正「錯誤」，就別無奢求了。

我原想，在事實面前，用一種誠實和真情未必不會喚起當局者的回應，當事者迷，說不定百姓遭受的災難，中南海裡的決策人並不太清楚，要不然怎能忍心讓自己的百姓受著這水深火熱的煎熬？

但是，我是完完全全的想錯了，我把中共理想化人格化了！我這一篇不但沒有起到任何作用，反而成了判處我「十八年徒刑」的依據。

對於王管教這是一份不打自招的供詞，只要隨便的摘下其中的句子都可冠以「惡毒攻擊黨的政策」予以判決。只是這畢竟不像是一份案情交代書，關了這麼久，不但不「悔罪」「認罪」，竟牛頭不對馬嘴的闊論起中共的大政來了！

看守所不是「反革命」清談諷政的場所。大致出於這種原因，他們認為必須給我一點顏色看看。兩天以後，他提著一副洋銬子，滿臉怒容的走進了我們監舍，大聲的責令我起立立正，並將洋銬子狠狠扣到我手上。

這是一副特製的洋銬，銬子裡圈貼著被銬者手腕的地方，有幾處尖利的倒刺。隨後，他便將各監舍的組長統統調集到這監舍，於是，我成了重點批鬥的主角，被推到看守所的鬥爭會上來。

獄中被鬥雖然是第一次，但我已看過幾次了，無非是吊水桶和挨打，這我知道，早已作了精神準備。我明白，不過這一關，便不能在精神上徹底解脫自己，所以鬥爭會的開場很利索，若不是因為雙手被銬住，我會自動地去提那個足有二十斤重的桶，套在自己的頸子上。

這樣做當然會減少參會者故意營造的緊張氣氛，而使會議變得「輕鬆」一些。其他的方式我都很熟悉，挨打是不可避免的，有時還要因挨打大喊大叫，使得這種用刑，達到預期令人恐怖的目的，只是對這幫子赴會的無賴，最好的方法是閉口不答，裝聾作啞。不就那麼氣勢洶洶的幾下，是做給王幹事看的，效果一經達到，大家就不再糾纏，而王管教如果離開，就等於散會。

使我沒有估計到的是，三〇三狠命捏緊我的「洋銬子」，捏緊之後，內圈上的鐵棘便深深地扎進肉裡，洋銬子的自鎖作用，捏緊之後非鑰匙是無法鬆開的，鐵刺扎入肉中，同鐵釘子釘入十指間相比功力綿長而有力，釘指尖往往因創痛而使人昏厥，人一昏，便失去了令受刑人求生不得求死不能的效果。

這鐵刺扎入肉中卻是一種長痛，特別是晚上睡覺，當手腕一動，那鐵刺就像一把把紮入肉中的利刃，在剜我身上的肉，讓我痛徹心脾。人既不會因一時劇痛而昏死，就只有提著神經來體驗這種毒刑的功力。整個夜晚，那紮入肉中的鐵刺合著心跳的節拍，一下一下地撕裂著清醒的神經，頭上沁出了一顆一顆的冷汗，別說少頃安息，就是每一秒鐘都在數著過，直到痛昏過去……

王管教和他招來批鬥我的那一幫無賴，我可以置之不理，這扎入我肉中的手銬卻使我痛不欲生。後來每想到此等酷刑，用心極妙，用不著下油鍋、燒烙鐵，勞神費力，只需輕輕一捏，便可以使人整夜，乃至持續幾天幾夜的疼痛不堪，實可作來俊臣《告密織羅經》之近代刑罰新發明而補入「刑典」。

如此用刑，幾天幾夜下來，我雙手貼著手銬的部分便起了一圈血泡，兩隻手連著手臂已腫成了饅頭一樣，濃血順著手銬往下滴。到了這種時刻，我便橫下一條心，大聲吼罵，痛斥劊子手的法西斯手段。到了晚上，不斷用腳和那滴血的手銬去砸那鐵門，想借此痛昏過去，什麼也不知道。

那幾天整個監舍都在聆聽我的哭喊和咒罵。開始，三〇三還站起身來踢我，但我拚命地吐他的口水，他自知沒趣，看到我已近似發狂的樣子，便不再理會我，任我在深夜裡發出令人心悸的叫罵和吼聲，直到我自己都吼不出聲來……

三天以後，被折磨得不像人形的我，終於被解下了那副手銬。解下時，那手銬上，滿黏著從我的手頸上撕下的肉屑。整個手頸已經血肉模糊，並從潰爛處發出陣陣帶腥的惡臭，而手頸的周圍結出了一串串像葡萄一樣的水泡。兩隻手已發燙，那醫生皺著眉頭，彷彿在嘀咕「還真不知道會不會引起併發症，造成死亡和截肢都是可能的。」

只是我命大，靠著蒼天的庇佑，熬過了又一道鬼門關。從此以後，每當我看見一些中共描寫敵偽對中共黨員所用的毒刑，便會自然聯想到這一段經歷來。真想不到，共產黨監獄也會對我這種無過無罪的人，使用如此慘烈的刑罰。

第二節：石板坡看守所

解下手銬以後，過了三天，我便被押送到了重慶市石板坡看守所。那些日子，我還真記不起我是怎樣端起那黑盅子吞食下那吊命飯的。

我早已聽說過重慶市石板坡看守所，是四川有名的關押並審理各種反革命要犯的地方。被中共抓捕到的國民黨重要官員，都曾被關押在這裡進行審理。沒想到當局把我當作了重犯。

記不得我是怎樣被帶進那幢被層層電網嚴密封鎖的監獄大樓的，在進門處的一個大房間裡，我被換下了所有的衣服，然後，跟著一個中年民警，走進了大約兩公尺寬的水泥過道，過道裡亮著電燈，仗著燈光看得清楚，水泥路面和牆壁周圍都很乾淨。繞過兩個彎道，我已弄不清我被帶到了這幢大樓的哪一個位置。

帶路的民警在一道鐵門面前站住，拉開了鐵門上的滑動風窗，對著裡面喊道：「〇八號。」裡面有人應聲，帶路民警說：「給你們舍房增加一名新犯，代號四一九，從現在開始，要監督他好好反省，交代自己的問題。」又是一記悶聲的回應，那民警關上了風窗，從兜裡取出鑰匙，打開了鐵門。

我恍惚地跨進了鐵門，面前是一間大約只有十平方公尺的小監房，除了門口大約占整個監房四分之一的地方，並與過道相平的水泥地面是空著的，其他地方都是高出地面大約一米高，用木材做成的「炕」，那「炕」圍成了一個L形，很像日本家庭的榻榻米。

屋子裡除了四個人和靠在空地左側放著一個馬桶之外，什麼也沒有。那炕上收拾得非常乾淨，正對鐵門的位置上端坐著兩個人，與之垂直方向坐著兩個人，全都是光頭，盤腿端坐。炕面的木質地面擦得很乾淨，泛著淺黃色的反光，增加了房間的嚴肅氣氛，這同南桐看守所發霉的地鋪顯示了水平。

○八號坐在對著監門的兩人中靠右的位置上，看到我已進屋，便站起身來，招呼著原來監舍中的其他三個人，依次挪動了一下各自的座位，在靠門的左側騰出了一個空位來，那下面正對著放著馬桶。正對著鐵門的牆壁上，距舖面大約也是兩公尺的上方，開著一條窄而長的縫，太陽光從那縫中射進了屋裡，使整個屋子比較亮，足以看清監舍裡的每一個人和每一個角落。

我環視了一下同監舍原先已住下的四個老犯人，那○八號年齡大約已五十開外，表面看不像三○三那樣粗野霸道，但從他那眯縫著的三角吊眼裡射出的那股陰深莫測的眼光估計，他可比三○三狡猾。從四個人蒼白的面容判斷，他們都是住在這裡有些時日的久客了，不像南桐看守所拘留的人皮膚黝黑，舉止和言談那麼粗野。此刻我已經注意到四個人的目光正集中在我的身上，尤其是○八號，它正盯著我那雙包紮著紗布沁著血跡的手。

因為手傷，我無法爬上那炕，便脫下鞋倒坐在炕邊，磨動著身子，歸到了剛剛他們為我騰出來的空位上，仿效著他們盤腿端坐。我明白，剛剛跨進這裡什麼也沒弄清楚的情況下，最容易禍從口出。監房對於新來的人宛如一個監視器，自己的一言一行都會馬上呈現在審訊室的桌面上。新來的人犯除有審訊人員特殊的授意外，挨鬥、挨打多半是因不慎而發牢騷、喊冤枉所致。

在這種當局嚴密監視的監房內，喊冤訴苦不但喚不起任何同監人的同情，反而會遭致意外的麻煩。況且我手上傷得那麼重，拿東西都感到困難，不願因自己語言的疏忽而帶來新的折磨。

可以說從這個時候開始，我才不再繼續一片茫然，把自己擺在任人侮辱的境地裡，我必須徹底埋葬一直控制著我的復學夢，從一個莫名其妙的、無知幼稚的學生位置上，開始轉到與獨裁政權自覺抗爭的位置上來。在這種人生轉折的關頭上，我必須認真思考我該怎樣走這條路，今後需要採取哪些方式和手段。

每天早上大約七點鐘，起床號吹響，炊事員送進來的先是一盆洗臉水。老犯人們依次爬下炕來，先埋下頭，從那盆中喝進一大口水，對著馬桶咕隆咕隆漱起來，有的還將手指伸進嘴裡上下攪動幾下，再喝水漱口，將漱口水吐進馬桶，便算完成了第一道漱口刷牙的工序；然後依次用雙手在那盆裡捧著水，將頭埋入盆中，向臉上澆幾下，重點是抹下眼角的汙物，再用自己隨身帶的毛巾擦盡臉上和手上的水跡。算是完成了洗臉的工序。

我在開始的幾天，由於手無法完成洗臉的動作，我也只能漱漱口了事。

兩道工序完畢，大家復歸原位，盤腿而坐，其中一人便開始用一張專用的帕子，借那洗臉水抹著炕面，抹去剛才濺出來的水跡和灰塵，等到一個多小時後，外面的人，將這盆髒水端了出去。大約九點鐘那便是開早飯的時間，這與南桐相似，每一天監舍最主要的節目就在兩頓飯上。

聽到過道裡微微的響動聲，〇八已經下了

炕，恭候在門邊。門打開，〇八號從炊事員的手中接過兩個臉盆，其中一個裝著一盆蒸好的白米飯，上面扣著兩個洋瓷小碗和一個竹片，另一個盆裡裝的是菜，那菜的品類比南桐上頓下頓都是蘿蔔嬰好，以白菜和牛皮菜為主，間或還可以吃到豆芽、豆渣之類的豆製品，菜湯裡還依稀可見油星點點。只是數量就少得多，菜盆子面上放著與監舍人數相同的盤子和小勺。

〇八號接過兩個盆子放在炕沿上，便站在炕下，手裡操起飯盆上的兩個小瓷碗，借助竹片的幫助，先盛滿兩碗飯，再將兩碗口對口地合上用力按住，旋轉幾次，再輕輕地拍著碗，使那兩碗與中間夾著的飯團脫開，用手接著就成了一團光滑的白色飯球，另一隻手從菜盆上取過盤子，將那飯球放在盤子中，上面再將一勺菜扣上，如此操作，每一個人都會聚精會神從〇八號盛飯、合碗、擠壓、旋轉、拍打，這幾個在幾秒時間裡連續的動作中，精確觀察出每一個飯球和每一勺菜的差異來。

分飯完畢，大家從〇八號依次接過飯盤時，還在互相盯著其他人的盤子，眼睛裡還在嘀咕自己端的那一盤是「贏」了還是「輸」了。然後才各自以不同的姿勢和速度吃下這份「美食」。

吃完以後，必須用舌頭將盤子舔得乾乾淨淨。據〇八號說這是所裡面的規定，剩下的兩個裝飯和菜的盆子，也輪著次序由一個人用手和舌頭將它們舔得像洗過似的乾淨。

初來的幾天，因為手不能捧盤子就只好站到炕下，將盤子挪到炕沿邊，像狗似的吃那飯團和菜，不慎撒在炕上的，也要用嘴去含起來吃掉。

回想起初入囹圄的這段日子裡，常為爭一份飯菜的多少而相互大罵，甚至可以同三〇三拼命一搏，打得頭破血流，想我堂堂五尺男兒，拍著胸脯，可以叱吒風雲，古之哲人視生死如歸者何止千百。承繼了中華精魂之我輩，落到如此田地，整日裡竟為爭那一口牢食，而到了此種可笑的程度，鼠目寸光都不足於貶，那一點人的正氣和威嚴就這麼蕩然無存，豈不汗顏自愧！

從另一角度去想，也深深地驚嘆中國人思維及觀察力之精微，關在這裡的各種智慧型人物，不論其屬於何類，都可以憑著目測，從那飯球形成的過程估出它們相差幾克，看出同一勺舀出的兩瓢菜有多少差異，如此智慧卻偏偏地用來對鼻下這口飯食作計較；若同竊取權位的高層中，荒淫暴虐裡埋藏的詭秘和齷齪的伎倆比較，也許就可以幫助我們找到老大中華之貧弱的根，是笨？是愚？還是生性中的缺陷？

人到了處於籠中困獸的地步，又能做什麼呢？不信你不妨去聽聽關在這裡的「政治要犯們」在兩餐之外的大量空餘時間裡，又在擺些什麼龍門陣吧！

同南桐看守所的農夫們擺談豬身上的哪一處最肥，以解饞為目的的精神牙祭完全相同。這房裡的四位人物成天交流的仍是以解饞為目的的「食文化」，這仍是人處在飢餓中的一種生理本能的反應，似乎與身分、素質不大相關。

不過，身分、文化之不同其所講的內容不大相同罷了。這裡討論的內容有重慶名吃：冠生園的點心、傅園的包子和頤之時的名菜。

當有人說到如何咬開那剛開籠的「富油」包子，那糖油便會順著嘴角流溢的時候，都會吞著口水無一例外的稱許它的美味；討論家常菜肴的做法是另一個主題。常常因爭論燒麥該放幾兩糖，香酥全鴨上蒸籠前該怎麼酥製；芙蓉雞片該選哪一類雞脯並怎樣下刀等等，可以爭論一上午，這比南桐的農夫們就高雅多了。

大家講到的好多菜名，我還是頭一次聽說，以前也從未品嘗過。爭論是難免的，每到爭執不休時，總是由一個排在○八號後面那位，年紀大約六十上下的人作裁判。聽他介紹，他曾是雲南王龍雲的私人廚子，能背誦前清御膳堂的菜譜，你若聽他講宮廷筵席便是他的父親的絕傳，辦滿漢全席光備料的廚子就夠湊一桌人。然而，人隨境變，當年視山珍海味如糞土的人，今天關在這裡吃牢飯的香勁絲毫不差於任何人，爭多論少，照樣面紅耳赤。

入這石板坡看守所的最初幾天，一切都還平靜，我照例不大說話，而是靜聽大家的龍門陣以排遣時光，雙手的傷也漸漸的好起來，可以端起盤子吃飯；只是有十來天沒有洗過臉，臉上和身上覺得難受，但日子久了，反而沒有了感覺。後來在西昌時，我接觸到那些山上的彝族同胞，長年不洗手腳的，便不替他們感到難受。

（一）致死人命的批鬥會

有一天下午，民警送進來一個看上去年齡與我相近的年輕人，第一次打破了十來天的平靜。進來時，他的臉蠟黃而沮喪，被反銬著手，身上到處沾著血跡，看來是一個剛剛抓住，臨時關到這兒來的犯人。雖然他有些惶恐，但性格挺倔強，滿頭亂髮活像一個流竄犯。

○八號隨即被叫了出去，憑我的經驗和直覺，把他喚出我們這個監房，一定是佈置對這小子的鬥爭會，逼迫他招供什麼。

過了大約半個小時，○八號回來，果然是宣佈對新來者的「幫助會」。不過，我想，這種「幫助會」開起來恐怕比南桐要困難，參加鬥爭的人，除了我以外都可以配得上他稱為伯伯，甚至爺爺的上了年歲的人。這些人面容蒼白而浮腫，即使暫時因淡食而沒有水腫，也是得著「準水腫」病的老年人。

以老對少，動作遲緩，欠缺了那鬥爭會必用的拳腳功夫，恐怕未必能致鬥爭對象「求生不得，求死不能」的狀態，加上缺了那帶著磚塊的水桶，倘若被鬥的那小子偏像雄雞公般的不肯低頭，又能如之奈何？

正思索間，只見那○八號和那廚師聯手，

二人站在那小子面前的炕上，一聲吆喝，一邊一個抓住那年輕人的膀子，直楞楞地從水門汀地上拎起，將他臉對著大家，背對鐵門，坐在那炕上凹成九十度的缺口上，我從旁邊看得清楚，支撐他整個身體的屁股有大半吊在那缺口上懸空著。

〇八號又走上前用腳踢著那小子的雙腳，迫使那小子盤腳而坐，坐在那種懸吊吊的位置上，正拼命的將身子前傾，使整個身體的重心能保持在炕的內側，加上反銬著手，為保持重心，不致後翻的努力使他整個身體扭曲得非常奇怪。不一會，我已看到他的額上沁出一粒粒的汗珠。

倘若此時正前方誰若拿手輕輕的推他一把，讓他的重心落到水門汀地面的範圍，那麼，他必會向後仰翻，反銬著的手不但無法在仰翻時緊急自衛，抓住炕沿或改善反翻倒跌的著地部位，反而會加速他的後翻。

如果真地從他的座位上仰翻而下，重重的跌下這足有一公尺多高的水門汀地面，其頭顱極可能撞在鐵門或堅如石板的地面上，後腦勺腦漿迸裂而亡隨時都可能發生，或頸椎脊椎折斷造成終生癱瘓，手臂折斷終生殘廢等等悲劇。他小心翼翼地靠盤曲的腿，艱難地挪動著自己的身體，想使自己的屁股離開那危險的缺口。〇八號把他推了回去，並且索性在他的雙膝下面一邊放了一個枕頭，使他始終處在那種千鈞一髮的危險中。

他頭上冒著大粒汗珠，〇八號發出冷笑，不緊不慢地說道：「今天你幹的事，必須老老實實交代，不交代清楚，你休想下來，明白嗎？」此時他的三角眼裡正流露出一種平時不曾流露出來的得意，彷彿在說：「政府難以撬開的口，拿給我不費吹灰之力。」我心中暗暗地為中國人的「聰明」和對同胞的殘忍而叫絕。

誰說我們肆意踐踏人權？古之「羅織經」可不適用於今天，時代在前進，使用的刑罰也要前進才好。

那小子雙腿在枕上直打哆嗦，沒出一刻鐘，便用發抖的聲音向〇八號哀求道：「我說，我交代。」先前的倔強勁已蕩然無存。

〇八號並沒有馬上理會他，直等了半小時，只見那小子已汗流浹背才取下枕頭，將他拉了進來。那小子顯然明白，剛才自己如果稍稍失穩，往後倒栽下去的後果，這不是在拿命開玩笑麼？監中死一個兩個犯人算得了什麼？片刻以後，稍稍平靜下來，便開口交代道：「家裡已經有兩天沒有開伙了，我和弟弟兩天已沒有吃東西……」

〇八號大吼了一聲，止住了他的話頭：「今天不是來聽你訴苦，現在要你交代犯罪動機。」那年輕人用恐懼的眼光盯著他，害怕又讓他重新回到剛才的位置上去。

「真的，我真是為了搶吃的。」他好像在同政府爭辯。「一大早，我就像從前幾次那樣，守在中山路口那家國營食店門口，尋找下手的機會，但是從早晨開始，來這兒買麵的都是比我強壯的年輕人，他們都帶著盅子，盅上有蓋，搶那盅子很不容易，挨頓打什麼也撈不到的事已經發生過好幾次了。雖然我餓得慌，但只能等機會。到了中午，終於來了一個婦女，三十來歲，她和前面幾個來買麵的不同，手裡拿著的是一個大碗，肩上還背著一個女用的手提包。我想，機會終於來了，便緊挨著她，裝出也是在那窗口下買麵的樣子，那女人並沒有注意我，她從手提包裡取出了一個錢夾，從裡面拿出了糧票和錢，從窗口遞了進去，不一會兒，從那窗口裡遞出來了那碗白花花的麵條。當她剛接過碗正轉過身來的一剎那，我雙手一起向那碗中抓去，從那碗中抓著一大捧麵條，也不管有多燙拼命往嘴裡塞。那女人驚慌地抓著碗，另一隻手卻狠狠地抓著我的頭髮，將我的頭向那窗口下的牆上猛撞。我掙脫，忽然看到她挎在肩上的挎包，正打在我的腰上，我便毫不猶豫地去抓那包，猛地從她身上拽了下來，沒命地往街上跑。後面跟著一大群人，還沒有跑出那條街就被員警逮住，挨了好一頓打，便送到這兒來了。」

年輕人一口氣便將過程講完了，〇八號並沒有制止他，按監規規定，犯人是不准相互講案情的，當然更不允許在這種公開場合講案情。〇八號是否得到官方的授意，我不知道。

「胡說，你既是搶吃的，怎麼去搶那包？」〇八號喝問道。「那裡面有錢包，有糧票和錢。」年輕人回答合乎邏輯。「胡說，你明明是搶那皮包，你搶麵條是虛晃一招，搶包才是你的目的，老實告訴你，今天，你不把搶皮包的目的交代出來，休想過關。」〇八號終於挑明了「幫助會」的主題和宗旨。聽到這裡誰都清楚那包裡有誰都不能動的東西。年輕人似乎也從一頭霧水中清醒過來了。他除了看準了那錢夾子裡裝的錢和糧票，他也許真的什麼也不知道。

「說，你為什麼搶那包？是誰指使你的？」〇八號站了起來，向他逼了過去，那年輕人恐懼的望著他，帶著哭聲哀求道：「我真的是餓極了。我搶麵條吃……」他語無倫次起來。

但這並不能挽救他。「那麼，你就好好反省吧！直到你想說為止。」惡狠狠的將他重新推到了那空缺上，並且在他的兩膝處重新墊上了兩個枕頭。

監舍裡又重新回到十分鐘前的狀態，我只見他臉色蒼白，整個的炕上已感覺得出他那種劇烈的顫抖。「啊！我說，我說！」年輕人的兩腿顯然已支援不住了，他的喊聲帶著恐懼和哀求。〇八號向他渺視了一眼，並沒有理他。

一分鐘，兩分鐘，突然，那年輕人恐怖地吼了一聲，直挺挺地仰天翻了下去，在那最後一刹那間，我還能看到他帶著無奈和痛苦的臉。接著，便是一聲重物墜地時發出的沉悶響聲。

全監舍的人不約而同地站了起來，在一秒

鐘的寂靜中，我看見他的頭正撞在鐵門邊上，一隻腳還倒掛在炕邊。我判斷他昏過去了。○八號卻蹲在炕沿邊往下看。「要什麼死狗。」他嘀咕著便下了炕，我看見血已經從頭下沁了出來。○八號按動了報警鈴。

五分鐘以後，監門打開了，兩個民警將他拖了出去，我最後看了一下他慘白的臉，鐵門重新又被重重的關上。

一個不祥的預兆爬進了我的腦子裡，我下意識地為他做了一個禱告，心中喃喃念道：「可憐的生靈，可憐的中國小老百姓。」

那小子再也沒回來過，外面發生的一切我們都不知道。

我在石板坡看守所經過了十五天，雙手才能握筆寫字。提審員將我傳去的第一門「功課」就是寫出材料，交代我寫的「反動文章」。我知道，這是認定我「反革命罪」的第二道方式，實際上就是「終審方式」。

重述我的觀點這並不是一件難事，但要我「認罪」卻難辦到。我不需要誰來「幫助」，我沒有任何行為可以隱瞞，我坦然地面對法庭，按照我所確定的路子走下去。

「裝瘋」曾是我被劃右派和淪於獄中最無奈時刻用的護身法，我既無力去打倒這種瘋狂的專制，又骨鯁於喉不能痛斥這種苛政淫威所苦；既不願屈從於毛澤東的陽謀，更不屑那跪地叩首，從狗洞中爬出的下流動作，只好用裝瘋來表達我對現實的憤怒和反抗，宣洩被壓抑的痛苦。

在石板坡看守所一個多月的韜光養晦，寫成交代材料，準備入獄以後，與當局抗爭到底。

第三節：回到南桐看守所

第二次回到南桐看守所，與初來這裡時的「學生心態」已不同，短短八個月的監禁，使我再次親眼目睹了「三面紅旗」的成果：人民公社荒蕪的土地；至今還隱沒在荒草叢中的小高爐殘垣斷壁；老百姓長期忍受著缺吃少穿而不敢言說。

這年夏天，我在這裡看到了趙凡，我倆在放風時相對凝視良久，那晚又勾起了我對趙家灣的回憶，很想找機會問他，怎麼也落到我這個地步。但沒找到這機會。

看來他與南桐看守所的三〇三，石板坡的〇八當屬同一類型，這是些人類社會的渣滓，曾是「革命」的柱石，當過中共的槍手，手上沾著無辜者的鮮血，後來跟不上毛澤東的步伐，變成了另一批槍手的犧牲品。毛用權和利作繩子，牽著他們的鼻子圍著權勢團團轉，可悲的是，他們一輩子都沒意識到自己的可恥。

而我正好充當了毛皇上登基過程的犧牲品。

監獄反省，使我弄明白劃我右派的原因：那用「革命理論」和「階級鬥爭」層層包裝的，已被民國廢棄的，一人死罪，滿門抄斬的連坐法，進一步為毛澤東恢復，並創意為「烙印」罪。

「成分論」乃是無窮冤獄的源頭，在歷次運動中被中共擊倒的父輩們，被重重地打翻在地，踏上一隻腳踩在最底層後，無辜兒女們，便成為「無產階級專政」的奴隸，成為中國最大的冤海！這些受害者，越用低沉的哀告以求躲避，越被整得慘！

有一位昆蟲學家在他臨終前說：昆蟲的四肢是那麼長，而我的生命是那麼短！那是對生物生存長河中，不留下痕跡可憐蒼生的惋惜。時間對於人的價值，就在他短短一生中留下些不被人遺忘的東西。

可惜，我竟落到了一個不把人的生命當生命的可悲年代，有過一段很長的時間，我真覺得活得太累，那時間太長太難過去，可我觀察周圍渾渾噩噩的人時，我真奇怪，生命在他們眼裡一錢不值，為了幾片肉和幾兩糧食，可以費盡心機，這同成天覓食的昆蟲有何兩樣？尤其是那些暫時操縱權柄，肆意浪費別人生命的人，生命對他們實在太賤了！

一九六〇年九月，我帶著略呈水腫的身體，背著破被裹就的行囊，提著那口從家裡帶出來的破皮箱，在員警押解下離開了南桐看守所，到了重慶彈子石四川省第二監獄「勞改犯人轉運站」，開始了我長達十九年的勞改生涯。記得那一天天還沒有亮，我就被叫醒，從保管室裡取出了自己的行李，便被押上了一輛警車。車出南桐時，最多是早上六點鐘。

第四節：大躍進後……

此刻，一九六〇年十月份，我結束了兩年多的「右派改造」生活和八個月的監獄生活，彷彿一直在一場漫長惡夢中跋涉。我的煉獄還剛剛開始，我將去的地方，是一所更殘酷的人間地獄。

我從囚車的窗縫中向外窺望，三個月前當我從南桐到石板坡看守所時，由於雙手傷勢嚴重，幾乎沒有留意這個城市發生的一切。

後來，我從石板坡看守所重返南桐時，囚車的窗門又是緊閉的，什麼也沒有看見。這一次，到彈子石監獄的途中，承蒙開車人照應，一路上窗門大打開，手上又不戴手銬，我可以附在車窗邊上較為自由的，對重慶市的街道容貌好好認識一下。

我想：闊別整整三年，經歷了轟轟烈烈的三面紅旗「指引」，經過持續三年的「一天等於二十年」的大躍進，再怎麼說也應當有一點新的氣派。雖然，我在獄中，重新進來犯人的口中知道，市民每月只有十八斤糧食的供應，每年只有五尺布票，街上買肥皂，火柴都要票；買不到副食品，連鹽巴也是每月二兩的供應。國營食店裡經常出現搶飯和麵條的故事。

但百聞不如一見，真想看看這城市被三面紅旗搞成了什麼樣子了。

當囚車開進南坪以後，街道便漸漸進入了我的視野：同兩年前一樣，街道依然是那麼窄，汽車行駛在開裂的路面上，因坑凹太多，顛簸不已，所以行駛速度很慢。街道兩旁依然是十年前泥牆、夾磚柱結構的老房。這種黃色和灰色的建築，高矮不一，使街道變得「衰老不堪」。

臨街的房子幾乎都是平民住房，商店就夾在矮小的平房中，偶爾一幢三層樓略加粉飾後，鶴立雞群的引人注目。配以橫置木匾上寫著「××路國營商場」的招牌，幾乎成為這條街最豪氣的代表。不過，這一天大概不是星期天，出入商店的人並不多。

囚車經過兩扇朱紅的大門，我看清楚那門邊的兩排貨架上擺著稀稀拉拉的布匹。想來這年頭，成衣太貴，貧賤的市民們都是手持布票去商店買布，再到縫紉鋪中去打或拿到家中自己裁縫。

往裡看去，便是熱水瓶、臉盆、瓷盅之類的搪瓷用品，從那裡面走出來的人手裡拿著毛巾、肥皂、火柴可判斷，裡面是些消耗性日用品，那年代買這些消耗品多半是要憑票供應的。

說到這票，一九六〇年市民每人的布票僅僅三尺，赫魯雪夫說中國人當時是三個人穿一條褲子，指的就是三個人一年的布票加起來才夠買一條褲子的意思。

這話當是市場的供應實況，沒有任何的貶義和誇張，可是後來竟變成赫光頭猖狂攻擊中國三面紅旗，引發「中蘇關係破裂」的罪證。

囚車再往前走，街的右側夾在矮小的平民居舍中，在一個平房結構，鋪面很寬的商店面前排成一個長長的隊伍。那隊伍是由老太婆和中年人組成，手裡各拎著一個竹籃。門上立著的招牌上書：「××街蔬菜公司」，那裡面可是人聲喧譁，人牆嚴嚴實實擋住了裡面的貨櫃，看不清店裡的陳設。

我從那擁擠人群的籃子裡，看到了牛皮菜和蘿蔔。兩個人不知為什麼在那裡搶著一個籃子，我聽見那櫃檯裡傳出來爭「兩」論錢的吵聲。

女人的尖叫和男人粗野的罵聲，給死氣沈沈的街道增加了一點鬧意。

囚車繼續向前開出大約五十公尺，又見一個門口掛著：「××街二段縫紉店」。旁邊還掛著一個小木牌，上面寫著本店服務項目，其中竟有一項是「補縫歸衣」！

看那很狹窄的店面裡，懸掛的竟是一些洗淨了的補巴衣服！這使我注意到了街上行人們的衣著，與三年前的解放服和中山裝為主體的衣著沒什麼區別，色彩依然的藍、灰、白，三種流行色。

只是所有行人身上穿的全是補了巴的。區別僅在於補巴的整齊不整齊。那巴很有規律，按上衣四點式：兩肩，兩肘；褲子三點式：兩膝、一墊，幾乎是統一的。

還有的幾乎連巴都沒有，巾巾掛掛的一身，那似乎不像乞丐。不過在那個年月裡，老百姓的日子恐怕連乞丐都不如。在這稀稀拉拉的店鋪中，這種補巴為業的縫紉鋪，生意頂火紅。

那個年代老棉布是我國唯一的紡織品，老棉布不經磨，一件新衣服，如果小心保護，最多也只能穿一年就破了。布票那麼缺，怎不是「遍地補巴衣，不見新衣人」。流行的一句口號是在報上註銷，叫「節約是美德，新三年、舊三年，縫縫補補又三年」，毛澤東鼓吹節約仍中華民族之傳統美德。

不過在這裡，實在同他自吹自擂的「市場繁榮」形成反襯。我不禁驚嘆，中華民族子民們忍受飢寒的耐力，堪稱世界諸民族之最！需知同一時期的經濟發達的國家，拿出來救援受災國家災民的，都難找一件像中國百姓身上穿的千巴萬補的破衣服。

已接近十二點鐘了，街的左側，一個很狹門面，門口排著長長的隊伍。那店的門口掛的木板黑字，寫著：「××街二段國營食店」。門口幾個戴著紅袖籠的中年人正在遊弋，突然從店裡竄出兩個扭成一團的人，並沒注意正在緩緩向他們駛近的囚車，囚車緊按喇叭，喇叭的尖叫聲並沒提醒那兩人，囚車被迫停了下來。兩個戴紅袖籠的人按了過去，一面怒吼著：「把他們兩個人帶到看守所去，真他媽不要命了。」

旁邊站在隊伍中的人嘆息說：「憑什麼為二兩糧票打得頭破血流？」我再去看方才廝打的兩個人果然臉上都掛了彩。在紅袖章的干涉下，兩個打架的年輕人才分開，在司機一再鳴笛聲中，圍觀的人讓開了道。

我回過頭去再望瞭望那漸漸離遠的街道，就沒有看到一處糖果鋪和水果鋪。它們在長長的街道上消失了。至於肉店、禽蛋商店現在也所剩無幾，肉和蛋統統留給蔬菜公司憑票出售了。

整個城市像死一般的沉寂。馬路上看不到幾輛破汽車，也看不到忙碌的行人，九月炎熱的餘威還控制著城市，隨著疾馳的風帶進囚車，帶進我耳朵裡的是一些隱隱約約念經的聲音——聽得出那是街段的居民，按上級安排組織朗讀報紙和檔，傳達黨中央的大躍進「捷報」。

我感到了疲倦，開始打起盹來，耳朵裡隆隆的發動機響聲帶我進入了夢鄉。離家似乎正在靠近。我現在明白，我已經不能回去了。說不定是永遠不能回去了，還好，就讓我默默無聲的離去吧，悄悄的走開，會避免一場臨別的大悲慟……

我又彷彿看到了外婆那花白的頭。我不敢想，否則我的心會立即出血，二十年後，九死一生的我重新踏上回歸的路，他老人家已與世長逝了整整十五年了。我連她的骨灰盒都沒有找到，當我將她的遺像放置在我臥室的衣櫃之上，我才號啕大哭了一場，天哪！這真是命中註定的呀！

弟弟在哪兒呢？可知今天哥就要離去，赴那地獄的煎熬麼？想到今後，家的重擔將會落在你骨瘦如柴的雙肩時，淚就會充滿我的眼眶，我哪能回答你稚氣的發問：「哥，你怎麼會犯錯？」今天當改口問：「哥，你怎麼會犯罪？」

媽媽，我去了，我知道這些天您比我更沉重，如果說我還有一層孩子的稚氣和健忘，保護我幼嫩的神經免受過分悲傷而失常。而您一直在用母愛承受我們四人的所有不幸，現在擔憂這一老一少的脆弱生命受到威脅和折磨。

此刻，我只有深深的祈禱蒼天，不要再將新的災難降給無辜的孩子和老人，讓我們母子倆在天涯兩處，共同面對著家破人亡，骨肉分離，承受著「無產階級專政」的鞭打，十年、二十年！

我知道我將去的地方是我的父親先我十年去的地方，如果蒼天命定了我們父子倆將歸宿於此，那麼父親啊！你現在在哪兒呢？命運之神會不會安排我們在這裡相聚？

第五節：孫家花園監獄

囚車在顛簸的街道上，足足開了一個小時，繞過了好幾條小街後，駛到了一道巨大的鐵門前，那鐵門旁邊沒有懸掛任何的標記，他的右側，一座大約十公尺高的崗樓上面，隱約可見架著的機關槍和荷槍實彈的哨兵，守門的是兩名全副武裝的員警。他們從押車人員的手裡接過一張紙，驗過以後，便打開鐵門柵，囚車便緩緩的駛了進去。

（一）入監

一進大門，左側是一個很寬的大壩子，大門左側靠馬路的圍牆內，是一個高出大壩一米多高好幾百平方公尺的看臺，若遇到開大會時，這兒便是臨時的主席臺。

大壩子周圍是用木柱和竹子綑綁起來的臨時工棚，裡面放著許多長條的鉗台桌和鑽床、馬達之類的設備。大門右側是兩排很長的廠房，那裡面機器在轟鳴。

這孫家花園原是一個從毛鐵到零件，全都自行加工的小而齊的機械加工工廠。許多穿著藍色背心、背上隱約有勞字標記的犯人，就是這兒的工人。

囚車一進監門，在左側的空地上停下，車間前方的一排辦公室裡走出一個年紀四十歲上下，身著白汗衫的中年人。在雙方交接之際，我下了囚車，雖然天氣很熱，但心卻很冷，一陣莫名的顫抖控制了我，我環顧了一下四周。幾分鐘後，我從車上拎下了那又破又髒的「行李」。

偌大的中國國土上，被這些小監獄密密麻麻的控制著，令人喘不過氣來。在索忍尼辛的《古拉格群島》裡，這兒被稱為「下水道」。那監獄的牆壁和車間的牆上全是與大街上相類似的標語，仗著員警和刺刀，監獄對人們的思想和語言牢牢控制，令人沈默。

十分鐘以後，白汗衫領我走進黃色辦公樓。我拎著那兩捆破爛跟著他，到了辦公室門口，叫我站在門外，等他和押送我的人進去辦了交接手續，大約一刻鐘才走出來，白汗衫在腋下夾了一個檔案袋，領著我向那一直通向裡面的水泥路上走去。

這時已近正午，車間裡的藍背心們陸續從車間裡向外湧，他們看見了我，向我投來了一束詢問的目光，那目光裡分明在說：「又來了一個不識時務的。」

從車間出來的藍背心們，擠在車間外一長條洗手水池邊，用木屑和沙子搓著滿手的油污。然後，陸陸續續的又走回車間，拿著自己的「碗」，這些碩大而奇怪的「碗」，是用破洗臉盆和鐵皮製作的餐具。

現在回想起來，不知道有沒有有心人，在當時就留下這些難得的歷史文物，以作為後輩人對這個時期監獄生活的活證物，就像當年在大邑縣地主莊院收租院的展室裡，四處搜尋當年劉文彩[2]的長工們的破衣服和破碗一樣。

一個臂上套紅袖章的人，站在旗桿下面使勁吹著口哨，從車間出來的藍背心們，在飯桶面前按車間排成了十幾個隊伍。紅袖章挨著隊伍從左到右隊清點人數，清點完畢，便小跑到站在隊伍左側的，也是穿著白汗衫的人面前報告了人數，只見那人揮了揮手，隊伍分成兩排便開始蠕動起來，魚貫的走到兩個大飯桶邊，由站在那兒的炊事員依次發給一盅「罐罐飯」。

接過飯罐的人，將手中碩大的碗迅速伸向菜盆，跟著舀菜的那勺子舞動起來，生怕炊事員打起來的那一勺菜，因碗沒有及時湊上去而灑到菜盆裡去了。接過菜的藍背心們便一手端盅、一手端碗，一邊走，一邊還在回頭向菜盆望，好像要看那舀菜的人今天對自己是否公平。

如此一連串的動作完成後，藍背心們便端著自己的「飯」、「菜」，回到自己那個組已圍成的圈子裡，席地而坐，並把盅子裡的蠶豆倒進碩大的碗裡去，一邊數著那豆的粒數，幾乎無一例外。

我至今還記得，領到手的如果是蠶豆，每一兩大約五十粒左右，如果是豌豆，每一兩大約是八十粒左右，如果是黃豆，大約每兩也是八十餘粒。

中午的定量依工種不同有三兩、四兩和五兩三種份額。翻砂和運輸工種最高，電工最低，按兩數數豆粒可算一種求放心的遊戲，倘若吃到的粒數與額定粒數多了出來，便津津樂道向同伴們誇耀稱自己運氣好。倘若，顆粒數不足，便嘟噥著說自己運氣不好，這一頓「輸」了。

我跟著白汗衫走過了那足有百米長的水泥過道，再緩緩的順著石階梯，一步一步登上那中心地帶上的小山頭。這兒是一幢很寬的兩層

2 劉文彩（1887-1949），當時四川的大地主，為中共當時的「階級敵人」典型。

樓房，四周圍著整齊的花圃，花圃與樓房之間環繞著一條一米多寬的三合土通道，周圍打掃得倒也乾淨。

石梯坎正中是一扇可以滑移的收折鐵門。從鐵門進入黃樓是一條寬約兩公尺的木地板鋪成的通道，通道兩邊便是一些很大的監房。我們進去時巷道裡正在開飯，一些頭剃得精光，面容蒼白，穿著清一色藍色囚服的犯人正排著隊，在一個飯桶邊領取飯菜，與下面壩子裡所不同的，只是那盅子比那些參加勞動的人小很多。而且他們大多數並沒有用鐵皮敲成的大碗盛菜。

白汗衫將一名正在發飯大約五十多歲的老犯人叫到門口，高聲向他吩咐道：「方伯非，這是剛來的新犯，你看現在哪一個組還有空位，安排一下。」說著便獨自離去。

那姓方的一隻左眼是斜的，大家都管他叫偏花，頭髮已經花白，他向發飯的炊事員交代了一聲，便領著我順著巷道往裡走。

在巷道盡頭，他打開了一個小屋的鎖，一股霉氣向我襲來，我把我的破爛寫上我的名字，放在貨架上。他又打開了隔壁的房間，從那裡取出了一套同其他人一樣的被蓋和藍色的衣褲，交給我。

接著又領著我返回巷道，把我帶到了門上寫著四的房間。那房間足有六十平方公尺寬，地上是木板的，四面是二十多個地鋪，每一個鋪上放著藍色的棉墊、藍色的被子和枕頭。那鋪位上已坐著十幾個人，此時他們都在津津有味的數著自己罐裡的胡豆。監舍組長的鋪位是靠門右側的第一個位置，我便由他安置在左邊第六個鋪位上。

我將所領的衣被放在我鋪位上以後，第一個動作便是去領我的中飯。自入獄八個月來我還沒有走過那麼遠的路，早上起得太早，此時感到十分的困乏。當我領過那最小一號的飯盅，顧不上去細看飯面浮渣，也沒有去數那盅子裡的豆顆數，狼吞虎嚥吃下入監的第一餐飯，吃完便倒頭睡在剛指定的鋪位上。

整個黃樓分為兩層，過道盡頭便是到二層樓的樓梯，樓上八間監舍中住的全是在車間裡從事機械加工的犯人們。住在底樓的六個監房中是等待轉到其他地方的新犯人，靠裡還有兩間特別小的單人禁閉室，底樓六個監舍中一共有一百多名新犯人，包括正在上訴、「案情待定」的上訴者，和從車間因「抗拒」改造，交到這裡來進行批判鬥爭的「反改造分子」。

新犯的主要任務是學習監規，靜坐反省和交代「餘罪」，所謂新生的反革命分子，是指有反黨反社會主義言論和思想，這些年攻擊三面紅旗、反對人民公社，或因無法忍耐飢寒交迫而奮起反抗的人。

這一時期的另一特點是凡是不認罪守法，打上訴喊冤枉的，一律都是「反改造言行」。那政策是中共規定的，具有最高權威性，反對黨的政策便是反黨已是無疑，因反對錯誤政策而劃為反革命的，也一律只好自認倒楣，於是「申訴」不斷。申訴再次觸及中共的逆行倒施。

申冤越多，當局施加的壓力也越大。解決這個無法調解的矛盾，便是大大小小的批判鬥爭會。這樓下的「新犯組」，經常開鬥爭會，吊水桶、捆蘇秦背劍、以「端正態度」為名的拳打腳踢，是每天都要發生的事。那時間常因公開喊吃不飽，或因飢餓逼迫「企圖越獄」而送來批鬥的人特別多。

以「吃不飽」為內容的鬥爭會，往往開起來變成了對現實的控訴會，紅毛犯人常借人之口，發洩對現實的不滿，成了對當局施加壓力的一種手段。所以這兒的白天十分熱鬧，罵架聲、打人聲、充斥著這裡。

清晨五點鐘，東方還沒有顯出魚肚的白光，監舍外花圃裡歡叫的蟋蟀還沒有停息它們的鳴叫，整個監獄還浸沉在黑夜的迷濛中，那令人心驚的高音喇叭，便用它的尖叫聲刺破了監獄上空的寧靜。

「東方紅」開始曲後，便是那單音調的吶喊：「社會主義好。」這調門沒有改變，歌辭卻作了修改，然而無論是對帝國主義的咒罵，還是對右派份子的咒罵，一清早剛睜眼，就被它弄得神經兮兮的。

大監各監舍的組長立即從鋪位上跳起來，用腳踢醒那些入睡還不到兩小時，此時還沉睡在夢鄉裡，困乏不堪的「勞動力」們！他們中大部分人大約在凌晨三點鐘，連腳都沒洗，和衣而眠躺下的。

一分鐘以後，那雜沓沉重的腳步，逐漸向樓梯口移去，一陣下樓的咚咚響聲以後，腳步又經過我們舍房門外的過道。

木地板上的敲擊聲和四壁的迴響，使我們睡在樓下的人再也無法安睡。剛剛熄去不過一個小時的路燈和崗樓上的強光探照燈都一齊打開，在強光的護送之下，一群藍灰色的影子忽長忽短的由廣播樂曲伴送著進了車間。

接著便是隆隆的機器聲，把整個的工廠淹沒在「躍進」之中，大躍進的又一天就這麼開始，隆隆的轟響一直在監獄上空盤旋，直到第二天凌晨三點鐘。

新犯組規定住在這裡的犯人，早上六點鐘起床，按照監規的規定，起床的哨聲一響，全體人員都必須爬起來背靠著牆靜坐反省。等到七點鐘，值班的管理人員打開監舍的門鎖，大家才走出鐵門，在大樓右側的洗臉池中取水洗臉漱口。

七點半鐘，炊事員送早飯上來，八點以後，吃飯完畢便開始監規學習，或繼續前一天晚上沒有開完的鬥爭會。鬥爭會是新犯組的主要內容，晚上依然是這種堂會式鬥爭會，有時一直開到十點鐘還沒有結束。

與看守所完全一樣，這兒被押者的一言一行都會被即時發現，鬥爭會是不斷發生的，只是平時生活比起看守所有較大的活動空間，飯後的休息時間被允許在黃樓周圍散步，可以圍坐在花圃周圍捉蝨子。

我們監舍三十多名新「犯人」，幾乎人人都有輕重不同的水腫病，即使很年輕的人行動也很吃力。平時無論是開鬥爭會或在花圃邊納涼，談論的主體必是「吃」。

晚上開飯，全監人員不分工種一律二兩，開飯中，端著碩大的洗臉盆改製的碗，再次重演「大碗」跟著炊事員手中的勺子上下飛舞的戲，當所有的人按次序打完兩瓢以後，桶中的飯一般都有剩餘，於是便挨著次序每人再添一瓢直到分完為止，如此的分配叫「分尾子」。

大監不同於小監，那裝著稀飯的大黃木桶雖然已被刮盡舀完，但那附在桶壁上所剩餘的殘羹，是無法用瓢清理乾淨的，所以每次分尾子到最後一人，炊事員便會將桶交給那個人，任他用手指細細地在桶邊抹淨，有時遇到稀飯較稠的時候，那從桶上抹下的足足有兩瓢。

也不知從什麼時候起，這大壩子裡抹桶的事，讓新犯的一個名叫王三的小夥子盯上了。

有一天晚上，他趁炊事員在壩子裡分稀飯，沒空光顧小監送飯的機會，混在上班人的隊伍中到了大壩子裡。等到尾子添完了，他便馬上端著預先準備好的「洗臉盆」，接過那最後一名犯人用瓢已刮淨的飯桶，正用手細細的抹刮那大木桶裡的殘羹時，新犯組正四處尋找他，方伯非氣急敗壞的報告值班幹事。

當兩個套紅袖套把王三在壩子裡捉到，像拎小雞一樣送到方伯非面前時，仔細看王三，那光頭上還沾著在刮桶時糊滿的稀飯漿，一面還喃喃的叨念那臉盆裡已經收集了足有一瓢的「稀飯」。

王三成了我們監舍當晚鬥爭的「對象」，這王三說來聰明，他發現了任何人都沒有發現的意外食物，為了王三這種「浪漫」，黃樓小監裡的一百多號人被管緊了幾天，不准我們走下那石梯階。

雖然大家同是被中共殘害，但人心不蠱，想從這地獄裡像狗一樣爬出去的人到處都是。禍從口出的意外是經常發生的，無所謂告密，更無所謂可恥。為了給自己已經很苦的日子，少添煩惱，所以我對緊鄰的前後舖，有一種特別的謹慎，前面舖位上那位，因扶乩而入監的一貫道首，從不與他交談。

（二）張臘元和王大炳

我寧可同不善言談、口鈍舌訥的張臘元、王大炳交朋友，他倆都是長壽地區的農民，憑我的直覺，感到他們質地純樸，雖文化層次極底，但與他們相交起碼少了提防之苦。

黃樓右側，一條被人踩出來的坡道下面，是鑄工車間傾倒化鐵爐排出的爐渣和廢鐵芯的地方，每天從監房清掃出來的垃圾也倒在那裡，所以有些破布、用廢的圍腰、手套等物。我很快注意到，他們倆人常來這裡撿些破布，洗淨後用來修補自己的舊棉衣。日長之後，我也跟著他們在這裡撿破爛。

有一天，我見張臘元獨自坐在這裡發呆，從他那瘦削的肩頭側面望去，只見那清瘦的臉上厚厚的嘴唇微微顫抖，好像哭泣過，可是眼裡並不見淚水。王大炳說他這樣對著臭氣，可以蹬上一個上午，發呆以後，長嘆一聲慢慢離去。

從他記事時就沒有了自己的家，父母何時相繼亡故已說不清楚。十幾歲開始，跟著哥哥嫂嫂生活。農村中從一九五三年開始，就實行統購統銷，農民開始了缺吃少穿過日子，從十二歲開始，他跟著哥嫂每天在生產隊的土地裡掙工分糧。

後來小侄子出生以後，晚上帶孩子的事就交給了他，白天幹活已很勞累，十幾歲的孩子不會像保姆那樣對孩子按時施尿，尿床是經常發生的，而他哥哥便經常遷怒弟弟身上。老實的張臘元，身上到處是他哥嫂用柴塊給他留下的傷痕。

一九五八年，只有十七歲的張臘元，由於天生的呆笨，哥嫂不僅剋扣他的口糧，把分到的很少的穀米，留給自己的孩子。並把剩下的雜糧糠菜分成二盆，一盆主要是糠拌地瓜藤是專給張臘元準備的，另一盆加上玉米麵是留給自己的，吃飯時先端出弟弟的一盆，等弟弟吃完了再端出他們自己的。

被打傻了的他，明知這是哥嫂對他的虐待，但卻不敢說。飢餓的張臘元很快得了水腫，他只有拼命在山上尋找野果野菜充飢。日子久了弟弟忍不下去了，有一天吃飯時，他第一次去哥嫂的飯盆裡搶飯，嫂嫂被他突然的反常驚呆了，拿起飯瓢往弟弟頭上猛砸，哥哥聞聲從裡屋走出，兩個人給張臘元一頓好打。滿頭血跡的張臘元看到了灶旁砍柴的斧頭，猛然掄起了斧頭……

血案釀成，張臘元投案，本來他完全可以在法庭上脫下衣服，顯示哥嫂給他留下的無數傷痕，然而，善良而可憐的張臘元，口口聲聲說他殺人該抵命。

法院根據鄰居的介紹和他的年齡免去他的一死，判決了他的無期徒刑，在孫家花園關押了幾個月，便轉到了南充監獄去了。

我們短短相處兩個月，他那厚厚的嘴唇，深陷的眼睛，卻永遠的刻在了我的腦海裡。無期徒刑對於張臘元公平嗎？他的罪孽又是誰造成的？每每我在回憶到他的時候，我該怎麼回答這些問題。

張臘元被押送南充後，新犯組的室友中，我唯一能訴衷腸的人便是王大炳。

根據大炳的自述，他早年喪父，母親在艱難的歲月裡為了撫養他和弟弟兩人成人，按當地農村中的普遍情況，找一個能維持生計的勞動力嫁人，於是在生活逼迫下嫁給了當地一個李姓的小光棍。後來，年僅十六歲的王大炳，在親戚的介紹下，進了重慶一家工廠當臨時工。沒有多久，合作社成立聯社時，姓李的拋棄了人老珠黃的王母。

家庭的不幸和變遷，重創了他的母親，母親吵不過那個姓李的，恰恰在這個時候，有一天他們的房子晚上失火，蠻不講理的繼父，一口咬定是王母故意想燒死他，理由是火災的現場發現了一雙燒成半截的女人花鞋，而有人看到失火的當天晚上，母親曾提著那雙剛洗過的鞋進了廚房，母親被領著民兵的李姓隊長痛打一頓，搶去住房。

聞聽自己的家被姓李的強佔，母親受傷，露宿街頭，心急如焚的王大炳匆匆赴回長壽，但他低估了李姓的流氓，更低估了農村裡中共黨員的橫霸，母子三人抱頭痛哭以後，王大炳和幾個同伴將這個事寫成控訴材料在工廠散發，並被工廠保衛科以煽動反革命傳單立案起訴。

苦難使我倆結下了不解之緣！

（三）勞改工廠

我在新犯組只呆了三個月，便被分配到金工車間鉗工組，正式成為這支監獄創造財富的無償勞動力，並在大躍進的尾聲中度過了最後兩個月的通宵夜戰。

最開始，我被分配到製作電機轉子用矽鋼片的沖模鉗工一組。裡面放著十來張寬大的鉗桌。每張鉗臺上安裝著六至八台數量不同、尺寸不同的虎鉗，可以容納八個人在上面同時幹活。

我剛到車間，鉗桌上鉗工工具和馬達的零件混堆著。從馬達機殼，轉子繞組、矽鋼片和螺絲螺帽銼刀宰子等等無序的堆放狀況便知道，這是一個管理極差，章法極差，工序不明的手工作坊。

類似中世紀的工奴，沒有習慣，也沒有時間來清理這些工具和零件，四周的鐵貨架上雜亂的堆放著零件，弄不清正在組裝的，還是報廢的。

把我引來的「紅袖套」向我介紹，其中一位大約五十來歲，右手纏著厚厚的紗布，繃帶吊在肩上的人名叫孫經海，是整個鉗工車間的技術負責人。後來聽大家說它是一位八級鉗工，當時，整個重慶市像他這種級別的鉗工屈指可數，能憑手工製作零級塊規。是這模具組的掌火人。

先於孫經海以前的鉗工組技術負責人，因製作模具沖出的矽鋼片用來裝機後，發生溫度超過技術標準而報廢了一大批馬達，他本人也因此受到加刑，並流放外地。

那百噸沖床還是不知從哪裡弄來的漢陽造，屬前清張之洞時代的遺產，早已報廢，加上測量手段幾乎只有一個百分表，在配製時沒有磨床。孫經海口中不說，心中卻犯著愁。已為這簡陋的設備和加工條件搭上一隻手不說，弄得不好，重蹈前任之覆轍就是喊冤也沒用！

從此以後，直到從孫家花園調出，我便與銑刨組編在一起學習。

劃線平臺的後面並列著兩台沖床，靠廣場的一台便是奪去了孫師傅右手的一百噸沖床，是一台大約服役了幾十年的老掉牙的設備，稍不留意便會造成矽鋼片整批報廢，或打爛沖模。橫過車間中過道的左邊安放著四台銑床和三台立式鑽床，四台銑床中最大的一台舊式銑床，是當年中共新華社印刷傳單的大型印刷機改造而成的。

在那台銑床上操作的是一老一少，老者五十開外，但精神挺好，穿著的那件補丁的中山裝洗得乾乾淨淨，顯出它與常人不同的身份。經過介紹，我知道他叫潘朝元，在內戰時期任過浙江金華縣的「縣太爺」，在國民黨部隊中供職湯恩伯部下，任少將軍銜。那段日子他終日沈默寡言，給人一種城府很深的印象。

與他同機床共事的是一個年齡與我差不多的年輕人，名字叫陳旦，外表看去很老實，甚至有點招人憐憫。

這台臥式銑床的後面擺著兩台立式銑床。一台較新銑床上的操作者姓沈，看上去面色蒼白而浮腫。另一台銑床上是一個三十歲上下的中年人，平時陰陽怪氣的，永遠是打不濕扭不乾的那種。

我剛調進車間時，陳旦在中午休息的片

刻，來我的劃線平臺找我聊天，說他從前是XX中學的學生，因家貧，讀不成書流浪街頭，他表示挺羡慕我，希望我能教他看圖。後來每次吃飯他都把他的罐罐端到我的位置上來。

有一天晚上陳旦從沈師傅的工具櫃裡偷了一塊肥皂。我覺得這麼一點小事，便為難別人，頗有些為陳旦不平，便注意地聽起來。只聽見那姓潘的憤憤地喊到：「你真沒出息，年紀輕輕就知道偷，進到這兒來還要偷。」

我翻了那老潘一眼，打心眼裡厭惡把相同遭遇的人住腳下踩的作風。雖然我知道，那時間肥皂非常稀缺，市面上的市民憑票供應，每人每季僅四分之一聯，車間裡發給大家用來洗油污的，是每月一小撮鹼和鋸木粉。

只見那年輕人好像很可憐的樣子，結結巴巴地解釋道：「對不起，下班晚了一點，臉盆不知放那兒去了，我看沈師傅的工具櫃開著，順手拿來用一下，就忘了還回去。」他不停地眨著眼好像要哭。

那位三十多歲的中年人吼道：「不，你這娃兒不老實，上個月還偷了我一塊毛巾，國慶大檢查才查出來，你是慣偷。」「真不要臉。」潘老漢繼續在升溫。我感到過份，他還不是因為太窮才偷，在今天這種物質條件下，誰也犯不著為這麼一小點肥皂而遭人辱罵。我一邊聽著銑床組傳過來的七言八語，心裡很為陳旦不平，也對那潘老頭產生了反感。

沒想到過了才一個星期，負責洗刨組的張管教把我叫進他的辦公室，大大地訓斥了我一頓，他把我向陳旦講得很一般的話，例如說：「形勢大好什麼都買不到」、「大躍進吃不飽」、「活有你幹，飯不讓你吃飽」全都抖了出來。

他嚴厲地警告我說：「政府看見你年輕，又是機械製造專業的，才相信你，允許你單獨行動，你還反動本性不改，在監獄裡大肆的向犯人『放毒』。」最後，要我立即寫出反省，否則就要召開車間批鬥會。

我著實地小看了這可憐巴巴的陳旦，沒料到，與我做出偽善友誼的他，竟會用我的話來表現自己。

從此以後，我對刑事犯罪的人特別提高了警惕，由此，我也更加體會到，為什麼在生活如此之苦，工作如此之勞累的監獄中，人們緘口不言的原因。

另外也開始理解潘老何以如此對待他的學徒，平時又為什麼冷冰冰的對待周圍所有的人，我們開始接近和交談。不過，看得出他在告訴我有關他的身世時，始終保持著一種審慎，並不作評論，也不講他的感情，在那種環境裡，人心隔肚皮，一切都只能點到為止。

從他的介紹中，知道他率部在淮海戰場上與中共打過很慘烈的仗。解放初，他曾「混入」深圳，準備潛入香港被中共發覺抓獲。當時沒弄清他的身分，在廣州服了兩年刑，刑滿後回到重慶，正逢大鎮反，他便在棗子嵐埡被捕，以歷史反革命罪判處他二十年刑期。

他流露出來的傷悲告訴我，他內心一直牽掛著他的兩個女兒和他的愛人。也許就因為這種身分，把我們倆聯繫起來了。從此以後，他成了我監獄中的摯友和老師，相扶相助直到三十五年後，他含著未能伸張的怨恨離開人間。

（四）邂逅蒲世光

由於我的特殊工種，我被允許在所有車間單獨的走動，被允許單獨上廁所。當時的廁所在翻砂車間旁也只有一個。有一天，我正解完大便，忽然看見鄰位置上冒出了一個很熟悉的面孔。「蒲世光」，我幾乎驚叫了起來，這位當年青年團治金系團委書記，曾以人很難理解的心情，刷出署名「非團員呼聲編輯部」的大字報，並因此而定罪為組織反革命集團。

我在學校並不認識他，後來，他被捕時，我也只在治金系大門口見過，他被捕後，我們七十六個同學被押往南桐，從此與他斷了音信。當時，只覺他怎麼會為家庭有問題的「階級異己」者鳴不平，並因此而蒙冤，所以，雖然只有一面之緣，印象卻很深。

兩年後，經過南桐的鍛鍊，對他深刻的印象中滲入了一種敬佩。在這裡，他突然的出現並被我認出，不能不說是一種緣份了。然而，他卻並不認識我，他見我招呼他，反而非常詫異，轉過頭去看了看與他一同上廁所的另一個人。我只問了一句：「你在哪個車間？」他用手指了指外面，回答我：「翻砂車間」，便帶著一種疑惑匆匆離去。

由於連續的日夜鏖戰，幾乎沒有時間洗衣服。冬天到來的時候，有時連續一個月沒換過內衣，也從沒洗過澡，加上轉運站來往人員複雜，衣服和被蓋上染上蝨子習以為常了。坐在過道裡，脫光衣服，用指甲掐蝨子是空餘時間的一種消磨法。人在那種環境下，同乞丐已沒有什麼區別。

只是蝨子令人煩惱，所以每當化鐵爐開爐化鐵的時候，便會有人通知各車間去那裡燙蝨子。那方法極為簡單，只消拎著鐵桶裝半桶水，將化鐵爐內排出來大塊的帶著火花的爐渣，用鐵鉗夾進盛水的桶裡，在一陣爆炸聲中，水桶中的水立即就會沸騰，然後再將長了蝨子的衣物按進沸水中……換下來又臭又汗內衣，沒有肥皂去汗，就只有用這種方法兼去油汗。

借燙蝨子的機會，我終於找到了一個同他交談的機會。彼此作了自我介紹後，他便詢問了我們去南桐的同學情況。我告訴他。去年楊治邦、李天德他們被抓進監獄了。問他碰見過沒有？他搖搖頭說：他不認識楊治邦們，也不曾聽過此事。

接著便介紹了他自己的經歷，自從五八年夏天，他從學校被捕後就關進了石板坡看守所。重慶檢察院以組織反革命集團首犯對他起訴，這使他憤怒不已，在預審中，他要提審他的人，拿出「集團」綱領和組織成員的證據來。法院明知給他定的罪是強加的，於是回答他，非團員呼聲編輯部，既是一個編輯部，那一定是一批人，還要他交代其他成員，只經過一次預審，便一錘定音了。

蒲世光就這樣在石板坡看守所泡了兩年，最後以趁中共整風之際，書寫反革命標語，大字報、策劃反革命組織，猖狂進行反革命煽動的大罪極惡，處以廿年徒刑。這可是有期徒刑的最高刑期，當時，真要處以極刑，那又怎樣呢？當法庭向他宣判時，蒲世光毫不猶疑地向法庭申明：「歷史將宣判我無罪。」

判處後，蒲世光便被送到這裡，殊途同歸，我們終於從不同的出身，不同的思想方法，不同的遭遇走到一起來了。相同的歸宿告訴我們，我們是同一個政治目的犧牲品。

他告訴我這裡共三個車間：鑄造車間、金工車間和電工車間，並說出它們的負責人，看來他對這兒的情況很瞭解。

剛來的第一天，新犯組的李隊長問他，判了多久的刑？他爽快地回答說：「一天！」「什麼？」「一天。」他重複地回答著。李隊長被這種明顯的輕蔑和作弄惹惱了，立即厲聲訓斥道：「你給我放規矩點，這不像你在重慶大學可以胡說亂言，老子對你的狂妄可以銬你，鬥爭你。」

然而蒲世光卻笑了笑不緊不慢的回答道：「這刑期可是你們給我定的，這話也是你們講的，怎麼就不認？」「你敢頂嘴，你敢囂張，你以為打不掉你的氣焰是不是？」那姓李的毛小子狂怒了，當下安排了晚上開鬥爭會。

晚上鬥爭會開始了，姓李的問道：「你說，為什麼用這種態度向政府說話？」他對著到場的陌生面孔，不緊不慢答道：「一天等於二十年，可是你們這麼說的，對不對？我判的就是二十年這也是你們法庭判的。我用你們自己說的話回答你，你怎麼就聽不懂？向我一個小犯人發火？」鬥爭者鬨堂大笑，連那李姓的幹事也忍不住把臉扭了過去。

用輕蔑的態度，譏諷鞭打橫蠻的人實在是一種上智，何必為自己的不幸而傷心？笑對著暴政，笑對著今天，這種高尚的德行，可不是輕而易舉可以修成的，「推古驗今，所以不惑」。看來這位同學入門了。

我們本約定，下次開爐時，再在這裡約見。可沒有料到，五天以後他便被調走了，後來他到哪裡，再也沒有他的消息，直到平反後，同患難生還的同學們，都說沒有見到過他，也不知道他是否活在人間？他的這一天等於二十年的笑談，卻至今還流傳在我們之間，與他的音容笑貌一起！

與蒲世光相見前後的日子裡，我又在金工車間，邂逅南桐看守所認識的「三一九」。那是為解決一個車頭箱的主軸孔加工餘量不足該如何補救時，我到了車工組那架老八尺車床上，當時他是這台設備的主機手。我最先認出了他，自從南桐看守所鬥爭以後，他被很快調走，就沒聽說過他的下落。至於當時在看守所，他如何會嚴重到像死囚犯那樣戴著全刑具入獄，我就不得而知了。

冬天漸漸來臨，一九六一年最後的歲月充滿了寒氣。早上起來天還沒亮就在黃色的燈下觸摸這些冰涼的鐵塊，全身都會發抖，人們說肚子裡沒有貨，身上當然是冷的。但除此之外，我常常被一種內心寒冷所控制，廢品一天天的增多，那位主管金工車間的分隊長，成天紅眉毛綠眼睛的盯著報廢的工件咆哮，雖然有時參加鬥爭會的人，聽著聽著竟閉上了眼睛打起瞌睡來，他們顯然是太疲勞了。疲勞得連這位分隊長操起鐵棍向他們刺來，他們只是白白眼。

（五）事故責任的認定

這牢頭哪裡能體諒到在如此惡劣條件下，僅靠用手工操作的個人技能，是無法保證毛胚不會發生廢品的。其實疲勞至極的人內心雖然有一種本能的反抗，但出於他們的職業本能，卻並沒有用廢品來發洩不滿的想法。在廢品面前，人人都在動腦筋，如何彌補。

幾乎個個明白，倘被隊長認死了某道工序的責任，與破壞生產相聯繫，輕則遭到鬥爭，重則加刑！捫心自問，誰都不至於爛到在這裡安心坐穿牢底而不想回家的。劃線工序是夾在各工序之間的，我的日子一天一天的難過起來，幾乎所有廢品的事件都要把我叫去。

有一天，見沈師傅的銑床四周，站著一大堆人，六名銑工全在那裡，分隊長也在那裡板著臉，只見沈師傅哭喪著臉，雙手下垂站在他的銑床面前，沮喪的面對著一大堆待銑的電機主軸。兩個機修工已經把銑床的變速箱蓋打開，正在卸下工作臺。平時專供清洗零件的大油盆裡面，堆著從變速箱裡拆出來的齒輪、軸和其他零件。

他是一個在銑床上操作十幾年的老銑工了，平時雖然不多說話，對工作卻非常認真。那時由於每天幾乎持續近二十小時工作，一般操作者在工作中打瞌睡，往往忽視對機器的維護，而他堅持每天對他的銑床實行保養，足見他對設備的愛護。他只有十年刑期，已過了五年多了，家裡還有老婆、孩子，他的年紀也四十歲了，對工作不敢馬虎。

大約一個月前，他曾向我講過，這台銑床工作不正常，並且還拿出這台設備的說明書，那上面有傳動機構的簡圖，想同我一起找找銑床每次由低速檔換高速檔時，發生異響的原因。

問題發生後，我曾多次看到他在每次停機的短暫時間中，打開變速箱蓋，用手撥動齒輪，進行檢查，但是都沒有查出什麼問題來。

我認為，新機床在使用初期，齒輪因齒面誤差在磨合期發生異響是一種正常現象，只要按說明書及時進行保養，更換機油，應當沒有什麼問題。

要麼請機修工，徹底的尋找並加以排除，那非得停下生產，至少也要花兩天時間，這首先是分隊長不允許的，只有等三保大修時再說。

不過機床可不像人，人可以帶病每天二十小時工作，機器不行。

果然，幾天後一天早上開機不久，啈嚓一聲巨響，正在檢查零件的沈師傅連忙去關電閘。但為時已晚，機床被卡住，再也無法啟動。拆箱檢查，齒輪箱冒著藍煙，主軸上一個雙聯齒輪被打爛。分隊長咆哮著，銑刨組一片沉寂。我檢起那已被打爛的齒，細細看著，想從那齒的缺陷中找到原因，替沈師傅擺脫他所處的狼狽局面。

從那剛剛斷裂的白顏色斷面看，顯然淬火過大，但沒有測硬度也未作金相分析，無法作結論。我又在燈光下細細看有沒有舊的裂紋，再看齒形結構，能不能在過量根切上找到原因，但沒有測定工具，也沒有測量手段無法判斷，這些非主管人所不能的。

現在，只有聽憑那分隊長在那裡妄下斷語了，一味只知道政治掛帥見物不見人，一味只知道暴力能征服一切，不尊重科學的人卻是作結論的主人，就是這些橫不講理的大老粗，會吼人，會罵人，再把一切都歸於所管的犯人。

鬥爭會是避免不了的，整個的銑刨組全是陳舊不堪的設備，就這麼一台新的立銑，而且是唯一的一台用錢買的設備，這一台當家銑床一停，由印刷機改制的銑床和另一台立銑床是無法承擔某些加工的，由此而造成大量的配件被堵在銑床工位，其後果可想而知。

幸好經過對變速箱的徹底打撈和清洗，除了在殘油中找到了斷裂的齒輪碎片，還什麼都沒有找到，否則那沈師傅有意將機床打爛，破壞大躍進的反革命罪行，便是無法抹去了。

「我確實請機修工檢查過，但是他說，沒有測量工具怎麼檢查？光憑肉眼也只能看看裝配是否鬆動？銷子是否脫落？半軸是否晃動？齒輪嚙合面吃合得好不好？該裝的墊子是否有漏裝？潤滑油是否加足？」沈師傅沮喪地哀求道。

銑刨組的人誰都知道，沈師傅是一個很小心的人，平時我與他接觸就知道，凡是圖紙上他沒弄懂或工藝編得有誤時，他總要叫我把車間調度叫來，直到弄清了以後，才敢動手加工。

三天後，買到新的齒輪裝上，結果仍然換不起檔，搭上擋開機，發動機嗡嗡直響，就是不轉，看來，事故並未排除。修復方案拿不出來，沈師傅的禍算是闖大了，銑床組一連開了一周的鬥爭會，每天晚上十二點以後，大家已經疲勞之極，坐在空蕩蕩的車間裡，從門縫裡透進來的寒風，使參會者縮著頭，分隊長像審訊罪大惡極的犯人那樣，朝沈師傅狂吼。

鬥爭會開得令人無奈，倘若不是因為沒有比沈師傅技術更高的人代替他，他恐怕早已關進了小監。就是在鬥爭他的那一周內，他的行動被嚴格限制了的，連上廁所都必需向組長報告。顯然，檢察機關已對他立案起訴了。

事故原因始終沒有找到，只好把所有的罪過推在沈師傅身上。最後還是找到了機床原來的生產廠家，將整個傳動系統全部進行更換，如此鬧了整整兩個月，才使這台設備重新運轉。

三個月後，沈師傅接到法院的判決，以反革命破壞的罪名加判十年，合併原判二十年，但一直又沒有將他調走，監獄的管理人員十分明白，求一個無償勞動的技工並不容易，他們也知道沈師傅決不是故意破壞，像這種不明不白的刑事處份，既可以嚇唬所有在押人，還可以繼續奴役這些技工。

後來，沈師傅的愛人接到他被加刑的消息，以為盼他出獄無望，只好與他離婚。從此以後，沈師傅更加消沉，人也癡呆了。

沈師傅的銑床破壞一案還沒有結束，車工組發生一起學徒工組織逃跑的事件。三名學徒：唐元、徐均和胡大鵬先後被推上了金工車間的批鬥大會。這個鬥爭會一直延續了整整一個月，成為這一時期鼓譟大躍進而強調抓階級鬥爭的典型。同新犯組不同，鬥爭企圖逃跑的人還是第一次，因為生產車間開鬥爭會，必須在完成當天生產任務以後進行。

又只有開鬥爭會，鬥爭會又選在晚上十點鐘召開。到了此時，持續了十八小時的勞動、眼睛都睜不開，誰也沒有興趣在鬥爭會上乾吼，對被鬥爭者動手動腳。「端正態度」的任務全由紅袖套們所組成的「打手班子」擔任。

想到白天勞累一天，晚上還要遭這罪，心中自是恨恨不平。坐在冰冷的水泥地上，呼嘯的冷風直往頸子裡灌，真叫又冷、又累、又餓。為了減輕這種折磨，所以個個都作了準備，把所有的破棉襖、爛夾衫都統統捆在身上，用毛巾或被套當作了圍巾將頸項死死地圍住。頭上包著床單破布之類的東西，單將眼睛和鼻子露出來，如此裝備就如同銀幕上看到的戰俘營裡的戰俘一樣。作好準備後就盤腿坐在那裡，安安心心的打瞌睡。

（六）春節同樂

從監外不斷湧進來的新犯口中知道，大飢荒像洪水般肆虐著老百姓，大街上搶糧店、搶食堂甚至搶菜店的事層出不窮，農村中搶糧倉，攻打縣武裝部、縣政府等以往認為絕不可能發生的事，終於出現了。特別令當局吃驚的是，這些「反革命暴亂」的頭目，竟有中共的地方幹部。

當局比任何時候加強了防範和鎮壓，監獄不斷爆滿，刺刀下「下水道」密如蜘蛛網，就在這種背景下，一天等於二十年的狂譟，漸漸從廣播中，報紙上消聲了，而我所在的監獄工廠也不知從哪天開始，恢復了每天八小時的工作制。

也記不起從哪天開始，鑄造車間就停止了化鐵爐，生產那些蘇聯式的機床床身停止了。那些堆在院內進行時效的鑄鐵件，也許就永遠堆在那裡無人過問了。直到一九六三年春天我離開時，被廢舊公司用卡車拉走，我想他們多半同叢林鐵廠的廢鐵，落得相同的命運。

所幸的是我們終於再沒被驅趕，日夜不合眼的連續二十小時「困戰」，同時也再沒那麼多廢品糾纏我們。自從對唐元三人鬥爭會結束後，一段時間就再沒開這種令人困倦的「疲勞」會了。

儘管我們仍在這鐵絲網中，被刺刀比著，穿著囚衣，每頓依然是半罐雜糧一瓢菜，過著牲畜般日子，但精神壓力明顯在緩解，三年毛氏瘋狂的三面紅旗消失了。政府官員也公開承認國家很困難，儘管在為暴政作掩飾。

一九六二年春節。我們所在中隊準備監獄聯歡晚會場地。分隊長說話的口氣，相對緩和了好多。我第一次聽到他對這些勞動力們講出「辛苦了」這句話。他說國家很困難，廠部正在考慮力所能及的範圍內調劑和改善大家的生活。

並宣佈春節以前提前三天，各車間停下生產，打掃清潔，特別清理被電焊工的焊機和工具零件堆得亂七八糟的「戲臺」。

傳出消息，川劇學校的學生要來我們這裡進行演出，演出四郎探母、百寶箱等等傳統川戲，並且宣佈春節期間一直要放假到初五。在此期間家屬來探監的時間和範圍都放寬了。

政府如此的「轉變」，頗令我們吃驚。

不過，大家都學乖了，有話都嚥在肚子裡。在這高牆深監之內，告密已成為公開，人們因告密而處處防備。每個人早已習慣了在磐石壓迫下扭曲自己的本領，每個人都強忍著飢餓而不說，每個人都對暴政怒目而不言，每個人都把自己的良知緊鎖在骨瘦如柴的身軀殼裡。對無產階級專政，既恨又無可奈何，久而久之，人連真善美都分不清了，人性被殘酷的鬥爭磨滅了。像乞丐一樣，只要有半罐飯，維持著生命，一切都只好聽天由命吧。我這麼強忍著自己的情感，一直忍了二十年！不，一直忍到暴政被放棄和清算的時候。

那時，我仍對我說，謹記著：「冷眼

觀變。」

我這幾年來就是被中共抛之荒野的孤雛腐鼠，像一個過早被人拋棄的孤兒。猶如泛萍浮梗，隨著風吹而動，從大監獄而至小監獄，又從小監獄而到大監獄。回想前年春節，我被那魯召帶進監牢時還是那麼幼稚和無知，來不及用理性的頭腦審視面前這條佈滿殺機的坎坷路，為半碗囚飯而大鬧監房，不可不謂匹夫之勇，直到得了一紙判決書，我才預感到，我是把牢底坐穿的命。

只是每逢「佳節」，都難免勾起我對苦難親人們的情眷。顧附之恩，無以回報。我至今都沒有告訴他們我在高牆之內，離他們也並不遠，但我無論如何都不能告訴他們我的下落，因為，倘若我見到白髮蒼蒼的外婆，駝著背，柱著拐杖由我的弟弟扶著，隔著鐵窗與我相視，我真不知道該怎麼面對她老人家？

看到同一監舍的人被喚去接見自己的親人，抱回一捲草紙，一聯肥皂，知道那是妻子或老父母的一片心。這年月得到這些東西多不容易啊！看著歸來者眼角裡留著剛剛淌下的淚痕，不免替他們感到傷懷。

其實，我早已習慣了孤獨的生活，沒有肥皂，我的衣服就從此不用肥皂洗。沒有草紙，我用慣了廢紙，這些小困難怎能算一回事？

初二這天，大壩子裡果然熱鬧非凡，當我們按照劃定的位置坐好以後，四中隊的女犯和二中隊的老犯，相繼從大門進入壩子。這對於一中隊四百多號幾乎與世長期隔離的關押者來說，兩個隊的來到無疑增添了節日的熱烈氣氛。雖然事前分隊長一再打招呼禁止「竄隊」，但是我周圍的人們都爭著翹首相望，不斷地人從自己的座位上站起身來，同進場隊伍中的相知或親友招手致意，並不理睬分隊長的制止和吆喝。

那一天，我同老潘緊挨著坐在一起，他今天帶著一個大布包，打開裡面，放著針線袋和一捲藍色的舊布，一副老花眼鏡和一件剛剛才領到的破棉衣，看樣子是利用這難得的時間補一天衣服。

這一年的冬天，監獄沒有新棉衣，發給大家的是不知從哪裡收來的舊棉衣，還要確實沒有棉衣，又無法過冬的人才能領到。我因此才意識自己身上所穿的，其實比老潘正在縫補的更破爛。從那時候起，我才效仿老潘，準備了針線盒和破布，自己動手補巴，否則就等著衣不蔽體受冷吧。

大家坐定，在喧鬧的鑼鼓聲中，川劇開始。我對川戲實在是門外漢，由於缺乏起碼的修養，我甚至對那有名的「高腔」頗反感，如果允許自由參加，我一定不會來的。而周圍人講的龍門陣，除談接見時收到家屬送來的東西而外，便是一日兩餐的罐罐飯。

戲臺上在唱些什麼，我根本就沒有去看，因為在我看來，中國淪落到今天這種絕境，政治上這個舞臺，已夠精彩。戲在天天的演，自然有心的人就會天天看，看好這本戲，於我一生也就蠻不錯了。

側眼去看老潘，他正一本正經，全神貫注在那裡穿針縫補，不時拿起補的巴來端詳一下，似乎津津有味地在欣賞自己的一件藝術品，對周圍就漠不關心了。

倒是戲臺上的那些演員在賣力吼著高腔，令我頗有感於他們那種不知從哪裡來的精力，在這飢餓的年代，真是很不容易的啊！

晚上，戲臺上扯起了電影幕布，今晚電影：「烏鴉與麻雀」，看那劇中人物的悲劇，就比中學時代看這部電影有完全不同的感受。因為，現在看這部影片會時時與自己對比，我們正在演出的，比之電影中的悲劇更慘十倍。

只要保持著一片清淨的心，悲哀也就不致於那麼傷心了。

春節過後，生產一直很閒，除了馬達外，原先的產品已逐漸不再生產了。工廠明顯的在找活幹，新增加的品類，例如電瓶車、拉絲機和洋釘機，因為所來的配件已不是自己生產的鑄件，結構也簡單得多，事故已漸漸的消失。被關押在這裡的人除了因分罐罐飯和稀飯尾子，經常發生爭吵外，相處得也平和多了。

人們有了空餘的時間補衣服，甚至打牌下棋。到第二年「五一」節時，分隊長還組織了一次車間的籃球比賽。而我所關注的是監獄裡可以接觸到的書籍和報刊，在技術室裡我天天都要讀報，報紙上的消息也極其低調平和，在經過了一陣狂熱的喧鬧後，編輯們似乎也在進行調整，鞏固充實和提高。毛澤東顯然在極不情願情況下，讓國家主席劉少奇出面來收拾這被搞得一場糊塗的爛攤子。

但幾年以後，當國家渡過難關，稍有喘息後，黃雀在後，毛澤東便發動了文化大革命，將劉少奇打翻在地並踏上一隻腳，事實上確實證明劉少奇再沒有翻過身來，最後死在牢中，充當了現代的活生生的東郭先生，留下了中共專制之下傾輒的歷史奇聞。

受苦的當然是老百姓。水腫病像幽靈般，長期纏著我們這些處於社會最低層的囚奴們，當時，銑刨組八個人中短短一年多時間就有五個人因患嚴重水腫病而住院。住院病人最後進太平間是常有的事，獄方對水腫病人配給名叫消腫丸的黑色藥丸，然而大家都明白，這怎麼能治好這種長期飢餓的「病」？

（七）監獄醫院裡臨死前的餓殍

一九六二年五月的一個早上，我醒來就感到發燒，咳嗽不止，胸部氣悶而疼痛。後來疼痛加劇，晚上一睡下便感到胸部受到尖銳的刺痛，三天三夜不能入眠，且發燒到三十九度，醫生判定為外感引發胸腔積水，竄入胸腔所致。

於是我便被送往醫院，進一步檢查，確診為急性胸膜炎和胸腔積水。當即便留在醫院裡住下了。後來，醫生為我抽出了胸腔積鬱的黃水，打了幾針，病情有所好轉。胸不痛了，燒也退了，只是骨瘦如柴了。

又過了幾天，稍能行走，我便懷著好奇

心，打聽到對面的幾間病房是專門住國民黨高級軍官的特級病房，一來，想詢問一下我父親的下落，二來也想瞭解一下一下這些「高級犯人」的情況。便在一個下午吃過飯後，私自走進了那編號為〇二的房間。

一走進去第一眼就覺得與大病房有所不同，病床的床位很寬鬆，偌大一間房間只有兩張病床，住著兩名六十多歲的老頭。我進去時正碰到他倆正在分護士剛剛送來的一盅「流汁」，那長臉的老者正將流汁倒進兩個盅子裡，讓那圓臉的先拿，兩人一付認真的勁頭絲毫不亞於大監房中的犯人。最後還爭著去刮那送來盅裡的殘羹。

他倆喝完了自己的流汁，便向我投來陌生的詢問。我開始問他們知不知道我父親的情況，說出他的名字後，他們都搖頭並不回答，眼光裡含著長期蓄養的警惕。我又問道：「聽說你們二隊供應優惠得多，每月每人還有二兩白糖？」

哪知道，那圓臉的老者一臉不高興，板著臉向我正色道：「你是哪隊的？到這裡來幹什麼？」聞得其中不甚歡迎的口氣，我正要回答，那長臉的卻開口道：「你問這些幹什麼？你難道不知道住院規定，病房裡的犯人是不准竄病房的？按照監規也是不准竄隊的麼？」

那口氣分明在訓斥我，我還沒有認真思索說錯了什麼話，便被下了「逐客令」，討了這個沒趣，一臉羞愧的走出他們那房間，心中老大的不暢快。

想到兩位在「舊社會」還頗有地位的人，到這兒來怎麼會變得如此的猥瑣？連那口流汁都要斤斤計較？是被長期監獄訓馴得如此，還是他們本身就養出的防範和忌諱？難道這是一個衰落民族陰暗的心理？看來，在這個牢房裡打聽父親的下落，除了一種偶然的緣份，人海茫茫，監獄封閉得比鐵板還死。

兩天後，由兩名犯人抬著一個擔架送來了一個大約五十多歲的病人，據說是重慶某看守所的在押犯，那已快入頭伏的夏天，病人被白色的床單遮得嚴嚴實實。只有頭顱在外面，一張像骷髏的慘白的臉，雙目緊閉，處在昏迷狀態。

護理人員和抬擔架的七手八腳將他抬下擔架，安置在最裡面的病床上。我們這病房一共安放著八個病床，全是呼吸系統的病人。除我之外其餘病床上全是生命處在旦夕的重病人。

那剛剛送來的病人，經過醫生的一番忙碌，打過強心針後，輸液架便在他的床邊升了起來，不知道是因為護士手藝太差，還是這個病人的血管已經細到難以用輸液針頭插入。打針的護士費了將近一個小時，才將針頭插進病人的血管中，過了兩個多小時，病人才漸漸地清醒過來。醒來後便一個勁的狂咳，從那撕人心肺的哮喘中，令人感覺到他正在同死神作最後的較量。

那天晚上，同房病人被他的咳嗽聲吵得無法入睡。沒有人陪伴他，醫生指定剛剛退了燒的我為他義務護理：在每一瓶葡萄糖藥液輸完以後為他傳喚護士，按時給他服藥和餵開水，餵流汁，接小便，以及晚上等他輸完液後，撥下針頭……

第二天上午，他似乎清醒過來，睜開眼睛，輕聲地嘀咕什麼，可是那聲音低得來根本無法使旁人辨聽。只見他做著手勢，示意希望能坐起來，我便扶他坐起，那一身真算是骷髏架一般，將被子塞在他的背後，剛剛坐定，又是一陣猛咳，見他用手指著小便盆，我連忙遞了過去，便見他口中吐出一口血來。

九點光景，護士又給他輸液，要我替他捉好昨晚輸液的手，我細細看去，那手背早已腫得像發泡的饅頭，手背上已扎了二十幾個針眼。看來，是無論如何都找不到該在那裡扎針了，只好換一個手，又費了好大的勁才給他輸上液。

雖面對著這個命在垂危的人，從他那黑洞洞口中艱難喘出帶著血腥的臭氣，令人噁心和窒息，但受同情心的驅使，我還是很細心照顧著這素不相識的病人。

他的三餐是由醫生決定的全流汁，所謂全流汁只是普通的豆漿或藕粉，每次我用小匙餵進他的嘴裡，但他只喝了幾口便擺手，中午配給他的是稀飯和饅頭，他每次也只喝幾勺稀飯，將饅頭緊緊的捏在手中。

看得出他心中好想吃那白花花的「美食」，可惜已嚥不下去了，如此緊捏著，足足兩個小時，也許再也捏不住時，才緩緩地鬆開手指，饅頭掉在床上。

同室的病人見到紛紛議論開了，一個說：「唉，活著的時候，想吃卻沒得吃，現在病成這個樣子，有吃的，卻又吃不下去了。」一個又接著說：「看他那樣子隔死也不遠了，還打什麼針吃什麼藥？」一個又說：「也不知政府通知他家裡的人沒有，聽護士說，這個人還是長航局的一個副局長。」另一個人接著說：「當官的又咋個？進來都一樣，當官的也嘗嘗當犯人的滋味。」

一個病房七言八語，議論開了，據我所見，在看守所也常有抬進太平間的，也不見送過什麼醫院，這一個人能從遠地送來，證明了他為官的身分。

革命的人道主義還有一條階級路線管著的，只是他的妻室兒女恐怕此時未必知道，她們的父親或丈夫住在這裡進行搶救，渡過他的最後幾天。

不管這個人真是「當官」的也好，或像我的父親是一個「歷史反革命」也罷，這種臨終的不幸，未免要勾起面對他的活人們的同情。於他來說，幸好還有一個我為他端水送藥，免去了臨終時的孤苦無助，我因而聯想到我的父親，倘如也是這般的病危，就不知道有沒有人守著了。

接連兩天，新來的病員異常的不安，咳嗽呻吟、吐血，不停的呻喚，令整個病房不安。然後是醫生的打針、輸液，那手腳雖被針頭和竄在皮下的藥液脹得饅頭般浮腫，看著他那痛苦，想到關進來的人，生前受不盡的折磨，為顯示政府的「革命的人道」臨死還是被弄得這付慘狀。

第二天晚上，大概因連續兩天的躁動耗廢了他僅有的體力，而安靜下來，咳嗽也漸漸停止，除急促的呼吸，呻吟也漸漸消失。不料靠門口床位上的那一位中年人卻開始惡化，氣喘不止，護士忙為他輸了氧氣，打了針，折騰了一夜到天亮才稍稍平息。

兩天兩夜沒有睡好，我困乏已極，大約凌晨五點便熟睡過去，直到八點鐘，送「流汁」的飲事員才將我驚醒，接過流汁，我用勺湊近病人的嘴邊，他只輕輕地抿了抿嘴，並沒有張口，仍在昏睡著。用手掰開他的口送進了藥片，也不知他吞下沒有，直到中午時分他突然醒來，伸手接過那白麵饅頭，像很飢餓很想吃的樣子，但終於沒遞進口中，不一會又沉睡去，這天中午，天氣亢熱，病房裡卻一反常態，安靜異常。

大家都累了，我也迷迷糊糊地睡去。突然嘭的一聲，我從迷濛中驚醒，只見我面前這病人左手垂在床沿上，手中拿著的半邊白饅頭已掉在地板上。右手還按在胸前緊緊的抓著另外半邊饅頭，雙目已經緊閉，骷髏的臉上微微的一種不屑之情，使我感覺到他已經死亡。

忙看那胸脯已停止了起伏，用手觸摸他的鼻孔，先前直喘的氣也已平息，我俯身貼在他的耳朵，輕喚了一聲，他沒有任何反應，忙叫來值班醫生和護士為他測了脈搏，然後看了瞳孔，最後，將他蓋在身上的白布，拉到頭頂，蒙上了臉。

我明白，他已去到西方極樂世界了，便從他的右手掰開那深陷在白饅頭中的僵硬手指，一邊取下那饅頭，一邊喃喃地說：「唉，可憐的人，陰曹地府中是不食人間煙火的，你不必帶這人間的吊命糧去見閻王老爺，今天你自由了，從此以後你再也不必為飢餓煩心，為尋覓這煙火食發愁。只可憐你的兒女並不知道此時此刻你死在這裡。好在現在你的游魂自由了，即使這監房鎖著你的屍身，你的遊魂此刻可以去尋找你的兒女親人了。」

收拾他的遺物才從他的衣袋裡得到一封信，那是半個月前他在看守所裡寫給自己女兒的信，從信中知道，他確曾是航運局的領導，信中他告訴女兒，他已身患不治之病，吐血不止，估計不久將離開人世，在生命最後這段日子，他同意妻子向他提出的離婚請求。也同意女兒和他劃清界線，但忠告她，「今天世事險惡，一定要小心處世。」

他的身世我不知道，不管他身前是何許人，但已在囹圄之中，定有他的原因。也許若干年後這妻女知道他如此而赴黃泉，並讀到這封臨終沒來得及發出去的信，有何想法，是該悔恨，還是痛恨？

我呆呆地望著那具被白被單裹著的死者，這具等候火化的軀殼，也不知此刻他出竅靈魂可曾覓到自己的妻兒。忽然我俯下身去將那半邊滾在地上的饅頭揀起來，與他手中取出的另一半個饅頭合到一起，悄悄地塞進了那被單底下的骷髏頭邊，滿足他在臨死前那點願望。

他死去第二天，那靠門床位上的中年人也落了氣，湊巧的是他的遺物中，出人意外地的搜出了一封長長的「上訴」。於是，我想到這些死在獄中的人，臨終時在他們的口袋裡會不會都有些令人費解的遺物？如果把它們湊合起來，未必不是對這個黑暗政治的一份有力控訴？

現在看來，忠告也罷，申冤也罷，都隨著死者一筆勾消，其中一定會有許多永遠都沒說清的沉冤無法見到天日，埋到了浩浩冥府之中了。

病房中不出三天就接連死去兩個人，頓時顯得一片沉寂，那些臥床者枯瘦的臉上在想些什麼？說不定他們就在明天或者後天，也步這兩個先行者的後塵，一同去陰司，誰又能料到？

我忽然感到一種死神擦身而過的恐懼，想到我不明不白的被劃為「右派份子」，繼而又莫名其妙地關進看守所，想到我們全家人的悲慘遭遇，與其等死，也得弄清冤枉的名份。

知道醫院的大門外就有郵筒，投遞極為方便。被判刑以後曾經有過申冤的想法，現在被那剛剛死去的人所引發，過去一直苦於無法投遞，今天便是時候。於是我找到紙筆，開始寫下了第一次「上訴」。

（八）第一次上訴

第一次的上訴告到了重慶法院，就投在那醫院大門外的郵筒之中。

還沒有過一個星期，醫院的管教把我叫到院辦公室去，我感到一種不祥的氣氛。那天只有院長一個人坐在辦公桌後面，臉上一付冷峻，我在對面的板凳上坐好後，他抬眼看了我一下，冷冷的發話道：「你叫孔令平麼？」「嗯。」「什麼病住院的？」「急性胸膜炎。」「你知道監規嗎？」「嗯。」「政府不究你的犯罪，你有病為你治病，這種偉大的人道主義你體會得出嗎？」

沈默，因為我摸不準他說話的含意。「然而，你卻不好好的養病，卻在病房裡幹什麼？」「我什麼也沒幹，我沒有違犯你們的規定。」我辯解道。

「什麼？」院長霍的一聲站起身來，「你現在是伏法的犯人，敢於在住院院期間亂說亂動，現在還要否認，要我給你略點一二麼？」他怒聲喝道。

我不想去同他說什麼，我知道在監獄裡只有政府發言的權利，我的解釋只能是多餘，便坐在那兒閉著嘴一動也不動。

「你們以為一脫離了中隊就可以胡言亂語，不守監規？你以為政府的人道主義是軟弱可欺麼？你以為你是病人就可以借機攻訐黨和政府麼？」他把話題縮小了，但，我實在還沒有識別我講錯了那些話？

「你藉服侍病人，說什麼人死了就不食人間煙火了，還說什麼帶著吊命糧去見閻王老爺，真是攻擊我黨人道主義，惡毒至極！不，你聽聽？你還說，監房鎖得了你的肉身，卻鎖不了你的遊魂，說再不必為飢餓煩心了，真是惡毒至極！」一連兩個「惡毒之極」，使他的情緒達到難以控制的程度，他站起身來，一面吼著，一面用手揮舞著桌子上的一張「檢舉」。

我終於恍然如夢初醒。半個多月來的高燒，燒得我確實有點糊塗了，我開始對我這幾天的「放蕩」有所查覺了。

這年頭，無論到哪兒，都要把自己的嘴封得嚴嚴實實，哪怕是這群快要死去的人中也不例外，我這一曲給死人送殮時吟唱的內心悲歌，竟不知被那一個臥床不起的病人當作請賞祭「神」的刀頭了。

這位寫檢舉的人出於何種動機？難道他真認為這麼一紙檢舉，會使他得到病人特別的優惠，還是想得到「保外就醫」？我就不得而知了。

但此刻，我突然地感到了一種特殊的窒息之感，比之在病房中耳聞呻吟，鼻嗅病人吐出的血腥氣更加的令我噁心。

但我實在憤恨這個昧著良心，歪曲我說話的惡棍。但是，轉而一想，這種人難道還少嗎？在當局的高壓和引誘之下，形形色色急欲跳出火坑的人，充當當局暴政的「衛巫」們，還少嗎？倘若不是毛澤東為了獨裁統治，製造使任何言論不能存活的文字獄。這病員中怎麼會做出這種令人不齒的怪事？

我這麼想著卻完全無以對答，沈默了幾分鐘，院長抬起頭來，用命令的口吻說道：「明天你出院了，但對於你在病房放的毒，必須向政府作出檢查。你住院二十多天表現得不好。」他斬釘截鐵的下了結論。

我回到病房坐在床邊發呆，一點沒注意周圍人怎麼看我。我知道我的病根本還沒有痊癒，看看面前的五個垂危病人，會將我隨口說出的傷心話，當作「反革命言論」寫進了我的檔案裡，就覺得這病房太悶，也不值得任何留念。

我開始收拾我的用具，除了一個碗，一張舊洗臉帕，一把牙刷和漱盅以及內衣內褲，我什麼也無須收拾。

鄰床的病人見我這般反常舉動，向我問道：「要出院了吧？」我點點頭。其實這些天同這裡的人相處得蠻不錯。在病號中比較起來，我是病情最輕，年紀最小的，平時在力所能及的情況下，我總是樂意為他們端水倒尿，表面看大家對我挺客氣，但此時我的心中像塞著一塊異物，看著他們一個個瘦得皮包骨頭，生命危在旦夕的骷髏腦袋裡真不知在想什麼？

第二天上午九點鐘，我帶著我打好的小布包，跟著醫院的一名幹事歸隊去了。我的病真的沒有好，一路上咳嗽不止。

回到一中隊以後，我就再沒有回到我的銑刨車間那塊劃線平板上去，而是又回到了一中隊的反省組。進反省組的第二天，年輕的姜幹事責令紅袖套方伯非，督促我必需在三天內寫好檢查。然而我該怎麼寫這檢查？我說：「死人不食人間煙火錯在哪裡，又傷及政權的哪一根毫毛？說帶吊命糧去見閻王爺不是事實麼？又攻擊了誰？監房能否鎖得了人的遊魂？我不知道。人死了當然不會再為飢餓而煩惱！我所說的錯在哪裡？」

生活教育了我，就像活生生的現實教育了成千上萬過去迷信過中共的人，能抗拒這種教育嗎？難道在用一種無可奈何的自嘲，來對死去的人說這番話，就叫新的犯罪而必須交代麼？

在醫院大門口投的那一封上訴信，肯定是收到了，屈指算來從五八年反右戴帽至今已糊里糊塗的過了四年多，是不是所有中共的冤獄都這樣糊里糊塗將人屈打後，胡亂扣上帽子呢？

然而，我在四年來，遭受的奴隸般的折磨和飢餓，同這一塊土地上一連串的悲劇竟有機的黏合在一起。

從此我一口咬定法庭出於不可告人的動機製造冤案，以此公開回答獄方。於是我在獄方責令我寫檢查的紙上，寫了第二封「上訴」，這一次不是投在郵筒內，而是面對面的交給了那位姜幹事。

差不多在以後的日子裡，凡是我因觸犯「監規」而被責令寫檢查時，我的「檢查交代」，都是這個樣子。在這些材料中我痛罵重慶法院，我知道這有兩種可能性，一種是對我加重懲罰；但在法律已被猥褻，無理可講的年代，這樣做說不一定比一味忍讓能收到更好的自我保護奇效。

是非既被混淆，那麼詭辯就占了上風，罪和非罪本身就是相對的。定罪的原告，被證明是冤判，照樣可以被打成被告，這也許就是「文字獄」的製造者們難以預料的了。

我的「檢查材料」果然觸動了監獄的管理者。

一九六三年初，一中隊的最高行政長官，把我叫到了他的辦公室裡去，他給了我十分微妙的回答，他說：「你在獄中，特別是在醫院期間，沒有按照犯人的要求規矩服法，屢犯監規，這種不認罪守法行為，是監獄所絕對不容許的。至於你有冤情進行上訴，又為什麼不在上訴期內寫？何況，我們是執行機關，管不著你原來的判決是不是冤枉，但是我要正告你，在你的判決還沒有得到原判機關改正之前，你必須在這裡規規矩矩接受改造，而決不容許你亂說亂動。」

一九六三年三月十二日，由石板坡，鳳凰台兩處監獄關押的兩百餘名已決新犯，和一中隊經過調整產品結構認為多餘的人員一共三百名，集中在孫家花園一中隊，下午五點鐘由一隊全副武裝的士兵把我們押上了去成都的火車。

在那一次的大調動中，我和王大炳，潘朝元都被列入了這次發配邊荒的名冊，從此，開始了長達十八年之久的邊荒流亡苦役的生涯！

第四章：流放甘洛

在我們同一車廂裡的一百多號犯人，許多都是原來在一起的人，除了王、潘二人外，同車的還有那在金工車間被鬥爭的唐元澄和徐世均等，不知道是因為相互存在戒心，還是因為對於將被派往何處懷著渺茫，我們彼此很少說話，夜間行車在車輪撞擊鐵軌發出有節奏的響聲中，昏昏入睡。

三月十四日，三百多名從重慶送來的犯人在成都寧夏街監獄集結。等待從四川其他縣市看守所，陸續來這裡集中的人員。兩天以後，各路集結的人員到齊，總數五百人。這麼多人的集結，調往何處？去幹什麼？這些事關每個集結者切身的問題，一直還是一個「謎」。

事前，由於嚴密的封鎖消息，我們中只有瞎猜。那幾天，我把自己當作一片飄落在湍湍大河中的落葉，不知洶湧的河水會再次將我捲向何方？

當晚，獄方把全體人員集合起來，宣佈明天就要出發，所去的地方是一個「土地肥沃，山青水秀，十分富饒」的農場。介紹情況的那個幹事用了一大堆誘人的字眼，說在那裡牛羊肉當小菜，有吃不完的瓜果！對於這些一無所知的飢餓的囚犯，是一個多麼強烈的誘惑？

這一晚上，老潘同我聚在監舍角落裡，我低聲問他：「對我們將調去的地方你有何見解？」他抬起頭來，憤聲說道：「全是鬼話，要去的地方是西昌地區或梁山州，那裡的情況我十分清楚，要說是不毛之地也許過分，但什麼牛羊肉當小菜，瓜果吃不完，全是騙人鬼話，越被他們吹得天花亂墜，未來就越險惡。」

第一節：流放途中

三月十六日清晨五點，大家被尖銳的哨聲吹醒。我們立即從地上跳起來，收拾好各自的破爛，開過早飯，挨著監舍，便在一連串的吆喝聲中，五百號人依次被押上停在監獄大操場中的二十多輛綠色軍用卡車。每輛卡車上裝著二十多人，同攜帶的行李擠在一起，擠得滿滿的。

半個小時後，一列長長的軍用卡車車隊，便在兩輛吉普車的「押解」下，浩浩蕩蕩開出了寧夏街監獄大門。

裝載我們的卡車裡，每一輛車的駕駛艙中，坐著一名全副武裝的押車員。在駕駛室的鐵板背窗上開著一排小孔，那押車員衝鋒槍的槍口，已從那洞裡伸進了車廂，對準著擠成一團的在押者。

二十多個人與散發著霉氣的破爛行李擠在一起，車頂又被帶著濃烈臘臭的篷布嚴嚴實實封閉著。本來經過長期的飢餓和關押，體質極虛的流放者如同一群易市的牲口，身在車中的我感到噁心。

我環看四周一個一個面帶灰色的人們，有的眯縫著眼睛也許還在做著「牛羊肉當小菜，吃不完瓜果蔬菜」的美夢。

汽車在開出城區，上了公路後，便在亂石子馬路上劇烈的顛簸前進，沒超過半小時，便有人暈車了。這時還是早春時節，天氣還冷，蓬布異味的刺激越來越凶，加上劇烈的顛簸使人忍耐不住，一口發著酸臭的穢物，在忍無可忍時，終於在車廂裡飛濺開來。

大家想找一把小刀，在那周圍的蓬布上摳開一個洞，但是所有的硬器在上車時都被押送者收搜一空。不知道誰保存著一把吃飯用的鐵瓢，幾個人就用那瓢和自己的指甲，去那牢實的帆布蓬上摳開了一個小洞，讓冷風直向車廂裡灌，以驅散污濁的氣息。要嘔吐的人都依次的去那洞口，把肚子裡早上倒進去的兩瓢玉米稀飯，翻腸兜肚地傾倒出來。

等不及的人只好就地發作，頓時嘔吐的穢物，帶著一陣陣的酸臭、充滿了整個車廂。於是大家拼命的擴大那蓬布上的洞口，一直扯到足有碗口大小，那洞便成了大家急救的出口，算是解了圍。只是滿地都是嘔吐出來的穢物，車廂裡的人已顧不上那麼多了，車廂裡就像一群被押著的牲口。

從成都到雅安，是這支龐大隊伍千里行程的第一天。當年連接這些川西主要城市的幹線，四百里公路依舊是黃土墊地，亂石鋪面的「機耕道」。經過雨水沖刷後，路面上坑坑窪窪，汽車在上面行駛，左右搖晃，猛烈顛簸，加劇我們這些牲畜般流放者的暈車。

中午時分，車隊到了邛崍，停在城外的小鎮上，押車的士兵和軍官走進了小鎮上僅有的一家食店。我們在押車武裝的指定下狼狽下車，每一個車圍成了一圈，士兵們取出了乾糧桶，按規定每人每頓發給一個由三兩麵粉做成的饅頭，士兵叫來了幾個附近的農民，挑來了幾擔水。

趁著下車休息的機會，我站在那裡深深地呼吸著從田野吹過來的冷空氣，長長地舒了一下腰。先前被暈車弄得天旋地轉的狀態，慢慢恢復，一面打整著流在衣服上的嘔吐物。

回頭向這支押解我們的車隊望去：前後有吉普車押送，車上架著機槍，綠色的卡車一字長龍，浩浩蕩蕩，足足拉了一百多公尺。路邊衣衫襤褸面色蠟黃的「公社社員們」用陌生而恐懼的目光，看著這條綠色長龍，有的兩眼直勾勾盯著我們手中拿著的饅頭，樣子很是可憐。

（一）夜宿雅安

天色已晚，車隊才開進了雅安城，按當局安排，半小時後，車隊開進了雅安監獄，我們從漆黑的車廂裡爬出來。三元宮，本是道家修行的場所，如今改成充滿血腥味的監獄，已是對先聖的大恥大辱了。道家奉行的是清靜無為，主張相互殺戮的兇手都可在太虛、元清之中修成正果。

而今，暴力可以洗劫它神聖的殿堂，卻永遠改變不了天道的真諦。那屋頂房樑、窗戶、雕塑中留下來的八卦圖文中，就有那永恆不滅的精靈藏匿其中。此時此刻正在那寂靜無聲的雕樑壁畫中竊竊私語，聽去宛如晚風拂過的回聲。

雅安的監舍比寧夏街的監舍大得多，一個房間裡足可以容納白天兩個囚車裡的人，我們房中擠著五十多個年輕人，藉著微弱燈光，彼此相看，大多都是重慶孫家花園的老熟人，原先在孫家花園那個大壩中，平時被監規約束，很少說話，今天便成了老鄉，打破了過去對面相撞從不交談的僵局，親熱勁一上來，話匣子也衝開了，彼此互問身世，拉著家常。

當五百人陸續被關進監房後，三元宮院內短時間寧靜下來，我們感覺到，周圍黑洞洞的窗口裡投射出來的，是這兒主人們飢餓的眼光。

片刻寧靜以後，監舍中有人在喊報告：「報告，要吃飯。」奇怪的是那清脆單調的呼喊，經過那些藏匿的精靈們的回應，竟像一片吶喊。崗樓上投下了一束強烈的探照燈光和厲聲的喝斥，好像在給自己受驚的魂壯膽似的。

整整一天，早上落肚的兩瓢稀飯，已被顛簸的汽車從肚子裡翻淨。中午只吃了三兩乾饅頭和一盅開水，一天旅途勞頓急需補充，此時與其說旅途讓人困乏和難受，不如說飢腸轆轆使人心慌。

不到一個小時，藉著走廊昏暗的燈光，幾

名雅安監獄的犯人頭，將剛剛出鍋的一大桶玉米麵調的粥抬到了院壩裡。監舍的鐵門後面開始騷動起來，不一會，牢頭提著一串鑰匙，打開了第一號監舍門，每個人拿著自己的飯缽，魚貫著排成隊，到桶邊接回兩瓢稀飯，端回自己的監舍。

半個多小時，所有的人都捧著飯缽蹲在昏暗的燈光下，一片唏唏呼呼的喝粥聲回蕩在廊沿裡。兩瓢稀粥下肚，逼退了周圍的寒氣，心裡頓時熱呼起來，旅途不堪忍受的飢渴沖淡了許多。

忽然一個戴眼鏡的人高聲的提醒大家，他喊道：「你們想到沒有，今天我們還有一個饅頭沒吃到。」

經過眼鏡一提醒，腹中的飢餓發作了，一位瘦瘦的年輕人立刻回應說：「早晨的稀飯都吐乾淨了，一天只吃了一個饅頭，肚子依然是餓的。」這年頭，同一個家庭，兄弟之間為爭一口飯而成仇的有之；農村中為爭幾個紅薯失手打死人進監獄的人有之；大街上為搶人碗裡的麵條米飯而釀成流血事件還少嗎？何況是政府發的一個大饅頭。

經方才那眼鏡和瘦子的點撥，立即引起了五百來號人的共鳴，有人立刻證實：「對，我也親耳聽事務長給押車員這樣交代的。」年輕人一齊吼道：「剛才吃稀飯時，為什麼不把饅頭發給我們？」「肯定是押車的老婆娃兒吃了！」大家七言八語議論開了，平時在監獄中絕不敢公開講的話，現在公開的說出來了。

在糧荒如炙的今天，如果牢獄的看守們剋扣被囚者的囚糧而引發的慘案，這獄吏們該罪不容赦！

(二)獄中搶饅頭

「找老管要饅頭才是解決問題的辦法。」有人喊道，他一聲吼，其他的人一齊回應。「報告！」「報告！」的喊聲此起彼伏在三元宮上宮空響成一片。

在高牆下這些隨時可被打罵的犯人，敢於為一個饅頭集體與全副武裝的執勤兵算帳，最先提醒大家的眼鏡，成為帶頭人和組織者。並且率先的對著鐵門上的風窗向過道裡喊道：「報告幹事，我們車上還有一籮筐從成都出發帶的饅頭沒有發給我們。」

那進來的管教幹事朝發聲的門走去，「報告幹事，我們今早從寧夏街出發時，事務長就向我們宣佈了政策，今天路上帶的乾糧是兩個饅頭，中午我們只吃了一個，還有一個該晚上拿給我們吃，但一直沒有拿。」眼鏡不卑不亢的解釋道。

不出一分鐘，在剛才抬稀飯出來的門中，雅安獄方的一個管教幹事打著手電筒走了出來，崗哨上再次打開了探照燈，對這支充滿了不安的大隊人馬，雅安監獄加強了戒備。「幹什麼？」那人走近以後用手電筒在發出報告聲的監門上直晃，一面疾聲喝問。

關在十個監舍裡整整五百號人，此時全都扒在各自監門的風口上，關注著眼前發生的事。但是，手電筒熄滅了，那人轉身向原路走了回去，也不知道他是去詢問，還是根本就不予理會。大家耐心地等候著，大約又過了十分鐘，進門口那一方依然毫無動靜，看來，剛才進來的那人並沒有過問這件事。

於是，第二次報告聲浪響了起來，這一次是十個監舍，五百個喉嚨同聲吶喊。

又過了十分鐘，過道上那隱蔽的進口處打開了，剛才抬飯出來的幾名炊事員，抬著一大籮筐的饅頭放到院壩中央。然而，走過來打開監門的牢頭，並沒有像剛才那樣依次的把監房門打開，而是將所有的監門一齊打開了。

頓時，五百號人一齊湧到壩子裡，在探照燈下黑壓壓的站了一大片，誰也沒有被指揮，大家便一齊向那筐白饅頭圍了過來，將幾名炊事員團團圍住。

「站開一點，一個一個的來，排好隊！」炊事員向越圍越緊的人們喊道，「排好隊站好，否則就不發了。」押車員遲遲趕到，向著圍繞的人吼道。但是人們擁擠著，嘈雜聲把幾名押車員的吼聲掩沒了，五百人開始亂起來。

「站開一點，排好隊，一個一個來」那圍在最中間的炊事員吼道，聲音裡帶著顫抖，他們預感到一場無法控制的事件就要發生了，就在這一剎那，有人動手向籮筐裡抓饅頭，這像無聲信號，頃刻間所有的人一齊撲向籮筐，頓時人聲鼎沸、抓搶、扭打像炸彈般爆裂開。

人們扭成一團，隔籮筐遠的拼命向裡擠，裡層的人被壓倒，有的整個身子壓在籮筐上，盛饅頭的籮筐也被踩扁。搶到饅頭的拼命向嘴裡送，向衣兜裡塞，饅頭在人群腳下踩成碎塊，遍地都是踩碎的饅頭屑，還有人將碎饅頭捧進脫下的帽子裡，有的因此手被踩傷，手上臉上到處在流血，院中一片混亂

三秒鐘後，被院內大亂驚呆了的崗樓上才回過神來，怒斥與吼聲已被淹沒，哨兵們拉動槍栓扣動了板機，向空鳴警，機槍噴出了火舌，子彈在搶饅頭者的頭上呼嘯著掠過，伏在三元宮房頂上的精靈們怒吼了，一場監獄內聞所未聞的數百犯人集體搶饅頭的悲劇，炸炸呼呼地在上空拉響了。

一分鐘後，一隊大約由三十名全副武裝的看守，端著衝鋒槍衝進了庭院，對這群搶饅頭的流放者大打出手，飢餓的囚犯被軍警打傷，並被軍警們驅趕回到監舍，跌倒在地上的人爬了起來，不顧身上在流血，仍在不停地狼吞虎嚥地啃著到手的饅頭，有的用手緊緊的護著裝饅頭的衣兜。

全副武裝的員警，在崗哨的認定下，將剛才為首搶饅頭的幾個人捆翻在地，拳打腳踢。頓時，喊聲和哭聲大作。

在院壩中當場捆起來的「帶頭者」，被單獨地關在一間專門的小房子裡，此時他們身上幾乎全是傷痕和血跡，三元宮的監獄當局連夜對他們進行了提審，記錄下他們的名字和集中前所屬的監獄，以及捕前所在的工作單位。

那眼鏡名叫鄧自新，原西南毛紡廠的一個工人，那瘦個子叫文廷才，高個子叫鍾平波，原來是一個中專學生。

當問到陳力時，提審者問他：「今晚的騷動誰帶的頭？」他冷笑的回答道：「這一切不是你們自己造成的麼？如果按時把大家的饅頭發了，會有這場事麼？」提審者沒有和他計較，明天還要趕路，誰也不敢耽誤這次大調動的行期，審問草草了結，到了涼山再作計較。

如此過了很久，隨著一排排上鎖聲和崗樓上厲聲的喝斥響過之後，院壩裡慢慢的靜息下來。成都的押車員開始在各個監舍裡清點人數，走廊外不斷地有背著衝鋒槍的士兵在遊弋。

凌晨兩點，一切都漸漸地靜息下來，疲憊不堪的流放者帶著剛剛經受的驚恐和傷痕，蜷縮在擁擠而骯髒的牢房中沉沉睡去，料峭的寒風掠過三元宮上的瓦脊發出陣陣嘯聲，捲起院壩內那些灑在地上的饅頭屑，發出沙沙的響聲，有的饃屑被乾凝的血跡牢牢的黏附在壩子中間，不肯隨風而去，彷彿要在那裡作證昨夜發生的一切。

而此刻，恐怕只有那藏匿在道觀的精靈們，才能證明這場五百人監獄騷動的真正元兇是誰？

然而，在那個被高牆的槍桿壓迫的可憐中國囚犯們，在中國人連自己挨餓都不敢直言的時代裡，今天，竟有這五百個在槍桿子下面驅押的流放者，群起而動，不但敢於直接面對槍桿子索討屬於自己的那份口糧。渺視這鐵窗下和槍口下恐怖的秩序，大鬧了三元宮，幹出了許多人想都不敢想的事！

中國人的反抗沒有也不可能被暴政消滅?!

儘管他們是自發的，今天在中共長期黑暗的專制統治下，沒有討饒沒有屈服。這一群為生存而搏鬥的無名英雄們，我們不能忘記他們。因為這是些處在長期專制主義下，用血肉身軀在刺刀下開拓民主曙光的人！

以後，這支隊伍中許多傑出的人，在流放邊荒的苦難中，頻繁演出了一幕幕驚心動魄反毛澤東專制獨裁的故事，在一潭死水的中共監獄中，繪出了一幅幅對黑暗控訴和不屈不撓反抗的燦爛圖畫。

搶吃，今天已成為中國公開的社會悲劇。只是老百姓間為爭一口飯發生的搏鬥，無論演得多麼慘烈，卻無損悲劇的始作俑者。苦的是老百姓，忍著飢餓連「餓」都不敢說！誰說：「吃不飽」或「我餓」，這種生理本能的話，必冠以鬧糧，及對三面紅旗不滿的罪名追到鬥爭會上。輕則挨鬥，重則坐牢，殺！

周厲王「道路以目」的時代竟大搖大擺的復活了，老百姓餓肚子既歸於天災和蘇修，誰還敢說共產黨半個不字？

人類因沒有足夠食物而瀕臨死亡絕境時，妄命搶奪食物，甚至出現同類相食的情況，在人類史中累見不鮮。漢書就有漢末黃巢舉事，其部下高歡用車載人肉充軍糧的記載。

就是二十世紀的今天，人吃人仍常見於各種刑事案例中。當然，就廣義而言，人吃人，可以說成是一種黑暗的社會現象。寓意著統治者的殘暴。

一九六三年，當我們從甘洛農場的「鬼門關」調往西昌黃聯關，以後調往鹽源農牧場時，這個案件的立案卷宗一直跟隨著我們，一九六三年，還在鹽源正式開庭。

當時，鄧自新的口供依然是：「我們誰也不會想到藉這件事大鬧雅安監獄，更沒有誰進行有組織和預謀的暴亂，檢查官，我說的是事實，我只是餓慌了才伸手去拿那個你們配給我的饅頭的。我當時並沒估計事態會因此而失去控制。如果我不餓，怎麼會為一個饅頭而被打、被捆，直到今天，我的手上還留著殘跡。」

從雅安到甘洛，鄧自新被捆了兩天，一直押到甘洛時才鬆的綁。長時間的受捆，使他在鬆綁時，雙手不能復原，成了一輩子的傷殘。一九六四年他因此刑期由原來的八年加到二十年。

除鄧自新外，當晚記錄在案的幾名為首者，文廷才、鄧小祝、鍾平波等人都無以倖免的受到加刑的懲處。

毛澤東為首的中共極端專制主義者，正是靠這種殘酷的鎮壓，鎮服著六億大國的普通民眾，讓他們長年忍受著飢餓，還不敢吐出「餓」字來。

（三）老母坪—鬼門關

歷史上因押解飢餓的囚犯而發生暴動的事，像著名的陳勝吳廣揭竿而起義，可以導致秦王朝的傾覆。

經過昨夜的折騰，成都派出的押車人員懷著猛然驚醒的不安，第二天從雅安監獄押往漢源的途中，雅安的獄方增派了警力，每一車的押車員由一人增加到兩人。為了進一步鎮懾被押送者，當著五百人的面，將昨晚被大捆的五個人並不鬆綁就押上了囚車。

其實我們知道，這五個人並沒有產生亡命一搏的打算，更何況這其中的年輕小夥子絕大部份患有水腫而虛弱不堪。

到了天亮時，昨晚那股不知從哪兒竄出的勁已消失，人可不是鋼鐵，而是非常脆弱的動物，旅途的困頓，加之昨晚幾乎一夜未眠，早上，當牢獄們打開監門時，許多人從地上爬起來，都顯得艱難。我感到兩腿直打抖，兩眼直冒火星。

當我吃力的提著破行李艱難的爬上車廂時，我感到混身發燙，我知道我是病了，上車後便一頭栽倒在車廂裡，迷迷糊糊的睡去，直到汽車在顛簸不平的車道上重新搖晃著行進。我不希望就此結束生命，拋屍在這放逐途中。

天老爺果然沒有拋棄我，當我們最終要到達目的地的那天上午，我的燒神奇般的退掉了。

第三天中午時分，汽車隊在離甘洛縣城大約幾公里的，名叫老母坪的地方停了不來，通向目的地大約二十里了，是一條幾乎是由這兒的山民們踩出來的，曲折盤環在大山山腰間的小路。當我們被喊下汽車時，足有三個班全副武裝著的士兵已在那裡迎候著我們。

想必甘洛農場的管教幹部們已接到通知，知道這是一批曾在路途上發起過「暴力搶劫」的危險隊伍。要他們步行在山間走這二十里地段，要確保安全。

其實，被長途跋涉拖得虛弱不堪的隊伍，已沒有絲毫的反抗能力，大家原本水腫，加上連日路途風寒，五百多人僅靠兩個隨身攜帶的紅十字醫藥箱來應付各種疾病。能撐到這裡暫時還沒有人死亡，已屬於蒼天憐憫。

押送這支重傷的傷病囚奴，走過這最後的二十里地真該擔心的是，他們能不能挺住越過這段山路而不被拋屍荒野！

站在老母坪那片吊在半山崖間的巨石坪上向外望去，眼前是一片藏隱在茂密原始森林中的峽谷。就在那雲霧繚繞山勢重疊的原始老林中，隱隱約約從那峽谷中冒出來的炊煙和破舊茅舍中，找出這兒有人棲息的蹤影。這裡是漢彝兩族為主體的民族雜居地帶，就是百姓們所稱的蠻荒之地。

我們腳下的這片巨石平壩上，排著幾幢剛剛建起來的土木結構的平房，平房前懸掛的木牌上寫著：「甘洛縣城市建設指揮部」。從左側傍山一片伸向密林深處地方，已砍下樹木一片，依稀看出一條與「天梯石棧」相勾連的馬路雛型，遠處不斷傳來隆隆的開山放炮聲，告訴我們甘洛城正在被開發中。

兩天的高燒已經退去，人很虛弱，但腦子已經清醒多了，面對著眼前這場景，令我立刻聯想到四年前，我們從重慶大學到南桐礦區叢林煉鐵廠的初期，腦海裡映出了大煉鋼鐵的景象，我們像一群奴隸，被中共任意的驅使著，從一種奴役到另一種奴役。

高燒始退，打著哆嗦的腳才站定，我們五百人便被四十多名士兵集合好，排成一列長隊背負著沉重的行李，琅琅蹌蹌的被驅趕著，走上了那條通向「神秘」去處的山路。

老母坪上空懸在半空中那像鷹嘴的山石上，彷彿正用它凶煞的目光，審視著這一隊從它爪下經過的破衣裳們。飢餓、蠟黃、憔悴的面容並沒有改變他們固有的年齡。這是一支平均年齡沒有超過二十五歲的年輕隊伍。

他們怎麼也不甘願此刻一過這「萬夫莫當」的關口，等於投入了萬丈深淵，五百人進去不到十個月，竟有一半生命就葬送在那深山隱藏的去處，再沒有出來……

（四）彭大鬍子最先去死

行不到一里地，隊伍中一名大約三十多歲，滿臉鬍鬚的人就倒在地上呻吟不止。他的破行李撂在一旁，坐在地上喃喃的說著胡話，聽那口音分明是福建人，看樣子是病得不輕了。

押隊的士兵走上來不分青紅皂白的朝他身上猛踢了兩腳，喝令他立刻站起來跟上隊伍，但無論怎麼踢、吼他都站不起來了。

當兵的便把隨行的一名背著藥箱的犯人叫來，問過以後，證實他已經發了兩天燒，現在的體溫至少是四十度，便無可奈何的給他取來水壺，送上兩片阿斯匹林，叫另一個年輕犯人背上他的行李，押在隊伍的最後繼續趕路。

一路上因為疾病而停停走走的人越來越多，隊伍足足拉了兩里多長，派來的士兵被迫分散成好幾段，雖然這些士兵本能的殘暴想發作，鞭打驅趕這支隊伍。但是，那隊伍中狼狽不堪的狀況使他們感到無奈，就這樣拉拉扯扯，直到傍晚時分，「先頭」部隊才到達一片開闊的長滿了草的坪壩上，這就是此行的終點——甘洛農場的場部所在地。

當我踩進這片草坪時，天已十分黯淡，天邊陰濛濛的寒霧已包圍著山坪，藉著寒霧泛出的餘光，我抬眼四顧，草坪周圍突兀的山巒中隱約藏著一條神秘的小道。一座無形的「圍城」使我陷入八卦陣的感覺。

這真是一處天然的地獄，整個的草坪唯有我們剛才進來的地方，才像是一條通往陽間的路。如果把這濛濛不清的圍城比作一個袋口，那麼唯有這條路便是口袋的袋口，誰進來了就別想隻身再撞過那袋口。

那平房倒十分的寬敞，其中的一排顯然住著這兒的管理人員。因為那兒有武裝的員警把守著門口，另一排裡則圈著牛羊。不過，那牛圈真是太寬大了，足有幾千平方公尺的木柱式建築中，還沒關到二十頭牛。

這一夜，我們這五百人就被安置在這寬大的牛棚中，與牛同宿一室。好在，已經快四年的改造生活，早已淡忘了我還是一個有尊嚴的人。回想漢初，蘇武出使匈奴被匈奴所囚，而過著牧羊人的生活，十八年與羊共寐。

大陸，從六十年代開始，把人關進牛圈的事已是階級鬥爭的家常事。改造的形象莫過於把活鮮鮮的人當作牲畜來驅使。後來，毛澤東發動文革把當權派也關進牛棚，從此以後，「牛棚」便成了毛澤東堂而皇之稱作「改造人的理想場所」。這在索忍尼辛的著作裡統稱「下水道」，就是法西斯的集中營中也沒有聽說這名詞，當為首創。

中共當局對我們的改造，不過是把我們當作一些用兩條腿走路，會說人話的牲畜而已。所以很自然用「牛棚」，形象表示了這種場所，不會迴避這種人牛共寐的怪事。

為了尋到一處少沾牛糞和牛尿的水門汀地，而搶著到堆著穀草的草場上抱回盡可能乾而新鮮的穀草，鋪下鋪位以後，打開破行李將那床破棉絮鋪在穀草上面，想美美的睡一晚，休息一下病體，看看明天會指派到哪一處深山叢中去。

安好鋪以後，取過洗臉帕，跟著別人摸黑在草坪的周邊一條潺潺細流的小溪邊洗了手腳。那溪水冰涼冰涼的，兩天的發燒，觸到這清涼的溪水，很覺爽快。忙過以後，天已全黑。

這一天好像是下弦月，上半夜漆黑一片，士兵們把早已準備好的電石燈在草壩和房子的四周掛了起來，並把由馬馱著的乾饅頭籮筐抬到草坪上，一個老頭挑來了水，大家狼吞虎嚥地吃著乾糧，直到把筐裡的饅頭屑都分光了。

押解的大兵們，大抵以為目的地已到，一方面對一路上這群十分虛弱的流放者已有了掌握，預計他們絕無非份的打算。此刻就不再像一路那樣過分緊盯這數百人的行動，不知跑到營地的哪一間屋子裡去了。院壩裡除了幾個值勤的士兵外，白天押解我們的大兵竟一個都沒有露面。

吃過乾糧，大約又過了兩個時辰，已是晚上十點鐘左右，才從我們進來的路上傳來一陣淒慘的呻喚聲，掉在最後的兩個人，在三名士兵押送下，琅蹌走進了這塊草坪，那最先倒在路邊的滿臉鬍鬚的人，在一位同行犯人的攙扶下，幾乎是爬行到了這裡。他那痛苦的呻吟，撕裂著靜寂的夜空，在手電筒光的照射下，看見他全身都在發抖，我預感他已難於再活下去。

難道這陌生的草坪，這黑糊糊的四周就是冥間麼？天啊；他還只有三十歲，就這麼被拋擲在這荒無人煙的草野之中？想到這裡便不由打了一個寒顫……他似乎想從地上站起來，拼命地掙扎了幾下，終於沒有爬起身來。見他蜷伏著身體，我真難以相信，他是怎樣咬著牙關走完這二十里山路，爬進這裡來的？

一個便衣提著一盞電石馬燈，指揮著兩名犯人，把他抬進了牛棚，七手八腳地把他放平在一堆亂草上面，那馬燈就掛在他頭頂的牆上，在這黑壓壓的馬棚中就這麼一個亮點，不一會，一切復歸於寂靜。

距我睡的舖位大約五公尺以外栓著一頭小牛，當我躺下時，我看到它那睜得圓圓的眼裡，在黑暗中閃著淡綠色的光注視著我。我睡的旁邊是一條尿溝，聽得見那裡面順溝流淌的屎尿聲，空氣裡瀰散著牛糞的臭味，我嗅出那牛糞中還殘存著一股山野野草的芳香。

幾天的急行軍和勞頓，五百號人大多已經入睡，寬敞的牛棚裡響著陣陣鼾聲。我仰睡在那草舖之上，不知是因為飢餓，還是因為一種恐懼，久久沒有入睡，穿過牛棚的房簷望著天邊黑藍的夜空，月亮已經升起來了，稀落落的星星伴著她眨著鬼眼，出奇窺視著這牛棚中新來的陌生客人。

早春的夜是那麼靜，又那麼寒徹心脾。當我回想白天看到老鷹岩前的最初印象，鷹嘴般的山石上似乎有一股凶隼的眼光在逼視我，預測將去的地方，腦海裡一片恐怖。

第二天清晨，我在半酣中被嘈雜的人聲驚醒。好一會我才想到我已經到了甘洛，並清楚地辨識身臨之境，急忙睜開眼，看見昨天放置那大鬍子的地方正聚著好多人，大家正議論紛紛，幾個人正忙碌著。

不一會，四個人抬著一張門板，朝牛棚的出口處走去，那門板上直挺挺躺著一個人。我急忙爬起身來，下意識已經明白，便匆匆的向那門板走去。

果然，昨夜那呻吟了一夜的大鬍子，正直挺挺躺在門板上。從與他同調來的人口裡知道：他姓彭，原來是臺灣高山族人，後來因為在戰場上被俘，整編以後「光榮」地成為解放軍，並因戰功當上了連長。不久裁員，落戶在四川南充市，在工廠當了一名小幹部，後來，工廠清理階級隊伍，把他列為國民黨的軍警憲特，又不知怎麼搞的抓進監獄。

這次從南充監獄調出來時就有嚴重肝病，到了西昌，便發高燒，一直押送到老鷹嘴時，病情十分沉重。掙扎著連爬帶滾，到了這甘洛農場的場部終於咽了氣！

當他的屍體抬出牛棚，聚集的人越來越多，那些昨天下午押解的武裝和穿著便衣的農場管教們，從後面那排宿舍裡走出來，驅散著圍觀的人群。

我呆呆的站在牛棚的出口處，目送著那張

越來越遠的門板，直到消失在那「口袋」的出口處。就這樣，用門板抬出去，打一個坑，獨自埋在這荒山野嶺之中了。回過頭來看看所有在場的人，此時，一個個都呆呆地面朝著同一方向。

一陣莫名的悲哀再次在我心頭揪起，我暗自為他的亡靈祈禱，這是我們這支五百人的流放大軍中第一個去上帝處報到的先行者。

他死了，總算免卻了後來歲月所受到的磨難，免去活罪也許是一種幸運。

然而，對於站在這裡的四百九十九名同難者心中，卻壓著一層陰雲。誰如果不能掙扎著，挺過將受到的折磨而殞身在這口袋般的死亡谷裡，誰都會同樣被無聲的棄屍在這荒野。這就是我們進入甘洛農場的第一個早晨，一個異常清醒和永生難忘的早晨。

第二節：西西卡的死亡谷

從八點鐘開始，農場場部的廣播喇叭裡就不停地播放著〈社會主義好〉。這首歌初上唱片時就是反右派運動。當時的百姓們哪裡知道，後來中國接二連三上演大煉鋼鐵、人民公社，大躍進就在這首拼命鼓噪的歌聲中，災難便一個個降臨到中國百姓的頭上。

剛剛抬走了老彭，我聽那歌就像是催人命的喪歌。中國百姓被這首歌唱進了水深火熱，飢寒潦倒。真不知這要命的歌聲還要響多久？但那廣播裡發狂的重播，似乎說明當局在給自己壯膽了，難道他們此時一樣的心虛？

九點鐘後，穿著便衣的管教人員拿著點名冊，將全體人員站隊集合好，便各自呼喊著劃入名冊上的名字。按照點名冊早已定好的分流，將五百人分成了四大部份，將分別的被押向山谷深處的四個隊。

我被一姓李的年輕人點到後，站在我們那一組的已有一百多號人，基本上都是從孫家花園調集來的，這一次王大炳、老潘同我又分到一個隊。

集合好隊伍後，我們便各自背上自己的破行李，在那姓李的和五個士兵的押解下，走上了盤旋在山間的羊腸小徑。山迴路轉，出了場部的草坪，便一直在向上爬。這兒人跡稀少，經過一個冬天，路上茂盛的荒草雖已枯黃，但仍把小路嚴嚴實實覆蓋著。

腳下的路好像是留在荒草叢中一條淺淺的劃痕，昨夜的白霧在那劃痕上凝成霜一般寒露，一邊踢著荒草尋路，褲管已被濕透，加上從路邊崖洞中不斷噴出來的寒氣，好像西遊記裡妖魔出沒的地方，令人渾身發抖。

循著山路，轉過第一個岔路口，回首再望那落在盆底的場部草坪，已被亂石遮去。還沒走上三里路，草叢底下的石轂子路，用它尖利的石頭刺破了我的破膠鞋，我的腳被割傷了。一陣劇痛，我已感到腳底在流血，便坐在一塊石頭上想脫鞋看看，卻被緊跟我的士兵厲聲吆喝，我只好站起來一跛一拐地艱難的走，就像被打受傷的牲畜，被主人抽趕著！

中午時分，我們終於到達了山谷深處一個小山寨，聽那地名怪怪的，像是翻譯名稱，叫西西卡。「山寨」的前面迎面而來的是一棵巨大的黃桷樹，黃桷樹背後排著兩列互成直角的平房。

其中靠西的一排，牆已塌掉。幾個同我們一樣的破衣服們正圍著一面牆板築泥牆。而那南面的一排平房，是經過修築而成的「新」房子，房頂上冒著炊煙。

那些還在築牆的「老」犯人告訴我們，這兒曾是五年前，轟動全國的康巴叛亂發生地，那些亂石就是的「叛民」們疊起的工事。

那遠地方，應是彝族人曾聚居的村寨，那黃桷樹必是寨大門的標誌，恐怕只有它才能訴說當年親見的一切！房前戶後稀稀落落留下來的幾顆柏樹，還保留了當年村寨的遺跡。

當我們這支百餘人的隊伍，充滿了不安和徬徨的神色，拎著破行李，零零落落地進入到黃桷樹南側空壩子時，早我們一步，先來了幾個月的三十餘名選遣者，從平房中走了出來，他們的年紀比我們大，最年輕的都在三十歲以上。

一個身披草綠軍大衣，滿臉橫肉的中年人兩手叉腰，已經虎視眈眈地站在黃桷樹下面望著我們。他腰間別著一個黑色的左輪槍套，右手握著槍套裡露出來的槍把，左手執著一根一米長的青槓棒，用他透著殺氣的鷹眼，緊緊地盯著我們。那模樣極像在全國各地上演的「林海雪原」，螢屏上的土匪頭子欒平。

等到我們的隊伍陸陸續續已經到齊，那位帶領我們來的年輕幹事，向他湊過去，遞上了方才從場部帶回的文件夾，兩個人咬了一陣耳朵。提著青槓棒的中年漢子，將套在頸項上的警笛長鳴一聲，幾個管教人員便從南面的那排房子裡走了出來，指揮著將新來的隊伍和原來的犯人合在一處，排成六列縱隊。

一個編制一百五十人，臨時分成六個組的甘洛農場西西卡中隊，便在那提棒漢子口中宣佈成立。那人作了開場白，自我介紹說：「我姓張，是本中隊的隊長。」他吼道，橫肉在他的臉上抽動。在他一一宣佈了本隊任職的六名幹事的名字以後，隨即作了第一次中隊訓話：「呃！你們知道，我們是為了改造你們才來的，為了把你們這些鬼改造成人，我們才到這娘屁的鬼地方來！」

「你們都是從內地調來的，到這兒來是開荒改造的，就是要通過艱苦的勞動來改造你們的……」他停頓了下來，顯然在思索下面該說什麼卻一時沒有想出來，那一瞬間臉部的橫肉厲害的抖動起來。

「世界觀，」帶我們來的那個李幹事在一旁接了下話，解了他的圍。「對，改造世界觀。」他清了一下嗓門。隊伍中有人發出笑聲，這似乎使他難堪，臉一沉用純粹的河北腔吼道：「誰他媽的不聽話，想從這裡腳板上擦油的，就別怪我的槍子不認人！」他亮了亮腰中別的黑亮的左輪槍匣，繼續宣佈著：「誰他娘敢調皮，抗拒勞動，偷奸耍懶，我這青槓棒就要吃他的肉。」

他把手中的青槓棒向著天空揮舞著，一陣呼嘯掠過我們的耳邊。隊伍中一片靜寂。看著他那兇神惡煞的樣子，我們心中直打哆嗦。

看來，這兒除了打人沒有其他壓服這群流亡者的辦法。在兇惡的鷹犬面前，我們這群瘦弱不堪的人，簡直是一群在狼面前的軟弱羊群。

此時，我突然想到昨晚死去的那姓彭的臺灣人，下意識的抬起頭來看看四周，四周全是高聳的青山，眼前除了一片荒野之外，什麼也沒有……

中隊成立大會開過以後，那張隊便向已集合的隊伍宣佈開中飯。並且規定：「今後開飯就照這個隊伍排好，各組清點完人數後，報告中隊長才可依次打飯，吃飯時不准吵鬧喧譁。」

說畢，便朝南邊那排房子的盡頭招了招手，早已等候在那裡的兩個炊事員，立即抬出了一個裝著米飯的大燒箕，放在壩子中一個預先安放好的架子上。隨後又進廚房裡面端出了一個大盆子和一隻水桶，大盆子裡裝的是黑呼呼的「菜」，水桶裡裝的是一桶米湯。

餓極的流放者懷著複雜的心情，一齊盯著那燒箕和菜盆。兩個炊事員中個子稍矮的站到燒箕的背後，一支手抄著一個在看守所最常見的小洋瓷碗，另一隻手裡拿著一塊竹片，隊伍從最右邊的一排開始，人們依次的走向那燒箕。

第一個人雙手捧著他自製的大鐵缽，接過那炊事員手裡已刮好的飯團。他盯著那飯團，也許與他原來估計的實在差得太多，錯覺的認為是不是還有一碗？便呆呆的站在那裡，沒有讓位給後面的意思。直到那抄碗的炊事員用手去推他，他才極不情願地將手中的缽移到菜盆邊，那舀菜的炊事員便將一瓢黑黑呼呼的菜葉，舀進了那大缽裡面。於是他盯著那大飯缽裡連底都沒有蓋住的飯菜，一面又回過頭去盯著那盛飯的燒箕。

突然，他眼睛一亮，盯著了那桶米湯，不假思索的將就手裡端著的大飯缽，向那米湯裡猛地舀去。這個動作迅速變成了無聲的號令，正直著脖子看著前方打飯的隊伍轟然一聲，所有的人一齊擁向那桶米湯。頓時，一場三天前夜晚，在雅安搶饅頭的景象又一次出現在我面前，不過這一次在場的沒有一個是雅安事件的「為首份子」。

面對突如其來的混亂，西面那排房裡所有的管教和士兵都從房子裡走了出來，那張隊長直著眼睛，手裡拿的青槓棒一時還不知該向誰打去，眼看一桶米湯被「搶完」，地上到處灑著打潑的米湯，那木桶倒在地上。搶到米湯的一個個咕都咕都的將搶到的水喝下了肚。奇怪的是整個過程，沒有一個士兵和幹事制止他們，像看稀奇似的目睹眼前這一場「戲」。

只有那張隊忽然意識到了什麼，立即命令兩個炊事員將飯燒箕和菜盆抬進了廚房裡，直到下午兩點鐘，他才走出來，厲聲的喝道：「娘的屁，你們剛剛才到這裡，就搶吃的，不想活了不是？老實告訴你們，這裡不是雅安監獄，誰他娘要找死，殺兩個揀一雙，有什麼了不起？」

說著他又摸了摸別在腰間那烏黑發亮的槍套，此時院子裡的人全都垂著頭，那張隊取出了點名冊，對中隊進行了第一次點名。我突然聽到了一個熟悉的名字：「楊治邦」，循著那應聲的地方看去，果然是他。自從他們三人在叢林小學被逮捕後，我就從來沒聽說過他們三人的下落，真沒有想到我們竟在這裡重逢。

當我接過那一團飯和那一瓢菜，定睛看時，那「菜」竟是平常人根本無法下嚥的乾蘿蔔纓，不但色黑味苦，而且只有一小撮，那飯不但比在孫家花園還少，而且幾乎像乾稀飯一樣。這點東西對我們這些餓枯的人，乍填餓壑？

接過飯菜，我便向楊治邦湊過去，他告訴我，自五九年春被捕以後很快調到了雷馬坪農場，三個月前突然接到調這裡的指令，一來就接受這突擊築牆的「任務」，西邊剛剛築好的這排「新房」就是在原來殘牆的基礎上趕築起來的。

他還告訴我，那中隊長叫張醜德，是一個生性兇殘的傢伙，為了避免吃眼前虧，他告誡我遇事忍著點，不要去惹他。眼下這兒根本吃不到一點蔬菜和副食，那做菜的乾蘿蔔纓還是特地從幾百里以外的西昌買來的。平時廚房的灶頭上連鹽巴都看不到，凡是能吃的東西都鎖在事務長的專用櫃子裡了。這兒的定量除了「倉耗」等說不清的原因，落到犯人口中的，每天恐怕不足六兩。

我的心裡對「活下去」發生了巨大的疑慮。便向他發問道：「那麼，這麼幾個月了，你們怎麼熬過來的？」他搖了搖頭，一臉憔悴。「你們沒來時，那張醜德為了我們趕進度，每天按規定量發足了我們的定量，同時每天還放我們下班時到山裡挖蕨萁根。」他指了指放在廚房外側的一蹲石磨，「靠它每天晚上把蕨萁根碾成槳，過濾以後便將那白色槳液與米共煮，味道雖苦，但可以充飢。」

監獄方面用牛羊肉當菜吃的謊話，把我們騙到這裡來，比畫餅充飢還可笑。我們將在張醜德的青槓棒下，在高山峻嶺的荒野裡，現開荒地，再種上莊稼，等到神話實現那一天，我們中便不知有多少骨頭，已在荒野地中去敲鼓了。到了秋收時，命大的能掙扎著活下來，恐怕就寥寥了。

吃過飯，在張醜德指揮下，我們取出庫房裡已經破爛的綠色軍車篷布，七手八腳的支架在那些剛打好的泥牆上，於是便成了我們「臨時」監房的房頂。然後按所編的六個組，搬進了這「新居」的監舍中。

地上剛打的三合土還沒有完全乾透，我們已經管不了那麼多，就去那些黃桷樹旁的幾個穀草堆中抱來了穀草，又一陣忙亂後，便各自按點名冊的順序打開自己的破行李。

當我把行李從壩子裡搬進來時看到，挨著我舖位外側的一個名叫胡俚的小個子，正趁我不在，將已墊在我舖位上稻草挪到他所睡的位置上。我被他這種自私損人的小動作激怒了，待我把自己的行李放下後，便不客氣的將那一堆被他抱走的草重新抱回來，那小子又黑又矮，操著一口江津土話罵開了。

唉，真想不到已到了這種地步，居然還在逞強欺人，一種被人欺侮的羞恥感折騰了我整整一夜。

這一夜，我心裡真不是一個滋味，心想在這種保命關頭上怎麼竟與這樣的人相鄰？聽著山上的風，吹著帆布發出嘩啦啦的響聲，我又失眠了，西西卡的第一夜，給我極壞預兆。

從第二天開始，中隊出動了一個組，進山打野菜，恰恰張醜德把這個任務交給了我們這個組。我們每個人配備了一個背兜，滿山遍地去摘採野菜，規定每天每人要採三十斤的任務。

陽春三月，野菜雖然品類很多，但還沒有冒出地面，開始唯一能大量採集的，便是那些從石縫裡頑強生長出來的蕨萁苔。

派出去的人，沒有不以尋覓充飢食物為自己的頭等大事，而要在這光禿禿的山野裡找吃的，首先就要尋找附近的彝家村落，雖然張醜德一再嚴厲禁止我們同這兒的老彝胞接觸，除規定外出打野菜的人，每天必須完成最低的採集任務，還明確向我們規定，若發現誰與彝胞發生不軌的交往，除按違犯監規之禁條處置外，還用彝胞活活打死逃犯的消息恐嚇我們。

另一方面，像我們這種純粹的政治犯，不知會在這些災難中充當什麼樣的犧牲品？不過，無論如何，最初人們尋找彝胞兄弟的目的，都是求取生存。

畢竟是邊塞，由於民族的成見，以及毛澤東這幾年強迫同化政策造成的反抗，他那套農業合作化政策，遭到了這些民族堅決的抵制。所以這兒農村中受到「三面紅旗」的破壞，不及內地的農村。附近的村民們保留著大片自留地，每一家還存有沒吃完的糧食，客觀上可以用來救助這些陷入飢餓和死亡邊緣的流放者。

開始時，凡出外找到彝胞的人往往「滿載而歸」，帶回了黑糊糊的蕎餅和玉米粑！不過他們散居在西西卡附近的村莊，最近的也有五里之遙，這麼遠的距離以及路途上遇到狗或野獸，及其它種種危險，給這些求食的流放者增加了很大的困難，加上這裡人跡稀少，散居在附近村落中的農家就那麼幾十戶，所能提供的食物也是從他們牙縫裡擠出來的，數量有限，流放者須付出較大的代價才可換到。

換到手的食物又不敢公開帶回住地，因為張醜德們一經搜出，當即便被沒收，何況這一百多號人，魚蟲混雜，就是在求生存的鬥爭中，也充滿了勾心鬥角，相互檢舉並不鮮見。所以，到手食物便塞進肚子裡救一日之飢。偶有藏於野外建起秘密小倉庫的，有時逢到了山耗子、兔子或野貓之類的動物，一夜之間偷襲一空。

再說我們身上的錢是被徹底收光了的，同村民們進行換取食物的只能「以物易物」。開始流放者將隨帶行李中的較為值錢的東西，比如皮衣、毛衣、皮鞋、床單、圍巾、毛巾之類的東西帶出去，沒幾天又被張醜德們發現。

對外出打野菜的人出大門時，受到嚴密監視，一旦發現身上有夾帶，便被無緣無故的「沒收」，任你費什麼口舌和哀求也是拿不回來的。

有的索性把要換的衣服穿在身上，毛巾圍在頸上，皮鞋穿在腳上到了外面再脫下來……這其中還有人想出了一個極妙的方法，先把被子捆緊捆好，外裹一床破席子捆緊在背兜底，然後將背兜翻過來，底朝天捆緊在底部的被蓋並不掉下來，於是便倒背著背兜給值勤的人以一個「空背兜」的假象。

不過像這種瞞天過海的作法，也真夠慘的，五一節大檢查時，張醜德們才發現，整個中隊竟沒有一件好的毛衣。保存著換洗衣服的人不到一半，多數人的破衣箱裡已空無一物。還有十幾人連破被蓋也沒有了。

流放者們挖空心思，像螞蟻搬家一樣將自己破行李中能換食物的東西，都悄悄搬進了附近村民的家裡，剩下的是衣無二件的徹徹底底「無產者」。

我要算這一百多號人中最窮的一個，歷經南桐的監督勞動，以後經過看守所孫家花園又是近三年的勞役，要講耳聞目染，什麼偷、拿、騙、詐在這種社會大學裡本應學到一套「適應生存」的本領。可惜，本質決定了我卻偏不染惡習，頂著政治犯這不識時務的帽子，與當局頂著幹。

（一）同彝胞換蕎粑

上山打野菜才兩天，湊巧半路上，就碰到了兩個趕著羊群放牧的小夥子。他們倆身上都披著這裡的人叫作「查爾瓦」的黑色羊毛披氈，頭上頂著大白布盤。我雖然並不相信那張醜德帶有惡意誹謗的警告，但畢竟是第一次，單獨的同這些從未相交過的異民族同胞接觸，還是下意識地帶著一種防備對方的警惕。

他們站在一條岔路口彎道邊的一塊巨石上，用一種好奇的眼光看著我背著空背兜向他們走進。「嗨！上哪去？」那年紀稍長的用生硬的漢語向我招呼道，口氣非常和平，憑我的直覺對方並無任何惡意。於是便將腳步停下來，將自己的空背兜卸下來，放在他們立足的那塊巨石上。但是從何說起呢？於是小心翼翼的問：「附近有老鄉的人家嗎？」

「你到村子裡去幹什麼，是不是換粑粑？」那年長的顯然聽懂了我的問話，也猜中了我的意圖。看來，這裡的村民們對我們拿東西到村裡換食物，已成了他們人人皆知的事。也許因為交通不便，出於對某些工業日用品的需要，他們也樂意這樣的「交換」。所以，只要一看到我們這種打扮的人便知道要幹什麼。

「唔」，猝不及防地被人道出內心意圖的我，顯出了一股尷尬的表情。

正要回答，那年紀較輕的小夥子說話了：「你走錯路了，這裡的人家都住在河溪邊有水的地方，照你現在所走的方向是山上了，走到天黑都找不到人家的。」

他的漢話，比年長的那個夥計流利，他的補充顯然充滿了善意。唉！村落傍水這是一個常識，怎麼我會糊塗到連這種起碼的常識都忘了？也罷，既然對方已經猜中了我的心思，我也只有把話挑明瞭。

「你們有蕎粑嗎？」我坦言相對。那兩人相對一視，年輕的那一個從他那散發著異味的「查爾瓦」裡面取出了一個布口袋，彝族人向來有長年不洗澡和不洗衣服的習慣，所有用的東西都有一股說不清的異味，一般的人會下意識的同他們保持著距離。不過，對於我們這種衣衫襤褸，飢餓潦倒的流放者，就根本沒有挑剔的資格了。

那布口袋裡裝的是兩個足有兩公分厚，直徑像小洗臉盆那麼大，顏色呈黑色帶著膻腥氣的大蕎粑。一股飢餓控制著我，自從我被劃為右派，成天為飢餓所困的五年裡，我還是第一次被這麼厚實食物的佔有欲所支配。

一股充滿渴求和羨慕的眼光，從我的眼裡迸發出來掃向那布袋，於是，便解下了那條圍在頸項上的鮮黃色的新毛巾。

「用這同你換能換多少？」聽我這話，那年長的便爽快的從那布口袋裡取出了一個蕎粑，並不猶豫地送到了我的手上，我真想不到，第一次同彝胞的交換竟這麼順利。尤其想不到一塊毛巾竟換了這麼大一個蕎粑！

我接過來掂了掂，那粑少說也有三斤重，這如果在重慶地區，三十個「高級餅子」未必有這的份量。早知道毛巾在這裡能換這麼多食物，我真該在重慶監獄裡多準備幾條帶上。

我啃了一口手中的蕎粑，證明這確實是蕎子做的，便開始大嚼起來，吃著那粑並不覺得有苦味，也不想在他們面前掩飾自己的飢餓。那兩個年輕人看見我那狼吞虎嚥的樣子，眼睛透出了憐憫和同情。

當吃完它的三分之一以後，原來十分飢餓的胃頓時感到一種滿足，直到貼實以後，便停了嘴，看了看面前的兩個人，將剩下的大半個蕎餅，用一張預先準備好的破布包好揣進了懷裡，先前對於他們倆的警惕和防範早已蕩然無存，反而對他們的樸實、坦誠產生了一種親切和好感。

於是我們開始攀談起來，那年長的開始詢問我的家和身世，也問我到這兒來是幹什麼的？我開始語塞，別說語言的障礙，對於我的個人身世，就是碰到了多年不見的老友，也難以理清其中曲折，我想我當時襤褸一身，已經說明了我的遭遇。如我告訴他們，我原是一個在大學求學的學生，以及我的「教師家庭」，恐怕會令這兩個人吃驚，他們不會相信像我這樣的人，會落到如此地步，所以只好避而不答。

「讀過書嗎？」我答非所問的反問道。那年紀小的看了看我，似乎覺得這問提得好怪！點頭回答道：「讀過，讀了小學，後來黑骨頭反了，學校關門了我們就不讀了。」這是一個非常直率和純潔的彝族人，那張醜德為什麼要惡意的宣傳這些可愛的同胞呢？

「這是你們家的羊嗎？」我指著山崖下正在咀嚼枯草的羊群，大約四十多頭骨瘦如柴。他依然十分率真的回答我：「不，這是我們村二十多人家所共有的。」那語言裡有一種遺憾。「那為什麼你們不自己養羊呢？」我問道。

「那是叫什麼『資本主義』尾巴，村裡的工作組不准哪一家私自養羊，否則就要一律沒收殺掉！」他那話音裡流露出強烈的不滿。

「你們現在靠種莊稼還是放牧？」我的問

話一下子打開了兩人的話匣子。

「過去這裡很富的，」他順手抓了一把土地裡的泥土湊到我的面前：「你看，這土色黑油油的，什麼糧食都出得很多。」說完便滔滔不絕地讚美起他們的家鄉來：「沒有合作化時，這兒家家戶戶每年收打的糧食怎麼都吃不完，像這麼四十隻羊，過去一家人就要餵那麼多，肥肥的，平時從來不愁吃肉。」

「後來，黑骨頭造反啦，他們不要共產黨，不參加合作社，不要當官的漢人。」他指著右邊一排穿著槍洞的石壘群，講述六年前在這裡發生的激烈槍戰。

當然，康巴事件的內幕恐怕不是他們倆搞得清楚的。那一次事件終於被共產黨血洗了。後來，靠槍桿子逼迫，老實巴交的彝民依然沒有躲掉合作社的枷鎖。

「一切都歸公了，這兒駐進了上面派的工作組，清理造反的人，開鬥爭會，哪一家不聽安排都不行。從此以後家家戶戶再沒有豐收節日了，家裡短缺了糧食，連牲畜也跟著遭殃。」

那年輕的小夥子露出憤怒的樣子，這些年他的家鄉發生的一切「巨變」，都在他腦海裡烙下了深深的反感！

他望著那些在荒草堆裡尋覓食物的羊群，停頓了片刻，繼續往下說：「一個冬天下來死了二十頭羊子，原先由各家集中起來的兩百頭肥羊，現在也死得差不多了，只剩下這幾個做種！有什麼辦法？合作社不配越冬的牲畜口糧，那牲畜哪能熬得過？」

我們之間這番坦露心跡，使我們初識便成為好朋友，臨別時，我們相約過兩天我們仍在這裡相會，便揮手道別。

往回走時心裡特別高興，今天我的運氣真好。趁著腹中有貨迅速採滿了一背兜蕨萁苔，便興沖沖地趕回黃桷樹。

（二）閻王的「餓死鬼殿」

回到中隊的院子裡，時間還不晚，院子裡

已經堆了一小堆野菜，這告訴我還有人先我一步回來了。我放下背兜，一邊喊那代昌達為我「過秤」，一邊取過中午的飯菜，準備先上一個廁所後再吃，我把飯缽放在三合土墩子上，便朝那剛圍好的廁所走去，聽見裡面傳來輕聲的說話聲，聽那聲音極像胡俚。

於是輕輕地走到門邊停下腳步側耳去聽，果然是他，他正向張隊長報告盧建華早上外出時穿的一套新西裝。

聽說一名華僑盧建華，法院認定他是一個裡通國外的「特務」。別看那張醜德外表一副土匪像，對於這一百五十個人的檔案上，幾個掛了號的人，一直是他關注的重點，此刻胡俚的檢舉引起了他的重視。不過，在張醜德看來，盧建華內著西裝外出，恐怕不會只是用它來換彝人的玉米粑的。

想到這毒蛇就睡在我身邊，心中未免發毛，下意識地摸了一下懷揣的蕎粑，知道帶了回來恐怕反而是禍事。一面回過身去看那距廁所不遠的黃桷樹下，靈機一動，快步地走出廁所向黃桷樹走去，回頭去看對面的哨兵正朝我張望，於是我裝成尋找東西的樣子，重新折回那條打野菜的路，繞了一圈，藏好蕎粑，再回來。飯缽早已空空如也，裡面裝的中午飯菜不知誰已「代勞」了。

我拿著那空缽悶悶不樂的走進監舍，下意識地看了下胡俚那鋪，心中正納悶間，壩子裡張醜德的哨子響了，開晚飯了。

代昌達正在用畚箕將堆在壩子裡的蕨萁苔，裝進廚房裡的洗菜槽，草草清了泥巴，便撮進了廚房的大鍋中，煮沸後將熟野菜裝入河邊的一個大木桶中，用清水「漂洗」。石梯階下橫躺著一條長流著溪水的溪溝，大木桶就放在那小溪邊。

第二天清早，代昌達便從那大木桶撈出已變黑的熟野菜，倒進煮開的苦蕎粥裡，用勺一攪，便成了每天這些勞役者的早餐。這是一種又澀又苦，黑褐色帶著苦艾「清香」的東西，我敢說是連豬都不吃的。

每天早上張醜德點名以後，衣衫襤褸的人們端著自己的大鐵缽，排著隊，焦急地向那飯桶靠攏，依次接過兩瓢野菜羹。那接過粥的，一邊走，一邊還在用舌頭去舔沾在鐵缽邊上的「米」湯。

自從第一頓中飯就發生了因搶米湯的事後，中午便改成了「罐罐飯」，外加一瓢又黑又苦的野菜。開始的一段時間罐子裡蒸的是兩個人的「定量」，兩個人分一罐飯，糾紛當然不斷。

到這兒來體質已極度虛弱的流放者，身體更趨惡化，水腫病肆虐著一百多號人。他們中除附近打野菜的人，暫時可以用自己僅有的一點隨帶衣物用品，向附近村民換取一點食物，其餘的人從一早開始，便在士兵槍托和張醜德青槓棒的押解下，驅向周圍的山地從事開荒。

那生荒地底扎滿了盤根錯節的蘆草根，一鋤挖下去，鋤頭便被那蘆根咬住。全身浮腫的開荒者常常因體力不足，無法將蘆草根挖翻，弄得不好，被蘆草根扯住鋤頭，自己也栽倒在茬口上。

因飢餓昏倒在工地上的人越來越多，起初規定每人兩分地的開荒任務，誰也沒完成過，那張醜德下了指令，完不成任務的不准收工。為了督戰他親自提著馬燈，在深夜四面漆黑，山風呼呼的山樑上，聽見後山傳來的鋤頭聲。

但是，昏倒在工地上的人越來越多。開始並不送醫院，只令一名姓馮的犯人醫生做一下人工呼吸，扎幾下銀針，吃兩片藥。等到從昏迷中醒過來後，繼續勞動。但是，幾天以後，有的昏倒的人經救治不能蘇醒。張醜德被迫下令往場部醫院送。結果，送去的人一去就再沒送回來。

（三）盧建華等人之死

張醜德變得越來越暴燥，用自己手中的青槓棒，抽打那些倒在地上滿身浮腫的人已成為家常便飯。工地上一時成了虐打流放者的場所。那兒經常可以聽到刺人心弦的呼救聲。

自從西裝事件發生以後，盧建華第二天便停止了出外打野菜的勞動，並調入了開荒大部隊。張醜德對流放者的殘暴虐待，在他的心中留下了絕望。連日來不斷的有人昏倒工地，送往場部醫院的人使這個中隊迅速在減員。盧建華被安排開荒工地的第二天早上，便稱病不起。

當張醜德殺氣騰騰提著青槓棒走進窩棚時，盧建華橫躺在亂草堆中。「起來！」張醜德開始用青槓棒去打他的頭，盧建華並不理睬他，依然雙目緊閉。對於像盧建華這樣的犯人，上面是打了招呼的，張醜德忍著盧的「無理」，向棚外喊著黃大中，黃醫生提著藥箱立刻出現在門口。

「去，給他檢查一下什麼病？」張醜德向黃大中吩咐道，一面去壩子裡集合點名。

十分鐘後，黃大中走出了窩棚，向張醜德作了口頭報告：「盧建華體溫和脈搏都正常，沒有病。」張醜德聽到這個結論，頓時怒從中焦起，惡向膽邊生。他無法容忍這個盧建華對他的渺視，立刻走進窩棚中，這一次他連問都不問一下，拿起手中的青槓棒，向橫躺在草堆裡的盧建華劈頭砍去。

血，立刻冒了出來，盧建華依然一聲不吭。張醜德盛怒益發不可收拾，舉棒在盧建華身上猛劈！直到張醜德忽然覺得有些不妙才收了手。

盧建華此時雙目緊閉，靜靜地躺在那裡，血還在不斷地從頭上、身上冒出來。張醜德悵然的提著那染著血跡的青槓棒走出了窩棚，喝令在院壩裡已集合好的人上山勞動。

誰也沒有再去過問他，盧建華就一直躺在那裡，中午收工也沒有人提及這件事。直到晚上收工點名開飯時，張醜德才發現盧建華今天一天都睡在窩棚中沒有出來過，立刻再令黃大中進去檢查。一分鐘後老黃慌慌張張向張醜德報告說，盧建華失血過多，心臟已十分微弱，已處於休克狀態，生命危在旦夕。張醜德才意識到今天「失手」打死犯人了，而且還是一個掛了號的犯人，立即命令兩名炊事員抬上擔架，將盧建華連夜送往場部醫院。

半夜歸來的代昌達透露，盧建華抬進醫院時已經死去。然而張醜德嚴密封鎖了盧建華死亡的消息，他自己內心最明白他是打死盧建華的兇手。直到場部後來有人來西西卡調查盧建華死因，仍按他的意圖寫上「因病死亡」四個字。

又過了兩天，開荒工地上另一個小夥子趙小光，下午三點鐘的時候突然喊肚子疼。當時他面色蒼白在滿坡蘆根的荒地上打滾、呻喚。張醜德走過來，先說他一貫不好好勞動，現在是為了躲避勞動裝出來的。後來又說他亂吃地裡的野生植物，總之是這小夥子的錯，這一次他不敢下手打人了。但拒絕了趙小光求醫的要求，也不准他離開工地回棚裡休息，這麼一直熬到晚上收工。

第二天早上，當張醜德提著他的青槓棒，驅趕大家上山開荒時，不見趙小光入隊，走進趙小光的窩棚，見他撲在亂草堆裡一動不動。用他那青槓棒去戳趙小光的頭，竟然毫無反應，這使他本能的察覺，趙小光已經死去。馬上用手取出了一個大口罩，一面喊黃大中，一面將口罩嚴嚴實實罩在嘴上。

晚上張醜德召集了中隊會，煞有介事的規定：為了保護大家的健康和生命安全，今後任何人不准偷吃生冷。並以此為隊規，公開貼在牆上。

西西卡接連發生兩起死亡事件，引起了農場場部的注意。儘管在這種草菅人命，把流放者的命當作豬狗不如的年代，可對於急需廉價勞力，剛剛才成立起來的農場場部，一個中隊成立不到半個月，短短兩天中，就接連發生這種現場惡性死亡總是一個問題。趙小光死去的第三天，場部便派了兩名幹事到西西卡實地調查連續死人的原因。

幾個對「罐罐飯只吃了定量的一半」，認定中隊剋扣糧食早有怨怒的小夥子，聽說來人是場部下來調查盧建華死因的，便圍著來人告狀，聲稱「我們的口糧只吃了一半」，「大家靠吃點野菜怎麼勞動，怎麼活下去」？還有人不惴冒昧，訴說張醜德打人的惡習，這些經歷了雅安事件的人，面臨死亡威脅，正在尋找求生存下去的鬥爭方式。

當然，這種控告無異於小鬼向閻王爺告狀，不要說來人不可能同情犯人，即使碰到講一點人性和良心的人，對大家的呼籲也只能無可奈何。何況張醜德早有防範，在他的安排下，向來人提供情況的胡俚，代昌達和李治和之流。尤其是那胡俚，懷著卑鄙的動機為了討好張醜德，著實將盧建華污衊了一番。

來人根據這些「犯人」所提供的材料，最後在他頭上以「一貫堅持及改造立場，對抗中隊教育」的大帽子作了「蓋棺論定」。在死亡原因上寫著「因病死亡」。而趙小光則作了「偷吃生冷致食物中毒死亡」的結論，在這種任意誅殺無辜的大勢之下，無數無辜者就死在張醜德之類的酷吏之手。

緊接著又過了兩天，當晚上清點人數的時候，野菜組的組長向張醜德報告，何亮從早上出去就一直沒有回來，第二天一早張醜德一起床就跑到野菜組來，證明這何亮一夜未歸後，便命令立即清點何亮的舖位和行李，檢查證明何亮舖上除了一床爛棉絮和一床破被單外一無所有。究竟是何亮的東西平時換東西吃完了，還是昨天早上席捲而去，連這位組長也說不清。

當下，張醜德對何亮作了逃跑的結論，建隊不到半個月首開了逃跑記錄。也許原先他曾估計這兒四面環山，地形險惡，這些犯人初來乍到，人地生疏，不敢貿然外逃，殊不知流放者目睹這兒無異於死亡谷，早就有了死裡逃生的打算。

（四）張棒棒

特別令張醜德心煩的，首例逃亡，竟發生在他原先估計不會有人外逃的野菜組。野菜組的人逃亡所帶來的麻煩比其他組要厲害得多，這些人早晨放出去，滿山放野鴨，誰也不知誰去向何方，如果有人早上就跑了，也要等到晚上才能發現，隔了整整一天，已經不知跑到哪兒去了。派出人追捕吧，在這茫茫大山中間哪裡去追？

野菜組自建組以來，成了秘密「搬家組」，整個中隊的犯人們都已行囊空空，從重慶帶來稍微能穿的衣服，值錢的用品，就被這個組的人源源不斷地帶到彝家村寨去了，這些情況張醜德哪有不知道的？但是，派誰打野菜還不都一樣麼？尤其令人惱怒的是那個陽奉陰違的胡俚，他夾帶出去的東西竟是全野菜組最多的一個，只因為這胡俚還有利用的價值。所以張醜德一時沒有撤換野菜組，何亮的外逃終於促使他對野菜組進行了大調整。

當天出工，張醜德即宣佈原來的野菜組撤銷，它的所有成員全部參加開荒勞動。今後打野菜與炊事員編成一組，他宣佈了六個人的名單，全隊立即大譁，今後西西卡的一百五十號人的這點口糧又多了幾個兩條腿的耗子，日子更難過了。

進入西西卡時我本已極瘦，身高一百七十公分，體重僅三十四公斤，可謂真正的皮包骨頭，唯獨兩腳腫得像饅頭。開始，每天外出打野菜，不時會碰到好運，換些吃的，精神還有所寄託，每天耗蝕的體力也較小，即使如此，每天背回二十斤的蕨萁苔也會兩腿打擺。經常擔心會因失去平衡，一跤跌下去便爬不起來。

野菜組撤銷，我被編入開荒二組，說也奇怪，開始那幾天連續地在夜間做夢，剛剛死去的兩個人似乎不願去閻王殿，幾乎每天都走進了我的夢境。我小時候雖素來並不相信人真有靈魂，但從打成右派，便開始接受了鬼神這種信仰，常常以此來理解我所碰到的「噩運」。

不知道是因為惡夢還是太餓，開荒以來掄起的鋤頭，扎進那蘆根盤錯的土裡以後，就像被那根咬住，既挖不翻轉，又拔不出來。鋤頭前的那一坯土，欺我力量不夠，戲謔般的直盯著我。

我同幾個形體一樣乾枯的人，站在佈滿蘆根的黑土地上發呆，這時我不禁想起南桐看守所外出收麥的情況，想到那肥沃的黑土地，被三面紅旗的巨風吹得荒蕪一片，埋下了多少老實農民的屍骨。說不定明天我會跟著死者一道埋屍在這裡！想到了死，耳朵裡嗡嗡作響，心裡發慌便倒在地上。

張醜德走了過來，我趕緊閉上了眼睛，聽見他先是怒吼了一聲，用他的青槓棒敲我的頭。此時，我已打定注意與其拼命勞動，耗盡最後一點體力而死，不如乾脆睡在這裡，挨你張醜德的棒棒，以死與你一搏。主意拿定緊閉雙眼，裝成什麼也聽不見，什麼也看不見的樣子。

「黃大中！」張醜德氣急敗壞的向山下吼道。不一會，那中年人背著藥箱氣喘吁吁地跑了過來，他開始為我按摩切脈，如此持續了三分鐘，「體溫正常」，他怯生生的說。他已經親眼看到，就憑他一句診斷，張醜德就當著他的面，結束了盧建華的生命，但他又不敢作錯誤的結論。那張醜德果然在怒喝聲中向我的背上抽下了第一棍！我縮成一團，咬著牙關忍著劇痛準備迎接他的第二棍！說也奇怪，這一次張醜德踢了我一下，憤憤地走開了。

「張棒棒！」看著他提著青槓棒漸漸走遠的背影，我腦子裡突然蹦出了這麼一個稱謂。自從到這兒以後，我總覺得稱他為「張隊」實在不符合他的土匪尊容，喊起來十分彆扭，早就想給他取一個綽號像「張土匪」、「張殺手」、「張屠夫」之類，又覺得太露骨。一般犯人也不敢這麼喊！喊不出世的。

唯有「張棒棒」則比較的形神相一，喊出去也不會受到追究。倘若傳開了，送進農場場部他上司的耳朵裡，說不定還會讓他們知道其人在西西卡的作風，今後，西西卡死人也會落原因於他身上，便打定主意，一定把他這個綽號喊出名。

整個下午，我就這麼「死」在工地上，黃昏漸漸地壓下來，腦子裡又在盤算，該怎麼結束這台「戲」？也罷，索性就睡在這裡裝死，看你張醜德，不，張棒棒今天拿我怎麼辦？主意打定，睡在那裡一動也不動。

等到大家集合好隊伍，往下走的時候，幾乎所有人都關注著張醜德對我的處理。他一面吩咐大家收工，一面命令兩個組長，到隊部拿來一根麻繩。

隊伍走了，他一個人留下來，天色越來越暗在我的周圍走來踱去，顯然十分的煩躁又十分的無奈。不時的向山腳下望著那兩個回隊部拿繩子的犯人。我卻一動也不動，在這種時候，絕不能打草驚蛇的。

兩個犯人終於提著繩子從山下氣喘吁吁的走來，這一次他已無怒意，取過了繩子，便向那二人說道：「你們倆，一個抬手、一個抬腳，試試看抬得動不？」他的口氣好像是同人在商量怎麼搬動面前這個怪物。

（五）「死狗」戰

我被兩個人從地上提了起來，按說兩個人抬六十多斤的東西並不是一件很吃力的事，但是對於虛弱極點的流放者卻是好吃力的「活」，還沒有抬出十公尺遠，我便被抬手的那一個喊「停」，重新放到地上。

「把兩手兩腳捆在一起好抬些。」他建議道，於是那繩子便派上了用場。

就這樣，走走停停，好在張棒棒帶著手電筒，便在後面撐燈壓陣，足足費了一個多小時，等我們回到黃桷樹下時，天已漆黑。張棒棒無可奈何的回他的宿舍時，我的周圍已圍了一大圈人，我開始哼起來。一個人捧著我的大鐵缽，遞到我的手裡，裡面裝的是晚上的兩瓢苦菜羹，我認出那人便是老潘，他與我同赴西西卡，與我在同一個「野菜組」，一直保持著沈默，他的沈默是對這種特定環境採取的一種自衛，沈默其實在某些時候是最好的反抗。

像我今天下午的表演，任打任罵就是不動，也是抗拒勞役的作法，名曰：「耍死狗」。這生平第一次的「耍死狗」，雖然背上挨棒，挨踢的地方痛了兩天，但並無巨大傷害。

吃完了野菜羹後，張醜德打著手電筒又走到我面前，看著我正坐在那裡雙目發直，他長長地嘆了一口氣，惡狠狠地吼道：「裝死賣活的，你這傢伙就他媽會反動！告訴你，明天還得照樣給我上工地去！」

看當時我的外形，無異於一具活的屍體，死亡對我隨時可能降臨。我被特殊地安排了一個任務，就是跟在開荒挖地人的後面，將那些已被挖斷，卻仍埋在土裡的蘆草根抖出來堆在一邊。

然而，張棒棒的這種「讓步」立即產生連鎖效應，幾天後，同我一樣，放下鋤頭，與我並排坐在地上抖草根的人一天天多起來。我坐在黑色的泥土上，腦子裡空蕩蕩的，全身像癱瘓似的。最苦惱的還是飢腸轆轆，便將那粗壯的蘆葦根用手抹去泥巴，送入口中咀嚼，可惜那草根乾得像竹子一樣，嚼不出一點汁來。

張醜德無趣地盯著這些枯瘦如柴的拓荒者，慢慢踱著步，走遠了。

我抬起頭來舒著長氣仰望著天空，天空真美，無數彩色的雲變換著奇奇怪怪的圖形。小時候，我常常著迷於這些魔幻般的圖形，把它們看作是在藍天上自由奔跑嬉耍的小狗小兔。而今，在我的眼裡，它們更像大碗裡盛著一個個尖尖「冒兒頭」，旁邊散開的幾片雲彩，則像一些盤子裡裝著的菜肴。

我向身旁的人指點著那雲彩說：「你們看，那兒不正擺著一餐飯嗎？」周圍的人便一齊朝我手指的方向張望，於是大家便認真地討論那大碗裡裝的是幾兩米的飯，一個人一頓能吞下幾大碗？一直到張醜德悄悄從遠處轉回來。「張棒棒回來了！」有人喊道，於是大家便一齊埋下頭去。

我的可憐的「死狗」戰，迅速在擴大，坐地抖草的人嚴格的說，按照國際上的規定，像我們這種瀕臨死亡的狀態，即使是囚犯也該住院治療。但是，在中共統治下，在這蠻荒之地，我們卻被驅趕著照樣服勞役。

「張棒棒」迅速成為這個隊對他的稱謂，他當然知道是我給他起的這個雅號。在焦急和憤恨之餘，他終於接受李管教的建議，改變戰術，採取新的措施。

一天晚上，以我抗拒改造，消極怠工，煽動全中隊集體怠工的罪名，召開了全中隊建隊以來的第一次鬥爭會。殊不知這種老套的迫害手段，對於處在生死邊緣的流放者已完全失去作用，張棒棒的打手班子建不起來，開場白那段慣例的「端正態度」只能「暫免」。

那天晚上，「張，李」輪番獨白，黃桷樹下鼾聲微聞，正要散場，大組長慌慌張張報告說開荒三組的兩人藉解手，去廁所沒回來，窩棚裡不見人，大概是跑了。

張棒棒揮了揮手，鬥爭會停止了，一面氣急敗壞的命令湯幹事，帶兩個全副武裝的士兵，立即出發進行搜捕，各組清點人數。一陣哄鬧後，西西卡重新進入黑沉沉的夜。

我並沒有入睡，倒是替兩個瘦弱不堪的逃亡者擔憂。天黑路迷，山溝裡其實並沒有路，任何懸崖絕壁都是張開大口的墳墓，野狼的嗥叫隱約可聞，令人毛骨悚然！前有大山，後有追兵，兩個骨瘦如柴的人還不像掉在虎狼群中的羔羊，怎逃這虎口？就是倖免得脫，又何處求生？時下雖已是仲春三月，在這荒山之中，除彝家村寨家園果圃裡有一點綠色的小菜地，荒山之中可是什麼也沒有啊。

第二天下午，湯幹事回來了，晚上張棒棒再次召集中隊大會，在全隊犯人中宣佈逃出去的兩個人，第二天早上就在附近的一個村寨被村民抓獲，當場就被彝胞打死。這一次，在他連日憂悶的臉龐上出現了紅光，站在一百多號人面前，將兩名外逃者帶走的兩個小布包高高舉向天空，活像一個凱旋的士兵用槍挑著戰利品向俘虜宣告：

「這就是逃跑的下場！我們的老百姓就有這種覺悟，這是毛主席教導的，叫做陷入人民戰爭的汪洋大海，誰跑得脫？」

他得意的吼著，一百多號人搭拉著腦袋，誰也不知道兩名逃亡者，做了什麼，誰都對這個張棒棒恨之入骨。

誰不明白，兩個不幸的逃生者，是在飢寒奴役逼得無法生存下去，才會如此孤注一擲。如果他們真的死於非命，直接的兇手還不就是你這得意洋洋的張棒棒麼？！

（六）死亡谷裡的老鴉叫

翌日晨，出工之前，張棒棒將我單獨地留在工棚裡，等到大家出工以後，院中已空無一人，兩名士兵便將我叫到黃桷樹下，將我的雙手反背著樹身捆在那裡。那姿勢很像一個負著巨大十字架向地獄走去的人。我因而想起了《神曲》，我該落入九層地獄中的哪一層？但是我清楚地明白，我的可憐身世，哪一層都沒有我容身之地，

如果，我將進入天堂，可這兒怎麼也看不見通往天國的大門，於是我才深深知道，這兒就是人間地獄。暴君毀滅了聖教和神靈，泯滅人性和良知，把人間變成地獄。

中午，大家收工歸來，張棒棒將全體衣衫襤褸的流放者召集在黃桷樹周圍，開了一個現場處理會。宣佈對我「停止勞動，就地反省」。他冷笑道：「對這個頑固份子我們已向場部批報，等待他的是嚴厲懲處。」

真不知道是誰給他出了這麼一個主意，把人捆在樹上，背樹反省。如此的「嚴厲懲處」就像一個精神的恐怖咒，會收什麼效果

呢。他說完後，便正式宣佈「不准再有人在開荒時坐在地上抖草了，實在完不成任務的可以減半。」

從此，白天我便獨自在黃桷樹下，也沒有人來理我。其實，對我最難忍的還是餓，飢餓像幽靈一樣纏著我，我想起了冥界中的「閻王殿」。閻王殿中有餓鬼的說法，使我確信餓確是一種很殘酷的刑罰。此刻，我的四肢不能動彈。飢餓便像鞭子抽打著我，我於是不自覺的口念「阿彌陀佛」。

正念之間，忽然想到不知是哪一位著名的音樂家曾經說過：「唱歌能使人忘掉飢餓」，正好山下飛來了一隻烏鴉，圍著黃桷樹拼命的鼓譟，一邊用它那已禿掉了許多羽毛的翅膀拍打著樹枝，一面發出「哇！哇！」的叫聲。

窩棚的房頂上原來築牆的基建組，正在為房頂鋪草作最後的修整，聽見烏鴉的叫聲，有人拾起石頭向那烏鴉擲去，咕嚕道：「不知又死了誰了，這幾天老是纏著我們這兒叫。」「唉！不祥之兆！那一個還不曉得挨到哪一天！」

那房頂上傳來隱隱可聞的議論聲。

我抬起頭來，卻見那老鴉並不離去，人們越是驅趕它，它越叫越厲害，於是我便清潤了喉嚨，拉長了聲調向它應和著，「哇、哇」這喊聲由低到高，由悶到亢。房頂上的人一齊向我投來奇怪的眼光。

坐在大約五十公尺遠處的哨兵，此刻大約正在打瞌睡，被這陣哇哇的叫聲驚醒，站起身來，用手中的棍子向那烏鴉揮去，烏鴉這才拍拍翅膀，很不情願的掠過枝頭飛走了。

而我卻不停地斷斷續續地哼唱著：「哇！」，哨兵端著槍向我走來，在我的面前站住，直楞楞地盯著我，我相信當時我那模樣一定很可怕，如骷髏般的身上巾巾掛掛，衣不蔽體，兩眼發直。兩根像乾柴棍一樣的腳桿撐在一雙發腫的腳上，倘若是夜間聽到那聲音又目睹此景，一定會認為遇到了鬼。

而他卻站在我的面前，像欣賞這蹲「收租院裡」的「準泥塑像」。也許他始終不明白這樣的形象還在喊，喊的又是什麼呢？在一片莫名其妙的眼神中他終於搖著頭，若有聽悟的自語道：「裝瘋賣傻，瘋了，瘋子，真是瘋子！」哨兵喃喃地咕嚕著走開了。

我就這麼隔著三五分鐘，有節奏的唱到中午。房頂上的人下來了，圍住了我，尤其是楊治邦，用一種憐憫的眼光久久注目著我的腳。張棒棒走到我的面前，眼裡閃著凶光，一言不發地盯著我，幾分好奇和無奈飄進了那三角眼。他回過身去，喃喃地咕嚕著：「瘋了，瘋了，裝瘋賣傻！」

他當然不知道我為什麼這樣喊！因為倘若，我用另一言辭來呻喚，他必會與我答話，那就是：「哇！我餓！我餓……」可是，我為什麼要讓他與我接話呢？「唱歌可以使人忘記飢餓。」我想到的只是一首減輕痛苦的歌。

從那天開始，每天早上把我套上黃桷樹，到晚上放我就寢，我就用這個音符，重複的一遍又一遍地唱著：「哇！」三天過去了，農場場部的龐總管教長聞訊專程趕到西西卡，張棒棒當著他的面，用他的青槓棒指著我向他報告：「這傢伙死不悔改，不勞動裝瘋、裝死狗、裝老鴉叫，什麼都裝。」龐大管教像觀賞一個奇怪的東西盯著我，一臉的狐疑。

從此以後，我在西西卡裝死狗，裝老鴉叫便成了吏、囚皆知的趣聞，我也因此而名揚甘洛農場。

後來到了鹽源，鄧揚光曾幾度以此來取笑我。他說：「你有什麼能耐，除了裝死狗裝老鴉，你又有什麼能耐！」比之轟轟烈烈死於槍口的反抗者，我確實是遜色了。但與那些從你們狗洞中爬出的敗類，我又值得驕傲，而我的同難們說道：「怎麼啦，你們就把他沒辦法！」

直到十五年之後，我被當局傳去宣佈我「無罪釋放」的那一刻，我的同難們都還在提起這段令人傷心的趣聞。

他們說：「老鴉和死狗幫你抗拒了那非人的奴役。」而我則坦然地回答他們：「其實，這是一種動物本能的自衛。否則，我也許就同當時那些耗盡體力，餓死在西西卡山上的冤魂一樣，無法超越那道鬼門關，也無法活到今天了。」

蒼天不滅我，我得感謝蒼天！只是回想起那張棒棒，便覺得中國人的愚昧，可笑可悲。其實這一切災難全都源於專制極權。若非毛澤東陷大陸於飢餓，我們怎會身陷在如此絕境中？

第三節：黑色的夏天

八十年代初期，我看到重慶市委書記廖伯康記錄的有關資料。楊尚昆按四川省「三年自然災害」的呈報，承認餓死了一千兩百五十萬人。根據中共對災荒一貫瞞報、謊報的慣例，這個數目是被縮減的，實際的數目只有到清算「三面紅旗」時才會得出，然而這個數字在毛沒有死時，是絕對封鎖的。

一九六二年三月，我們流放到甘洛時，已處於大飢荒後期。但是一群形容枯槁的流放者，仍然被驅迫進行高強度的勞作，從而使這些流放者迅速變成餓殍。

西西卡的房頂剛好鋪完，幾場春雨便降到久旱的西西卡大地上。初降的雨露，本是蒼天降給人間「潤物細無聲」的愛撫，但對於我們這些虛弱不堪的苦役犯來說，卻是又一場飛來的災難。

大雨連降幾天，我們憩住的草棚，雨水順著泥牆，如注地傾注到我們的被子下面。浸透了穀草，也浸透了破爛不堪的棉絮。三合土地面上水汪汪的，就像流水一樣。黃褐色的雨滴，滲過屋面的蓬草，趁夜滴打在這些浮腫的拓荒者身上。

開始的時候，疲憊不堪的人們，並無精力

去理會那些打在他們身上的雨點。只要臉上不被雨點打著，便蜷著身子躲避，直到滿屋都是雨滴，又無處躲藏時，大家才驚慌的起來。

人們相繼爬起身來，用自己的破臉盆和大鐵缽承接雨水。苦的是被雨水浸透了的被蓋，已無法抵擋寒冷，我們蜷曲在濕透的被子裡瑟瑟發抖。

若在內地，現在正是播種、插秧的農忙季節。然而對於被困在西西卡的這一百五十名流放者來說，卻正經受著一場生死大劫難。

迫於無奈，他下令紮雨班。那雨一下就是七八天，中間沒個間歇。被飢餓纏昏了頭腦的人們這才想起，一年一度的黃梅雨季已經來臨。

極度虛弱的苦役犯，經過這番襲擊，發高燒的病人迅速增加，由黃大中送往醫院的人，又多半死去。

一場春雨在張棒棒的花名冊上，一下子又刪去了六個人。張棒棒開恩，命大家趁下雨的間隔，到周圍山林中撿乾樹枝燒成火爐。一來取暖，二來烘乾已被打濕的衣被。

於是各監舍馬上騰出一塊空地，圍了幾塊磚，準備生火。經歷了一個冬天，西西卡周圍的山林中到處是乾柴。不一會，大捆的乾柴就堆在各監舍的門口。一陣忙亂，窩棚裡騰起一陣滾滾濃煙以後，大家便開始烘烤被打濕的衣被。因為下雨，我也免去了背黃桷樹的處罰，跟隨大家去山上揀柴。

連日的陰雨，野菜也漸漸接不上了。鐵缽裡的稀粥越來越稀，人們越來越飢餓。

初降春雨浸透的山林，從地心中蒸發出的一團團的白色霧氣，覆蓋了西西卡四周白茫茫一片。我想，此時此刻，必定會有人打逃命的主意。

果然，第二天天剛亮，就聽說昨天夜裡開荒三組又跑了一個人。中午時分，打野菜的人便來向張棒棒報信，說昨天逃跑的人，就在不遠處被野狼吃掉了。

下午三點鐘，張棒棒集合全體流放者，冒雨跟著帶信人向出事地點走去。距我們的駐地最多不到一公里的地方，一塊在五天前剛剛開墾出來的一片荒地附近樹叢中，領路人停下了腳步。

在一叢荊棘圍住的青崗栗樹枝上，掛著一些藍色和白色東西。定眼細看，樹枝上斑斑點點，掛著從一件破棉衣上撕扯下來的棉花和破布條。在樹叢腳下的雜草堆中，一灘血肉模糊的東西赫然擺在大家眼前，那是死者的頭顱，以及被撕咬得不成人形的殘軀，令人毛骨悚然。

距殘軀不到三公尺的地方，扔著一個小布包。在小布包上面，也染滿了血跡。仔細再看，周圍的樹枝和樹幹上濺著點點的血肉，留下了死者在臨死前同野狼拼命搏鬥的痕跡。死者年僅二十歲，但已記不起他叫什麼名字了。

我努力回憶著他的外貌和舉止，以保存一份記憶，但我仍然想不起來。這是一個我不認識也不曾有過任何交往的同齡人。死者的父母和親人，還在遠方倚門祈望著他能平安回來，但他葬身野狼的腹中，永遠不能回去見到他的親人了。

張棒棒柱著青槓棒站在屍體邊，手舞足蹈的向我們進行著現場教育。

人們浸沉在恐懼和悲傷之中，樹叢中的霧氣裡面，瀰漫著令人窒息的血腥味。除了飢寒、奴役和鞭打折磨之外，還有一群出沒於營地周圍的野狼，虎視著想逃脫這地獄的任何人。這難道不是當局的精心選擇麼？

那死者是我們之中還不懂事的孩子。他究竟觸犯了哪一條死罪，該送進這荒山野壑中的野狼口中？離駐地這麼近，夜深人靜中，怎麼沒聽見死者同野狼搏鬥時發出的呼救聲？我努力地去回想昨晚睡覺前的所有細節，想回憶起昨晚所聽到的異常的響動。但是，我沒有任何的察覺。是死者因飢餓虛弱恐懼而無力喊叫，還是他壓根就不想出聲，抱著寧可搏鬥而死，也不想被抓回來活受罪？

我被血腥氣憋悶得慌，忍不住，脫口喊道：「哇！哇！」所有的人都向我轉過頭來。張棒棒不屑地瞪了我兩眼，但沒有吭聲。

不一會兒，打野菜的幾個人槓著鋤頭隨後趕到。三個人就在那荒地旁邊挖了一個大約只有一尺深的坑。將就著把死者的頭、遺骨和那包刨進了坑裡，壘起了一個小土包。

屍體埋下以後，張棒棒還用手指著那個小土包惡狠狠地說：「你們看到了吧，這就是反改造的下場。」

是的，這就是那個年代成千上萬的無辜的流放者的悲慘下場。不過，他畢竟太年輕了。風沙和泥土可以很快地湮滅了他的血跡。然而卻無法抹去這血淋淋的血債。

其實，我對死亡已沒有什麼恐懼。

回轉的路上，我忍不住再次向蒼天哀呼：「哇！哇！」只有這樣，才能略抒我心中的悲傷。

身臨絕境的人，只要死神還沒摸到自己的頭顱，必然對自己的生存抱著希望，並且有所行動。像這位剛剛死去的小夥子，未必不是把希望寄託在逃亡成功，便朝著死神手指的方向走去了。

在當時，像胡俚那樣不惜出賣自己的同難而祈求獲得寬恕的人，畢竟是少數。大多數人看到希望渺茫後，只好忍耐和沈默。當然，也有人把希望寄託在調到另一個可以維持半飢半飽的勞改隊。

雖然到西西卡不到四十天，這一百多號人中就已先後死去了十一個人。雖然死神天天都在摸著某一個人頭顱，但是只要沒有摸到自己的頭上，人們依然抱著各種「希望」熬下去。

西西卡沒有暴動，西西卡依然無聲無息地在等待著死人。人們在沈默，在等死和各種「希望」中扳著指頭熬日子。

（一）人吃人

五一節來臨了。這一天，也是我們在這死

亡谷中熬過的第四十天。我們誰也不會去想共產黨何以會對這個節日懷著「虔誠」的敬意？節日，早已對我們毫無意義，充其量帶給我們思念親人的痛苦。

而這一天引起了死亡谷中大家的關心。因為在前一天中午，王事務長已當著大家的面，煞有介事的說：「場部為了讓大家過好到這裡來的第一個五一節，專門組織了一個車隊去了成都，採購臘肉和乾菜。」他這麼一句信口說出來的話，誰也不會去細細思索。

其實從成都來的時候，王事務長「牛羊肉當小菜」的諾言，不會這麼快就忘記。上這兒才一個多月，他便立即改口，好像成都那兒又有取之不盡的肉和菜似的，竟會派一個車隊去成都運來？這比哄孩子還要可笑。

中共對我們騙慣了，對這一百多號餓昏了的人，誰還有興趣去追究他們當初的謊言？不如阿Q一點，把它當作一個希望，真的從成都開回一個車隊的肉和菜。

王事務長看到大家那期盼的表情，因而來了勁，提高了嗓門吼道：「經中隊研究，五一節給每個人加大米四兩，臘肉二兩！乾蘿蔔一兩，乾鹹菜一兩。」人群活躍起來，幾個骨瘦如柴的人竟舉手歡呼起來。

屈指算來，從春節到現在，整整三個月了，幾乎沒見過肉是什麼樣子的流放者，有人在腦海裡盤算，二兩臘肉切開來有幾片？王事務長信口開出來的菜單和加餐糧，能夠填飽一頓肚子嗎？有人就地發言：「只要政府開恩，哪怕吃飽一頓，馬上去死也心滿意足了。」這話聽來，道出了我們的無盡辛酸，四十天來死去的十一個人，不都是些餓死鬼麼？

大家的眼光，一齊聚焦到了廚房裡，盯著那裡的炊事「官」，好像會從他們的身上盯出五一節「豐盛」的菜肴來。

代昌達從廚房裡走了出來，我們稱他為一號獵犬，是西西卡中隊的頭號紅毛犯人，張棒棒欽點的炊事員班長，他是從成都監獄來的，自從當上了那炊事班長的「官」，便比一般犯人高出一頭，炊事組單獨住在廚房裡，平時從不同任何犯人往來。

代昌達被捕前是有「前科」的，因為偷摸被員警抓過，他充當刑警隊「二排」後，專盯「反革命犯」的「反動」言行，並在刑警隊管吃、管用，後來，為了一個女人，爭風吃醋打傷了人，才被「新帳老帳一起算」關進了監獄。

這種敗類，歷來是「階級鬥爭」所依靠的對象，雖然誰都知道其人品極其卑劣骯髒，是一條靠一百多犯人的「血」養得一身橫肉的「兩腳犬」，奈何我們一百多號人的生活大權，有一半掌控在他手中，我們每一頓的「吊命糧」，就是由他稱米下炊，開飯時，又由他手裡的勺子，給你的鐵缽裡裝上孰輕孰重的兩瓢。

因此，大部份的流放者，雖然心裡對他恨之入骨，但在表面上卻不敢得罪他，面子上還得陪著笑臉，與他寒暄。

站在代昌達身後的人叫李治和，是代昌達的搭檔，此人是一個將事務長交給他們的全隊口糧先行吃飽後，再將所餘部份熬成米湯倒進野菜桶裡的「剋扣能手」，他原是重慶地區的一名慣偷，翻牆越壁，撬鎖破門，本是他混跡江湖的看家本領。

入獄後，他常將犯人們不堪壓迫和虐待的牢騷話打成「小報告」，及時面呈管教幹部們，因而討得張棒棒的信任。

雅安搶饅頭事件的為首分子，便是他檢舉告發的，到了西西卡，他便成為張棒棒選擇的炊事組人選，爬上了流放者們的頭上，變成一隻吸血的螞蟥。

李治和的榜樣作用，影響了一些人，胡俚多半就是跟他學的，西西卡中隊成立四十天，連續十一個亡靈，代昌達、李治和可謂直接的小幫兇。

五一節前的下午，大家開始打掃清潔，廚

房的外面，圍觀了一大群囚奴，一向專橫獨裁的張棒棒，今日破例，第一次向這些圍觀的流放者表現他的公正。

這大概是因為西西卡連續死亡事件，有人向場部報告西西卡剋扣囚糧的一種反映。下午三點鐘，張棒棒親自提著秤桿，叫王事務長打開保管室，從裡面取出了一塊燻得黑黃的臘肉，然後親自撐秤，並將秤足的四十五斤刻度亮給在場的人看，以此表明沒有切下一塊私藏。

稱完肉，張棒棒當著大家的面大聲吩咐代昌達：「全部一次下鍋，每人三兩不能少。」同時還指派了基建組的楊治邦作「監廚」。圍觀者盯著那黑裡透黃的臘肉當場鎖進了廚櫃。

第二天放假，中午大家特別守秩序，各自圍在院壩內被指定的圈子裡，每一個組派出三個人從廚房的窗口取回全組的「豐盛」午餐。

今天是「兩菜一湯」，那已經蒸滿的罐罐飯面上，蓋著幾片黑中透黃略帶「哈」味的肉片，每一個圈子中間，都擺著大大小小形狀怪異的鐵缽，兩個人緊張的向鐵缽裡分進菜和湯。其餘的人全神貫注地盯著分菜人手裡的勺子，看是否公平，也看勺舀進鐵缽裡的菜有沒有撒到地上，今天的乾蘿蔔特別香，各個圈子裡都傳來分菜多少的吵嚷聲。

菜分完後，大家把領來的罐罐飯排成一列，圍成一圈，令一個人背過臉去，另一個人拉開排列著的飯菜中為首的一罐，插入筷子，由背過臉的人任意喊圈子中某某開始拿第一份，其餘的按順序取走屬於自己的那份。

即使如此，端到菜飯以後，大家仍然不斷地評多論少，那些分飯時灑在地上的蘿蔔乾，當然被撿得乾乾淨淨。大家端著蓋著肉片的罐罐飯，數著那些黃薰薰的臘肉，多的有六片，少的五片，一直都捨不得吃，等到了把菜湯都喝乾淨以後，才如珍品般的慢慢品賞。

忽然，開荒三組的那個矮個子組長，帶著王事務長出現在廚房門口，並逕直向灶邊的煤堆走去，只見他操起煤堆旁邊的鐵鏟，當著王事務長的面，在煤堆中刨出一塊黑黑的臘肉來，王事務長面對這黑裡透黃的肉，一臉尷尬無奈，人們立刻譁然。

原先安靜的院壩，立刻亂哄哄的，大家把廚房門口圍了一個水洩不通，代昌達、李治和二人被叫了出來，面對著那塊沾著煤屑的臘肉。有人拿秤一稱，有六斤三兩，「看，總共才四十多斤的東西。張隊長稱給大家看的，叫一點不少下的鍋，卻被這兩條狗銜了這麼大一塊走！」人們憤怒地吶喊了起來。

「真他媽的歹毒，天天喝我們的血！」

「餵不飽的狗，你們看，代昌達長得像頭豬！」

「光天化日之下，眾目睽睽，兩條狗什麼時候偷了那麼大一塊肉？」惡罵和尖叫，喧囂了整個院壩。人們只有用厲聲叫罵來發洩對他們久積在胸中的怨恨。

「還有那監廚的呢？那不是一夥的嗎？」

「黑心狼，滾出炊事房。」

「滾出來，代昌達！」院壩裡一片吶喊聲。

張棒棒聞聲趕到廚房，看到現場，早已明白了一切，兩條狗見主人的到來，像見到救星似的，用乞求的眼光期待在眾怒之中得到保護，因為這事真給主人丟了臉，只等著主人如何的發落，臉上的表情十分狼狽。

再看張棒棒，面對著院壩裡一片「滾出廚房」的吼聲，第一次在那橫肉臉上皺起了眉頭。他走到那塊肉旁邊，不屑地朝那兩條狗瞪了一眼，狠狠地吐出兩個字：「混帳！」隨即吩咐，各組派一個人把那塊肉洗淨，切成小片煮熟，重新分給大家。

大家邊吃邊在七嘴八舌的咒罵，並要求張棒棒立即把他們趕出廚房，另換新人。在眾怒難犯之下，為了平息大家的怒氣，他當眾宣佈「李治和從明天開始，到開荒組參加開荒勞動。」想不到這一次同代昌達李治和口中奪食，竟以大家獲勝而告終。

我第一次看到監獄中群起圍攻紅毛犯人並獲得勝利的事，不禁想到雅安監獄那一晚上的情節來，當時的幾個主角，雖然已分散到各中隊去，但那種反抗精神卻留在我們中間。

如果連同我的學老鴉叫以抗拒苦役也算是一種鬥爭的話，那麼這些抗拒既是當局逼出來的，也是雅安鬥爭的延續，這些鬥爭證明，我們這一批流放者雖良莠混雜，但在生命受到威脅時，仍然是非分明。

後來我們又從李治和的口中知道，五一節按當時成都的供應標準，幹部每人供肉五斤，犯人每人供肉半斤。從成都買回的肉，西西卡中隊總共分得一百斤，一半鮮肉，一半臘肉。供應給犯人的肉，實際上是七十斤，結果慷慨的王事務長和張棒棒只拿了一半肉分給大家，且全是臘肉，剩下的肉便全部歸存保管室，以供看守們「細水長流」了。

如此說來，這李治和不過是效仿他的主子罷了，比起張棒棒和王幹事，真還是小巫見大巫，只怪自己不小心，把切下的那塊肉，放進煤堆時被人看見了，才鬧得沸沸揚揚。不過，從我們這些隨時都有餓死可能的人口中奪食，真是太殘忍了。

吃犯人、吃死人、吃逃兵的缺空事，自古有之。歷史上朝政腐敗的時代，軍官吃逃兵的缺額以自肥，獄吏吃死囚的缺空以中飽，直至公開剋扣他們的糧餉，雖然並不鮮見，但一經上司們查出，輕者掉烏紗帽，重者甚至掉腦袋的。但對代昌達和李治和的處罰，如此輕描淡寫，實在還比不上朝政腐敗的時代。

在「全國飢饉」情況下，看守監獄的幹事、管教們，從失去自由的犯人口裡摳出一點吊命糧，從而造成囚犯們大批死亡，則是中共對「歷史」的新「貢獻」。

為吃一點肉，西西卡的主管人敢於這麼做，可見他們平時對犯人口糧的剋扣到了肆無忌憚的地步了。中共不是說給個人的糧食定量是經過計算，足可維持人的生命的麼？那麼到了西西卡以後，為什麼有這麼多人餓死？

不知在西西卡的日子裡，這些「病」死、外逃、打死、毒死的無辜冤魂中，有多少是被這班吸血鬼所害死的？由此推及全國，當年被流放的無辜者中，有多少是被活活的折磨死的？至今沒有統計，也沒有人提到，更何況，追根溯源，這場災難的罪魁禍首毛澤東，不是中共獨裁勢力黑老大麼？面對這種血淋淋的罪惡，侈談共產黨拯救人類，消滅剝削真是太可笑了。

李治和自知到了開荒組，一時半會是進不了廚房的，眼下怎經得起那苦不能入口的野菜羹煎熬？正好，「五一」節前連日陰雨，過了五一野菜告缺。張棒棒安排他到野菜組打野菜。

那李治和自到西西卡以後，仗著他可以自由出入的機會，對西西卡附近的幾家村寨早已摸熟，尤其熟悉靠河邊的寨子，這些人家有幾口人？作息出入規律？糧食堆放到哪裡？他都弄得一清二楚。

到開荒組的第三天，李治和趁去打野菜的機會，便首告捷戰，晚上提回了一袋大約十餘斤重的蕎粑，這年月，邊寨的彝胞比內地的農民也好不了多少，他們生產的糧食，照例是農業合作化後，國家搜刮的最稀貴物資。

同四川內地不同，這兒沒有種小春的習慣，只靠大春一季栽種，五月份正是大春栽種之季，所分的玉米和稻子已經吃完，只是遍山溝裡的蕎麥並不缺乏，在這種青黃不接之際，蕎麥便成了救荒渡飢的唯一食物。

蕎麥粑充飢頗為貼實，所以彝家多半都將蕎麥磨成麵粉，在鍋上烙成大塊的蕎麥粑，上山幹活、放羊打柴時，便用布包著，綁在腰帶上，中午不用回家開炊，就山溝裡的泉水，啃蕎粑充飢。李治和弄來的那一袋蕎粑，估計多半是從人家的灶頭、鍋中收集來的，為了封住他相鄰鋪位人的口，他十分大方把「獵物」分給周圍的人分享。

然而，在這惜糧如金年代裡，對於被偷的人家，是一個多麼大的損失？李治和把別人鍋裡的東西偷走了，豈不是要這些窮苦的邊民的命麼？被偷的村民，必將被偷的消息，立即遍告附近的人家，從此便有了戒備。

果然，一張無形的網正悄悄地張開，專等著這位不速之客的第二次「光臨」。

李治和第一次出擊後，過了三天，他又一次走進了那個村落。這一次，他剛剛進村，就被盯上了。

在李治和翻牆越壁，以為四下無人，還沒等他摸進廚房，五六個彝胞青年已破門而入，一擁而上把他擒住。不由分說，亮出早已準備好的棍棒像捶死豬一樣，朝著他身上雨點般打去，直打得他皮開肉綻。然後取出繩子將他五花大綁吊在房樑上，任他怎麼的告饒呼喊，也不理他。

直到黃昏時分，張棒棒才從打野菜的人那裡聽到李治和出事的消息，只好帶著兩名士兵，找到出事地點，天已黑淨。先是向村長說情，要他放人，但是捆綁李治和的幾家人硬不答應，張棒棒只好又去找公社書記，官腔、私話費了不少口舌，並一再承諾，將他押回中隊以後，一定嚴加看管，保證以後不會再發生這樣的事。

直到晚上十二點鐘，才把李治和從房樑上放下來，此時，他已經喊不出聲來，命在旦夕，深更半夜，又從隊上叫了幾個體力較好的人把他抬回西西卡。把他抬回時，已是第二天凌晨五點多鐘了，抬回來時，並沒有聽見他哼一聲。

我原以為看在他對張棒棒搖尾乞憐和忠心上，在這種重傷情況下，張棒棒會立刻把他送醫院的，卻沒有想到，第二天出工後，張棒棒下令兩個炊事員把這條打得半死不活的癩皮狗，抬到黃桷樹下責令其「反省」示眾。

也許因為我持續幾天的老鴉叫，使張棒棒感到對我乏了勁，或者看到我形容枯槁半死不活的樣子，感到再整下去，很可能鬧出人命，只好放過了我。

我的那個位子，就這樣被他佔據了，中午收工時，我見到他正仰臥在地上，在長著一身橫膘的皮肉上，一條條黑色的棍跡滿布他的全身，從他被撕破的上衣看見，幾道血印是吊打給他留下的終生「紀念」，兩條胳膊已被黑紅的血跡模糊得不堪一睹。除了頭腳的血跡稍微少一點，渾身上下，幾乎是一個「血人」。

比之幾天前看到的那位被野狼吃掉的小夥子的殘軀，好不到哪裡去。

雖然李治和人品卑劣，不足相憫，但看到他那般慘狀，不得不令人心驚肉跳。幸好是他占了體質強壯的光，倘若換另一個人，恐怕早去見閻王爺了。

五一節以後，張棒棒重新調整了勞動組合，撤下了一個開荒組，在工地四周開苗園，種菜和打南瓜窩，我被取消「背」黃桷樹的處罰後，也沒有讓我上山開荒，而是叫我為蔬菜地幹點雜活。

李治和被抬回的那天，見他像死人一樣，腦子裡總是翻動他肆意剋扣張牙舞爪的劣跡。為了懲罰那些敢於向他爭多論少的人，他故意給他們打「半瓢」，甚至還要掄起鐵瓢，將不願離去人手裡端的吊命粥打翻在地，不斷用張棒棒的腔調訓斥對方。

聯想到大陸被弄到如此地步，不正是依憑像張棒棒、代昌達、李治和之類的不同層次敗類，橫七豎八的架成了這台畸形的國家機器嗎？沒有張棒棒、代昌達之流的為虎作倀，大躍進，三面紅旗能這麼肆無忌憚破壞整個國民經濟麼？而今所有慘禍全都轉嫁給了全國普通百姓，不靠這台機器的運轉和鎮壓能平穩無聲麼？

張棒棒和李治和之間不過是一種充滿野性的相互利用。在利用中建立起主僕關係，利用價值一旦失去，便被一腳踢開，這便是李治和的必然下場。

我不知道經過這麼一次大劫難，李治和傷癒康復後，會不會認識到這層可悲的關係？我敢說，在中共這種逆向淘汰機制下，李治和即使死裡逃生的康復了，其損人利己的本性也不會有絲毫改變。

想到這些，我忽然心中悶得發慌。想起了有幾天沒有學老鴉叫了，於是又一次拉長了嗓門，對著他：「哇！哇！」

李治和在黃桷樹下示眾一天，所有經過他身邊的人懷著複雜的心情望著這條癩皮狗，直到下午五點鐘，黃醫生來了，經他的診斷，他終於被抬走送進了醫院。

兩天以後，從醫院傳來消息，說他已經死了。同所有葬身此處的流放者一樣，他被草草挖坑埋進了荒野之中，天道無常，天網恢恢，由不得人間的專制魔王了，他的死應證了「善惡終有報，只差遲與早。勸君勿虧心，冥天不可惱。」

（二）楊治邦之死

蔬菜組成立的同時，張棒棒又抽調了一個組，在開墾出來的土地周圍鏟草皮漚草木灰積肥，以備大春下種之用。他把積肥收方的任務交給了楊治邦。

為了彌補西西卡暫時沒有安裝高音喇叭的缺憾，場部為各中隊訂了報紙，並下令各隊必須指定一名讀報員，每天中午或晚間保證一小時的「讀報學習」時間。

中共向來關注「宣傳」工作，越是飢寒交迫，就越要控制人們的頭腦。通過強制灌輸報上的謊言，來達到精神控制之目的，張棒棒把這事選中了楊治邦。

他比我大四歲，自幼父母雙亡，因貧窮所迫，在他的一個叔叔介紹下，十六歲補了昆明市一個憲兵的空缺。「解放軍」佔領昆明以後，他便編入了「解放軍」，不久復員，靠做工讀完中學，考進了重慶大學。然而他的憲兵歷史「汙」點，按照共產黨的政策，難免受到嚴格審查，他已是畢業班的學生，卻沒有逃過「反右」這一關。

我們同屬極右份子，並一起於一九五八年同赴南桐叢林礦區接受監督勞動改造，後來因下雨閒談，與李天德等人一道，被羅織成「叛國投敵集團」下到獄中。

這次相遇我才知道，他被王懷壽派往南坪取郵件，曾當著王懷壽的面發了幾句牢騷，爭吵過幾句，王懷壽便懷恨在心。

十六歲時留下的「歷史污點」，注定了他成為無產階級專政對象，然而，他生性軟弱，背上歷史包袱後，一味的逆來順受。

張棒棒叫楊治邦擔任收方員和讀報員，除了他的大學生的招牌外，主要看中了他性格懦弱，便於控制。

到了西西卡，我們彼此有了接觸，搞清了他的「叛國案」的冤屈，但對於他的逆來順受態度，我非常反感，後來在與他單獨交談時，我才明白，他已經有妻子和一個六歲的孩子，他的刑期只有七年，按照刑滿的時間，應當是後年獲釋，他還將肩負做父親的天職。

自從楊治邦接受讀報的任務後，每天中午，他便抄起那只破話筒，按照李管教指定的篇目朗讀報紙，雖然他多次向我訴說讀報的苦衷，他說「肚子餓得發慌，有時讀著讀著就感到眼前發黑，金光四射，脊背和額上冒出一股股冷汗。」

他明知自己所讀的全是謊言，但在「按期獲釋，一家團圓」夢想支配下，仍然堅持著讀下去，聽他讀得結結巴巴，臉色鐵青，有幾次我實在聽不下去，把他拉到一邊悄聲地對他說：「唉，你這人怎麼搞的，這種差事你也幹，你就不能把這事交給別的人麼？」但他仍然只是笑了笑，並不回答。

有一天中午，楊治邦像往常那樣，讀完報紙後，單獨到廚房裡領用了一份在數量上優於一般流放人的飯菜後，便上山「收方」去了，當他穿過那片每天都經過的灌木叢時，竟意外發現矮矮的灌木下，長著一朵朵五顏六色的蕈子，他朝那裡走去，隨即發現更遠處長著更多更大的蕈子。

楊治邦從來沒有看見過這樣大的蕈子，它們原是梅雨季節催生出來的，他為自己的發現驚喜不已，但接著便疑團重重，因為山蕈中有許多是有毒的，再看那顏色漂亮的山蕈，宛如魔鬼變成美麗妖女向人招手，是毒餌？還是救命的草？

楊治邦將蕈掰開來細看，那白嫩的肉裡散發出一種誘人的清香，用舌頭去舔了舔，感到並無怪味，在飢餓衝動下，不一會他便收採了一大包，興沖沖的來到積肥的工地上。看看四周無人注意，便在那火堆的一角刨開一個洞，將那一包蕈子埋在那發著暗紅火光的草木灰堆中，重新蓋好草皮，便收方去了。

下班後，大家收工回去，楊治邦便獨自留在工地上，刨開那剛剛埋蕈的火堆，那蕈已燒得香噴噴的，便獨自飽享了一頓豐盛的美餐，殊不知，這正是魔鬼給他安排的「最後晚餐」。

吃飽以後，天色漸黑，楊治邦便踏著暮色，慢慢往回走，還沒有走到黃桷樹下，便覺得噁心反胃，心裡陣陣翻騰，肚子開始隱隱作痛，他強忍著走進了監舍，便倒在鋪上。

大約在晚上十點左右，蕈子毒性大作，他的臉色鐵青，手捂著肚子在床上痛得打滾，豆粒大的汗珠從額頭上一股股冒出來，接著便是猛烈的嘔吐。

黃大中為他診斷，說是食物中毒，看到他情況危急，連夜抬去醫院。第二天早上，送他的人回來說，才進醫院，他的心臟就停止了跳動，楊治邦就這樣匆匆地離開了人間。這裡的青山又一次擁抱了一個無辜的受害者，而撇下他僅六歲的孩子和苦命的妻子，不管他怎樣的逆來順受，仍然沒有圓上他闔家團聚的夢。

親眼目睹這位同學和許多同難的生前和死後，我的心反而十分平靜。我知道，當死神撫摸著我鄰舖上的頭顱時，距我就近在咫尺，也在審看我這棵枯瘦的頭顱呢。

我知道，我隨時都有可能被招去天國，反倒為他巴望不久就要回家，同他的妻兒們團聚傷心。想到這裡，我便不自覺地邁向那黃桷樹下，對著大山長長的哀號：「哇！哇！」

這一次青山竟發出了悠遠的回聲，好像同我一起為楊治邦共唱著送葬的輓歌……

（三）新「食品」

雨水浸透原來堅硬無比的生荒地，也變得特別的鬆軟，蔬菜組的人在打南瓜窩時，意外的發現深土層裡埋藏著一根根像地瓜一樣的塊根。初嘗其味，除了一股泥土的腥臭外，還有一點甜，略帶水份，生吃很像地瓜，細細觀察，這些深藏地底下的塊根，用它像筷子般粗細的主根竄出地面後，便長出了一束帶著細長綠葉的藤蔓來。

這些藤蔓附著在遍地的荒草上面，須細心察看，才可以找到埋藏它們的地方，我們叫不出它的名稱，就根據它的外形頗像地瓜，稱之為「野地瓜」。

後來漸漸發現，那些野地瓜竄根極深，一窩野地瓜，可以結出幾竄的塊根，延伸得很遠，循著那根挖得越深，野地瓜越大，雖然它有一股說不出的苦味，但充飢是可以的。

野地瓜的發掘，給西西卡飢餓的拓荒者送來了救命的「糧」。飢餓的人們在野地瓜的引誘下，忘記了水腫和虛弱，把南瓜窩子打得又大又深，超過了定額的要求，碰著好運氣，一窩裡挖出的野地瓜，足有七八斤重，夠飽飽的吃上兩頓。

開始時，大家挖出它們，僅用手摳掉上面的泥，最多只在骯髒的衣服上擦兩下，便坐在南瓜窩邊狼吞虎嚥大嚼起來。蔬菜地下埋有野地瓜的資訊立刻傳到了全體開荒者，一時間，挖野地瓜充飢便成了「公」「私」兩顧的風潮，風靡了西西卡。

對這種既能充飢，又有利於開荒的風潮，張棒棒也沒有多加阻攔，一段時間後，證實這玩藝兒並無毒性，還指定野菜組的人到山上去搜尋它的藤，將挖出來的野地瓜加在苦菜羹裡。

積肥組負責燒製草木灰，準備大田備耕，也有他們尋找「野食」的門道，他們在草叢中搜捕形形色色的蚱蜢、蟋蟀和藏在糞擔裡肥胖而發亮的「老母蟲」，以及那些剛剛脫去尾巴從溪邊跳進草叢裡的「石蛙」、「癩蛤蟆」和「四腳蛇」等等富含「蛋白質」的品類。

記得小時候，我們住的附近農村，調皮大膽的大孩子，常常用一些形體怪異的「毛毛蟲」「蚱蜢」之類的蟲子去嚇唬小女孩，常常會使這些女孩子們嚇得發出尖叫，現在這些蟲類，統統都變成我們充飢的「野味」。

捉到以後，便把它們穿在一根預先準備好的鐵絲上面，就近的火堆中扒開一個洞，把穿好了的蟲子竄塞進火堆之中。過不了幾分鐘，就可以去取這些燒得很香的「野味」了。

在這些「野味」中，恐怕要數蚱蜢是最常吃的「肉食品」了，拓荒者給了它一個很「肥美」名字叫油蚱蜢，只要火候適宜，把這種蟲剛剛燒黃就取出，它的表面就呈現出一種油亮的皮來，放進口中，真還有那肥肉被燒熟的味道。

至於對稍大一點的動物，例如癩蛤蟆，燒的時候一定要取出它身上一種叫「蟾殊」的毒物，並包上一層稀泥，燒成的效果比肉類差不到哪裡去。

其實飢不擇食，人到極餓時，其覓食的範圍與動物並沒有多大區別。

後來，我成了家，仍不敢忘記毛澤東時代這段身穿巾巾，棉鎧甲禦寒，嘗百草解飢，茹毛飲血的日子。有了孩子以後，為教育他勤奮求學，常將這段生活講出來教育他，然而環境變了，我的說教被中共另一套腐敗意識所沖淡。然而，我不得不提醒年輕的一代：忘記過去，意味著遺忘教訓，那是多麼危險啊！

（四）雷田食子

開荒一組有一個叫雷田的簡陽農民。有一次，他在草堆裡捉到了一條四腳蛇，他便從頭上脫下了那油膩的破氈帽，把那小動物包了起來，晚上吃「野菜粥」時，只見他用熟練的動作，剝下了皮，然後迅速地裝進自己的大鐵缽中，兩瓢滾燙的粥沖下去，蛇身便掙扎起來，尾巴翹出了缽外，他便用手倒提尾巴，將那不知燙熟了沒有的蛇身塞進了他的「血盆大口」中，丟手以後，只見那蠕動的尾巴帶著鮮紅的血，還在他的嘴邊盤繞蠕動，血卻順著他的嘴角向下流。

人們對雷田的這一幕表演已見慣不驚，只聽得他自言自語嘮叨：「再毒的東西，人比他更毒，只有你毒它的，哪有它毒你？」那一瞬間，配以那身巾巾掛掛乞丐不如的穿著，必令人張口結舌，至今，我仍清晰的記得那種場面，那場景在夢中，常常成了惡夢。

二十世紀科技高速發展，自稱人類最優秀份子代表的中共，其統治下的勞改隊，出現原始人類茹毛飲血的慘狀，你也許還會懷疑，但這是活生生的事實。中共當局也許會否認，說這是「反華」勢力對他們的中傷和污衊，但是今天曾在邊荒充過軍，至今還倖存的人，絕不會把這些深刻銘記在心中的一幕從記憶中抹去！並會向他們的兒孫們講述。

就是這個雷田，從不向人們迴避和隱瞞自己親身經歷的殘酷「家史」，當有人問他，怎麼連自己親生的兒子都要殺掉？他總是坐在地上兩眼發直，呆呆凝望著五月涼山的灰色天空，不厭其煩地向人們重複地述說：

「一九六○年春天，家裡面已斷了兩天的炊了，我娘雙目失明，一身浮腫，躺在床上連坐起來都困難，我和老婆已兩天沒見一粒糧食了。那幾天，我先是在竹林裡挖芭蕉頭回來吃，後來芭蕉頭也挖完了，便到土地廟挖觀音土，兩個娃兒，大的六歲，小的才三歲，因為那幾天吃觀音土，拉不出屎來，天天坐在板凳上哭，公社配來的那幾兩玉米，讓老娘和娃兒吃，三個人還要爭。

一天晚上，我老婆去井裡尋了短見，幾個人把她打撈起來就在村頭埋了，我娘和娃兒全身腫得像發泡的饅頭。那天晚上，我剛端出地瓜藤煮的玉米羹和一盆炒了的觀音土做的粑，兩個娃兒不去吃粑，卻去搶那羹，結果盆打翻了潑了一地，我娘聽到聲音，爬在床上，用雙手在地上去抓那潑在地上的羹往嘴裡送。

我實在看不下去了，心中一發狠，抓起一根棍子就向小兒頭上砍去，哪知道娃兒都是吊著命的，那一棍正好打在腦門上，只見他在地上翻了兩下，叫都沒叫出聲來，兩腳一蹬就死了。我看到這裡，心裡發狠，想到反正是死，便取過菜刀把娃兒的頭砍下，丟到廁所裡，身子砍成幾大塊，立馬升起了火，當夜就把他煮了……」

雷田停頓下來，腦子裡似乎還停留在當年的恐怖之中，此時，他臉色鐵青，看得出，他心裡非常難受。

「煮好以後，我把娃兒的腿舀給瞎子娘吃，娘嚇得直哆嗦，我說：『媽，反正娃兒已經死了，殺一個救一個。』」講到這裡他又頓了一下。

「我當時什麼都沒想，大娃兒看到我那樣子，嚇得鑽在床底下直打抖，我把他拉出來告訴他：『你媽也死了，弟弟也死了。總不該全家死絕吧。就看你弟弟的肉，能不能救活你和你奶奶了。』」

雷田講到這裡，臉上的肉在抽動，我想他一定想哭，但是淚水好像已經乾涸了，那乾瘦的眼角也沒有掉下淚來。遲疑良久，便長長地嘆了一口氣：「第二天，隊上的治安就把我找去，我就這樣判了無期徒刑，第二年改判為二十年。」

聽雷田講故事的人都知道，這段往事他已

經反覆講了好幾遍了。好像只有講出來才能減輕他的罪孽感，減輕他心頭的壓力。

故事已整整過去三年，有時候他還流露出自己能活到今天的苦惱。至於他的瞎子娘和他的大孩子，現在是否還活在人間，連他自己都不清楚了。而我對這種故事並不陌生，因為那個年代，我聽到的類似慘劇真不少。

唐朝末年，黃巢作亂，殺人八百萬。河南因旱災和連年內戰發生大飢饉，史書上對他的部將秦宗權曾有「啖人為儲，軍士四出，則鹽屍而從」的記載。已作了中國歷史上王朝傾覆，內戰烽起上一段華夏史上的著名悲劇而永誌千古了。

而今，在中共歷史上，且不說毛澤東在歷次運動中嗜殺成性，殘害無辜，而在和平年代裡，造成這種持續數年的人為大飢饉，演出這一幕幕人吃人的驚心動魄的慘劇。恐怕記載「人相食」的古代史官，都要心驚肉跳。

我不知道，野地瓜是不是減緩了一些瀕於死亡者的厄運，但是即使上蒼有拯救這群可憐生靈的愛心，魔鬼也要變著戲法與之作對。

有一天上午十點鐘左右，第二開荒組的兩個年輕人，挖到了一顆足有兩斤重的草根，草根的芽頭上還發出淡綠色的芽苞，但卻不像野地瓜，芽頭上並沒有長著細如柳葉的藤蔓。兩個人切開一大塊用鼻子去嗅嗅，除了像地瓜相似的生土味外，並無其他異味，再用舌頭去舔，甜甜的。於是兩人便被那誘人的甜味征服，開始分而食之。

由於飢不擇食，兩個年輕人對那極不正常的悶味，卻顧不上懷疑，吃下那個東西後，不到一個小時，到了中午收工時，兩個人的肚子便疼起來，回到監舍，便倒在舖上，捧著肚子哭爹喊娘的打滾，那淒慘的叫喊聲，比楊治邦還要慘。

根據他們斷斷續續講出經過，黃大中判定為誤食了一些種叫狼毒的毒根，當即把他們送往醫院，結果在醫院裡強迫兩人喝下肥皂水

「洗胃」，又使兩人嘔吐不止，還沒到天黑，這兩個年輕人便死在醫院的病床上了。

開始的時候，場部對非正常死亡還有些關注，後來被如此頻繁的死亡弄得十分麻木，對這死去的兩個年輕人，張棒棒好像什麼事都沒發生似的。

我們監舍東側的那條小溪，春雨以後，溪水上漲，被溪水淹沒的兩岸，從水中長出了一種青油油的綠草，它的葉子和氣息與芹菜很相似，我們管它叫野芹菜。生吃起來味苦，但不像其他的野草那麼粗糙難於下嚥，有人大膽的吃了以後，並無嘔吐拉肚子等中毒症狀。

於是，每天到這兒洗手洗臉的人，都要扯一把，蹬在溪邊，就著雨後混濁的溪水，掏掉黏在野芹菜葉子上的泥沙，就像兔子吃草一般的嚼食起來。

沒幾天，那些長著野芹菜的地方，便留下了一片光禿禿的草樁。至於在水中撈到香附子，挖地時挖到甘草，老虎漿，白藥、白芍等等，凡是可以吃的野草樹根，無一不是拓荒者充飢的食物。

張醜德三令五申地禁止「偷吃生冷」，但無濟於事，飢餓的流放者，簡直就像一群餓鬼，不放過任何可以入口的食物，他們為了生存下去，向荒地要食的精神，絕不亞於上古時代的神農氏。在品嘗這些不知名的草和根時，被狀如芋頭的半夏麻得舌頭發直，說不出話來；被狀如野芹菜的毛莨毒得兩眼翻白、口吐白沫。這些勇敢的嘗食者，有不少因誤食毒菌、毒蟲而命喪的，筆不勝記。

可惜，生處如此絕境，這些被共產黨強化洗腦而麻痺了神經的流放者，卻像是一盤散沙，不能團結反抗施暴者，人們因爭奪野地瓜而吵架打鬥的事，又是經常發生的。

（五）為爭「野地瓜」

自從我同胡俚發生鋪草之爭以後，又在偶然中知道了他是盧建華之死的始作俑者，便對他十分憎惡，加上我天性強脾氣，對他這種處處欺侮弱者以討好隊長更感厭惡，使我們成了水火難容的鄰居。

我早就知道，我平時經常抒發的不滿和牢騷，都成了他討好張棒棒的告密材料。當我因學老鴉叫而揚名甘洛農場後，我對隊部的公開對抗態度，人們反倒給我許多道義上的支持，背著大家向我伸大姆指的人不少，我在大家支持下，當著他的面去羞侮他。

說也奇怪，我的這種對立態度，使他欺善怕惡的奴才秉性居然得以收斂。

有一天，我和他挖兩個相鄰的南瓜窩，恰好在那兩個窩之間，距我的窩點不到一公尺的地方冒出了一根又長又壯實的野地瓜苗，我心中早已盤算著只要把我的窩子打大一點，那窩野地瓜，當然是我今天的加班糧了。殊不知，大家剛剛上工地，才放下鋤頭，胡俚搶先去挖那窩野地瓜，見他那種霸道氣，越看越冒火，這不等於逞強欺侮人嗎？

於是，我拿起鋤頭，以我的窩心為園心畫了一個大圈，瞄準正好把那窩野地瓜劃入我挖的圈中，我指著圈，用鋤頭比著他吼道：「你挖自己的窩，為啥搶到我的地盤上來了？」

胡俚見我怒氣衝衝的樣子，就停下了手，稍停一會兒後，他卻毫不示弱的反擊道：「老子挖老子的窩子，關你屁事。」說完他繼續的挖。我便用鋤頭，架著他的鋤頭，兩個人迅速地扭成了一團。

我個子雖然比他高，但浮腫的兩腳卻是虛的，被他一撲，便被壓在了他的身下。突然我對準了就在我嘴邊的他那肩膀，在一股久積仇恨心理支配下，使出混身力量聚於牙幫，狠狠地朝那肩膀咬下一口。

他被咬以後，痛得鬆開了手，朝著我頭上臉上亂打。我已經感覺到鼻血流了出來，便順勢舉起鋤頭向他劈下。

正在這時，幾個同組的人和李幹事把我倆架開，兩個人扭扯著到了隊部，在張棒棒面前，他亮出那被咬傷的肩頭，我當然成了輸家。

張棒棒以我嚴重破壞隊規的名義，將我用繩子紮了起來，並且當眾宣佈：「今後誰挖到野地瓜，誰都不准私吃，一律充公，交到廚房去。」

張棒棒還趁勢挖苦我：「你不是狗吧，怎麼會咬人。」近旁的人紛紛議論：都是「狗咬狗」。因為張棒棒這種處理，使我在這次鬥毆中，蒙上了非議，我也吃了眼前虧。

第二天，老潘在廁所裡悄悄跟我說：「凡事都忌任性。對於像胡俚這樣的傢伙，最妙的辦法就要抓住他的弱點，用他的主人去整他，用不著在小事上同他爭高低。」

這話很有道理，胡俚最大的優勢，也是他最大的弱點，就是霸道任性，陽奉陰違，因他這個優勢而出賣的同難，卻又經常對張棒棒背地裡罵娘發牢騷，報復的機會總是有的，只是要講機會。

果然有一天，他因為沒有完成挖地的任務，而被張棒棒留在工地上，直到晚上九點鐘，才放回來歸宿，他心裡窩著一肚子氣，進到屋裡，坐在鋪上就破口大罵張醜德，我見機會到了，裝作解手，走出監舍立即向張棒棒報告。

第一次在張棒棒面前做這種下三濫的事，確實感到很彆扭，張棒棒將信將疑的走到我們監舍，正好聽見那胡俚的罵聲，便不由分說，將他叫到漆黑的院壩裡，先是兩記耳光，吼道：「你這小子磨洋工，還害得我陪你，你還敢罵政府。」說完便親自動手，狠狠地捆了他一繩子。

這一次勝利，使我大大出了一口惡氣，此後十餘年間，我常常利用這種主子打狗的辦法，制服了好幾個老想在我身上撈油水的敗類。

（六）夜「偷」

按照張棒棒的規劃，除苗圃以外，我們監舍和隊部前方那片平坦的大壩子，全部是蔬菜地。蔬菜地上最先種上小白菜和白蘿蔔。這些生長期短產量又高的菜，是用來接替日益枯竭的野菜的。在全國糧食定量的情況下，為了不違反國家規定的統購統銷政策，又要解除餓死人的危局，大種蔬菜成了風行全國城鄉的一種自救措施。

人民公社化政策，迫使農業畸形的發展。無論是農村的農民或郊區的市民，對種糧反而沒有絲毫積極性。因為那是統購物質，又是定量的東西。種得再多，除了口糧外，其餘的全被搜括進官倉之中。中共各級政府，依靠行政手段強迫農民種上大面積的糧食。而農民的精力和肥料，當然會施到關係自己生死存亡的自留地上。

西西卡的張醜德也不例外。毛澤東用統購統銷的辦法來彌補稀缺的農產品，結果越是統購，物質越是連年奇缺。越是奇缺，越要強化統購。直到油料、花生、黃豆等等百姓最常用的食物，幾乎在市場上絕跡為止。

監舍的背後和周圍，便是一排排南瓜窩，其間也套灑了小白菜種。所有的人畜肥，集中使用在菜蔬地上。南瓜窩的後面，以及周圍山地開出來的荒地，才是大面積玉米和地瓜的種植區。那裡面施下的，只是一些草皮肥。

穀雨節過後，門前的大片蔬菜地已蔥蘢一片，長勢甚好。屋背後的那些南瓜，也開始牽藤。奇怪的是，那些種在生荒地上的幾乎沒有施什麼肥的玉米和地瓜，也已綠色一片，長勢不錯。我想，假如這些作物有充足的肥料，再施以認真的管理，那必是一片上好的莊稼。

看來，西西卡並不是什麼鳥不生蛋的荒山野壑，從地理位置上看，這裡屬於天府之國的川西南地區，土地肥沃，氣候宜人，很適合莊稼的生長。只是在專制帝王時代，由於科學水準的低下，山勢險竣，交通不便，所以才長期的處在閉關自守、自給自足的蠻荒狀態。這兒若無暴政的干預和破壞，靠勤勞人民的辛勤勞作，必是天府西部的米糧川。

我上次在三岔路口所遇到的兩位年輕彝胞所說的「家家戶戶有屯糧，牛羊成群衣食足」的農家美景，絕對是他們以前的盛世。就是專制帝王時代也是如此。我們從成都出發時，所說的「牛羊肉當小菜」也並非全是誑語。之所以我們進甘洛時，這兒成了一片荒山，實乃是毛澤東暴政之惡果。

古人言，苛政猛於虎。大躍進三年後，全國大飢饉已成湯鑊之禍。在缺糧供應的條件下，一哄而上，驅趕一群飢餓的無辜囚奴，用槍押著，強迫我們來開闢這些被荒廢的土地，才造成了我們靠野菜和草根毒蟲充飢，掙扎在飢餓中的慘景，造成我們大批餓死。

現在用我們的生命換來的長勢誘人的蔬菜，當然會成為飢餓的拓荒者用來充飢的對象。比之草根和蝗蟲，小白菜和蘿蔔才是人吃的東西。

張棒棒早已加強了預防和警戒。下令除了炊事員和蔬菜組的人外，其他任何人不得進入菜地。他還在我們出工必經的道路上，插起一排半人高的竹籬笆。凡是要穿過菜地到南面山坡上耕作的大田組，都讓兩名武裝士兵一前一後的監視和押送。

即使在嚴密防範和監視下，那些最先長大的小白菜和大蘿蔔，仍然經常受到「襲擊」。靠近路邊的菜地，像癩子的頭一樣，小白菜被一片片扯掉，蘿蔔地裡也留下了一個個被拔去蘿蔔後的淺坑。

出工時，經過菜地，趁著跟隊的士兵在最後面，前面的人就有人用最快的動作跳越過竹籬笆，將早已瞄準好的蘿蔔拔在手中，再像蚱蜢一樣跳回隊伍中。整個襲擊動作，必須在兩三秒鐘內完成，如果沒有被發現，便將戰利品揣於懷中，到工地上再吃。

也有人用衣襟把蘿蔔的泥揩去，便很快地

大嚼起來，一個蘿蔔下肚，用不了一分鐘。為了防止被隊伍後面的士兵看見，大家相互掩護：當前面有人跳進菜地以後，後面的人會用身體遮住士兵的視線，故意跌倒打鬧，以轉移監視士兵的注意力。

當蔬菜漸漸長高，人蹲在裡面被遮住，對菜地的夜襲行動便開始了。

夜襲菜地，畢竟非常危險，雖然當時還來不及在監舍周圍設置高牆和電網，但是每晚都有士兵輪流值夜，蔬菜地當然是看守的重點之一。因為是一片平壩，即使在黑夜，只要手電筒光掃過，任何人都無法躲藏。如若夜間被抓到，恐怕就不是幾棒棒就能了結的。

即使如此，每有夜雨驟起，狂風大作，或到下半夜人已酣睡之時，我們的舍房裡便有人弄回大綑的蘿蔔來。也有被抓住的，張棒棒便採用五花大綁的方式，來懲罰每一個落到他手中的人。

有一天，大田組的周均在玉米地裡掰了一個剛剛掛鬚的嫩玉米，被張棒棒捉住，張棒棒除命令周均把嫩玉米連蕊一起嚼進肚裡外，還吩咐兩名士兵，將他五花大綁。細麻繩勒進周均皮裡三分有餘，再將他像拎小雞一樣反背著擢緊，周均連聲慘叫，不久痛昏過去。

張棒棒一面嘴裡不停喝罵：「我叫你這狗日的吃老子的玉米！我叫你這幫餓死鬼吃！老子今天整死你也活該。」

暴怒使張棒棒滿臉的橫肉更加凸起，就像要生吞了周均才解心頭之恨似的。人命在他野獸般的眼裡，簡直如草芥一般。為了一個玉米，他幾乎弄死可憐的周均。那莊稼本是我們這些苦役犯用血汗換來的，卻成了他的了，誰如果因為耐不住飢餓，還得用自己的性命去換。

周均就因偷吃了一個嫩玉米，在黃桷樹上被捆吊了個半死，直到半個月後，右手仍是麻木的，不能抓穩筷子。

從此以後，他便沈默寡言了，終於在一個

沒有月色的黑夜，隻身逃跑了。逃走以後，張棒棒對他遺下的破爛行李進行搜查，證明他什麼也沒有帶走。大家無不替這個帶著傷殘的小夥子擔心，要翻越這崇山峻嶺，豈非易事？他這一去，凶多吉少。

果然不出一個星期。張棒棒便在晚上的隊前訓話時宣佈說：「周均逃到了越西河邊的吊橋上，被守橋的民兵發現，叫他站住，他非但不聽，反而拔腿狂奔，結果他從吊橋上跌進了幾十公尺高的越西河裡餵魚去了。」

不過，張棒棒已沒有先前那種幸災樂禍了。先前一百五十人的「隊伍」，儘管從別的地方抽來一些加以補充，此時只剩下一百個人了。

轉眼已是七月上旬，但對於我們，剛過去的四個月，好像過了四十年，那片茂盛的蔬菜地裡，長出的白菜、蘿蔔，也已源源不斷地代替了野菜，晚上的粥已改為蘿蔔稀飯，可我們知道這是幾十條生命換來的。然而流放者的飢餓，並沒有多大的減輕。老虎漿野地瓜依然是大家覓食的主要對象。

在監房大門前，種植了一片辣椒，不知是這裡的氣候和土壤特別適宜，還是所種的辣椒種屬於高產良種，那片一畝地的辣椒，長勢特別旺盛，植株都在一米以上，且枝葉茂盛，結實累累。辣椒本是供給本隊駐軍和幹部們作蔬菜的，長勢繁茂的辣椒獲得豐收，明顯的供過於求了，為了討好場部，張棒棒下令菜蔬組，摘下首批牛角椒專程給場部送去。

西西卡的夏夜，在帶給人們靜謐的同時，也隨風吹來了果實的清香。每當深夜，當晚風徐徐送來各種莊稼的清香時，對於餓得發慌的人們，是一種難以抗拒的誘惑，雖然張棒棒狠毒的懲罰鎮壓著躍躍欲試的囚奴，他們白天找不到機會，便頻頻在夜間進行夜襲。

隨著蔬菜日漸長高，監房前的南瓜藤也覆蓋了大地，給夜襲者提供了良好的掩護。於是借晚上起身小解的機會，環顧四下無人，便一個縱步，跨過門前大約一米寬的排水溝。迅速趴下身子，伏地向前爬行。到了菜地籬笆邊，便悄悄地抽開一個缺口，然後悄悄地潛入青椒地，藉著茂密枝葉的掩蔽，貼著地面繼續向縱深爬去，直爬到菜地深處，把頭略略上抬，就可以觸到肥大的果實。

摘辣椒時，要仰躺著，控制住心的狂跳，然後用兩隻手輕輕摘下，使之發不出聲響來。摘在手中後，再側耳傾聽，確知四下無人後，再翻過身來，背朝天空，伏地大嚼。一邊吃一邊還要側耳細聽，周圍若有腳步聲，便要立即停止嚼吃。

等到吃得差不多了，就開始取出束在腰間的口袋，將摘下果實迅速裝袋，等滿載以後，爬出辣椒叢，又要靜靜偵聽。找到原來進園時的籬笆缺口，再悄悄將進來時放在一邊的竹子，一根一根插回原處。等四下無人聲時，再翻過排水溝，帶著戰勝品鑽進那臨時窩棚裡自己的窩中。

每次偷襲，至少需一個小時以上，每次偷襲，都會碰到哨兵巡遊的手電筒。不過每次偷襲成功，足可以扛回供好幾天「加餐」了。

監舍背後的那一片玉米長勢十分旺盛。僅僅四十多天，它們已由小苗長到了一人多高，在腰上掛上了剛出鬚的玉米娃。

夏天多傾盆大雨，趁著雷雨交加的夜幕掩護，偷襲的目標便改為更能充飢的嫩玉米。

進入玉米地，要比潛入辣椒地困難得多。因為要到達玉米地，首先必須繞過屋廊，再轉過整排監舍的牆角後，繞到監房後面，經過排水溝，越過大約二十公尺寬沒有掩蔽的南瓜地，才能進入那片玉米地。如此長時間的夜間穿行，碰上穿梭的巡邏兵可能性很大。一般的黑夜，很難安全完成整個的潛越過程。非借雷雨交加和夜幕的雙重掩護才行。

然而既是雷雨天，那閃電的時間則無法側定，每次電光一閃，如同白晝。如若恰好碰上巡邏哨兵，極有可能以逃跑的名義，將你就地擊斃，故而十分危險。

好在每逢雷雨，那些巡邏兵一般躲在營房裡不出來。因為他們都怕高山的雷電劈死自己。他們才不那麼死心塌地地「忠於職守」呢。

不過雨夜「偷襲」，雷電是不饒人的，萬一擊中夜襲人，只好自認倒楣。而且因為過於膽大，久走夜路，必有撞鬼的時候。

有一天夜晚，上半夜還下過一陣雨。到了下半夜三點鐘左右，雨住了，月亮也落山了。趁著微微有些昏影的月黑頭，住在隔壁的雷田出動了。

雷田剛剛轉過牆角，穿越南瓜地的時候，玉米林中意外的射來了一束強烈的手電筒光罩定了他，他還來不及轉身，一聲么喝，兩個全副武裝的士兵一擁而上，將他捆翻在泥濘的南瓜地裡，幾記重拳腳踢，體弱的雷田連哼都沒有哼出聲，便失去了知覺。

第二天，他被捆翻在黃桷樹下，混身都是泥土，要不是他傷痕累累的臉上兩個發紅的眼睛還在轉動，活像一具從泥水中拖出來的死人。

看著他令人心悸的模樣，耳朵裡就會響起他把自己的孩子打死，並煮肉給瞎眼娘吃的那番令人悲憫的自述。他是那個年代裡，遭受空前慘烈災難的普通農民的典型代表，而他的克勤忍讓，是中國農民的普遍品質。

他經常對人說：「我前世一定作了大孽，今生才得如此之報。」如此看來，他對無奈殺子背上新的罪惡感。難道蒼天真會對他施行這麼殘酷的懲罰？

大致由於頻繁的「夜襲」被張棒棒發覺，以後的夜襲，明顯受到了獄方更嚴厲的戒備和防範。就是在大雨傾盆的夜晚，玉米地上空會時時射來一束束刺眼的手電筒光，儘管如此，夜襲行動仍未中斷過。

人們為了克服飢餓的煎熬，對慘酷的處罰，已變得麻木不仁。

（七）人間地獄

有一次，我依然照著雷雨夜襲的慣例，選擇了一個漆黑的雷雨交加的夜晚。當狂風大作天空的閃電剛剛開始時，我就準備好了一條破褲子紮成的大口袋。

第一陣瓢潑大雨狂瀉時，我已越過了門前的屋廊，潛到了南瓜地邊。頂著茫茫大雨潛行，雨往身上直攢，嗆得我喘不過氣來。

藉著一陣閃電的餘光，我辨認了方向，向著玉米地猛衝過去，腳上絆到了一根指頭粗的瓜藤，幾乎將我絆倒，剛剛站穩，突然在濛濛大雨中，一道手電筒光從遠處向我掃來。我趕緊趴在泥漿四濺的南瓜窩中。豆大的雨點，打在我的頭上和背上。我明白，只要我的頭不超過那片茂盛的南瓜葉，我就不會被發現。

此時，我的精神被大雨沖刷得亢奮異常。手電筒光射過以後，便熄滅了。大地又歸於漆黑之中。如注的暴雨和強勁的疾風發出強烈的吼聲，時不時有雷暴從頭上滾過。

我開始慢慢向前挪動身體，卻辨別不清從哪裡爬進玉米地了。

在一片電閃中，我重新辨認了方向，等到那電閃剛剛熄滅，我突然站起身來，迅速地穿過南瓜地，進入了黑壓壓的玉米林中。

當我接觸到著粗壯的玉米植株時，緊張的心才稍稍鬆弛。摸到壯碩的玉米，興奮感又使我的心狂跳起來，我明白，只要向玉米林的深處前進五公尺，茂盛的玉米林就會掩護著我，而不易發現了。藉著滂沱大雨，我就可以大膽獵食了。

然而就在這最後的兩秒，距目的地大約只有十公尺遠，一束強烈的手電筒光，出其不意的攔腰掃來。我急忙趴在雨地上，聽得見沉重皮鞋聲在不到二十公尺遠的田坎上響了起來。我倒吸了一口涼氣，屏住了呼吸，好險啦。看來，張棒棒已安排人加強了巡邏。

全身被雨水濕透，背上沁出了股股冷汗。還好，那皮鞋聲漸漸遠去。我沒被他們發現。

雨勢減弱了，方才那股狂暴的勁頭漸漸軟了下來。於是我果斷地站起身來，向玉米林的縱深處鑽了進去，在雨聲和風聲的掩護下，我迅速的操作起來。為了不留下痕跡，以免第二天被人發現，每掰下一個玉米，便撕去它的殼衣，並把撕下的衣殼全部就地埋掉。近處的玉米已被掰掉了許多，我只能向更縱深的方向前進。

風勢雖有所減弱，但雨仍然很大。我顧不得玉米葉將膀子和臉鋸出一條條火辣辣的劃傷，時間不允許我在那裡了。當我去腰間取出那預先準備好的「口袋」時，我這才發現，「口袋」不知掉到哪裡去了。四下一片寂黑，我已無法找到來路，當然也無法去找那條「口袋」。連忙把上衣脫下，草草將掰下來的玉米紮成一捆。等待下一個閃電，好辨明方向往回走。

正在此時，我突然聽見監舍的那個方向，隱隱傳來人的吶喊聲，心中不禁一驚，以為是誰藉雨夜外逃被發現了。

看來，回去發生了麻煩，趕緊提著那袋玉米，撥開刺人的玉米葉阻攔，向南瓜地方向跑去。正想探頭看看究竟監舍裡發生了什麼事情，兩束強烈的手電筒光已將我罩住。只聽見雨幕後傳來張棒棒喊我名字的聲音。

藉著手電筒光，我看見他正夾著那本點名冊站在那裡。我心裡明白，張棒棒雨夜查房，不見了我，便到我返回的路上來截接了。看來，我是在劫難逃，五六個人一齊向我圍了過來。不出一分鐘，就像老鷹抓小雞似的將我抓出了玉米地。

雨下得越來越大，但雷聲漸漸平息。黑暗中，我看不清楚來抓我的人是誰，便被繩子緊緊的勒住。幾個人連推帶搡，踩著高一腳低一腳的泥漿，踉踉蹌蹌在雨中向前走去。忽然我聽見了那清脆的溪水聲，我不知道他們將怎樣懲罰我。

張棒棒因為我給他取了綽號，早已對我恨

入骨髓，他早就想找個機會狠狠收拾我一頓。我被喝住，方才捆我的人走到我跟前，將繩子狠狠地抽緊了兩下，一陣鑽心的劇痛，使我立即昏了過去。

不知道過了多久，我慢慢有了一點知覺，疼痛重新控制了我，鑽心的痛使我大聲的呻吟，卻完全不能減緩這種痛感。雨好像已經停了，為了減輕那徹心疼痛，我便橫下一條心，將那手臂猛的向上抬，殊不知，一陣劇痛以後，我又失去了知覺。

第二次醒來時，下弦的月亮已經爬到那楊柳樹上。藉著月光，辨出我在小溪的位置。勒緊的繩子，已被溪水泡脹，深深的勒進了我的肉裡面，雙手怎麼也不聽使喚。我大聲地吼起來，臉上只感覺一群毒蚊在撲打，徹心的疼痛使我忘記了眼前的一切，我又重新昏了過去。

等到我第三次醒來時，已是早晨，我已躺在那棵黃桷樹下了，身邊擺著一副繩子，上面沾滿泥和血。我努力的抬起頭來，才發現我的上半身竟是光著的，兩肩上留著兩道紫黑色的血印，雙手已完全失去了知覺，好像並不屬於我的。

我的一身，幾乎是從泥漿裡爬出來的，稍一動彈，便痛徹心脾。我努力回想我的上半身怎麼脫光了？想了半天才想起，昨晚冒雨掰玉米時，因為口袋丟了，只好脫下衣服當口袋，想起來後，我重新閉上了雙眼。

流放者們正在壩子裡圍著圈喝稀飯，他們不時向我張望，而我卻緊閉著雙眼真不想醒過來，真不想活著回到這比地獄還不堪忍受的西西卡來。

我感到沒有力氣再活下去，然而到了奈何橋上，牛頭馬面卻堵著我前行的路，讓我重新返回，說我陽壽未盡，活罪未夠。

張醜德重新遊到我的眼前。他真正感到了痛快了，看到平時敢於挖苦他而又無可奈何的「死狗」今天成了他手中的一條「死狗」。於是得意的用那沾著許多人血的青槓棒戳了我一下頭。用挖苦的口吻問道：「你不是說辣椒有維生素嗎？你不是說維生素可以消腫才偷辣椒的嗎？那麼還沒有長出玉米米的嫩玉米也有維生素嗎，好吃嗎？」

我真不想看他。當時，如果我有力量，我會將我口裡的血塊吐到他的臉上。我緊緊閉著雙眼，只聽見他嚎叫道：「老子種的玉米，全給你們這幫餓鬼偷光了。你們偷呀！偷完了，餓死吧！餓死活該！」

我感到他有點進步了，因為，他多少已經擺脫那「改造和反改造」和「無產階級專政」的口風，並且敢於承認我們是餓鬼了。

這使我想起共產黨作家所描寫的地主、資本家來，他們對於那些窮苦工人和農民，常常就罵「窮鬼，餓死你活該！」張醜德不是酷似他們嗎？「餓鬼」才是這幫吃人不吐骨頭的劊子手對我們所用的恰當稱謂。

誰都明白，這玉米絕不是這張棒棒種出來的。而是我們這群飢餓的奴隸用血汗和生命換來的。短短四個月裡，就有四十多名流亡者的屍骨埋在這片土地下面。

所以這些辣椒，白菜，玉米都帶著血腥味！尤其是經他這麼一說，倒反而點出這血腥果實裡真含有無比毒的毒汁，就因為這毒汁的引誘，使飢餓的拓荒者，再度像我一樣遭受摧命之殘。

不過這偷卻用得不確切，因為「偷」還帶著一點人情味，人取不該取的行為才叫偷，而我現在是在面臨餓死時，為爭生存的行為，何況東西原來就是我們血汗換來的。

試試看，在平常日子裡誰會冒著吃槍子危險偷幾個玉米？偷來後還連芯一起嚼下？除那些野地裡膽怯的野生動物，像獾子、毛狗才會利用大雨和黑夜的掩護，去偷這種人用勞動換來的農作物。而動物在偷取農作物時，一旦被守地的農民發現是要吃槍子的，所以這叫生存競爭。

在這種大雨天裡，被雨淋透的身體隨時可

能招來天上的雷擊，還可能招來巡邏哨兵的槍子，我怎會被這肥頭大耳的張棒棒說成是偷？

這一切在他眼裡，真把我們當成了偷莊稼的獾子，甚至比獾子還可惡，你聽他咬牙切齒的下令：「給我狠狠的揍，狠狠的捆，往死裡整！」獾子在偷農作物時吃槍子，是出於農民保護莊稼的行為，尚沒那樣咬牙切齒痛恨，而我是人哪，是同張棒棒一樣的中國人，是生產玉米，養活張棒棒們的勞動者哪，當我們為活命而冒險時，竟遭到張棒棒慘絕人性的豺狼般撕咬。

我從睡在地上的位置上微微地抬起頭來，拼命地睜開眼睛，但眼睛像被膠封住了似的睜不開，腦子裡還在滾動著昨夜恐怖的一幕——天上打著炸雷，玉米地裡老管們踏著雨水叭搭叭搭的響聲，拉動槍栓的響聲，吆喝聲交雜在一起。天空中一道道的閃電與四面八方射向我的手電筒光，緊緊地將我包圍。

過了好一會，我終於睜開眼睛，向壩子裡望去，衣衫襤褸的人們正蹲在泥水窪的地方端著他們的鐵缽，狼吞虎嚥地喝稀飯。他們偷偷的用驚恐的眼光朝我身上掃過來，有的還在交耳竊議。

我在這些襤褸人的人群中，看到了羅旭。昨晚那條裝玉米的褲子，便是他從牆裡遞給我的，本來我們約好一起下手的，大概因為風雨太大，同時他被地邊的一束手電筒光阻止，他沒跟著我下地。現在他看到我這麼一個下場，心裡也許既難受又僥倖吧。

我從這些交織在我身上的眼光裡看到了自己，看到了留在自己身上的紫黑色的血印。

我的四肢已不聽使喚，連挪動的一下身體的能力也沒有。全身像被肢解了一般，除了自己的頭腦一陣陣嗡嗡作響外，手、腳、身體都不知長在什麼位置上。眼前又是一陣發黑，我重新昏了過去……

（八）甘洛醫院裡的餓殍

當我重新睜開眼睛時，我已經躺在一張舊

木床上了。我的床邊放著一個與床同樣顏色的舊木櫃，上面放著一些藥瓶和一個碗，一股藥棉酒精的味道撲進我的鼻孔。

我想知道我現在在什麼地方？便努力地偏著頭四處張望。恍恍惚惚地看到，頭頂上灰色的屋頂，以及四周黃色的泥牆。這是一間放著四張小木床的屋子。四張床完全一樣，床前各配一個小櫃子。除了一張床空著，其餘兩張床上躺著兩個像骷髏一樣的病人。如果不是他們那深陷在眼窩裡的眼珠在轉動，無異於兩具僵屍。

此時，他們正用一種驚訝的眼光盯著我看，彷彿在說：「唉，這個人終於還是活過來了」！

鄰床兩位的床頭各掛著一塊木牌。我看了老半天，才認出那木牌上寫著「流汁」兩個字。空著的那張木床上鋪著棉絮和床單，床單上還沾著斑斑的血跡。是洗不淨了？還是根本沒有洗？我想，那張床上興許剛剛抬下死了的人。

空氣顯得特別沉悶，光線也特別灰暗。牆上只開著的一個小孔，病房內照明不足。我想掙扎著坐起身來，卻全身不聽使喚。我努力回憶昏迷之前發生的事，忽然看到我穿的那條滿是泥和血的褲子換上了一條滿是鉚釘的褲子。上身穿著一件印有「病號」字樣的藍色條紋上衣，手臂上還有兩處沒有補好的洞。

良久，我的腦子又是一片空白。不知什麼時候，一個穿舊白大褂的中年人走了進來，摸著我的「脈」，從木箱裡取出溫度計，塞進我的嘴中。他又看了看我的傷痕累累的手臂、肩膀、背部的胸部，臉上毫無表情，一言不發的走了。

不知過了多久，又一個年輕人托著一個盤子，裡面擺著三個小碗盛著豆槳，是我和鄰床三個人的早餐，每人一小碗。

到甘洛農場整整七個月，我還是第一次看到豆槳，肚子裡便感到非常飢餓。便在那送豆槳的小夥子幫助下，含著一根麥管吸完了那碗豆槳。而我的鄰床，卻只呷了兩口，便喝不下去了。

不一會，那位送豆漿來的小夥子，端著一個盅子，倒走了那兩碗剩下的豆漿。我立刻想到兩年前在孫家花園監獄醫院的情形。我現在是躺在犯人醫院裡了麼？我望著那兩個僵屍般的人，看到他們想喝豆槳卻喝不下去的樣子，一定是離死不遠了。

果然我是被送到了甘洛農場的醫院來了。三天以後，先我進來的兩位不知姓名的骷髏架，先後都被抬去了「太平間」。

進入西西卡七個月來，甘洛農場從各個中隊陸續因中毒、水腫破了腹水，被各種原因打得半死而送到這裡來的人，僅西西卡就有上百人，他們幾乎無一生還。我來三天了，仍沒有力氣說話。就連剛剛抬到太平間的兩位病友，都不曾交談一句。所以，我並不知道他們的姓名，何方人士？家庭狀況怎樣？

唉！這兒算是設在甘洛農場的最後一道鬼門關，我是因重傷昏迷而送到了這裡來的。因為我失去了任何知覺，所以全無恐怖感。說也奇怪，經過一個星期，我從半昏迷狀態漸漸蘇醒過來了。

十天後，那被繩子勒傷的地方都結上了疤，四肢也漸漸可以動彈。不但可以坐起身來，還能下鋪站立和小步走動。唯有那一夜被毒蚊叮咬的地方，留下了一片片黑色的斑點。

那天晚上，我昏迷了十幾個小時一直還沒有弄清其中的原因。是因為傷口感染還是失血太多？是因為毒蚊在我的血液裡注入了大量的毒液還是身體休克虛脫？那晚上我被毒蚊飽食了一頓，想來我的前輩子，一定殺死過很多很多的蚊子，所以他們才會這麼兇狠地咬我。

就這樣，在內餓外傷的夾攻下，在如此簡陋的「護理」條件下，我竟奇蹟般的硬挺過來了。想來，閻王爺翻過我的生死簿，上面定是寫著：「此人陽壽未盡，逐出鬼門關。」

兩具骷髏被抬進太平間不久，病房裡的三個床位上，又填進了三個新來的人。等我神志漸漸清醒，能坐立和說話後，其中一位向我主動說道：「你的傷勢不輕啊。」他說：「你就是孔令平嗎？這幾天醫生量你的體溫都是四十度上下。不過看護餵你時，你還能進食，吃了以後又昏睡，現在你好些了嗎？」他還告訴我，我被送到這裡以後，昏睡了整整五天。

我感到奇怪，我跟他素不相識，他怎會知道我的名字？他指了指掛在我床前的那塊硬紙牌，那上面不僅寫明「流汁」字樣，還寫著我的名字。

新來的三個人是從斯足中隊送過來的危重病人。這個年代，水腫從腳上開始，向上延伸。一旦過了腹部，腫得透亮的部份便開始破皮。積存在皮下的黃水，便從破皮的地方流出來，帶著腥臭。一個人到了這個地步，就是死定了，這就是當年餓死的人死亡的全過程。

這新來的三個人中，兩個人已開始破皮流黃水了。與我說話的那一位姓龍，腹部已腫得透亮，只是還沒有破皮。他的行動已非常不便，站起來都很困難，常常坐在床邊，臉腫得像胖官。交談中，他還道出了雅安搶饅頭的故事。

原來他也是同一批人中的一員，雅安搶饅頭事件中，為首的人物幾乎都集中於斯足中隊。所以斯足是當時甘洛農場有名的「抗暴」中心。

這位姓龍的人告訴我，他們的隊長和幹事經常提到孔令平的名字，說：「在西西卡，像孔令平這樣的反改造份子，捆起來以後，只會在黃桷樹下學老鴉叫。現在還不是要規規矩矩的聽從管教和幹事的指揮，最近收斂多了，不敢再耍死狗了。」

斯足的情況與西西卡一樣，同難們把坐在工地上「耍死狗」，當成普遍的反抗手段。每天，武裝人員都要從監房裡把不出工的人硬拖上工地。

場部管教科為了鎮壓這一潮流的漫延，組織了工作組，照樣是用吊打來對付抗工的人們。無奈水腫和餓死的人像瘟疫一樣流行，短短七個月中，斯足中隊約有一半人到天堂去了。

有一次趁到甘洛農場糧倉運米，一下子就跑了七個人，只抓回了兩人，其餘五人下落不明。不知是死在深山老林裡，還是逃出了虎口……

在我能下床的第三天，從斯足來的鄰床也破了腹水。兩個病人陸陸續續的抬到了太平間裡。剩下的這位姓龍的也奄奄一息，輪到我來給他送水倒尿了。第二天，兩個死去的病床上，又抬進來了新的水腫病患者。

也許是我命不該絕，上蒼對我網開一面，特意垂憐，在醫院住了十來天後，我已能緩慢的走出病房，到外面去呼吸新鮮空氣了。聽護理人員介紹，這裡原是公社的赤腳醫生點，半年前剛建立起來的甘洛農場接收了它的場地，正式更名為甘洛農場醫院。雖叫醫院，但除了有些常規的藥物，和幾十個床鋪外，基本上沒有任何的醫療設備。病人在這裡，基本上是靠自身的抵抗力自生自滅。

送到這裡來的人，大半成為孤魂野鬼。當我在這裡住到第十八個晚上，護士喊我的名字，通知我出院，返回西西卡。

我的鄰床向我道賀，他向我伸出腫得像饅頭一樣的手，向我揮手致別。悲傷的說到：「我還真想有機會活下來，看看這世道最終會變成什麼樣子？」我握著他的手回答到：「會的，我們一定還會見面，你們多多保重。」可眼裡卻忍不住掉下眼淚來。

（九）人間地獄

我出院時，已九月份了。拖著水腫的腳，跟著來接我回西西卡的盧醫生，吃力地走在崎嶇的山路上，滿山的玉米已經成熟，我又想起那天在雨夜裡，襲擊玉米地的前前後後。

在我眼裡，這些將成熟的玉米，像一個個醮滿人血的饅頭。這些糧食是我們挨著餓用生命和鮮血換來的呀。這些糧食來之不易，每一顆玉米子中都浸著我們的血淚。

當我走上山崗，迎面吹來的一陣秋風，使我渾身打顫。我從重慶監獄流放出來，為渡過甘洛的鬼門關，從孫家花園隨身攜帶的舊毛衣、舊毛褲、棉背心等，原先裝在破皮箱裡的舊衣服，幾乎全在這裡換了蕎粑吃下肚子裡去了。

此時，我身上只裹著一件在孫家花園監獄時發放的舊棉衣，經過流放的千里顛簸和七個月開荒種地，這件舊棉衣早已破爛不堪，變成巾巾掛掛的「棉絮」網。連著它的破布無法禦寒，在秋風中同我的身體一道打顫。冬天很快就要來到，該怎麼渡過這邊寨寒冬？

中午時分，當我轉過山坳，我又遠遠看到了西西卡中隊的標誌——那棵黃桷樹。頭腦裡不斷浮現出八個月所熬過的苦難日子。這是我一生中第幾道煉獄？在這道煉獄裡，我飽嘗飢餓的折磨，飽嘗了奪命的苦役，飽嘗了張棒棒的青槓棒和繩索，這種摧殘在醫院才平靜了二十天，我又將面對這個魔鬼。

走進以黃桷樹為中心的院壩。所不同的是，壩子中間堆著的一大堆從山坡上剛剛收回來的莊稼。壩子裡的人，基本上都是蔬菜組的成員。

經過六個月的「淘汰」，原先二十個成員的蔬菜組，現在只剩下十二個人了。他們在那裡把其他組收回來的玉米、豆莢、蕎麥分類隔開，攤在曬壩上。還有幾個人，將收回來的玉米撕去殼衣後，堆在曬場的一角。

看到我跨進了壩子，潘朝元和王大炳便迎著我走過來，關切向我致意，問這問那。

二十幾天前，當我剛被兩個人放在擔架上抬走時，他們都擔心我這一送走，還能不能回來？我看了看四周，張棒棒沒在場，值班的老管也站在隊部辦公室那排房子邊上。因為秋收，這幾天氣氛比我被打傷離開時寬鬆了許多。

曬場上，選出來的「嫩玉米」堆在一邊，王大炳一把將我拉到一邊，悄悄將兩個燒得香噴噴的嫩玉米塞到我的手裡，一面說，張棒棒這幾天開恩，下令叫把這些嫩玉米選出來，晚上將嫩玉米子抹下來加在大家的罐罐裡。所以，從前天開始，早上和中午，那半罐玉米粑上升到滿罐了。

我還看到，那些收莊稼回來的人們，在倒掉背下來的莊稼後，便走到那堆嫩玉米堆前，挑幾個扔進自己的空背兜裡，然後再將它們埋在山上一堆堆漚制草木灰的「火堆」裡，等到回轉時，再從那火堆中扒出燒好了的「嫩玉米」。兩個月前，這些火堆燒過癩蛤蟆、四腳蛇、老母蟲、蚱蜢、野地瓜、雞老殼以及叫不出名字來的野蟲、草根。

人是多麼健忘的動物，即使在這種苦難下，在天天與死神打交道的日子裡，只要有一絲快樂降臨，人們就會把剛才受到的苦難暫時忘卻，流放者為眼前的「豐收」，為了幾頓蒸滿的玉米粑，就會將愁雲驅散，喜笑顏開。

當我想到七個月前我們到西西卡來的一百五十人中，因反抗奴役而逃亡，死在叢山峻嶺，因抗拒飢餓和奴役死在惡吏棍棒下，因誤食山間的毒蟲，毒草而死在這荒谷之中，因水腫封喉死在醫院的病榻上，短短七個月中，奪去了六十多個年輕的生命，不盡要問，這副「磷繞荒村人似鬼，狐鳴空市草如牆」的圖景是誰畫的？

想到一個月前，就因夜襲玉米林我被張棒棒幾乎打死，甘洛八個月裡發生那麼多命債，中共拿什麼來償還？推而究之，在全國毛澤東所欠下幾千萬無辜者的命債，豈容「始作俑者，寧無後乎」輕輕鬆鬆了結？

過了幾天，李管教放出消息說，四川省勞改廳已經發下了「紅頭文件」，由四川省勞改廳專門派下了一個工作組，準備在所轄的勞改隊中，進行一次身體大檢查，經過檢查確認患有嚴重疾病的人，要集中起來送往氣候適宜的地點進行「冬季療養」。

勞改當局也明白，充軍邊荒的人中，如果再不採取措施，到了來年的春天，恐怕就要死得差不多了。他們還要留下這批廉價的勞動力供他們驅使呢。

第四節：撤離死亡谷

果然，十月底，從甘洛醫院派出一支由四人組成的「調查小組」來到了西西卡中隊。他們由兩名刑滿就業人員和兩名服刑的人組成。同時還帶著許多「消腫藥」。這些消腫藥以土茯苓為主藥，伴以大量的穀糠麥麩混合後，搓成的黑色藥丸，美其名曰「康復丸」。

當局裝著糊塗，好像不明白長期缺乏營養而致水腫被活活餓死的。偏要裝模作樣把「水腫」當成一種疾病醫治。誰都明白，這種藥丸頂不上玉米、地瓜等雜糧管用。

這一天晚上，趁著給全隊水腫病人診斷「腫病」的機會，張棒棒站在全隊九十名倖存者面前（以後還陸續從其他地方調入補充進來一些人），大聲訓話，大談政府的「人道主義」。他說：「國家這麼困難，還是本著人道主義精神，千方百計為大家治病，你們要好好地感謝政府……」

我看他一身腦滿腸肥的樣子，竟然還有臉在這裡奢談「人道主義」？

我想起這八個月裡被他整死整殘的人那慘像，想到他所管的一百五十人，現在僅剩下九十人，對他只感到噁心。

在這裡拓荒僅八個月，拓荒的奴隸就死去了一半，看來這個農場辦不下去了。

有消息說，開出來的荒地，要交給當地的軍工繼續經營下去，而將我們全都調走。又有消息說，雲南會理鋅礦已到甘洛來接人了。但採礦是有毒的，而且勞動強度大得令人吃不消，中毒後一輩子成殘廢。還有人說，在那裡流放的人，寧可自殘手足也不願被活活折磨致死。

聽大家議論紛紛，前途渺茫，我感到越來越可怕。此時又有人講，距甘洛不遠的雷馬坪農場，底子厚，有很多的糧食儲備。那兒的流放者，日子可能會好過一些。但有人卻反駁說：那裡最近發生過幾起勞動力用炸藥自殘的事件。

又有人說，石棉縣的石棉礦，吃得飽，生活最好，可是就不知道要不要犯人去？說那裡已全是刑滿人員，沒有犯人了。總之，大家對大「調動」，心裡七上八下忐忑不安。

我們經歷了甘洛農場的生死煉獄，我想，再難的地方，也不過如此。充其量也就是一堆放在「無產階級」砧板上任意宰割的肉，聽憑當局宰割吧。

從體檢小組拿到的體檢結果，身高一百七十公分的我，體重僅三十四公斤。水腫纏身和貧血反映的營養缺乏威脅我的生命，至於測出血壓、脈搏和最大肺活量，當時對我都不重要。在最下面病史目欄裡，「醫生」填寫了「重症水腫」的字樣。

西西卡倖存的九十個人中，除了兩名靠大家的血養活的炊事員外，再也找不到不患水腫病的人了。我的身上除了骨頭外，再找不到一處可以用兩個指頭夾住的「肌肉」。靠皮下綳著的水分，我才不致像僵屍般讓人感到驚恐。

經過兩天的檢查，準確的說經過兩天的選擇，張醜德從九十人中，先挑出五十個人暫時留駐原地。其餘四十多人便以「療養」的名義，調往其他地方。

在這四十名調走的人中，當初從孫家花園調來的五十個人中，只剩下潘朝元、王大炳、唐元澄等不到二十個人了。

「國慶日」前，我們便收拾了自己殘破不堪的行李，扔在紅眼睛李幹事的監督下，離開了西西卡。半年前，足有一百五十名二十歲上下的小夥子人群，而今只剩下這麼九十人。五十多條生命，就這樣丟棄在這青山之中。我們這四十多名被選出的倖存者，來到了甘洛農場醫院集中。等待著乘車前往新的流放地。

第二次重返甘洛農場醫院，與上次離開相隔不過一個月，已發生大大的變化。每一間病房裡，都住滿了從各中隊調來的「病員」。病房裡到處都架著「三角灶」。各病房裡，除了不知從哪裡弄來的碗筷，以及被燻得漆黑一團的「大鐵缽」外，「三角灶」裡還留著沒有燒盡的柴灰或餘火。灶邊倒著丟棄的菜根和垃圾，床鋪上不是一團爛棉絮，就是在亂草上鋪了一床破席子。表示這兒住著人。原先黃色的牆壁上，已被煙燻成黑色。這裡不像醫院，倒像流浪乞丐借宿的臨時窯洞。

當我走到二十天前住過的那間「病房」，先前的病友一個都不見了。於是向一位當時臨時看護的人詢問，她告訴我，原來的病號都先後死了。殘酷的命運降臨在這些苦難人身上，實在是太迅速了。

聽李幹事講，從場部通往老母坪的公路已經修通，我們不必徒步爬出這奪魂路了，而可以乘大卡車離開這裡。送我們出關的汽車還沒有到，須在這裡住上幾天，等待汽車的到來。

在這裡等車的幾天，我們沒受到嚴格的管束，能「自由」在甘洛城遊走。同來的夥計們明白，就是現在放我們走，也難於徒步爬出老母坪，除非想找死？

大家合計著，拿出一些還沒有同彝胞換完的諸如鋼筆、筆記本之類的東西，看看這裡的居民需不需要，能否同他們交換一點糧食瓜果，以備路上餓了果腹。

四天後，八輛由甘洛運輸公司組織的大卡車，載著兩百名連路都走不穩的特殊旅客，從甘洛汽車站出發向著西昌駛去。

這一次的大轉移，比十個月前從成都至甘洛的大調動，當局已沒有那麼森嚴戒備，每個車廂裡除了一名身著便衣的幹事，坐在駕駛室裡沒有全副武裝的士兵押送。

當汽車行駛到老母坪時，我們不禁把頭伸出蓬布外，想尋找十個月前剛剛到這裡那一晚的情景。也許經過的道路已經改變，原先的牛圈沒有了。我們已搜索不出那可怕夜晚的情景，只是耳朵裡彷彿迴響著那臺灣人從牛圈裡發出的哀告。

現在明白，當時迷茫的去處，原來是一個人間地獄。從老彭開頭，在進入這個鬼門關後，陸陸續續死去了那麼多年輕力壯的小夥子！這大半年回憶將成為我一生中最深刻的回憶：西西卡的黃桷樹，溪邊的毒蚊，張棒棒的毒打，一個個慘死於毒食的面孔，身患水腫的死屍，原來，甘洛的煉獄是這樣構成的。帶著水腫的殘軀便是煉獄的受煉者……

當時死神不止一次從我身邊擦肩而過，我很少想到死的恐怖。今天，在我從那裡走出來時，才感到從死神手裡掙脫的僥倖！

按照我們汽車行進的方向是南方，按照地理的緯度這兒是亞熱帶，但是深秋的季節，天氣已經非常的寒冷。汽車一過甘洛地界，我就縮進車廂裡，並且把自己的爛棉衣緊緊的裹住自己的身體。

中午在越西吃過午飯，下午六點鐘左右，到達了喜德，記不起喜德過夜的那一晚，在監獄轉運站，還是臨時住進了農村公社的大院裡，一天下來已使我感到頭昏目眩，辨不清方向，我吃過晚飯匆匆爬上了舖，很快就入睡了。

第二天一早起來，汽車繼續的向南行駛，漸漸從山中穿了出來，一直向下坡滑馳，下午便到了西昌市。我們的「療養修整地」，距西昌大約二十公里的黃聯關。一過西昌，汽車馳上平坦黃土公路上，汽車後面，緊跟著一股股黃煙。樹木漸漸稀少，西昌此時已進入旱季，每天都是晴天，但天空灰濛濛一片，公路兩旁的大片農田已成灰黃色，在一望無邊的田野裡，孤零零立著稀稀拉拉的柏樹，沒有留下一片綠影。坐在車廂裡看這片黃土同灰色天空凝在一起，說不出是晚秋的蕭瑟，還是遠疆的荒蕪。真像寂靜的沙漠，不免猜想，要去療養的地方，未必又是一個新的人間地獄？

（一）「療養地」

下午五點鐘，車隊前進的方向，漸漸現出一片隱約的白色建築物，十幾分鐘後，八輛卡車在一簇白色的建築群前停下，我馬上聯想到南桐的叢林，在車上我環視了這一簇建築群，它的西面，一棟百公尺長桁架結構的屋頂下，是四面敞開的廠房，兩座拔地而起足有二十公尺高高的灰白色煙囪挺撥直立，直指蒼穹，在灰色的秋陽下彷彿像兩個失意的巨人，站在荒草叢中仰天長嘆！在他腳下，是兩座巨大的圓柱形爐膛。

兩幢高爐的廠房中，每一個角落都張著許多巨大蜘蛛網，在秋風中拂動，兩台銹蝕不堪的鼓風機罩殼和架子橫放在它的旁邊，不用介紹便知道，這裡分明是當年一哄而上，耗掉無數民脂民力的「小高爐」，如今已被人們遺棄。

散在高爐腳下的破碎的瓦礫和礦石，在告訴人們，當年那些從附近城市招徠的民夫們，如何在高音喇叭的鼓動下，日夜不停汗流浹背蠻幹的「壯景」！

它的東面，便是一圈白色圍牆所包圍的，兩幢圍成U字形的白壁瓦房。想來，這定是當年晝夜不停的煉鋼大軍指揮機關的辦公室，以及民伕們的宿舍。

最北面那排房子最後幾間空著的房子，其中的一間作了臨時的「醫務室」。我們可以在那裡拿到一些醫治傷風感冒或拉肚子的常用藥物。那兒住著兩名「醫生」，大約隔三天，就由那裡發放由廚房熬製出來「消腫」中草藥。

中間並列著的兩排平房和北面的一排平房，一共三排整整三十間房間，除兩間用作開會用的大間，其餘全是每間大約三十平方公尺的「小間」，門上剛用粉筆寫著阿拉伯數字，兩排通鋪分列在門的左右兩側是兩排足可以容納三十多人睡覺的「床」，那上面已鋪好了稻草和棕墊。大概用作在這裡「療養」人的宿舍所用。

其實，只要用心去看，這裡的一切都是「新的」，新的平房，新的高爐，新的設備。只因為一股平地而起的風，把他們吹到了這荒涼的地方，以為可以在這裡一廂情願的煉出鋼鐵來。後來煉出的又是一堆不能冶煉的「廢鐵渣」，加上隨後的全國大飢荒，才慌慌張張「棄城」而去。

今天這座廢棄白色的圍城「廢物利用」，暫作我們這兩百多號生命垂危的流放者的「整修療養所」。雖然這兒根本談不上什麼「療養」條件，但對我來說則是入監以來第一次在有「鋪」的監舍裡安寢，我為自己終於熬出了甘洛的鬼門關，再次長長地舒了一口氣！

我們背著各自的被蓋卷，在頭髮花白的馮隊長帶領下，進入了這白色圍城的大門。迎面的天井裡靠門的左側，放著一台已滿身鐵銹的破碎機和一些螺絲、鐵管之類的東西。從那破碎機殼上的亮錚錚的銘牌上，可斷定這是一台幾乎沒有使用過的「新設備」。

全體下車後，就在第一個U形建築圍成的壩子裡集合，操陝西口音的馮隊長和年齡比他還大的余隊長，在集合的隊伍前作了簡短的講話。將所有的兩百多號人編成了十個組，按點名冊列隊站好後，便宣佈到這裡集訓、治療期間，必須遵守的「監規」。

內容大致是不准單獨外出，不准同老鄉們接觸，不准偷竊附近田裡的農作物等等，然後按照點名冊定好的組分別對照門牌號，搬進各自的「監舍」裡。我們把自己的破被蓋卷搬進各自的監舍，按照點名冊的順序安頓好各自的鋪位。

天份有緣我和老潘又編在同一個監舍中。我的鋪位緊鄰的兩位，一個叫王華春，捕前原是金堂縣的一個公社大隊會計，一位貨真價實的「農民幹部」。另一個叫韋俊伯，原是國民黨軍隊的下級文職人員，兩人出身不同，性格迥異。

王華春從他的行李中取出的東西看，他的家境不錯，經過甘洛如此殘酷的折磨，還能拿出新的布鞋和衣服，拿出一片片黃燦燦的葉子菸，大大吸引了有菸癮的人。在甘洛抽煙屬於侈奢品，當飢餓被蔬菜填充而稍有飽感時，有菸癮的人便尋覓極為「稀貴」的菸葉。

還沒有看到王華春拿出來的那麼大匹金堂葉子菸，當然，王華春絕不可能慷慨相贈，每一支菸都用來換到他所需要的東西。不過，我卻是天生的拒菸者，我不但不願吸食，而且每聞其味都會反感！所以當他坐在鋪位上旁若無人的大口大口吸那金堂菸時，都會招到了我的反感。

王華春發現這個矛盾以後，便主動的把他可以換一個罐罐飯的「大炮臺」送給我。很耐心的勸我說：「男人不抽菸枉活一輩子！」在他的這種「友善」的攻勢下，雖然我謝絕了他的大炮臺，但我又不便因此同他吵架，所以每天飯後他要吞雲吐霧時，我就跑到外面去或者去附近土地裡尋覓花生、馬鈴薯這些食物。

韋俊伯就完全不同了，看得出他生性好靜，個子高高的，很少說話，閒下來時，便往他那件補得巴上重巴的萬巴衣上，再補上新的巴！我因此而學著他，補巴成為我在黃聯關「療養」期間重要的生活內容。

鋪位安頓好以後，馮隊長又在院子裡高聲向大家宣佈：「這裡冬天寒冷，為了幫助大家過冬，大家可以到附近撿些磚頭，在各自監舍的中間土墩上搭烤火灶。過幾天，指揮部還專門給大家配些嵐炭供冬天烤火取暖。」

在甘洛已把防寒毛衣毛褲、棉絮被子「換」完了。冬天正愁受凍。他的話音剛落，大家都蜂擁著擠出各房，找的找石灰，拾的拾磚頭，還沒到天黑，各監舍的中間那土墩上，便搭起了形狀各異的「灶」，有的還生起了火。

那位在孫家花園就是冷作工出身的辛志華

忙碌起來。第二天，他在院子中間栽了一根鐵杵，憑著一把榔頭，一把剪刀和一個鐵墩一些鐵皮，便開張了他的「冷作鋪」。他的生意很好，可以說從早到晚就沒歇過氣！他的周圍堆滿了各種破洗臉盆，專職改制「大鐵缽」，每改一個收取兩個罐罐飯的報酬。這些改制的鐵缽，曾為在這裡臨時聚居的「療養者」，煮過了不知多少米飯、馬鈴薯和地瓜。

「圍城」中，兩圈並列的U形平房最南端的一排房子，好像是原來煉鐵廠的伙食團。那裡面有現存的保管室，辦公室和供吃飯用的飯堂，廚房的灶台非常氣派，裡面有供熱水的鍋爐和供洗菜用的洗池、自來水管等等一應俱全。其規模足可供上千人使用，只是飯堂裡面空蕩蕩的，原先的桌椅已不知去向。

此時頭號灶眼裡已經升起了嫋嫋炊煙，七八個炊事員在那裡忙碌著。一鍋已經煮熟的粥，散發出一陣陣悶人的氣味，像是馬鈴薯。

第一天晚上吃的是「馬鈴薯飯」，那些馬鈴薯聽說是喬阿農場四中隊供給的，數量頗豐，大鐵缽可以盛滿，可惜有麻口的味道，吃多了便感頭悶，細看那馬鈴薯表皮已長了芽，嚴格說這馬鈴薯含有大量的芽毒素，對人體有很重的毒害作用，拿給人吃是不允許的。

不過，對於剛從甘洛的餓牢中出來的人，這些很命賤的囚犯，是根本不會考慮這些的。有人吃了整整一大缽，結果中毒了，上吐下瀉！幸好沒有發生死人的事。廚房只好調整煮製的方法，改為削皮切片後用水漂一天一夜，才下鍋。

（二）稀世珍品

我們周圍的農田，全是喬阿農場的耕地，房屋後圍牆上堆放著玉米和向日葵的稿桿，正好是我們用來生火和煮東西的燃料。經過半年多甘洛農場的煎熬，我們幾乎每個人都鍛鍊出在一無所有的情況下，覓取食物的本領。只消一把鋤頭，或者一根粗鐵絲彎成的鐵勾，便可在生荒地裡挖出各種可吃的野生樹根，今天，附近的這些農田，便是我們加餐的地下倉庫。

對這些農田仔細分辨，可以判斷出哪一塊土裡種的是紅薯，還是花生或者是馬鈴薯。現在，我們竟在偶然中意外地發現了在這片土地中，埋藏著在市面上都已絕跡多年的東西，豈不令人興奮？也不知從哪裡來的勁，僅憑著著鏟子和自製的鐵勾，不知勞累的挖刨著，天黑了還不願「收工」。

人們求自我生存的力量是那麼頑強，這可是一些療養的病人。我們之中許多人，都是在那災荒的大躍進年代，寧可躺在地上動也不動，撐著鋤把等到天黑收工的人民公社社員們！一群被中共的獄頭們斥為好吃懶做的壞份子！

在這片土地上，一個人一天下來可以刨到四、五斤甚至七、八斤不等的花生。可以說收穫頗豐，當然地裡留著這麼多的花生，也許是收挖的奴隸們有意留下的。我們把這些收穫來的珍品，曬乾剝淨，充作「補品」，每次煮飯菜時，加進一把。

然而好景不長，沒有過幾天我們這一群人的「小秋收」行動，被喬阿農場看守這些土地的「紅毛犯」盯上了。最開始，一個中年人來吆喝我們，他以土地主人的身分，喝令我們馬上從那裡走開，否則就對我們不客氣！殊不知經過甘洛這場煉獄，我們誰也沒有理會他的恐嚇，充其量向他翻翻白眼並不理他。

看看乍呼沒起作用，便動手去收那田坎上我們丟在那裡的口袋，結果大家群起而攻之，圍著他吼道：「你他媽不自己照照鏡子，我們挖你們挖過的土，關你什麼相干？竟敢搶我們的東西！」他見我們一哄而上，自量寡不敵眾，便改了口氣向我們解釋道：「你們看看，這一片平坦，幾里以外都可以看見你們，隊長看到罵我們不止一次了，說我們故意不把花生挖乾淨，我們不好交代，所以請你們到別的地方去，不要再在這裡給我添麻煩了。」

我們中有幾個人掂掂自己的口袋已覺足

夠，便甩甩手提著口袋離去了。還有的人繼續的在那裡刨，並不理會他。那人討了沒趣並不甘心。第二天邀約了另一個人跑到我們的住地向馮隊長告狀，然而馮老頭卻不以為然，不置可否。過了兩天，那人集中十幾個人手持棍棒對我們採取武力驅逐。

為了加強戒備，抽一個人出來站在田坎上放哨。看到對方來勢洶洶好及早準備，不過，我們始終不明白，在這些已收完的土裡刨幾個馬鈴薯、花生，怎麼竟惹得那看莊稼的如此嫉妒？答案只有一條：這些人在野外地裡埋有私房「糧」，怕我們無意中挖到了他們「過冬」的寶藏。

不知是誰，有一天在西面那兩座高爐的爐膛裡，發現了一大堆牛馬骨頭，憑藉風季的乾燥，這些骨頭表面已呈灰白色，附在它們上面的殘肉血絲完全乾縮成一些垢物，從表面上可以判斷這些骨頭是生的。

選出那粗大的筒子骨，用石頭敲破，裡面的骨髓居然還保持著黃褐色，雖然有些臭味，但既沒有發黑也沒有生蛆，看樣子這些骨頭的年限不到半年，因乾燥而保存較好。它們是從哪裡來的？在我們到來之前，這兒曾作過牛馬屠宰場？還是喬阿農場從別處運來準備燒製後，作來年春耕的肥料？我們不得而知。

倘若在小時候，我看到這麼多令人「恐怖」的遺骨，尤其是那一個個骷髏頭和張牙舞爪的肋骨，我會害怕而遠遠躲開！沒想到今天，我也同大家一道，從那爐膛中選出粗壯的筒子骨，洗淨砸破後，便丟進大鐵缽裡「熬煉」起來。

經過幾小時的「煮」製，那水的表面便起了一層厚厚的油膜。然後取下大鐵體冷卻一夜，第二天早上，便在那表面上凝出了指頭那麼厚的「牛油」，雖然帶著一點「臭」味，但那可是多年視為珍貴至極的「油」啊！便把它們舀進盅子裡，每一頓吃飯時，往那菜裡加上那麼一點。

到甘洛後，就再也沒見過油像什麼樣子，我們之中除少部份的人收到家裡寄來的包裹中，也許有那麼一小瓶的「油」，便會視為珍貴的「營養品」，一般不會輕易與人分享的。

而像我這種事實上已無家可歸的人，沒想過有一天自己弄到一盅油，雖然這一盅稀貴的東西，原來取之於一大堆來歷不明的牛骨頭。這年頭啊，連尋常老百姓家都沒得油吃。

聽說一九六三年有了一點供應，我們也有了油的享受權。可惜，從來就沒見那菜裡有過「油」珠，這「油」被弄到哪裡去了呢？是不是也用火車載到萬里之外的阿爾巴尼亞，去支持那兒的「革命」了呢？

霜降已過，冬天已然降臨，微霜初降的早上，我們已冷得瑟瑟打抖，現在才體會到半年前，真不該在甘洛把自己破舊的毛衣和棉被換了東西吃！不過若不是這些舊毛衣救我們的命，我也許已骨頭在甘洛打鼓響了，也罷，且裹著這補得巴上重巴的空心爛棉襖，硬著頭皮熬吧？好在現在腹中已沒有甘洛那麼恐慌。我也早學會了縫補，每揀到一點可以作巴的舊布，我便洗淨後，往「棉衣」上面補。

早上起來，披著那件很髒的空心棉襖，伸頭從窗子上望去，屋頂上起了薄薄的白霜，便只好縮身在破被蓋的包裹中，靠著那灶上的殘火取暖，一面補棉衣。

王華春已披衣起床，藉著爐火點燃了他的金堂葉子菸捲，便坐在我的身旁巴塔巴塔地抽個不停，接著便是咳嗽，吐痰。他見我對他的抽菸一臉厭煩，便再次友善的向我遞過半截「大炮臺」來，一邊說：「喏，學著抽菸吧，不抽菸更冷。」我想了一想，準備試一試，看看這菸中興許會有某種解除憂鬱的東西，要不然為什麼那麼多人，寧可用自己的罐罐飯來換菸抽？

於是我這次並不推謝，而是順手接過來，點燃以後，便試吸起來。「不對，你這樣抽永遠學不會，」他見我把剛剛吸入口中的菸，立刻吐了出來，便認真的糾正道：「要這樣，把煙吸到肚子裡去，然後慢慢地從鼻子裡噴出來，」他一邊教一邊示範著，並且從鼻孔中緩緩噴出那股股濃煙，陶然若醉。

按照他的示範，我果然猛吸了一口，進入了肺腔之中。等我把那吸進肚子裡的菸，逼著往鼻腔裡過的時候，我突然感到一陣的頭昏，眼睛發黑，噁心而感到四肢發涼，差點翻腸兜肚的吐開來。

連忙停止這種可笑的動作，好半天才恢復過來，熄掉了手裡的菸。從此以後，我不但沒有按他的教法堅持下去，而是斷然的謝絕了煙，以至我的一生中，沒有這種嗜好。

老韋也坐了起來，按照他的習慣，一聲不吭的拿出針線包和那些破布，開始了補棉衣的活，我便同他一起往我那件破棉衣上補上新的破布，一直到早上的馬鈴薯稀飯煮好。

（三）「發」棉衣

大約十點鐘光景，忽聞大門外人聲噪動，大炳興沖沖的從外面走進來，向大家報告了一個特大好消息，裝滿了棉被和棉衣的一大卡車已經運到，就在大門外，現在要大家一齊去下車。聽到這個消息，大家興高采烈的穿上衣服，起床跑出監舍，忙碌著把車上的新棉衣全部卸下，搬進了隊部的辦公室裡。

搬完以後，清點總數。結果僅僅只有六十床棉絮六十床被套和七十套棉衣，這對於來這裡療養的二百多病號只夠了一個零頭。

一場歡喜之後，便是一場憂慮和一場因無法分配而產生的爭吵。連帶孫家花園算起，這是我進監五年來，第二次遇到監獄方向犯人們發放過冬的棉衣。前次是不知從哪裡弄來的舊棉衣，唯獨這一次倒是新的，可是數量又那麼少。

毛澤東時代，蘇聯譏諷中共給老百姓的布票是三個人穿一條褲子，犯人有此定量已屬不錯了。

馮隊長把大家集合到院子裡，並命令大家

將自己所有的衣被統統搬出監房，稱：「黃聯關第一次衛生大檢查」。當大家把自己的家當全部搬到壩子裡以後，馮老頭和湯幹事還專門到各監舍進去徹底的檢查，因為他們自己都不相信，這二百來號人中絕大部份，除一條又破又髒的爛鋪蓋和千瘡百孔的爛棉絮，身上穿的巴上重巴的空心棉衣外，便一無所有了。

面對著這些被無二條，衣無二件比乞丐不如的流放者們，馮老頭緊皺著眉頭。現在回過頭去看甘洛農場的七個月，對誰都是一場徹徹底底的洗劫。

馮老頭再沒有興趣去翻那些又臭又髒的東西，只好無奈的揮揮手，叫大家把搬出來的東西又搬回各監舍。只是再三囑咐大家，三天內必須將衣服被蓋洗淨、翻曬，說五天以後再檢查大家的清潔衛生。

看來這二百多號人，幾乎沒有人具備過冬的棉衣、棉被，這麼少的東西分給誰都是難事！無可奈何，只好用抽籤的辦法聽憑各自的運氣來裁決了。

為了填平補缺，儘量做到大家都有份，馮隊還專門作了一個規定，凡抽籤得中的，其棉衣和被蓋中只能得到一樣。這樣算來幾乎每個人都可以攤上一樣，同時還規定凡是得到新的必須把舊東西交回隊部，再發給一樣沒有得到的人，供他們作縫補之用。

就這樣，這二百多號病員，在吵吵鬧鬧中用了三天，才了結了這一場棉衣的發放和分配。抽籤的結果，我原來期待能得到一件新的棉衣還是落空。我抽到的是一條棉褲。也罷，除了這條棉褲外，我還分到了一些破棉絮和半床破被單。

按照老韋指點，我用了那半床被單和棉絮裁剪成一件舊棉襖，花了足足三天時間對破布清洗、曬乾。除一部份補我的棉衣外，便縫製起我的自製棉襖來。

（四）賭性難改

在我的棉襖正要縫製完畢的那個下午，突然聽到院壩裡喊聲震天，側耳細聽，分明是馮老頭的怒喝聲，我不禁心中一驚，連忙放下手頭正在補的棉襖，跨出了監舍門。只見那馮隊長滿臉脹得通紅，站在三號監舍的前方，正怒不可遏的向那監舍裡喊道：「你們這些畜生，給我滾出來。」

自從到黃聯關以來，從他對來這兒的療養者們所放寬的尺度，以及在可能範圍滿足這些患病的流放者的生活需要，及至發放棉衣過程中，所表現出來對人的起碼惻隱心，都能讓人體會得出，他是中共監獄管理者中，人性還沒有泯滅的人。平時對於乞丐不如的流放者，並沒有採取鄙視和輕易侮辱，來這裡已一個多月，我還是第一次見他如此盛怒的對待流放者。

不一會，那監舍裡依次的走出五個人來，等他們排成一隊，面對馮隊長站好以後，馮隊長怒喝道，「把你們的牌交出來！」五個人相互對視沒有人動。「你去！」馮隊指著最後出來的那人命令道，那人返回監舍，從裡面拿出一副不知從哪裡弄來的麻將，和一塊用來作賭桌用的木板，怯生生地放在馮隊的面前。

院子裡已站滿了人，人們在竊竊私語。

「把你們剛剛領到手的棉衣交出來！」馮隊怒喝道，五個人沒有動，只是低著頭，像一具具木偶。這種反映，被馮隊認為是一種無聲的對抗，在盛怒下走進了他的辦公室，從那裡操了根青槓扁擔執在手中。他雖已五十多歲，頭髮花百，但具有東北人特有的高大體形，體魄十分健壯，那一雙粗實的大手，握著扁擔就像一塊長戒尺。

「說，你們剛剛領到的棉衣弄到哪裡去了？把錢交出來，把賭的東西交出來！」馮隊怒視著面前的五個人，五個人依然像木偶般站著，誰也沒動。只聽見馮隊一聲怒喝，那揚起的扁擔已經重重地打在第一個人的屁股上，那人立即應聲倒地，一迭聲的喊：「我錯了！我錯了！」但此時馮隊的手再也收不住了，連連的向那人打去，直到他在地上打滾，跪地哀求。

「交出來，不交今天就打死你！」馮隊怒不可遏。

「我交，我交！」那人帶著哭聲請求道，馮隊停止了手，那人從地上爬起來，一手捂著屁股，踉踉蹌蹌的回到監舍裡，拿出了一把亂七八糟的錢。

「還有！」馮隊繼續喝令，只見那人用乞憐的眼光看著其他四個人。

「你！」馮隊的戒尺指向第二個人，「交出來！」第二個人眼見他的同夥已挨了一頓好打，還是把錢交了出來，不敢遲疑，連忙走進監舍。

「還有你們！」馮隊的扁擔朝著其餘幾個揮過去。

「今天誰不交贓，就休怪我不客氣！」他的怒吼起了作用，不一會兒壩子的地上便堆著錢、衣物和幾小口袋的米。榮老頭和湯幹事最後走進那屋裡搜出了兩件新的棉褲和幾雙鞋。

馮隊提著那青槓扁擔，在所有參賭人的屁股上各打了五大棍，這才消了氣。便收起扁擔，將所有的贓物包在那兩條新棉褲裡，撿起那副牌九，同榮、湯兩人一起回自己的辦公室去了，臨走時宣佈，今晚開全體大會。

六十年代，大陸禁賭甚嚴，然而賭徒並沒絕跡，成都的賭場轉成地下，賭資是當時最為緊缺的「糧食」、「副食品」之類的實物。五個現場捉到的賭徒，其中有兩個人本身就是因聚賭被抓判刑的。後來便隨著流放，夾在我們之中到了甘洛，以後又同我們一起來到黃聯關。

我們這群來自六十年代社會各個角落匯集於此的人，本來就是雞凰同巢，良莠參雜，甚至還有相當的人，屬於中共的迷信追隨者和社會垃圾。

（五）周老漢也得坐監

從成份上講，聚黃聯關接受「療養」的人

中大半是農民，同他們交談便知道，他們中絕大多數，都是被飢餓逼迫進來的，有的雖戴上反革命帽子，連他們自己都弄不清楚為什麼坐了牢房？但是這些本質樸直的農民，只會從他們生存的角度論是非，我們這二百多人中，便有一個從樂山地區來的姓周的農民，當時年齡已近六十，個頭矮矮的，但精神挺好，也是我們這些病號中體質最好的一個。

也許因為他本人有些耳聾，說起話來聲音宏亮，叨叨不絕，加上他喜歡同人拌嘴，且性格秉直，口快心直，好多年輕人常愛逗他玩笑。平時太陽暖烘烘的中午，多數時間都會看到他倚牆而坐，在那裡脫去衣服，津津有味地捉蝨子，倘若有人挨過去向他挑逗說：「老反革命，講講你的英雄事蹟。」他便會狠狠瞪你一眼，罵一聲龜兒子，便侃侃地講述他的故事：「五八年那會兒，喊拆了私灶到公社食堂吃大鍋飯，老子不去，公社的武裝民兵到我家要強行拆除我的灶台，老子提起扁擔吼道，哪個敢動爺爺的灶王菩薩，老子跟他拼了。」隊上的頭頭哪一個不是他的晚輩？加之他世代赤貧，共產黨政策對他，又是依靠對象，所以對這種桀敖不馴的異教徒就不好下手了，公社上上下下只好向他妥協。

人民公社他不參加，他那塊土地也不交出來，當大兵團作戰，全村老小都走空的時候，他不跟他們加入「革命隊伍」，而堅守在他那份沒有「入社」的土地上挖土種麥子。

不過，當五九年下半年，全公社都荒蕪一片時，唯獨他那一片沒有入社的資本主義尾巴，卻長著青悠悠的麥苗，地裡見不到一根雜草，菜園子裡也是綠色一片，蘿蔔、白菜、蔥子、蒜苗、樣樣盡有。為了防止周圍的人們偷襲他的領地，他還專門築起雙層的竹籬笆，養了一條狗，捍衛著他的「世外桃源」。

那一年冬天，周圍的農民正熬著餓，向他乞討地瓜充飢。

他的這個強硬對抗以及鮮明的對比和示

範，迅速的傳染給了周圍的農民。飢餓的農民紛紛以他為依據，找公社要求退社，退土地，公社書記不得不親自出馬，帶著四個民兵來作他的「思想工作」，並拆掉他「領地」的籬笆。

「周老漢，你是佃農出身怎麼就忘了共產黨解放你的恩情，不跟著黨走社會主義的光明大道，卻硬要單幹，鑽資本主義死胡同？」書記土夾洋詞，一本正經地「教育他」。可惜，周老漢回答得硬梆梆的：「老子世代為農，只曉得種莊稼為吃飯，懂不起你那些賣嘴的大道理，你是書記，啷個不長眼看看跟著你們走，眼睜睜要餓飯！」

在周老漢眼裡這書記是看他長大的，一向是一個沒出息的懶娃子，也不知到黨校裡學了幾天，揀了些陳辭爛調到這裡訓人，所以從來沒把他放在眼裡。

老漢的輕蔑深深的傷害了這位書記，他惱怒的向他吼道：「我天天教育你們，單幹就是走資本主義。今天，你這個資本主義的頑固堡壘就是要毀掉，不然全公社都向你學，我咋向上交代？」

周老漢沒有退讓，因為在他看來，保衛他的領地等於保衛他一家的生命，於是反唇相譏：「老漢生來就是操鋤頭的莊稼人，你娘沒教你種瓜得瓜種豆得豆的道理麼？你娃子今天少跟我講這主義那主義，各人去把鋤頭把捏穩點，老老實實種田，才是你做人的道理，今天莫來搗亂。」

圍觀的人哄堂大笑，令書記尷尬不已，盛怒之下，向身後的民兵下令：「今天給我拆籬笆，我今天砍你這條資本主義尾巴，看你敢翻天？」

「你敢！今天誰敢動老漢的籬笆，老子喊他腦殼開花！共產黨的政策也講自願，哪個敢橫來！」他手裡操著鋤頭，橫欄在籬笆前，直盯盯的瞪著兩個民兵。幾個年輕人怯生生的後退了，敗下陣來。書記狼狽不堪的走了，但是周老漢沒有勝利。

第二天，縣武裝部的人帶著一張逮捕證，以「武力抗拒」和「反社會主義壞份子」的名義，將他戴上手銬押到了縣的看守所。生性倔強的周老漢一路大罵不絕。至今每每回顧這些往事，他那紫紅的臉上就格外漲得通紅。

強勁的共產風終於撕開了共產黨「自願入社」的假面具，在輪理的情況下，仍然強橫霸道的刮倒了他所圈的竹籬圍牆，吹散了他的農舍，他終於啷鐺入獄。並不因為他「世代佃農」的成份是「革命依靠對象」而倖免。

不過，他的這段在中國土地上的壯舉，卻贏得了人們普遍的同情，甚至贏得了中共內部的高層人士的同情，那位馮隊長也經常的端著凳子，坐在他身邊，聽他講述自己的經歷，還時時的向他提出一些問題。黃聯關的人們，從管教到流放者，都用尊重的眼光看待這位個性倔強而耿直的老漢。

在那個時代，像周老漢這樣的窮苦出身，正好做了被壓迫而不敢聲張的中國億萬農民最質樸的代言人。他們為自己的生存在自己的土地上勞動，又招惹上誰了呢？

第五章：流放鹽源農場

比之在甘洛農場的鬼門關裡度日如年的日子，黃聯關五個月時間的「療養」似乎輕鬆多了，五個月的時間過得很快。一九六四年三月初，我們這支被當局「修復」的廉價拓荒隊，分乘了八輛卡車，離開了黃聯關，繼續向西南方向四川邊界上更遠的地方充軍！向靠雲南邊界的鹽源彝族自治縣前進。

經歷了甘洛那道鬼門關的生死搏鬥，我們已明白，這種「充軍」就是同死神較勁！逃！向哪兒去？中國大陸除無人煙的地方，凡有人群的地方包括這些南疆少數民族聚居區，戶口像嚴密的鐵絲網。加之遍地佈滿了中共地方黨組織交織而成的特務鷹爪。隨時都會像抓小雞似的向逃亡者抓來！

我們這群懦夫，這群不會偷，不會翻牆越壁，不會隱身術，缺乏逃亡生存本領的人，只好順著押解人員，把生死置之度外，任憑殘暴的當局把我們擲向苦海的那一方！

汽車剛過雅礱江鐵索吊橋，便沿著錦屏山峭壁陡岩的山谷中行進，過了小高山大約在衛城區域的峽谷中，到達了一個小地名叫騾馬堡的地方，騾馬堡顧名思義，本是供出入山間的馬幫加糧換草，飲水歇息的一個驛站。

像小鎮一樣的石板街道，便是唯一的鬧市區，滿街的馬糞疙瘩，穿著各異的少數民族，裝扮出又一派「異國風情」。不過，對於我來說，生死兩茫茫的心境，是無法領略這奇情異景的。

汽車在峽谷傍山而流的溪谷前停了下來，從高山上流下來的潺潺的溪水旁，峭壁之下的兩排兩層樓房，便是我們當天過夜的地方。

大概因為深谷之底的位置，四面的高山擋去了寒風，這時節氣溫比黃聯關暖和多了。寬闊的谷底溪水邊，菜地裡還可以看到綠色的鮮菜和小草。

我們的目標是鹽源農場，這兒是鹽源農牧場暫時充作場部和醫院所在地，我們住的黃色樓房就是醫院的病房。我們到這兒來，是進行最後一次的「消腫」治療，並且作入場前的第一次「身體檢查」，這大概是甘洛農場的流放者在前一年的大量死亡，觸動了四川省勞改主管中樞的神經吧！畢竟這是些可以利用來進行任意奴役的奴隸啊！

在這裡住了大約十來天，服用從峽谷中採集松葉熬製的苦澀消腫水，和配製的黑色糖丸，未免是當局故作的「人道主義」玄虛。

在黃聯關僅僅因為靠著馬鈴薯和瓜菜，能滿足生存的最低要求，五個月便止住了死神與我們猖狂糾纏，再沒有發生冒著生命之險的逃亡。

足見，甘洛農場所發生的耍死狗、越獄統統都是中共造成的飢餓和死亡逼出來的。可惜，從重慶、成都為主聚攏來新的流放者中，許多還沒有認識這原是專制極權造成的。他們大多數是工人和農民，在一種懼怕暴政淫威的心理下逆來順受。中共把他們當成可供役使的勞動力。

經過驟馬堡短暫停留後，我們便朝著當局為我們安排的終極目標鹽源進發了。三月鹽源縣的天空，同黃聯關相似，萬里晴空卻始終是灰濛濛的。彷彿被一層看不清的霧氣充斥著，雖是仲春時節，到處好像還沉睡在冬眠中未曾甦醒。只有那小金河曲曲折折的流水，在這塊灰色的土地上靜靜的流淌。

汽車越過架設在小金河上的石橋，沿著泥巴山的公路緩緩爬行，翻過了夾在兩個山包之間的坳口，面前便出現了一片紅色荒丘，大山退到了很遠的天邊。

一片由一個個被雨水沖刷成溝壑像饅頭堆成的泥巴山群上，拖拉機翻過來的紅色土地，焦渴地仰望著天空。

被開墾的紅土地邊上，還留著一些灰白色的「荒草地」，唯有溝壑的底部十里一處，遠遠看去呈黑色的低窪帶裡，隱約可見幾處蓄水堰塘，裡面關著宛如鏡子般大小的一潭潭死水。

一些盤旋在這些泥巴山間的水渠，把這一潭潭的死水連接在一起，一直連通到整個這片土地南端的一座大水庫裡，不過此時，那水渠裡乾涸得沒有一滴水。

第一節：新的流放地

我們的車就在這堰塘群中最大的一個塘邊停了下來。此時大約接近中午，乾燥的西北風一陣陣向這裡捲來，發出像怪獸般的鳴叫。這兒的小地名叫二道溝，我們跳下汽車，面前像在一個沙漠中的一處沼澤地，它上面的「堰塘」，像一彎不足十畝地的「鏡片」，死水在那裡泛出綠黑的光，面上一層油垢沒有蓋住一股股泥腥的臭味，從塘底泛向空氣中。

隔著那堰塘百米外，是一群紅色的瓦房群。前面兩個大約三米高的磚柱，象徵著「門」，門前站著一個手持卡賓槍的士兵。那紅瓦房群便是農場的場部，是一個剛從軍工手裡接過來的新建勞改農場——鹽源農牧場。

下車以後，所有的人整隊集合。帶我們來的盧隊長取出點名冊，從中點出的一百多人，在他的帶領下，沿著向南伸去的支馬路繼續向前步行。大約走了兩里來地，來到一處狹長形的水塘邊上。傍著那足有一里長的水塘，又一群紅色的瓦房群被一圈已塌垮的短土牆圍著。

那些房頂垮塌的地方，四周厚厚的圍牆築得十分堅固，走進中間的那排「樓房」由角鋼和圓條做成的樓梯，已銹蝕得很厲害，人走上去有一種晃動的感覺，不得不加把小心。走進屋裡、地板上狼籍一片，從那些甩得亂七八糟的破衣服，爛膠鞋、廢紙箱看得到原先駐在這兒軍墾的人所用的番號，他們搬走的時間不會超過一年，屋角落裡還有他們堆放的，沒吃完的已經發綠和乾癟的馬鈴薯。

我們到達的時候大約是下午一點鐘，在盧隊長的指揮下，將那木樓地板打掃一淨，並從車上搬下我們的破行囊，按照點名冊的順序，分組將各自舖位鋪好以後，盧隊長便召集我們全體，在那冂形房屋裡圍成一圈作了「建隊」講話。他高聲地喊道：「政府出於人道主義，把你們送去黃聯關養得白白胖胖的，現在又給你們提供了這麼好脫胎換骨，改造自新的場所……」

沒有人去聽他的政治課，所有到這裡來的人，被這片荒涼無比的土地弄得心寒如冰，「這裡真的是鬼不生蛋，拉屎不生蛆的地方！」有人在悄悄的咕噥著。圍牆外，呼呼喧囂的西北風正刮得如癡如狂，所有的人不由裹緊自己身上的爛棉衣，蜷縮成一團，埋著頭像刺蝟一般。

甘洛農場那慘景又重重的壓在我們的心中了。原先離開黃聯關時所抱著的各種各樣的希望，已被這荒漠一派和西北風刮得無影無蹤，每個人腦海裡，只現出一個大大的問號：難道我們命中注定要同死神較量麼？

廚房好像已經開過幾天伙了，灶頭和吃飯的場所收拾得挺乾淨，灶房邊堆著一大堆的煤炭和不遠處堆成的一大堆煤灰。「建隊」講話完畢以後，廚房裡的馬鈴薯稀飯早已煮好，同我所到過的所有監獄不同的是：打飯一律到領取飯菜的窗前排隊去領，所以看不到排著隊魚貫走向桶邊，端著大鐵缽跟那炊事員的鐵瓢上下翻騰的情景了。

好在馬鈴薯粥，比初到甘洛時野菜粥強多了，好歹那還是可以充飢的食物。雖然那馬鈴薯有些悶人的氣息，但吃下去能「穩」住心，不比甘洛那野菜粥令人心潮荒亂的感覺。也罷，無可奈何之下，且看以後又怎麼樣？

晚上，足有好幾百平方公尺大的大房間裡，亮著三盞大瓦數的電石燈，對於那麼空蕩的屋子，顯得十分的昏暗。屋外呼嘯的西北風狂刮了一天，仍沒有明顯安靜下來的勢頭。掠過瓦面揪起一陣陣怪叫聲令人心寒，身更寒。

我早早地鑽進了被窩，伏在那木質的樓板上，靜靜地聽那風聲中，隱隱夾著一陣陣遠處山狼的哀號，令人心悸！也不知是從那瓦楞邊，還是從地板的縫隙處，透進來一股股的冷風，吹得我發慌，便將所有的破棉衣全都堆蓋在身上，蒙著頭也不知什麼時候沉沉地睡去。

記得兒時看電影《大梁山恩仇記》對影片中那些身披黑色毛氈、赤腳、臉黑如鍋底的彝族人，頗覺可怕，當時哪裡知道他們之所以如此的原因。而今身臨其境，才知道長年生活在這一帶惡劣氣候下，為風沙洗塵的同胞們為什麼沒有洗臉洗腳的習慣。

大半年沒有下雨，水在這裡非常珍貴，起皺結痂的皮膚難以用水每天洗淨。滲入到皮膚中的沙塵洗起來特別的痛，還不如讓它們堆積在皮膚上成一層「保護」殼。幾年以後於是我們的膚色就如同老彝胞一樣，變得又黑又粗糙，摸上去就像帶著齒的皮刷，真可稱為「脫皮換肉」了。

第二天剛亮，我們就起床了，昨天刮了一下午一晚上的西北風，也不知是什麼時候停止了，朝著窗外看去，那灰白的枯草上結著一層薄薄的霜，天氣異常寒冷。我們走下鐵樓梯，看見圍牆門外的塘中結著一層薄薄的浮冰，誰也沒去那兒洗臉。不知是誰喊了一句「有熱水」，我們便湧向廚房。

按照盧隊的佈置，這第一天全隊的任務是打掃清潔，把樓上樓下，屋前房後的所有垃圾，統統集中到不遠處正在漚制的火堆裡。此時鄧志新和另一個四十多歲的中年人，卻在收集原來的主人丟棄的那些破爛衣服和鞋底，這是為我們的棉衣和爛鞋子作修補用的最佳材料，他們已經收了好大一捆，準備在下午天氣暖和時，拿到塘邊去洗淨晾乾。

大概因為氣候乾燥，這兒不像甘洛滿屋霉臭，而是滿地的泥沙和厚厚的灰塵，別說掃地，就是人走路都會把地上的塵土揚起，灑上了水，掃地時仍然是滿屋灰塵，令人嗆得難受。一到上午十一點鐘光景，昨天的西北風又將重新刮起，不敢怠慢，所以不顧那灰塵多麼嗆人，很快把房前屋後打掃一淨。

屋外水塘的兩側是兩片長長的菜地，那土質就與山坡上拖拉機翻耕出來的土地完全不同了，這大概就是原來駐紮在這裡的軍工們留下的「遺產」。中間的幾大塊苗圃中被蓋上稻草的地方，早有已住在這兒的「老犯人」從那臭水池塘中挑水為那些苗圃灑水，聽他們說那苗圃已灑下了各種蔬菜種子，只等霜期完結，雨季來臨將那裡面長出的菜秧，移植到那大片的蔬菜地裡。

這兒所有農田，已是開墾出來經過種植過的土地。連著二道溝最低的部份是一片寬約五百公尺，長約兩百公尺的狹長「平」地，今後被規劃為大約三百畝的水田，「溝」的兩側則是泥巴山樑，分佈著近萬畝的，已被拖拉機翻耕出來的紅土地，此時，現在，這些紅土地裡刨到底都刨不出一點浮水印來。

我們初來時，除了那狹長的「塘」水邊，有幾棵只剩下枯枝的白楊樹幹外，再也看不見一處綠色的植物。面對著滿目的荒涼，聽那下午刮起的風聲，看著那些被拖拉機翻出的紅土地，誰都不會相信，兩個月後，雨季到來之際，那茂盛的莊稼會從那地裡冒出來。

我們不知道這二道溝地區原來是否有人居

過家，但至少，近百年以來這兒是無人居住的不毛之地。老百姓照例按照人類起源的一般規律，都聚居在小金河邊上的梅雨鎮，或其他常年有水的地方，否則他們憑什麼生存下去？而這些地勢高峻的地方，恐怕歷來都是這兒的居民們的天然放牧場。

我們全體被分成了五個組，除了一個組每天挑著一挑空糞兜，滿山遍野地去撿放牧的牛羊群留在山坡上的糞便外，其餘的人，便圍在大片拖拉機翻耕出來的紅土地周圍，將很薄的「草地」連根帶泥的鏟起來，再用畚箕和籮筐，把它們在就近的土裡堆成一堆，用火焙燒，以作瘦脊的紅土地施的底肥，誰也沒有去想這樣做，將會造成今後什麼後果，我們只想到，每人每天必須按隊部規定的任務，鏟足一立方公尺的草皮才能收工。

更令人沮喪的是，每天從上午十一點鐘便開始刮起狂躁的西北風，夾著掠地而起的泥沙，飛沙走石昏天黑地，誰如果迎風而立，急速的氣流壓迫著你的鼻息，使你沒辦法喘氣。而那些隨風而起的砂泥，打在你的臉上身上疼痛不已，並且塞滿了鼻孔和耳朵。到了中午和下午，風力持續加大，有時強勁的狂風會把人連同挑起來的草皮捲出幾公尺以外，然後重重地摜在地上。

然而我們這些沒有完成規定任務的奴隸，必須硬頂著這令人窒息的狂風鏟草皮，並且迎著狂風一步一顫地挪動腳步，把這些鏟起的草皮堆碼起來。到了夕陽西斜，風仍沒有停止，與風沙搏鬥了一天，每個人都像灰黃的泥人，拖著疲憊不堪的步履，挑起籮筐，畚箕和鋤頭，蹣跚著走回「營地」。

每個人只能排著隊到廚房裡領取半洗臉盆的熱水，端到這份熱水，先洗眼睛，然後鼻口，耳朵、竭力清除那些灌進鼻腔，眼睛和耳朵裡的黃泥砂。用力的從氣管裡卡出黃褐色的痰。清洗這「臉」後，那水便成了黃湯。然後再用這黃色的泥水去抹掉沾在雙手，肩膀、雙腳和身上的泥灰，最後才去沖腳。

日子一久，臉上、手背、腳跟到處都裂開了皴口，血就從那些龜裂的地方滲出來，凝結成一點點黑色的乾痂！疼痛難忍。用不了多久，臉、手、腳凡是外露在空氣裡的皮膚便成了黑褚色。

然而，這表皮所受的皮肉之苦，對我們這些經歷過甘洛煉獄過來的人算不了什麼！唯獨只有高強度的體力消耗而帶來的飢餓則是最難熬過的。雖然這兒庫房裡堆積的馬鈴薯代替了甘洛的野菜，這些馬鈴薯表皮已發青，人多吃了會頭昏甚至嘔吐，但對我們來說唯恐嫌少而不能填飽餓壑。

第二節：偷豬食吃的人

就在排隊領取飯菜的窗口過道右側，一間大約八平方公尺的房子裡，臨時的關著兩頭肥豬，據說是準備「五一」節宰殺的。豬圈靠過道一側放著一個三公尺長的豬食糟，它放置的位置顯然是便於餵豬時的方便。那豬食糟中裝的是發過酵，酸臭沖鼻的豬食，但其內容是玉米麵和馬鈴薯，同我們吃的東西，沒有多大差別。

有人便趁著排得長長的打飯隊伍，遮住了那領飯窗口中炊事員視線的機會，從豬糟中揀出一個一個的馬鈴薯，用水沖洗一下，去掉那難聞的酸臭味，便放進自己的大鐵缽裡充作補歉。

在所有揀食豬飼料的人中，尤其引人注目的是那位高度近視的鄧自新。經過雅安的搶饅頭事件後，在調往甘洛農場時，在斯足渡過了鬼門關前最難熬的時間，和我一同調住黃聯關，當時我們很少交談。只知道他是離開雅安時三個帶刑具的人之一，這次有幸同調到鹽源農場來，編在這個中隊。

不知道他怎麼會披著一件只有甘洛彝族同胞才用的黑色披氈，我們按當地的土著人稱這種羊毛質地的披氈叫「插爾互」。戴著四百度的眼鏡，披著又臭又髒的「插爾互」，那鄧自新活像一隻大烏鴉。

每當排隊「打飯」時，這只大烏鴉經常排在隊尾，等到排攏那豬糟時，他便用自己的大鐵缽在那糟中，將那些剩下的豬食全部舀進了鐵缽中。每見此景，我都暗自感嘆，在這裡流放者和畜牲沒有兩樣，中共把我們變得豬狗不如。

其實仔細想來，這些流放者真比那豬都不如，這裡的主人明白，要吃這些睡了吃、吃了睡的「豬」身上的肉，還首先得餵飽它們。至於這些流放者，在牢頭眼裡向來把我們當作「死兩個算一雙」，比畜牲還不如的奴隸！

「我寧可在那個豬圈裡變豬，最後挨一刀也划算」，鄧眼鏡常常這樣自我挖苦自己，當著大家的面，沒有任何人反對他。因為，那可不是簡單的自我作賤！而是當局對我們慘無人道待遇的控訴！正因為這樣，不善交際的鄧眼鏡卻獲得了不少的同情。

時間一久，鄧眼鏡在豬糟內舀豬食的事，傳到了李管教的耳中。有一天中午，當他正利用他那又黑又髒的「插爾互」遮著別人的視線，蹲在牆角起勁地剜那豬糟裡舀出來的馬鈴薯時，頭上猛然地被一根木棍擊了一下。他抬起他那深度的眼鏡向上看，也不知什麼時候，臉色蒼白的李管教手裡執著一根木棍，帶著一臉惱怒，站在他的背後。

鄧眼鏡被帶進了隊部辦公室，所有吃飯的流放者的目光，一起向那兒集中過去。不一會兒，辦公室裡傳出了「樸」「樸」的杖打聲。有一記，木棍擊中了他的深度眼鏡，隨著一起清脆的落地聲，眼鏡落地後，打碎了左面的鏡片，還折了一腿。

鄧眼鏡發出了低沉的抗議聲：「我的眼睛，我的眼鏡！我沒有犯你們哪一個人的私法，你們憑什麼私自打人，憑什麼打壞我的眼鏡？」

回答又是兩記沉悶的劈打聲。

「你太沒道理，我犯法自有國法判我的刑，有過錯自有刑具懲罰我，你憑什麼私自用刑？」鄧眼鏡並無懼色的大聲叫喊，使所有在場的人為之一振。吃完飯的人沒有人離開，已經到了寢室去的人又折轉身來，一種無聲的集合令，使全隊所有人都站在飯堂裡，聽辦公室裡傳出來的對話。

忽然門開了，盛怒的李管教臉色鐵青，衝出了辦公室，從外面把兩名武裝士兵叫了進去。食堂裡所有的人都屏息靜聽，大家心裡為老鄧捏著一把汗。鄧自新開始還一直怒吼：「法西斯！你們是法西斯！」但是，隨之便轉為痛苦的呼喊和呻吟，看來平息了幾個月的甘洛暴行又恢復了。獄吏們對待手無寸鐵的流放者慣用的一套罵、打、捆、殺四部曲外還能有什麼新招嗎？

晚上沒有召開任何會議，經過甘洛以後，不論哪一個「管教」，大概都認為鬥爭會對頑梗不化的人已失去作用。倒不如捆、打、吊硬來，既簡單又解決問題！

勞累了一天，疲勞已極的人們都各自蜷縮在自己的鋪位上，在黯淡的燈光裡竊竊議論。有人說：「好漢不吃眼前虧，鄧自新何苦硬頂？」又有人說：「人到了連餵豬的東西都要抓來吃的地步，還有什麼想頭？」而一位上了年紀的人卻認為：鄧自新之所以遭到如此暴打，還不是飢餓招來的？

除了窗外沒有停息的風聲外，還夾著從樓下傳出老鄧痛苦的呻吟，一直到深夜十二點鐘，大約鄧自新已經昏死過去，才聽見樓底下有人提著電石燈給他鬆綁的聲音。不一會樓梯響起了腳步聲，四個人把老鄧抬上樓來，隨隊的衛生員，提著藥箱上來對他進行了診斷，看會不會死人？下半夜他終於醒來。

與他相鄰鋪的人自動地給他端飯、餵飯、倒尿、倒屎。只要沒有管教人員在場，大家都向他問長問短，為他紛紛鳴不平。這是我在孫家花園和看守所裡所從來沒有見到的。看來，甘洛的煉獄使我們發生了質的變化。

共同的命運和人性的同情，消融了所有調集到這裡的流放者之間的矛盾！也消融了他們中相當的人對中共所抱的不切實際幻想！

大約十天以後，手上的傷勢還沒有痊癒的鄧自新，再次被叫到隊部辦公室。不過，叫他的是西昌法院的一名審判員。那一天就為一年前雅安搶饅頭一案，西昌中級人民法院對鄧自新進行了正式的「審訊」。

雅安搶饅頭的事，已過了一年，先前的人幾乎餓死了一半，現在當局重新審理這樁「未了的案」，由雅安市檢察院提起訴訟，西昌法院正式審理。

提審員那一天對他進行了長達四個小時的審問。審訊完畢，將鋼筆遞給他，要他在自己的審訊記錄上簽字時，忽然，他抬起頭來對那人說：「這李管教憑什麼打我？捆我？無端的打碎我的眼鏡？到現在都沒法看清周圍的人，我的手如果被他捆爪了，他叫不叫犯法？」

這突如其來的責問，使坐在一旁的李管教頓顯尷尬之色。那提審員看著眼前眼睛高度近視的人，也看了一眼坐在旁邊面色鐵青的李管教，竟然一時語塞。沈默了足足三分鐘，才找出一句替同僚解圍的問話：「管教人員沒有發瘋，他們執行的是國家政策，總是你不規矩，否則他為什麼要打你，捆你？」李幹事得到了解脫恨恨補充道：「是啊，你這死豬不怕開水燙的傢伙，連餵豬的馬鈴薯都要偷吃，你還算不算人？教育你反抗，不打你打誰？」

不料，鄧自新沒有示弱，大聲的回答道：「你們想想，我是人，你們也是人。我搶饅頭，是冒著吃槍子的危險，我抓豬食吃，是冒著生病的危險，你們把我逼成這樣，還說是對我們進行什麼革命人道的改造！就沒想想我今天為什麼會這樣？」

鄧眼鏡被提審後，全中隊的人向他打聽有

關西昌法院受理雅安事件的情況。衛生員給他一些膠布，讓他很用心地把那片摔成三半的鏡片貼成一塊，又請來精通鉗工的小衛，為那被摔斷的「腿」，重新配製了一個用銅絲做成的架子，並將那片鑲貼合的鏡片裝在鏡框中。

從此以後，他就一直戴著這副修好的眼鏡，渡過了漫長的刑期，他說他會珍藏他的眼鏡，如果能活著熬到獲得自由的那一天，一定要拿著這一副鏡片，向他的兒女朋友講述這一段故事。

高強度的體力消耗，飢餓已成為對我們最大的折磨。蒼天並無絕人之路，我們不久就在燒製草皮灰的幾塊紅土地裡，發現了經歷大半年的旱季風霜，被拖拉機翻過的土胚，很好保護著隱藏在它下面的馬鈴薯，大的有如鴨蛋，小的也有指頭般大小，表露在地面土層淺處的，因受到陽光的照射而變得發青，有的已經乾癟。

後來聽經營蔬菜地的幾位「老軍工」介紹，最開始的時候，軍人們把馬鈴薯種子裝在拖拉機的播種兜裡，靠著拖拉機，將這些種子埋進了被翻耕的土中。以後，雨季來臨，這些「種子」便在地裡生根、發芽，長出一尺左右的稈來。秋天來臨，軍人們駕著拖拉機秋耕、秋收。那些藏在地裡的果實，隨著那紅色泥浪拋向地面，那些被鏵翻起的泥浪又重新把它們藏在土中。

每天下午，西北風刮得人在風中無法直立時，盧隊和李管教一般是不會上山來的，他們把這個跟班的苦差事，交給在這兒駐守的三名士兵，卻遭到了拒絕。只好把看守這些流放者並督促完成任務的事，交給了各組的「大組長」，命令他們要按規定的任務收方，沒有完成任務的不准回營地休息。

就趁著這個時候，大家像遊擊隊似的散開，在這些地裡尋挖著散落其中的馬鈴薯。用畚箕把它們揀起來埋進正在漚制的草皮火堆中，不出一個小時，便可以從那裡面刨出燒得香噴噴的馬鈴薯了。而且，這些燒熟的馬鈴薯比伙食團的麻口馬鈴薯新鮮多了。

第三節：古柏行

五一節前幾天的一個早上，李管教拿著點名冊從我們中點出了三十名「政治犯」出列，命令我們打好背包坐上汽車，調往三十里外的古柏，同行人中就有潘老和大炳，老韋等人。從孫家花園出來，唯獨我們四個人一直沒有分開過，我們就這樣，離開了短暫停留的二道溝，調到鹽源農牧場的另一個中隊——古柏中隊。

同二道溝的荒無一樹相比，當時的古柏就兩樣了，整個古柏中隊被一片矮小而壯實的柏樹林蔭，隱蔽在一座石頭山腳下。它四周被一圈一人多高的磚石圍牆圍住，裡面的建築倚著地形的變化散佈在這座石山中。

從最南端的馬路盡頭，沿著一條竹林小道走去，小道的兩旁排列著當地農民的茅屋。順著小路一直向北，通往那磚石圍牆中，開著的一個圓形的石門，便是它的進口。走上石門的臺階，進得裡面，便是整個古柏中隊的所屬範圍。

進去的右手是一排牆壁隔開了的磚柱平房，這兒便是下雨天供我們吃飯和晚上開會學習的地方，那平房的背後是一排公社的豬圈，每逢雨天我們躲進這兒吃飯時，可以聽到那裡面傳出來的咕咕豬叫聲，還伴有一股豬食特有的酸臭味。好在，我們這些處境與豬牛差不多的流放者，並不計較這些。

石門左邊，由低向高排列著兩排瓦房，緊靠石門的那一排便是廚房和隊部的辦公室，背後是幹部的寢室和家屬住地，另一排瓦房是我們的監舍，兩排瓦房與石門右面的平房，半圍成一片大約一千多平方公尺的小平壩。

循著進來的方向，一直向北穿過那兩排瓦房和平壩的盡頭，是一個向上的石梯路，走完石梯路向東一拐，便是這石頭山的頂部，那上面是一片大約占地一畝多，用三合土打成的平壩，平壩的邊上堆著晾曬糧食用的工具。

平壩的南端和東西面，是兩排圍著它相互垂直的磚結構平房，南端的那一排，保留著牆和門窗，那是堆積糧食的倉庫，而東邊那一排則只有磚柱沒有牆，裡面安放著電動機，是雨天收藏未脫粒糧食的場地，靠著南面庫房下面的半坡上，便是兩排很長的牛馬廄棚，裡面關著一些很瘦的牛馬牲口。

在通道的進口，新建了可供瞭望整個農場的崗哨，其餘還來不及按監獄的要求加以改造。

在我們到來之前，那兒已關押了一百多名的流放者，其中最早的幾十個人是先於我們一年，大約正是我們去甘洛時，就調到這兒來的「創業者」，他們的穿著和容顏與我們大體相似。雖然已近五月，依然捆著破爛不堪的藍布棉衣，面色黑黃憔悴。

我們在壩子裡放下背包後，便有一名個頭矮矮的，身板頂壯實的中年人拿著一本名冊向我們走來。按照他已排好的名冊，我們搬進了各自的編組中，我和大炳編在一個組，組長宣佈，這個組是大田作業組，勞動的任務初定為水田備耕。

在黃聯關，我們靠著馬鈴薯得到了短期補充，現在又來到了這古柏。第一頓晚餐便是乾蘿蔔根煮的稀飯，我們當然沒有吃飽，藉著已經黑淨的監房，我和大炳靠在自己的舖位上，取出從二道溝帶來的燒馬鈴薯，正在悄悄的咀嚼。

（一）炒豆子

突然，從監舍的黑角落裡，一點火光隱隱閃現。開始，我們誤認為有人在那兒吸菸。不過，那火光卻非常大。我還聞到了一股炒豆子的香味，從火光閃現的地方，傳過來一陣陣輕微的劈啪響聲，那分明是炒玉米或炒豆子的響聲。

我和大炳好奇地坐起身來，再仔細地向四周探望，便發現除了剛才那裡的火光，還有第二處、第三處，暗紅色的火光在黑暗中此起彼落地閃現。很清楚，這小小監舍裡有人正在炒豆子。我用胳膊碰了一下大炳，輕聲說：「聽到了什麼？」「炒豆子的聲音！」他低聲道出了同我判斷一樣的話。

隨即我們便發生了一連串好奇的疑問，進這監舍時並沒有看見裡面架有爐灶，這火是怎麼燒起來的？燒的燃料是什麼？用什麼「鍋」來炒？炒的豆子又是從哪裡來的？

「夫炭！[3]」大炳輕聲的告訴我！不錯，那炒豆子的香味中分明夾著夫炭燃燒的氣味，甚至還夾著一股木柴燃燒的煙味。我們不敢動彈，裝著什麼也沒有看到，什麼也沒有聽到，帶著點好奇睡去了。

第二天吃過早飯，我們便跟著這個組的老犯人，挑著籮筐畚箕走出石門，沿著昨天進來的小路走向工地，我們這個組的任務是撒肥料。駐地周圍除蔬菜地，四周便是一片大塊的水田，這些水田被縱橫交錯的田坎分割開來。最寬的幾條田坎又長又直，是供拖拉機的機耕道，機耕道兩側開有大約一米寬的水渠。

這時節，水渠裡長滿了荒草，裡面也沒有水。除少部份靠近大本營的幾塊水田被拖拉機翻耕過，其他田裡還留著稻樁，自去年雨季結束以後，一直就沒有下過雨，田裡都裂開一條條兩個手指頭寬的龜縫。

機耕道上和幾條較寬的主田坎上，堆放著一堆堆的草皮灰、牛糞和森林裡才可以弄到的松葉和各種腐植物，我們的任務就是將那些腐植肥料，用籮兜一挑一挑送到兩邊的水田中間，再均勻地撒開。

我看見所有老犯人下到水田後，邊幹活邊在田坎邊的荒草堆裡尋揀著什麼東西。懷著好

3 木之燼也。

奇心，我也蹲在田坎上細細的看，那裡除被割去豆桿而留下的樁頭外，並沒有什麼。但是細心扒開荒草尋覓，便可以看到這些荒草叢中，原來還隱藏著許多花花綠綠的豆子，宛如一些彩色的小石子，是我從前沒有見過的。

這是一種矮樁四季豆，這種四季豆不牽藤，也不擇土壤，同內地的種在菜園子專作蔬菜用的四季豆不同，種植它們不需要施肥，也不需要插桿和中耕管理。只要在有水份的田邊土角，打一個窩，把它們丟在裡面，它們自會在土壤裡生根發芽，到了秋天便已成熟，在太陽曝曬下，豆莢便自動炸開，並將成熟的豆子重新撒到田坎上鑽進草叢，不過它的殼卻不像菜用四季豆那麼肥嫩可口，那殼比黃豆還堅硬。

我現在終於明白，昨夜那些被炒的豆子原來取之於此！一個人如果工間和中午不休息，邊扒開枯草邊揀豆，少可以揀到二兩，多可揀到三兩！足夠我們一頓定量的糧食了。

蒼天確無絕人之路，與二道溝不同的是，老天爺雖然沒有把埋在地裡的馬鈴薯賜給我們，卻用乾燥的風將前一年藏在田坎、路邊、野草叢中的四季豆、黃豆完好不爛地送給了古柏的流放者。不過，得靠自己勞動才能得到。

下午收工回營，我懷著好奇心按昨晚看到的位置，窺察了那裡的舖底下，結果果然看到，那裡放著用舊洗臉盆改製的「夫炭爐」，裡面還裝著許多夫炭，只要用火點燃其中的一塊，再用氣不斷地為之「鼓風」，不需五分鐘就會燃成紅紅的大火，便是炒豆子的火源。而夫炭是從廚房或餵豬房的灶眼裡，將燃過明火的木柴用水噴熄後得到的，還有的就取之於附近的農家。

怪不得，一到這裡的頭一天，我便看見在黃聯關療養地，專以改製大鐵缽賺罐罐飯為「業餘」的辛志華，又重新在院壩裡立起了他那根鐵棒。現在是改製各種「夫炭爐」了，自然還是老價錢，一個夫炭爐收取兩個罐罐飯。

看到這些，我已經明白了，這裡流放者中為解飢餓而在「地下」進行的一條龍活動。從揀豆子到生火，炒、煮豆子，倘若，其中無論哪一個環節被人告密，辛志華也休想在院子裡公開製作爐子。僅從這一點看，經過甘洛嚴酷的生死洗禮，這裡的流放者清醒多了。

「火」本是人類發明的。從燧人氏鑽木取火以後，經過了萬年的發展，近代取火普遍使用打火機了。然而，這裡的一無所有的流放者，別說打火機就是火柴也十分稀貴。他們取火的方法是從石頭中，精選出質地十分堅硬略帶脆性的石塊，再用一柄斷鐮刀與之擦碰出火星得來。一種用乾透的蒿草挫成指頭般粗細的「繩」，是引燃這種火花的最佳材料，我們稱之為「火繩」。

當年凡鹽源地區吸煙的流放者，每人都備有一個專門取火的小布袋，裡面裝的是幾塊石頭和一截斷銼，還有一包用紙包好的「火繩」。當取火時只要將「火繩」的一頭貼在火石邊上用左手捏緊，右手用那斷銼刀像擦火柴一樣輕輕一擦，直到那火繩頭冒出青煙，再將它吹旺，現出明火。

中華民族一向崇尚三皇五帝，將他們尊為華夏的祖先。而今這些經歷長期煉獄的苦囚們，還在借用祖宗最原始的方法來求自己的生存！這些祖先大概做夢也沒想到，經歷五千年有文字記載的文明史，在今天還要記這一筆心酸的歷史。

經過流放者像老鼠般的尋覓，埋藏在這片土地上所有角落裡的豆子越來越多，且品類也在增加。除了田坎上以外，更多的則藏在堆積豆桿的草樹下，馬廄裡的食槽底，曬場周圍，凡在前一年秋收時，這些豆桿經過或堆放過的地上，都會發現藏在那裡面的豆子。

這種發現，給下一年收穫時的流放者一個啟發，在收穫時，有意捶打那些豆桿，使它們到處的散在草堆裡，等到風季來臨以後，慢慢再將它們重新找回來！

有一天我們被派去將堆放在曬場邊足有兩人多高的豆桿，挑到蔬菜地裡燒草木灰，意外發現那草垛下藏著一層厚厚的「雜糧」，有黃豆、四季豆和玉米，這些糧食中央部份因稿桿霉變而爛掉，有的生出了豆芽。而周圍部份大多完好，估計是前一年在這兒打場的人故意留下的。

挑豆桿的人丟下了挑草的任務，掏出各自帶在身邊的口袋，拼命地搶著裝。那王華春和秦石頭因爭搶而打起架來，驚動了崗樓上的士兵，走過來朝每人的胸膛上揍了幾槍托，還勒令所有搶豆子的人統統的把口袋裡的豆子掏出來，裝在一個籮筐裡，送進了廚房。

聽說那也算成糧食，折合成定量，回到監舍，兩人像鬥敗的公雞，相互埋怨。

（二）雨季到來的時候

處於海拔較高的鹽源地區，春耕一直要到穀雨以後才姍姍來遲，然而雨季給我們帶來了新的飢荒。五月一過雨季來到，草叢裡的豆粒也迅速長出芽來，正在這種「青黃」不接的時候，飢餓更嚴重地威脅著我們。

同二道溝只准在同一時間排隊，在食堂窗口上領取飯菜不同，這兒仍沿襲監獄的一般做法：三頓「飯」都由炊事員把飯桶抬到院壩中，開飯時，由值班管理人員清點人數後，才按組排著隊走到飯桶邊，用大鐵缽去接回自己那份牢飯。

隨著雨季到來，拖拉機傾巢出動，將原來的乾田犁翻、耙平。蓄水池的閘門也打開了，從引水渠按著由高到低的順序，將塘水灌進了犁耙過的大田中。大田組的囚奴便開始重新調整，按照隊部的安排，每天二十四小時都有人守著溝渠，一塊田，一塊田的放水淹田，整糊田坎，拉平機耙不能到達的死角。於是便沒有統一上下班，大田組的人也變成了輪流的三班制，吃飯時間，暫時取消了集合點名那一套，變成了「流水席」。

趁著這「流水席」的「混亂」，本來就沒有吃飽的勞動力很「正常」的出現「混飯」的事，雖然隊部「動用」了加班糧，對每個人的定量加上微不足道的二兩，卻遠遠不能解決飢餓的威脅，隊部有意安排炊事員，指定了一名尤二皮的人專管犯人的飯瓢子。

有一天，大雨持續了整整一個下午，晚上按正常開飯時間吃過晚飯以後，置晚班的人才出發到三號田，換下那兒整整幹了一下午的人，換回來的人摘下蓑衣斗笠，洗完腳，天已經漆黑了。當他們拿著大鐵缽朝廚房的窗口走去，領取那兩瓢玉米粥的晚餐時，秦石頭也夾在他們中間，他用一頂破毯帽遮著自己的前額，想趁雨天天黑看不大清楚的機會冒混那兩瓢粥，不料他的大鐵缽，剛剛伸了過去，就被尤二皮一眼認出。「砰」的一聲，那舀飯的鐵瓢將石頭手中的鐵缽砍翻在地。

石頭不忍氣，在那領飯窗口前罵了幾句，尤二皮把手中的瓢遞給了旁邊的另一個炊事員，立即跑去報告了倪管教，石頭被倪幹事「請進」我們吃飯的那間屋子裡，先就對他搧了兩記耳光，跟著從崗樓上叫下了兩名士兵，將瘦弱的秦石頭夾在中間，一頓拳打腳踢，石頭頓時口鼻鮮血長流。

所有監舍裡的人都一齊擠出門，站在簷下觀看，那因爭豆子而同秦石頭有過結的王華春，趁機落井下石，站在我們監舍的門口興高采烈地數落秦石頭偷了幾次四季豆，混過幾次飯吃。

老傅實在聽不下去，拍著王華春的肩膀要他回監舍去，王華春卻向老傅吼道：「你為什麼拉我？」我聽見老傅悄聲地規勸他：「別人挨了打，你又何必殺人的下馬威！」但是王華春並沒有住嘴，依然大聲的吼道：「你不曉得，這傢伙實在太可惡，平時豪強霸佔的欺侮人。」

「你和他有仇也不該在這種場合下報復，你的家裡有東西寄給你，但是哪一個也不敢說狠話，都挨過整。」老傅暗示對方也挨過老管的皮鞋尖和耳光，兩人在監舍裡小吵起來。直到被打得臉青鼻腫的石頭，帶著一身泥巴，走回監舍來。

大約距那以後又過了兩個多星期，伙食團的糧食吃完了，輪到我們這個組到鹽源縣糧食加工廠去背米，王華春悄悄的帶著一雙從家裡寄來的皮鞋，想在半路上賣給附近的老鄉換一點錢，卻恰恰被這個死對頭秦石頭發現。

那天出發以後，石頭故意的掉在隊伍的最後面，向帶隊的童幹事告了密，剛到碾米場，童幹事便將王華春喊住，問他來背米還帶著雙皮鞋幹什麼？王華春支唔半天答不出來，結果皮鞋當場沒收。

流放者中，相互因很小的厲害衝突，而借刀殺人相互傷害的事，屢見不鮮。

鹽源的雨季，一經來到，便會接二連三地下個不停。間歇出現的雨停也是濃雲密布，秧田裡的秧苗很快長到了一尺多高。大田作業組分成了幾個小組，一部份原先有犁耙和整田「技術」的，放水糊田坎，整耙水田；一部份人便蹲在秧田裡，扯稻秧。還有一部份人挑著秧頭到已經耙平，整好的水田裡，將秧頭「打」到田裡去，其餘大部人下田栽秧。

那位因堅持單幹的周老漢，可是赤貧的佃農出身，不能用五類份子的大帽子來嚇唬他。而況他所講的句句實話，從他的口裡講出來，過去的赤貧人家到了栽秧打穀的季節，「老闆」也會用好飯好酒招待他們。

年輕人聽到周老漢的介紹便明白「栽秧子的酒，打穀子的飯」，是對「苦大仇深」的舊社會的回憶！當然要對比現在那種早晚每頓兩瓢稀飯，中午半罐飯這種生活，當然會發生巨大的反感！雖口中不敢說，但心裡卻在嘀咕，手裡的活也停了下來！學著人民公社社員的老章法，用「磨洋工」消極抵抗。

栽秧子的進度始終跟不上計畫規定的數量，為了不誤農時，所有隊部的管教們傾巢出動，他們操著手，三三兩兩不停地吆喝著水田裡的奴隸們，不時的驅趕那些坐在田炊上抽菸休息的人們。

為趕上無法完成的任務，我們每天必須十四小時以上的泡在水田裡，幹水田裡的活不比旱地，泡在水田裡的時間越長，肚子也餓得越快，在水田裡，每天上午還不到十點鐘，肚子就已經餓得咕咕直叫。於是在水田裡，人們的話題，怎麼也沒離開吃飽肚子這個題目。

茫茫黃湯般的水田中，很快地長出一種葉子很像韭菜的水草來，尤其是夾在秧田裡，有的地方一片幾乎全是那種水草。連根將他們拔起，便可以撥出一串串附在它根部像蠶豆般大小的塊根來。人們告訴我這便是三楞草，它的塊根便叫香附子，味甜可以入藥，可以生吃。一窩粗壯的三楞草，只要用手去那泥裡理著根，輕輕的拔乾淨，附在上面的香附子足有半碗之多。

飢餓的眼睛迅速盯上了這滿布在水田中的三楞草上，初嘗這褐色香附子，我馬上聯想到了荸薺，相比下除塊頭小也老得多，它們的顏色味道，頗為相似。

記得童年時，外婆常常從菜市買回這些表皮暗紅，肉嫩可口的蔬菜來，荸薺可以炒肉片也可以當水果吃，脆而細嫩。眼前這些香附子，又勾起了我的回憶，彷彿重現出她老態龍鍾眼裡透出的愛憐，喃喃說：「孩子，荸薺可以預防感冒，你從小營養不良，氣管炎很嚴重，買這些是給你治病的，你可以經常吃。」說著一邊把甘草、桑樹根洗乾淨和荸薺裝得滿滿的一鍋在灶上煮起來。

唉，蒼天有眼，當著這四野茫茫，腹中空空的可憐流放者面前，您又一次奇蹟般的把那麼多草根，賜到我們的面前，聊以讓我們填充飢餓的肚子。

忽然，一記沉重的巴掌刮在我的頭上，我猛然一驚，剛才的回憶頓時消失，轉過頭去，我正好正對著一雙幽靈般的眼睛，和那死人般的臉，不知什麼時候倪幹事悄悄的站在我的背後。

「我已經看你老半天了，你足足有二十分鐘沒有扯一把秧子。」他陰沈的說，低沉語調令人恐懼，我手裡正捏著一把剛剛拔起來的香附子，還沒得及想出應對的話，緊接著右手又挨了他重重的一掌，那捏在手中的三楞草，被打落到兩公尺外的水中。我按捺不住，怒目抗爭道：「你憑什麼打人？」

回答我的，是他那強健有力的右手，擰著我破棉襖的衣領，將我從水中像小雞般提上田坎來，我還沒有站穩，便大聲吼道：「你憑什麼打人？憑什麼？」

水田裡所有的眼睛，齊刷刷地都向我們這裡集中過來。所有的人停下了手中的活，立在田裡看事態的發展。

我的右臉上重重地挨了一記耳光，頓時滿眼金光四濺。那記耳光，將我摔倒在田坎上，身體濺起的泥漿把他的衣褲染成大片的黃色。

此時已經橫下心的我，護定了下身，迎著他雨點般的腳尖，在田坎上像一團滾動的泥球，拼命的大罵大喊；「打死人啦，法西斯！」不一會兒走過來一名士兵，用刺刀逼著我從泥濘中站起來，並押著我離開了那裡。

我被帶回了監舍營地，像個泥人似的站在壩子中央，剛才的衝動降溫了，心中打著主意，等待繩捆或一頓毒打，下意識地緊了緊腰中繫著的草繩。

那姓倪的鐵青著臉走進了辦公室。我站在那裡，足足兩個多小時，並沒有人理會我。身上滿沾的黃泥，開始乾結，一塊一塊地剝落下來，直到收工。

(三) 禁閉前的舌戰

晚上，我被喊進了隊部辦公室。在辦公桌後面，發黃的檯燈下，坐著一個四十多歲的人，他便是這個農場級別最高的特工人員，管教科長鄧揚光。我看見他面前放著審訊記錄紙和一支筆，見我進來他抬起眼睛注視著我，沈默兩分鐘以後，向我發問道：「你就是那個在甘洛農場西西卡中隊，在黃桷樹下學老鴉叫的孔令平嗎？」他眼裡透出一種力圖控制對方的壓迫。

事隔大半年了，第一次見面就向對方重提舊事，說明這位陌生人一直十分關注著我。在獄中被特工人員特別關注，絕不是件好事，我沒有回答他，心中在猜測今晚不知他又會怎麼收拾我？又是片刻的沈默。

接著，他開始過問今天下午發生的事，漫不經心的聽我講述整個的經過。大約半小時以後，他從抽屜裡取出了一張印著紅頭的文件來，我多次見到過，這是一紙判決書。

他陰沈著臉說：「重慶市中級人民法院收到了你的申訴，並且駁回了你的申訴。現在正式向你宣讀。」我聽著他那平淡的宣讀聲並不感到意外，因為我早作了申訴失敗的打算，只是覺得時間隔得這麼久，幾乎讓我遺忘了。

宣讀完畢，他便一本正經的對我進行了常規「教育」：「你的罪惡是不小的，我看過你的全部檔案，狡辯沒有用。我奉勸你丟掉僥倖心重新做人，像你目前這樣的情況，處處頂撞幹部，不認真的勞動是不行的，你是大學生。響鼓不用重捶！你應當明白黨的政策。」

那申訴，已快過去兩年了，就是我剛剛從孫家花園的醫院，回到監獄反省組時，藉寫反省材料的機會寫出的。當時，經過了一年的看守所關押和一年多的「勞改」，我開始從關注自己轉向關注社會。

失去自由的難受使我度日如年，飢餓的獄中生活和虐待，讓我從幻想的迷霧中，回到我每天都必須面對的現實中。我那種蒙冤的痛苦越易加劇，我內心就越煩躁。我不能對原判採取無可奈何的忍受。而必須按照事實，拒絕這冤枉的十八年徒刑。

現在經歷了甘洛這段茹毛飲血的煉獄，眼看與我同齡的人，就冤枉的死在荒野中，像我這樣不弄清「原罪」，糊里糊塗的犧牲也太不值了。

最初入獄時提出上訴，確有許多幻想，希望有一天「政府」，能本著事實取消對我的原判，其至於糾正加給我的「右派」罪，還我自由。經過幾次申訴，尤其我目睹周圍的同難們喊冤者不但沒有重新被改判，反而「罪上加罪」，招來更多的痛苦和麻煩！

特別看到現實中，中共之種種無道，「三面紅旗」即使造下那麼大的災難，仍不許人直說，更談不上改正和認錯。我的腦海裡便由「求饒」，變成對奴役我的「政府」進行反抗！我必須作好思想準備，從煩躁心態轉變到坐穿牢底，最後將我的蒙冤與民族災難統一起來，將個人的命運繫於國家命運中。

今天，面對這位監獄的特工頭目。我想，不管有用無用，據理力爭總可以變被動挨打為主動進攻，雖然劊子手的良知被蒙蔽著，但有時主動進攻往往可以取得積極的效果。於是揚起頭說道：「我犯的什麼？是偷？是搶、殺人、放火、強姦、還是組織集團，用槍桿子同你們對著幹？你們中的刑法哪一條規定，我們這種出身不好的子女，天生就該判刑受罪？」

鄧揚光操著他背熟的教條回答道：「你犯的是向黨進攻的罪，你的家庭出身決定了你的反革命本質，你在日記上明目張膽的攻擊社會主義和三面紅旗，你知不知道這是兩條道路你死我活的鬥爭，你犯的罪可比殺人放火還嚴重！」看來這是一個老手，一個死守毛氏教條的「高手」。

「但是，在劃我為右派時，還沒有『三面紅旗』，我在大鳴大放時並沒有說共產黨的好壞，對父親被捕連判決書都不給這種非法行為，膽小到不敢向法院索要這種程度，但是重慶大學和法院卻置事實於不顧，硬說我替父親翻案，把右派帽子強加在我和母親頭上，你們才是真的犯了法！」我吼道。鄧揚光無可奈何地擺擺手，回答說：「那是你們學校的事，我不清楚。」他推諉了。

「你為什麼到現在還要攻擊三面紅旗？」他把話引到眼前的話題上，我緊緊地盯著他說：「說到這點，請你聽我說完，我說的時候請你不要打斷我。」預先約法三章後，我說道：「我請你現實的思考，不要按報紙上怎麼說。」

「請問，五八年浩浩蕩蕩的大煉鋼鐵大軍，煉了什麼呢？當時建的高爐，今天你見著有幾處在冒煙？在荒蕪的田園和高爐的廢墟之下，破爛不堪的農家茅舍有多少？餓死的百姓有多少？直到今天，老百姓連肚子吃不飽，這又究竟是什麼造成的？你們說是天災，但是天災這麼巧就發生在你們天天唱大躍進之後？你沒有思索過嗎？你若不是農村出來的人，應當多去問問農民們！你若本來就是農村出來的，那麼睜開眼摸著良心自問，這幾年哪裡有什麼全國規模的旱災？」

「再說，你們不是天天在唱高產豐收和放衛星麼？既然糧食成倍在翻，豐收年年有，怎麼會弄得連你們也要親領人馬下田種地？你們不是說大躍進三面紅旗形勢一派大好嗎？你們不是說市場繁榮，市場上應有盡有嗎？你就沒有一點現實的感覺，現在連肥皂草紙都買不到，這不是太假，太騙人了嗎？還有，就比方說你穿的這條褲子，也補了巴，這又是怎麼搞的呢？照這樣發展下去我們會窮得一無所有，難道你不明白嗎？」

我不斷的滔滔不絕地述說這些淺而易見的道理，列舉著天天發生的平凡事實。語氣剛硬和不容辯駁，這是五年監獄磨難出的。

鄧揚光沒有打斷我，顯然他沒有理由也沒有信心來否定我。或者，就是在進行思索，這些特工人員內心活動隱蔽得非常深。

「別再說了，你這是把支流和暫時的挫折，當成了主流，這是攻其一點不及其餘！」鄧揚光終於只有用這種不成理由的話堵我的嘴，但是他這麼說幾乎沒有任何的力量，鄧大人理屈詞窮了。

其實，加給我的赫赫罪名，就連他自己都解釋不清楚。同他這種有身分的獄吏交鋒我是第一次，結果我判斷出，監獄管理者的腦袋是多麼空虛，他們無法面對現實，而必在事實面前潰不成軍！

真想不到今天晚上我有這麼一個表達我的觀念，和基本政見的機會。

他擺了擺手說道：「允許你把你的想法寫出來，但不准你在犯人中散佈。」說著，從抽屜裡取出了一疊紙交到了我的手中。

我接過紙，從他的面部表情沒有發現什麼，不過，管他的呢！我都活到這種份上了，寫就寫吧！只要寫真實的東西，我怕什麼？

利用每天下午他給我的特許時間，我就在那間陰暗的監舍裡。寫完了我入獄後第一批論述中國當前政治經濟的文章，雖然十分的幼稚和膚淺。我再次利用這個機會，寫出我的冤枉和無辜，在當時夏種大忙季節中，允許我每天花半天時間去寫自己想寫的東西，對我又是第一次。

從此以後，我成為場部最受「關注」的人。在這段時間裡，鄧揚光還指定兩個幹事，每天給我送來了人民日報！第一次送來人民日報正版上的大幅標題：「評蘇共中央給各級黨委及全體黨員的一份公開信」及其連續報導。一場中共內部的大分裂已經出現，一場國際共運的大分裂正在公開化。

一個月以後，鄧揚光搜去了我所寫的全部東西，包括那些寫廢了的「草稿紙」。大約又過了一個星期，在圓形石門進來第一幢平房和我們的這一幢監房之間，大約一點五公尺的空隙地，築起了一道連接的泥牆。泥牆上開了一個洞，誰也不知道它是作什麼用場的。直到它的正面安上了一道僅只有半公尺寬的木門後，人們議論是不是作堆放雜物的庫房？

新的木門安上的二天下午，管教科的陳文仲把我叫到他的辦公室，告訴我，根據場部決定，我的問題要進行隔離反省，並且立即叫我把我的鋪蓋搬進那間剛剛做成的小屋去。我意識到，這是把我押進了監獄中的監獄，進行禁閉反省。

回到我住的監舍中，老潘和大炳們早已出工，唯一留下的是老傅。我默默的整好我的行李，當時並沒有感到問題有多麼嚴重！因為我畢竟才二十五歲！既缺乏對中共監獄特工組織的瞭解，更缺乏對中共上層變化的瞭解。

不可低估這些下級監獄看守的愚昧，低估他們對他們最高權力者的盲從！因而低估了他們對自己的貧窮飢餓，落後的「忍耐」和麻木無知，在這種基本已失去是非判斷能力的人面前，任何對他們的啟發都只能喚起他們殘酷鎮壓的欲望，招來了自己的「殺身之禍」，獄中鬥爭是錯綜複雜的。

預想和估計畢竟是一種猜測。同時還不懂中共對待異己份子的狠毒！老傅只是與我默默握了一下手，我便在這位陳管教腳跟腳下，搬進了這狹長的「小監」。

小監大約五平方公尺，除一張地鋪和那窗洞的下面放了一隻木桶，木門一關，徒然四壁。唯有那窗孔可以進一點空氣和陽光外，幾乎等於關在一個鐵桶中，我確實低估了中共一貫稱作「路線鬥爭」的殘酷性，不僅要在思想上「黨同伐異」，而且必須在肉體上消滅敢於抗衡的異己。看來，對我的「禁閉」凶多吉少。

在「你死我活」的鬥爭中，哪有什麼道理可講？我必須在心理上作好「面壁」十八年煉獄的準備，這一關比在激憤時憑一時衝動所付出的犧牲更難，要熬這一關得憑常人所沒有的堅定意志和韌性。

（四）哭

晚上，從田野吹過來的風越過圍牆，再經過監舍道道泥牆的阻攔，從那小小黑洞中擠進一點空氣，稀釋著我這小監裡的臭氣。打在瓦背上滴答作響的雨點聲催發我的孤寂和淒涼，白日裡鄧揚光那冰冷的眼色和無情的訛詐，留在我心頭的陰影開始蔓延，在這小屋裡變得更濃更沉。

黑夜將我壓迫得喘不過氣來，我感到我的瘦弱不堪的身體是那麼渺小，我拼命地想站立起來，卻像被千斤重荷壓著無法直立。

我在朦朧中，看到了西西卡門前的那顆古老黃桷樹，不知什麼時候立在院壩裡，在夜雨中瑟瑟有聲。

於是鬱積在我心中的那口悶氣，變成一聲長長的呻吟，「哇」的一聲，吐到了這夜幕之中，劃破了濛濛夜雨，「哇」，黑暗的夜空回應著我，同我的呼聲匯成了一瀉千里，無法收攏的嚎啕。「曾覷欷余鬱邑兮，哀朕時之不當。攬菇蒠以掩涕虧，露餘襟之浪浪」。（離騷）

這是哭聲，是一個孩子，一個還沒有從母校乳頭上斷奶孩子的哭聲，他在向世人訴說一群暴徒，無緣無故把他從課堂裡拉出來，剝奪了學業，毀滅他的理想，斷送他的前途和一生！在茫茫政治陷阱中強迫他挨餓、受凍，在鞭子下強迫完成超過體力的奴役！

今夜，他在哭！

這是一個中華子民在昏亂的世道中，眼見無道暴君任意用飢寒交迫來橫加他的同胞而發出的控訴；這是一個獨醒的戰士，為他的同胞們被愚弄而相互殘殺發出的怒吼！他對他的同胞們吼道：「你們就這麼心安理得在飢寒中盲目的互鬥，相互廝殺，果真一點都聽不到這個世界前進腳步聲了？」

一夜的哭聲，一夜的清醒。這是繼看守所那一夜痛哭以來又一夜悲哭，從這一夜以後，我的精神又一次的從我被囚困的肉體上掙脫出來，一步一步地在深沈的夜中走！走！

哭聲穿出那小小黑洞，跟著綿綿細雨一次次撞擊著監獄的鐵壁，哭聲扶著深夜的寒風，一陣陣拉開籠罩在監獄上空的濛濛霧幕，在那裡久久回蕩，彷彿在呼喚黎明。

「世間無物抵春愁，合向蒼冥一哭休，四萬萬人齊下淚，天涯何處是神州？」譚嗣同當年的悲哀，我在此刻體會得非常深。

如果我的哭聲能催醒沉睡的人們，我願長哭不已。

然而，夜深人靜，院子裡卻是靜悄悄的，從壁上那個小洞望去，在昏暗的天空中，房頂之上那捲著翹角的瓦楞，好像突然變成了一個在茫茫夜色中傲立天空中的礁石，我聽見夜間迷路的小鳥掠著從瓦楞飛過時，撞在它的上面，被擊碎倒地。不由得想到我自己，也似在這恐怖的夜空裡獨飛的孤鳥？

遠處傳來布穀鳥淒惋的叫聲應和著我的哭聲，我明白失去了自由，牢房中的人遠遠比不上天空中自由翱翔的鳥。

（五）第一次絕食

第二天清早，當太陽光束遲疑地從壁上的小孔中，射到我睡的草窩裡。院子裡一陣雜沓的腳步聲，集合開飯，出工的響聲一一響過。一會兒，送飯的炊事員端著面上蓋著一瓢水煮白菜的罐罐飯，放進那壁上的小孔中便走了。

這年月監獄中的「囚禁者」把罐罐飯當作命根，為了多爭一口，可以冒著奪命的危險，換得繩捆索綁，許多人虎口越獄亡命天涯，只求飽食而已。記得在看守所為了這小小罐罐飯，我就賦過許多的打油詩，其中一首不妨錄在這裡：

「方圍之中講罐罐，飢腸轆轆腹中喊。忽聞鐵窗響聲起，伸頸挺背踮腳看。黑黑一片籮中藏，罐罐不滿渣浮面。一呼牢頭遞過來，雙手捧罐懷中看。細數胡豆一百粒，再掂乾菜三兩片。狼吞虎嚥罐見底，不知味苦還是甜。瓢括指摳舌尖舐，俄頃罐空飢未填。雙眼回望牢門處，唯見鐵窗不見天。」

然而哭了一夜，此時我的胃裡難受至極，什麼也不想吃。一直到中午，張世雄送中飯來時，才看到早上送來的罐罐原封原樣的放在那窗洞上，沒有動過，於是他立在那裡，將眼光伸進窗口，悄聲向我問道，「你是不是不舒服，要不要叫衛生員來看看，吃點藥？」

聲音裡充滿擔心和同情，在這種飢餓的情況下，一個人不吃飯一定是生了大病，好端端的健康人只有嫌一罐填不飽肚子的，豈有做這種挨餓的蠢事？我無力向他解釋，只是搖了搖頭表示回答。

「那麼你總得把飯吃了，這年月還要勞動，全靠這點吊命糧，不吃飯，怎麼活？」他在窗口上向我喃喃規勸道。

院壩裡兩個人的聲音衝著我，喊道：「嗨！把飯拿進去，這可是你的血呀，做什麼都可以，千萬不可以拿不吃飯來給自己過不去。」他們勸我催我。但是好一會兒，看我仍沒有絲毫的反應，只好嘆口氣，無奈的走開了。窗口上並排地塞著兩個罐罐，幾乎塞得黑屋子裡什麼也看不見。

下午鄧揚光在洞口上出現了，當他在窗口上看到並列的兩罐飯擺在那裡，遲疑了一下，然後用他那狐狸般的眼光，從罐罐的夾縫中向屋裡搜索。

當他的視線捉住我以後，冷冷的向我問道：「昨晚上你鬧什麼？」他的話極其渺視，這是他一貫用的心理征服法。我仍然閉著眼睛，一點都不想理他，討了一個沒趣後，他悄悄離去了。

兩個罐子就這麼並立在窗口上，直到晚上炊事員送來了晚飯，看到那窗臺上早上和中午的飯菜紋絲不動原處擺著，而我卻仍躺在草堆裡面壁而臥。他喊了幾聲，我沒有應，於是他立刻抽轉身向隊部走去。

不一會兒鄧揚光來了，打開了我監門上的鎖。裡面昏暗，濁氣撲鼻。他捂著鼻子，把我叫到他的辦公室裡去，傍晚的風吹著我，使我清醒了許多，我在想應對的方法！

「怎麼不吃飯？」他見我後劈頭問道，我

仍然一語不答，甚至連頭也沒抬一下。

「是想向政府抗議？」他提高了語音，自問自答，分明在向我挑戰。

我仍然沒有回答他，我認為，此刻這也許是對他最好的態度，能同這種特工說什麼呢？說些能觸及對方靈魂的話，他必定無動於衷；說些應付他的話，我感到純屬無聊，何況我一夜未眠，又一天沒有吃喝，已夠疲倦了，倒不如養養神，省得空費口舌，我需要睡覺。

「孔令平，我奉勸你一句，不論你用什麼方式，政府是絕不會被你嚇倒的！」他站起來在房間裡踱著方步，態度冷靜。

接著又叨叨的說道：「我對你的教育已經很到位了，你入監以後的所作所為早已超過了界限，夠得上死罪的，但是我們仍然從挽救出發，不惜精力和代價，苦口婆心不厭其煩，今天又讓你獨自反省，可是你現在要出絕食這樣的新花招，表達堅持反動的立場，朝死路走，我們也沒有辦法，教育不是萬能的靈藥。不過你要想好，這種機會恐怕不會太多。」

他這番話，這幾天我的耳朵裡都聽起了繭！除了這些話外，他幾乎再也說不出什麼。

隨著他的話一完，辦公室裡又陷入了一片沉靜。但是，我忽然若有所悟！我這個無意識不吃飯的行動，似乎觸傷了這劊子手的神經？少年時代上歷史課，曾知道獄中被囚禁者，常常以絕食來表達他們的抗議。例如印度的甘地就是用這種方式，抗議英國殖民主義立場的。

「絕食」是否藐視當局，表達被囚禁者以「死」抗爭的決心？我當時並不知道，因為這不是民主社會，政治犯的權力在這裡是沒有保障的，絕食鬥爭未必會對草菅人命的中共起威懾作用。

但是，此刻我除了痛哭，我還真沒想出別的更有份量的形式。既然，對方已經在事實上把我的行為看成是一種「絕食」，僅僅才一天不吃飯，便引起這位鄧揚光的關注。那麼至少說明，他們對我的不吃飯，至少產生不知怎麼處置的效果。好吧！就這麼絕食下去，我想！

但是，回過頭細細一想，這絕食鬥爭該怎麼進行？有沒有方式。比方說，要不要預先向對方發表聲明什麼的，以表示絕食的原因以及對當局的要求？還有，絕食的期限該定為幾天？如果所提的要求全都沒有達到，那麼可不可以中止絕食轉為抗議？同時配合絕食還有沒有其他的行動。例如，書面寫出申明，或者在身前掛一個牌子寫明本次絕食所要達到的目的，絕食是不是只含政府發給的囚糧，可不可以喝水？

這些我都沒有弄清楚，會不會因為自己沒按慣例行事，遭到這個惡棍的奚落？讓一場本來嚴肅的鬥爭蒙羞。

但是此刻絕食已發生了，來不及弄清它們！暫且，保持沈默吧！沈默既可以觀察鄧揚光的處理，也是表示對他的藐視。

鄧揚光見我一句話都不說，自覺沒趣，只好讓我回到那小黑籠去。

天色已晚，壁上的小洞還被罐罐飯堵著，我已經看不見那房頂上翹起的瓦楞，只聽見布穀鳥淒惋的叫聲。不過，我已沒有再哭，男兒有淚不輕彈啊！

現在我最緊要的是清理思路，對待已經開始的絕食鬥爭！我該向鄧揚光提出哪些條件？又該用什麼方法來告訴對方，也告訴這監獄中同監的難友？暫時我還沒有想出來，整整兩天一夜沒有睡覺，我困極了，不知不覺的闔上眼皮。

這一夜，怪夢連番，我彷彿去了地獄。在地獄的一角上面寫著：「餓死鬼大殿」，裡面看到我在甘洛醫院那些形同骷髏的同難！看到了楊治邦，看到了南桐界牌吃毒李子死去的曾二爺，還看到了那南桐山崗上，抬著餓殍埋在山溝裡的父老鄉親們，看到西西卡中隊被抬到醫院裡已經穿破腹水的流放者，和埋在西西卡山溝裡我不認識的餓殍……

第二天一大早，鄧揚光便來到了我的「黑

籠」前，當張世雄送飯來的時候，我看見他吩咐張世雄，將昨天的飯菜全部收回到廚房去，窗臺上只剩下當天當頓的罐罐飯。看來昨天晚上這個特工思索了一夜，今天他有備而來了。

看見張世雄把昨天的飯菜統統搜去倒進豬槽裡餵豬，我不禁有些後悔。為什麼不可以用來送給其他的流放者？他們可是同我一樣，此時在水田裡撈著香附子的草根在充飢啊！

想到這裡，我立即爬到洞口上，朝一個正槓著鋤頭向大門走去的小夥子招手！「嗨，請你過來！」我乏力的喊道，他立刻走了過來，以為我有什麼需要他幫助的事。

走進窗口我向他說道：「快把這個罐罐飯端去吃了！」他顯然對我的這個要求感到吃驚，不知所措呆呆地站在那裡。「快點拿走，再過一會兒你吃不成了。」我催促著他。

他終於明白過來，向廚房和隊部辦公室慌張的看了一眼，便像小偷一樣，把那罐罐飯，藏在衣服中朝監舍走去了。

當中午張世雄再來送飯時，才發現窗臺上是空的。「你吃了嗎？好些了嗎？」他一邊望著我的囚籠，我明白他是在搜尋早上的那只空罐罐，我沒有回答他，我只能這樣。他繼續向我說「把早上的那個空罐子騰給我吧！」我仍沒有回答他，我不但沒有力氣多說話，也不能告訴他任何他想弄清的問題。

張世雄長出了心眼，便去報告鄧揚光了！不一會，房門打開了，張世雄走了進來，在我睡覺的草堆裡翻遍了，直到證明，那罐子並沒有藏在我這裡。

鄧揚光向張世雄命令道：「從現在開始，你給他送飯一定要注意，不准任何人接近這個小監的窗口，送去的飯如果一小時後他沒吃，就給我端到廚房裡去。」看來他的上司決定向我針鋒相對，絕不妥協。

中午時分，大家吃過午飯，見鄧揚光守著我的黑籠子，房門大開著，便圍了一大堆人，他們帶著關切和好奇，七嘴八舌的議論著，鄧揚光回過頭去驅散圍觀者。吼道：「有什麼看頭，所有的人統統都回到各自監舍去，再過一會就要出工了！」隊部辦公室，所有的隊長和幹事都集中在這裡，沒有人對發生的事發表任何意見，也許他們也是第一次看到這種事。

第二天下午，我已被飢餓折磨得非常難受，覺得好像有無數隻小手從胃裡伸出來，伸到了我的口中，向我催促著食物。這種感覺其實已好多年了，就像在甘洛見到山坡上任何野菜，都可以撈一把向嘴裡塞進去，以填補那十分虛空的胃。而現在是一種說不清的毅力固執地在支撐著我，我只好數著脈搏跳動的次數來挨過這難熬的時光。

眼睛一閉，突然浮現出甘洛西西卡的黃桷樹；在雷雨交加的夜裡，我匍匐在泥水中拖著一條褲子去田裡搬玉米的情景；張棒棒發狠的毒打，繩捆索綁將我扔在溪邊，任由一群毒蚊圍著我嗡嗡地叮咬！

我想如果這張棒棒還在的話，看到我今天的樣子，定會狠狠的罵道：「你死去！死吧！你這種人死一個好一個，死完了老子還可以回家去了，不再守這窮山溝！」想到這裡，我有些後悔了，這監獄的當局哪一個都是不把我們當人的豺狼？我若真因為絕食而死了，也是活該！

「死一個少一個，死兩個少一雙！」那張棒棒的話又響在我的耳際！若那真的成了事實，還有誰替我申冤，也不會有人替我惋惜。

到這個時候，我沒有任何的社會支持，就是同我朝夕相處的這些「同難」們，也未必知道我所付出的鬥爭有什麼意義，更何況這場臨時決定的絕食鬥爭！難道注定我甘忍幾天的飢餓，就毫無結果的收場麼？

由於事前缺乏必要的思考和準備，幾乎帶著一股難以平抑的冤氣！我開始想如果鄧揚光一直向我施加強硬的壓力，那麼我該是繼續堅持下去還是到此為止？倘若繼續絕食下去，那麼何時中止？如果就此而中止絕食，那麼我達到了什麼結果呢？既然我自己都回答不上幾天絕食換來了什麼？就未免虎頭蛇尾，給人笑柄，實在犯不著此舉。

好在我一直處在無言的對抗之中，幾天以來我的頭腦有些昏了，我的記憶已經模糊，我在努力回憶「絕食」開始的那一天，是因為什麼事而引發的？但我有些想不起來了。

就為了鄧揚光的提審和對小監的抗議麼？噢，對了我想起來了，是因倪幹事在水田中無緣無故打我而引發的。

後來就是鄧揚光宣佈法院對我申訴的駁回，難道為了得當局一個清楚的回答，我就被「逼到」了這一步麼？好在我這一次的行動沒同任何人商量，就憑咬著牙關表示抗議而已，所以，我可以隨時停止下來！

每一次張世雄將送來的罐罐飯拿走的時候，他都表現出一種內心的歉疚，低聲對我說：「如果你想要吃東西，就喊我一聲，隨叫隨到。」

但是，三天來我不願意也沒有驚動過他，三天以後，最令我難忍的是渴，聽人說人不吃飯可以活好多天，但沒有水，生命會隨時中止，我現在必須與渴鬥。

第四天早上，小監的木門打開了，鄧揚光走了進來，命令我把尿端出去倒掉。我奇怪他是在故意地奚落我，已整整四天水米未沾，他不會不知道尿屎從何而來？但我沒有理他，算是一種渺視。

幾分種以後，他捏著鼻子叫我跟著他到他的辦公室去。我想，當時我的身上一定很臭。從地上站立起來感到非常吃力，站起身來的一刹那，眼前全是金星，勉強地直起身來穩了穩腳跟，一路上打著偏偏。他反覆看了我好幾眼，便把張世雄叫來，扶著我走到距我「籠子」只有五十公尺遠的辦公室！

辦公室裡坐著一個我從來沒見過的人，見我進來，毫無表情的攤開了他的筆記本！兩個人就這樣對我開始了「審訊」，他一邊記錄一邊不時向我投來一瞥！我想，當時我的樣子一定與死人沒有多大的區別。

突然我的耳鼓裡有一種嗡嗡的聲音響了起來，眼前開始發黑，心中一陣噁心，便索性閉上了眼睛。我聽見，鄧揚光在傳喚衛生員的喊聲……不知過了多久，我又重新的回到黑籠子中。

中午，張世雄給我端來的不是普通的罐罐飯，而是熬得很清的粥，我聞著那粥的清香。現在就從這裡開始，從此以後生活便屬於我的了。我端著那盛粥的盅子，想到文天祥，當年於元軍囚籠中曾以「牛驥同一皂，雞棲鳳凰食，一朝蒙霧露，分作溝中瘠」相自勵，現在我們應從他的遺著中體會他當時的浩然正氣。

送飯來的張世雄一直守在我的身邊，他告訴我說，「這幾天晚上，犯人的學習變成了討論我的專題會」，只這麼一句，我的心就感到了一種欣慰。

流放者出自本身水平，自會有他們的看法，在這種嚴刑酷法壓力下，他們不敢公開表示對我的同情，甚至還會有各種非議。但我的行動畢竟像一石驚浪，打破了這種囚徒生活死一般的寂靜，人們好奇也罷，非議也好，同情也罷，都是對我絕食的一種回應，而一改過去無動於衷的麻木。

恢復進食第二天，我的臉部開始出現水腫，身上才感覺到奇癢，脫下衣來拿到窗洞裡一看，線縫裡長著許多的蝨子。我看了看那滿地鋪著的稻草，那小動物也許是那裡面孵化出來的。

在這種非人環境中，那鄧揚光平時往往口頭大喊大叫講衛生，其實是擔心他們自己的衛生太糟，讓他惹病上身。晚上，張世雄送晚飯時叫我將已快一個月從沒洗過，生滿蝨子的破爛衣物全部換下，拿去用「開水」消毒。

這一夜，我重新細細的思考和總結了自己迄今才二十五歲的人生。

「皮之不存，毛之焉附」是毛澤東對知識

份子早已下過的結論，意思是把知識份子的生存基礎比著皮，中國的知識份子只是附在某個階級皮上自生自滅的毛。「資產階級」已經沒有了，依附其上的知識份子也就要跟著消滅。

然而早被自己的「出身罪」罩住了的我，卻完全不理解毛澤東這話的「革命精神」，就比不得那嗅覺十分靈敏的曹英了。當時總覺得他幾乎像瘋狗一樣的亂咬我們這些娃娃，是一般有良知的人無論如何都做不出來的。

一無政治興趣的我，招惹誰了呢？我們就僅僅因為出身的這張「皮」已不存在了，而必須在一場陽謀中連根剷除？我們的致命點是，不能像當時曹英那樣，做一條瘋狗。

入獄後，幾年的煉獄已使我漸漸領悟到了這點，心中常感到無緣的恐怖。因為封建社會那種誅殺九族，正被中共公開宣稱：消滅「資產階級」的社會主義革命而效仿。

不過現實卻沒有像他打的如意算盤那樣，「贏得了百分之九十五以上群眾的擁護」，毛澤東的驕狂獨裁，竟遭到他的國際盟友蘇聯的反對，也遭到了同他打天下的「親密戰友」的反對，更受到了中國老百姓的反對。

使他不得不把架在我們脖子上的屠刀挪開，去對付他新的政敵。但是，「皮之不存，毛之焉附」的理論延用到今後，那些他將來需要急於繁殖的毛又該依附到那張皮上？

我因為才換了衣服，身上也沒有那樣癢，經過一夜休息，情緒開始平穩。

（六）我吃飽了

掐指算來，我已在這「禁閉籠」中關了十天了。估計這些天，古柏周圍的水田已經栽完了稻秧，這幾天大批已進入拔秧了。我從排隊領取罐罐飯的行列中，看到了身材高大的辛志華，此刻，他正端著剛剛拿到手的罐罐，站在飯桶邊，請尤二皮給自己換一罐，卻遭到了那尤二皮的拒絕，兩個人爭執起來。

這尤二皮，是從自貢監獄調來的，聽說捕

前就是一名跑二排的，因強姦案入獄，此人一雙眼睛是飄的，但卻像老鷹一樣尖，尤其是記憶力特好。也許是二排這一行的專業技能，我們同批從二道溝地區調來的三十人中，僅一周時間，他便能逐一道出我們的姓名。

所以這傢伙比甘洛的代昌達還厲害，他掌的那瓢向來長著眼睛，大組長自然就要多「照顧」一點，平時敢於在他的面前爭多論少的人，便特別剋扣他，為此，打飯時的衝突從沒間斷過。

每次衝突照例是最兇惡的倪管教出來收場，那人河南口音，平時板著臉從不露出一絲笑容，像是傳說中閻王府的判官。講起話來不緊不慢，使你覺得催命鬼向你發出威逼。聽人說，此人曾活活打死兩名「逃犯」面不改色。

若尤二皮請出倪判官，「鬧」事人便凶多吉少了。我有時懷疑他的心，是否像《冷酷的心[4]》中的主人公被魔鬼偷換了，使他的所作所為沒有一點人味。

不消說，對於身材高大的辛志華，罐罐裡裝的這麼小半罐飯，絕對比旁的人更感欠缺，他常常對人說，半罐飯連填牙縫都不夠。在黃聯關的時候，就將改鐵缽賺來的罐罐飯同其他人他打過賭，說他能一口氣吞下十個罐罐，結果同他打賭的人是輸了。他放懷吞下十罐飯以後，抹了抹嘴巴說了聲：「這才差不多。」

我因此對他忍耐飢餓的能力感到驚嘆，也不知道如此大食量，是怎樣從甘洛的鬼門關裡熬過來的？我同他同批調到這兒後，常常看到他獨自在馬棚裡撿灑在地上的飼料，直到天黑。有一次我打趣的問他，怎麼練得「夜光眼」的特異功能？

他便把他摸黑在馬槽裡揀到的東西，倒在亮處給我看，那是些混雜著草料馬糞和泥土的

4 冷酷的心—《Das Kartle Herz》，英文譯名《Heart of Stone》，1950發行之東德電影，導演為Paul Verhoeven。

四季豆，端著盆子打來了水將它們沈澱、洗淨，攤在破衣服上晾在囚室窗子下。仗著鹽源的風大，到了第二天早晨，豆子已經差不多乾了！他便小心翼翼地收藏起來，再趕著出工。

這種馬嘴奪食的方法，很快傳授給了同監舍的其他流放者。不過，當時還沒發明用夫炭來弄熟這些野食時，只能生吃這些豆子，一股說不出的悶味和馬糞的臭味，對於正常人是斷然吃不下去的。

眼下又是「農忙」季節，混著馬糞泥土的垃圾越來越少，改鐵缽的活也沒有人問津了，只剩下水田裡的香附子草，辛志華的日子越來越難熬了。

正當那尤二皮同辛志華，因換罐罐飯而發生爭執相持不下的時候，臉色鐵青的倪幹事柱著一根青槓棒走了過來。

「什麼事？」他向尤二皮發問，臉色十分陰沈，話語陰陽怪氣，雙手將青槓棍背在背後。

「報告倪幹事，」尤二皮低聲下氣喊道：「罐罐的定量每一罐都是一樣的，他這個人非要把領到的一罐同我換。」「既然是一樣的，我換一罐有什麼關係，你不換給我說明你心虛，罐罐有假。」辛大漢不甘示弱，將就尤二皮的話反問道，說著將端著的那半罐飯朝著倪幹事的眼前湊了過去，讓他來作個公斷。

不料，只聽得「啪」的一聲，那倪幹事揮起了他手中的青槓棍，重重地打在辛志華端罐罐的手腕上。只見那罐罐應聲墜地，半罐飯從罐子裡滾落在地上。

辛志華正要作出反應，那倪鐵臉的青槓棒已像一桿槍一樣，直端端的指著他的頭，迫使辛志華直愣愣地站在那裡，在場的人紛紛圍了上來。

「集合，辛志華這個組全體集合！」倪鐵臉大聲命令道：「其他各組都各回各的監房，停止開飯。」三分鐘以後，壩子裡八個赤著腳，滿身泥漿的人，排成一隊站在壩子裡，端著自己的罐罐飯，有的已經吃完，有的剛剛開始。

「沒有吃完的，把罐罐放在一邊，全體立正！」倪鐵臉下著整隊的口令，八雙泥腳在他威逼的口令中，按照要求站成了一列。其他的人也都紛紛的退到監房的廊下，站在老遠的地方看著他們。

辛志華排在隊伍的最左邊，他的個子最高，最令人打眼！倪鐵臉看了一下他的口令執行效果後，慢步的走到辛大漢的身邊，用他那老鷹般的眼光逼視著對方。在通常的情況下，這是打人和捆人的前奏，辛志華感到一股直逼他背心的殺氣，做著挨打的準備。

倪鐵臉發問道：「你為什麼要扭著炊事員換罐罐飯？」

「因為那只有半罐飯，我這麼大的個子，那一點糧食我吃不飽。」辛志華直率而倔強地回答。

經三元宮的人，對獄方有一種反勁，當然，這種情緒原本是當局逼出來的。

「我看你不是吃不飽而是吃不了。」倪鐵臉斬釘截鐵的口氣裡，有一股令對方難以防備的陰險！說完，轉身向站在旁邊的尤二皮吩咐道：「從下一頓開始，辛志華定量每頓減一半，知道嗎？」辛志華眼裡閃爍著怒火和無奈，所有在場的其他的人，都用麻木的眼光盯著這個打人從不眨眼的傢伙。

在這裡，他的話就是王法。尤二皮聳聳肩，臉上露出得勝者的微笑，彷彿倪管教代替他說出了他本人沒有說出來的話：「怎麼樣？辛志華，想用腳趾拗過大腿呀，看你辛志華今後還敢不敢同我傲？」

順著八人隊伍的順序，倪管教的青槓棒從辛志華的身上，移到緊靠著辛志華站著的第二個人身上：「你呢！你說你每頓飯吃飽了嗎？」倪鐵臉像鷹一樣的眼睛逼視著對方。被逼問的人看到辛志華因為在倪鐵臉面前，用真話「頂撞」了這劊子手，便扣去了一半囚糧。又看了一眼那地上的半罐飯，何必自討苦吃呢？

他的面部表情顯得十分矛盾，既不願屈服於這倪鐵臉的淫威，又不願效仿前者那樣白吃眼前虧，停頓片刻，便無奈的乾笑了一下，微微的點了點頭。

然而，這勉強的點頭，顯然沒有滿足倪鐵臉想達到的效果，便大聲地衝他喝道：「說，大聲的回答，你吃飽了沒有？」

被這突如其來的喝聲震住。那人一驚，脫口而出：「吃飽了！」一聲音裡充滿了被強迫和苦澀！倪鐵臉狠狠地瞪了他一眼，這才將青槓棍指向了第三個、第四個……依次到第八個。他得意的從嘴角邊露出一絲獰笑。

「吃飽了！吃飽了！」二百多流放者在各自的監房裡注視著這一幕公開，逼人撒謊的醜劇。那撒謊的聲音飄逸在天空，在滿院子裡蕩漾，連那聳立在房頂上的捲曲的瓦楞也驚奇得格格作響！

其實平心想來，這種公開的撒謊哪裡是倪鐵臉的發明，在中國這片土地上被中共的刺刀逼迫下，那廣播、報紙等等媒體上每時每刻都在這麼做，這位倪鐵臉不過活用了這種方法，用來對付在槍桿子下面的流放者們。

原來，強權政治是可以隨心所欲的顛倒黑白，竄改真相的。

倪鐵臉得意的笑了，那鐵青一塊的臉上本來從不見笑容，現在笑起來真令人有一種毛骨悚然的恐懼，就像陰司裡吃人的鬼。在演完這一幕戲以後，便轉過身來對那無可奈何的辛自華辛辣地挖苦道：「怎麼樣，聽清楚了嗎？你們全組的人都說吃飽了，唯獨只有你一個人睜著眼睛說瞎話，在這個勞改隊中明目張膽的鬧『糧』，攻擊我們的糧食政策和勞改政策。你說，該不該認罰？」

說罷，他哈哈大笑，用得勝者的姿勢放浪著，揚長而去。

辛志華真是沒想到，今天竟為換一個罐罐

飯惹出了這麼大的麻煩，他彎下了腰從地上揀起那掉在地上，已沾滿了泥沙的半罐飯，用手細細抹掉那沾在飯面上的泥沙，朝著那姓倪的背影狠狠地啐了一口。

剛剛才從絕食中恢復過來目擊整個過程的我，深深為剛才這一幕所觸動。心中不斷自問道：這位今日得逞的倪鐵臉真的勝了這小犯人麼？今天他可以任意欺侮被他管轄之下的辛志華。明天，他未必不會被其他人，例如他的上司或者他的同事，用顛倒黑白的手段還治其身？

推而廣之，暴君可以仰仗他的權力整治他的百姓，和不聽命的大臣。但是，百姓們可以屈服於一時，就像那屈服於倪鐵臉的八個「犯人」一樣。但改朝換代時，暴虐者心裡便明白這就是長期惡行的結果啊？

然而報復暴行是要等待時機的，最難熬過的便是「等待」了，等待是極為漫長的過程，沒有足夠的韌性和毅力，很難度過這漫漫等待的時間長河，不然，為什麼說：「黑暗的長夜漫漫難熬呢？」

倪鐵臉對辛自華的處理決定，就從當晚開始由尤二皮不折不扣執行了，這本是那尤二皮深得隊部寵幸的原因。當天晚上，當辛志華的大鐵缽伸到尤二皮的大鐵瓢下面，他只接到一瓢稀飯。辛自華狠狠瞪著這個「仇人」，咬牙切齒的他，當場真想連缽帶粥向這個尤二皮的頭猛劈下去！可是他終於沒行動。

那尤二皮也早有提防，那根用來抬稀飯桶碗口粗的槓子，緊緊地靠在他的左腳邊，準備等辛志華一出手，便立即撈起這個傢伙將他就地的打趴在那裡。我注意那辛志華一直站在飯桶邊，強吞著這口惡氣，好半天才緩緩地走開了。

又過了兩天，晚飯以後。在監房的那一側，傳來了一陣陣亂哄的人聲。聽去，好像有人在那裡發生了抓扯或打架。按規定，晚飯以後的兩個小時是「政治學習」時間。但是，長期以來，大家對政治學習，當成是聽當局的假話而感到厭惡。所以，只要沒有幹事在場主持，流放者一般的都把這段時間用來閉目養神，或調侃、擺龍門陣之用，一般說是頂安靜的。

但是，此刻卻傳來了一種響動，好像是發生什麼事了，我下意識地把頭伸向洞口，側耳傾聽。心中想，不會今天又是誰犯了什麼禁律而被挨鬥了。

果然，不一會那倪鐵臉在大田三組的門口，破著嗓子大喊著。大田組的組長正從監舍裡端出了一個冒著一股股濃濃煙的破洗臉盆，裡面盛著一盆剛剛被潑熄的夫炭，按倪鐵臉的指揮，那被端出的夫炭盆放到了院壩中間，正對我小監的窗洞前面。接著看到辛志華端著一個大口盅從屋裡走出來，逕直走到那冒著濃煙的破洗臉盆地方，放在夫炭盆一堆。

看那盅子沉甸甸的樣子，我猜那是滿滿一盅的馬槽裡檢來的「豆子」。

跟在辛志華後面的，是大田三組另一個組員，拖著一床冒煙的破棉絮，走到了院壩的一邊扔在地上，用腳猛踩著那冒煙的地方。我看到這裡，心中便猜中了幾分，——今天辛志華在監舍裡用洗臉盆裝上夫炭煮豆子吃的時候，闖了大禍。

（七）辛志華

辛志華站在院壩中間，已經嚇得臉色蒼白。倪鐵臉操起了他那隨身帶著的青槓棍子，先在他的身上猛地抽了兩下。便走進隊部辦公室，不一會同那鄧揚光一齊從裡面走了出來，並沒去詢問辛志華，而是向駐著衛兵的小崗樓上招了招手。三個彪形大漢提著繩子從崗樓上走了下來，一直走到辛志華的面前，三方將他圍在中間，二話不說拳腳左右開弓，將他打趴在地上滿口吐血，滿地下的滾，當即掏出繩子將他在原地捆了個「四馬傳蹄」。

不出十分鐘，院子裡便響徹了他的哀嚎

聲，一直持續到了深夜十二點鐘。

兩個犯人從後院的側門中，提著一副足有十五公斤的大腳鐐走了進來。鄧揚光又從辦公室裡取出了一副內圈帶刺的土銬子，院子裡響起了一陣鐵錘鉚接腳鐐的捶擊聲。一名流放者手裡撐著一個火把，一直折騰到第二天清晨兩點鐘左右，才給他上好了全刑具。

我的反省室的木門打開了，在手電筒光的照射下，兩個人把他挾持著，拖著沉沉的鐵鐐，讓他的身體擠進木門後，便將他像扔死狗一樣向著漆黑一團的屋裡一摜。只聽見他一聲叫喚，便連人帶著鐵鐐銬重重地摔在三合土的地上。

我的肩膀被他的手銬猛擊了一下，隨後便是那床帶著燒焦的煙臭爛棉絮扔了進來，木門重新關上，上了鎖。夜才重新歸於寂靜。

隨著他的呻喚聲。在寂黑一片的小屋裡，我先摸到了他的頭，只覺得黏呼呼的，那肯定是血。便站起身來，很吃力的將他扶著，靠著牆壁坐了起來。「怎麼樣，傷到哪裡沒有？」我悄聲的問他。他沒有回答，只是輕輕地在呻喚。

我估計此刻他驚魂未定，不可以過多的打擾他，所以也就保持著沈默。我已完全沒有睡意，他的到來，使我再次明白，關進這小屋裡意味著什麼？

天色漸漸朦朧，東方開始泛出魚肚白來，藉著那窗洞裡透進來的微弱的光線，我吃力地再次調整了他難以動彈的身體，這小屋的總共寬度才一點五公尺，要同時睡下兩個人怎麼排都難於安置。

費了好半天時間，我才決定兩人合成一個鋪，好在這是夏天，身上可以不蓋被子，便將他那床已爛了一個大洞的爛棉絮鋪平在我原來睡的鋪位上，用我的被子兩人合蓋，讓他至少能躺下，以減少昨夜所受的創痛。

憑著早晨微弱的光線，我看清楚了他全身的傷況，慘白的臉上和頭部到處是青包，那肯定是三個士兵的「傑作」。兩臂紫黑色的血印已將他的的破單衣勒得粉碎，黏在那血肉模糊的傷口上。

鐵銬銬著的一雙手已經浮腫，腳鐐銬箍的周圍留著黑色的血印，雙腳赤足，巨大的鐵鐐，箍著的腳板也是浮腫的，沾著血污和泥跡，周身全是糊滿了黑褐色的泥血交混物。那總體形象，同中共所映電影裡，中美合作所中累遭毒刑的死囚犯完全一樣。

趁送早飯的機會，我向送飯的炊事員要了一盅冷水，再用從爛棉絮上撕下來的棉花，一點一點為他悄悄擦洗傷口，還沒有輪到清洗他的手腳，那水已成了紅黃色的泥血混合液。所幸早上送進來的罐罐飯他的那一罐並沒有挖掉一半，這大致因為發生了那麼大的事，這辛志華犯有「秋後問斬」的罪。

罐罐並沒扣，鄧揚光畢竟不像倪鐵臉為逞一時威風，做明顯違背監獄規定的事。接過他的那一罐，我便用筷子一團一團的撬給他吃，我受過繩捆的刑，知道剛剛挨過捆的人鬆綁以後，雙手麻木需要好幾天才能恢復拿東西的功能。他吃了一半便搖搖頭說：「我吃不下了，餘下的你幫我吃完。」

在這種飢餓遍佈全國的時候，監獄裡犯人扣犯人的飯菜，不僅是一種「普通」現象，特別是對受刑的傷者，為免除繼續受到同監犯人的殘害，不得已奉獻出自己的口中之食，仍是當時大陸監獄中又一種普遍「規矩」。

我知道，這個比我高過半個頭的大個子，正因為食不能果腹，才會落到現在這種地步，他此刻肯定比我更需要食物補充。

我強迫地餵完了他的那一罐飯以後，還將我們兩個人合在一起的一大盅白菜餵給了他一大半。一邊勸導他受了傷的身體如果再不吃，恐怕就難以復原了。他默默地吃著，眼裡露出了感激的光。

下午，他的情緒好像平穩了許多，便慢慢的地向我講述了昨晚發生的那樁倒楣事的全部經過。那時節，大田中耕早已開始，大田組的任務主要是拔秧子。中午時分，大家收工回來以後，辛志華正引燃他的夫炭爐，將爐中的夫炭吹得火旺。同時把早上泡好的一大盅四季豆放在爐子上煮的時候。

突然湯隊長撞了進來。原來，下班的時候他到田裡轉了一趟，發現已經中耕過的秧子極為馬虎，他認為大家只在水田裡邊走邊吹「龍門陣」，田裡的稗子和雜草根本就沒有動。這位負責大田組的湯隊長也是受人追問！便利用中午時間，專門來到監舍，召開一個「責任追查會」。

湯隊長的突然出現，使毫無防備的辛志華吃驚不小。慌忙之中，將自己的被子扯過來，遮在正在沸騰的「鍋」上，瞞過了湯隊長。大家一邊開會，那被蓋下面的四季豆，卻一直在被子下面咕嚕咕嚕的煮，一直到上班時間，大家走完以後，湯隊長才最後的離開了監舍。臨走時，似乎嗅到了什麼氣味，回過頭去望了一望，沒有發現任何異常。辛志華估計，火已被被子捂熄，便跟著大家下田去了。

殊不知，等到下午大家收工回來，滿屋子的濃煙滾滾，那床被子已經燒穿，火苗正往上竄，大家才七手八腳將火撲熄。

「真是冤家路窄，事情遇得這麼巧！」辛志華講完後，重重的嘆息道，他自己心中明白，在中共的監獄中縱火燒監的罪名一旦成立，他的命就難保了！更何況這一次偏偏又犯在這倪管教手中，尤其增加了「凶多吉少」的份量。

第四節：在農場小監裡

可惜，我們倆只有一天兩夜同宿在這個小監內的緣份。第二天清晨，小監的木門打開後我被喊了出去，童幹事叫我立即收拾好自己的行李準備調往他處。

我會調往何處？立刻回想到五年前，跟著

魯釗從叢林去到南桐看守所。那一次「單獨調動」將我從保留學籍的右派學生，升格到十八年徒刑的「反革命囚犯」。麼這一次呢？難道也「凶多吉少」，再升格的話，恐怕性命難保了。

我該不該對自已說：「現在暫時只能什麼也不去多想呢？」臨行時，連與我最好的潘老和大炳看都沒看到，便被催促著背著破行李向石門走去。當我離開那壩子時，下意識地回過頭去，朝那小監的「洞口」望去，只見到那裡面伸出一雙戴著手銬的手來，分明是辛志華在向我作最後的致意。

「我要被弄到哪裡去？」在車子上，我一邊向兩邊張望，一邊在揣測將到的去處。行車不到兩個小時，吉普車在一片紅色樓房群前停了下來，樓前兩個磚柱，使我記得這分明是二道溝鹽源農牧場的場部所在地，當我被童幹事叫下車來，我還不相信，這次把我一個人單獨重新「押」回到這裡來了。

算來從這裡調到古柏才四個月，原先那一潭黑色死水的汙塘，已為上游水庫放出的水沖灌，沿著堰溝，水源源不斷流過，這裡已變成一彎小溪河，它的水面足有三十公尺寬，當初的幾顆光禿禿的老楊樹也已白頭轉青，那條通向初來時軍墾農場的馬路兩邊，狹長灰白的田裡，現已是蔥蘢一片的稻田。

鄧揚光夾著一個大皮包，站在那兩根磚柱前面，看樣子已在那裡等候了一段時間了。我提著行李默默地跟在他的後面，向著紅色的樓群走去，這紅色的平房群，分列在一條條石砌成的梯路兩旁。我們沿著石梯坎向上走去，走到正中間的那一排右側，是兩列被圍在圍牆之中最寬大的平房群。走近了才知道，這裡是一個小院子，院子圍牆門口站著一名全副武裝的士兵，門口的右側貼著一張白紙，歪歪扭扭的寫著：「庫房重地閒雜人等禁止入內」十二個字。

鄧揚光向那門衛說了幾句話後，我便跟著

他跨進小院內。小院由一圈平房圍成。它的下方是駐守這兒的士兵營房，它的上方，按地形高出不過一公尺的石頭臺階上才是糧食倉庫。糧倉正中的兩個房間都上了鎖。

在我進到院子來時，左邊的房間傳出了一陣叮鐺的腳鐐聲，我估計那裡面肯定預先關著一個要犯。此時，一定是聽見院外有響動聲，走到門口處在門縫中張望著我們。

鄧揚光又向衛兵嘀咕了幾句，那士兵便走進營房取來一串鑰匙打開了右邊那一間空著的房子。我這時才恍然大悟，這裡才是為我專門準備的禁閉室，而古柏的那一個臨時夾起來的「小黑洞」，只是將我臨時的寄押在那裡。我將在這裡開始我不知以什麼罪名，重新被起訴的新的監獄生活。

我拎著破行李跨進了那剛剛才打開的黑屋。開始進去滿眼一片漆黑，只有屋頂的亮瓦縫中透進來的一束微弱光線。亮瓦已被灰塵積垢堆滿，透明度極低，聽到背後鄧揚光悠然傳來聲音：「孔令平，從現在開始，你就在這裡反省，你必須好好地思過悔改。」

我的瞳孔慢慢的收縮，等到我能看清這屋子裡的全貌後，那木門已經關上，並且上了鎖。小屋足有十六平方公尺，比起古柏的那一間，我完全可以獨自在裡面活動散步。進門靠右手向裡的一角裡，已經用稻草鋪好了一個地舖。彷彿曾經睡過人，但卻沒有留下任何的遺物。

四周全是用石灰刷過的泥牆，四個屋角已牽滿了蜘蛛網，見人進來它們正在那網上遊動。除了正面的那一扇門外，沒有任何通空氣的窗戶，整個屋子猶如一個泥牆圍成的桶。屋中央從房頂上吊下來一盞二十五瓦的電燈，整個的「桶」裡便空無一物，只有那泥牆上印著幾個從瓦縫中漏進來的模糊光圈。

我打開了破背包，將在黃聯關一針一針縫起來的一床破棉墊子鋪平，已經足足兩個晚上為照顧辛自華而沒有睡覺，此刻這桶裡突然十分幽靜，疲勞迅速地拉下了我的眼皮，忘記了中飯還沒有吃，便倒在草堆中沉沉的睡去。

也不知過了多久，我被送飯的人喊醒，剛才進來的門已經打開，一個寬盤臉的中年人，提著一個竹籃已經站在我小屋的門裡邊，竹籃裡放著一個洋瓷大碗和一個盅子，我從他的手裡接過碗，那裡面盛著大半碗的米飯。飯上蓋著油煎白菜和紅燒茄子。我剛端到手上，那久違的油煎菜香味便撲入鼻中。

唉！除了過年過節，這樣的飯菜已與我分別了整整五年之久了。我翻身從地鋪裡站起來，接過那人手裡的飯菜放在地上。此時，從打開的門向外望去，天已黃昏，屋裡那懸在樑上的電燈也亮了起來。

送飯人也許看出了我的不安，便說道：「這是幹部食堂的伙食，今天本來是吃肉的。但是已經打完，下一次再補給你們。」說完，提著籃子往門口走去，走到門口又回過頭來補充道：「我姓葉，是幹部食堂的炊事員。今後你們的飯由我送，你吃過的碗和盅子可以不洗，等我下一頓送飯時再收回去。」

看那裝束明明是一個「犯人」。不過講話的態度和口氣十分和藹，不像我這幾年熟悉的紅毛犯人，當大門重新關好上了鎖以後，我便坐在「坑」邊，從地上端起那盅子，狼吞虎嚥地大嚼起來，耳邊響起「現在暫時什麼都別去多想，先恢復身體再說」，這仍是我勸辛志華的話。

那一夜，大概是因為這可口的飯菜，加上連夜的疲勞，我睡得非常香。一夜沒有起過夜，若不是送飯人再次將我從夢中叫醒，我還不知道，這已是我在二道溝小監裡第二天的「禁閉」生活了。

早飯是稀飯，饅頭和油炸花生米。而且，老葉送來的稀飯，光那米又白又香，用一個小桶裝來，足夠我飽食一頓。「也許是要殺頭前給我們丟一個想頭吧！」這麼一個想法冒了出來，因為我聽說，過去滿清時要砍頭的犯人，臨刑前還要賜給一桌酒席的。不過管不了那麼多，究竟是凶是禍，蒼天獨斷了。

我想，這麼「養」下去，不出兩個月定會催肥的。拉出去槍斃，長得胖一點，政府也頂體面的。要不然，他們自己都會感到寒磣：「槍斃這麼一個骨瘦如柴的囚犯也怪可憐的。」權當療養！

快到中午開飯的時候，鄧揚光派人為我和隔壁房裡的那位，送來了報紙和一疊白紙，並轉告了鄧科長的指示：「你們每天必須在這裡認真的反省和學習，過了一段時期還要寫出學習的心得和反省交給場部。」送報紙的人走後，門外的院子裡便寂靜了下來。除了站崗的士兵，間隔著在院子裡的三合土壩上，來回踱步的腳步聲，什麼也聽不見。

我躺在鋪著穀草的鋪上，凝視著在那牆壁上慢慢爬動的「光圈」，心裡還在回想在古柏的四個月來所經歷的前前後後，思考著那位陰陽怪氣的「鄧科長」向我提的要求，考慮我今後該怎麼應付可能發生的事？

突然我的眼光落到剛才鄧揚光派人送來的報紙和白紙上，想起一篇新華社發的當年西安事變蔣介石囚禁楊虎城的報導，國民黨當局對這位著名的政治人物關監時，也讓他天天讀報的。自我劃右以來，尤其是入獄以來我所親身經歷和親目所睹，獄中的政治犯向來受的是拳打腳踢，繩捆索綁，從來不把我們當人看待。

翻開送來的報紙，眼下正是中蘇兩個社會主義大國，公開決裂的白熱化階段，雙方都為爭奪「共產主義運動」領導權不惜代價，將多年老百姓不知道的真相抖露出來，我想趁著這個機會，寫下一些文章，表明我的觀點，雖知道這些文章都會被當局搜去。

正要聚精會神的運筆，突然我發現我的腳下，一個圓滾滾的黑影，向著與隔壁相緊鄰反省室的牆角落竄了過去。房子裡黑糊糊的，我被驚了一下。仔細看去，卻是一隻老鼠，正將身體宿在牆角落裡，用牠豆一般的眼光盯著我。我挪了一下身，站起來向它他走過去時，牠便迅速的在牆角裡消失了。

定睛一看，正對牆角正隱藏著一個直徑大約四公分大小的老鼠洞，我好奇地走過去，趴到地上向那洞裡窺望，可是什麼也看不清楚。順手從我的舖上撿起一根稻草，順著那洞通了過去，隱約聽見隔壁房子裡有一陣腳鐐的響聲，大約十來分鐘以後，那根我通進去的稻草，仍被扔了過來。稻草上還附著一張紙條，上面寫道：「本人陳力，你呢？」

原來隔壁的卻是當年雅安監獄搶饅頭，大鬧三元宮的第一號領頭人，後來又在甘洛農場斯足分場大鬧隊部的陳力，久仰他的大名，不期在這裡成了我小監的同伴。

從此以後，我們便藉這個洞，傳遞著彼此所知道的消息，也交換著彼此所寫的文章。他告訴我，自從我離開二道溝調到古柏去後，二道溝原來在一起的人都已調散，新成立了三個中隊。他是兩個月以前因為寫文章，並大鬧農三隊，當局說他是修正主義的急先鋒，死不改悔的反改造份子，便將他關到這裡來隔離反省。看來我和他幾乎是在同一時期關進禁閉室來的。

他從洞裡遞給我的文章諷喻的筆鋒十分犀利，目光深遠，志向宏大。尤其是所寫的雜文文體流暢而痛快，令我欣佩，他告訴我他的身世和入獄的起因，介紹他的父親原來是巴蜀中學的老國語教員，在他父親的教誨和薰陶下，自幼寫得一手好毛筆字，倘若在一個政治清明的時代裡，他本該成為針砭社會時弊的好作家，可以為國家和社會做許多有益的事，而今天，我們都只有被關在黑牢中的命。

處在海拔兩千公尺以上的鹽源，一進入九月，旱季便早早來到，每天都是晴天。早晨從六點鐘開始，太陽從瓦縫中射進來的光束，投在牆上一定的位置上，便留下了一些小光圈。隨著時間的推移，那些光圈便循著各自特定的軌跡，在牆上慢慢地爬動起來，直到晚上太陽下山，他們便從不同的互縫中悄悄溜了出去。每天往復，便成了一個準確的計時器，憑著這些光圈爬在牆上的位置，我可以準確地讀出時間。

平時除了門外的衛兵在換班的時候，偶爾將門上的風洞扒開，向裡面張望一下，三頓飯的炊事員打開木門成為我們唯一的「客人」。另外，三天一次，將自己的糞便倒進門外擺著的一個糞桶裡，可以在門口呼吸一下新鮮空氣外，我們幾乎同外界割斷了聯繫。

特別是深夜，院子裡再也聽不見任何聲音時，就使我自然的思念起親人來……在夢境中與親人們的相聚會。然而我無時無刻都沒有忘記我在坐牢，所以在夢中相聚，也總是在牢中相聚，充滿了淒惋和恐懼。出現的惡夢，多是與他們訣別，醒來總要驚出一身冷汗。

有一次我夢見我的弟弟被掛在半空中被兩個人用鐵絲綑綁押送著在雲中疾走，身上全是傷痕，卻老是看不清楚他的臉。於是我緊緊的追著他，卻無法躍過腳下的深溝大壑，呼喊著他的小名，眼睜睜見他消失在雲中，便猛然驚醒，醒來橫身都是汗水。

想到我被送看守所時，一家老小就數我最精強力壯，本當負起保護他們的責任。怎知道連我自己都糊里糊塗地栽到這牢裡來了，也不知道奶奶要哭成什麼樣子。所以從此以後就斷了音信，少些親人們牽腸掛肚。也不知他們今天落到哪裡？他們大概也要在這茫茫的夜中四下環顧，尋找這個「失蹤」了的我吧。

痛哉！痛哉！當然，現在既已被監獄中的中共下層獄吏，把我捲進了這十分險惡的漩渦中。不但是右派和反革命，還成了「國際共產主義運動」論戰的「反革命修正主義」一份子，關在這黑屋子裡聽候發落。

打最壞的主意，不久我將從這黑屋子裡，押出去綁赴處決的刑場，我也無怨無悔。只希望我的同胞知道我是堅定的為反抗暴政而犧牲的勇士。只要我能堂堂正正的死在劊子手的槍口下，總比不明不白像楊治邦那樣葬身於千里荒丘之中強，處決我時，我會面對劊子手的屠刀，高喊「歷史將替我昭雪！」

小監裡的生活就這樣在不知不覺之中悠然渡過，一晃我已在這黑屋子裡住了二十天，馬上就是十月一日了。

（一）金幹事探監

九月三十日下午三點鐘我被一陣嘈雜的人聲驚起，便放下手中的筆，扒在我木門上，找到一條最寬的門縫向外張望——

一個頭髮蓬亂，衣著不整的大個子，被人從小院的木門裡推了進來，踉踉蹌蹌地倒在院壩的三合土上，從他漲紅的臉，和偏偏倒倒的步履看，這是一個喝醉了酒的，十分潦倒的刑滿就業人員。臉上幾處傷痕留著血跡，證明他剛挨過打，兩個刑釋人員中年人，手裡提著一付重重的腳鐐跟在後面。

那躺在地上的醉漢一隻手在空中亂舞，一面指著那兩個提著腳鐐的人吼道：「姓鄧的，你要我們一家人去死，我們也不想活，四十塊錢，四個人怎麼活？怎麼活？」那混濁的吼聲十分淒涼！不知他姓甚名誰，因何事關到這裡來？兩個拿鐐的人在衛兵督促下，開始掰開他的兩腳，為他腳上上好抱箍後，便用二錘錘擊鉚釘。那聲音一下一下，響徹在這「節日」的上空。

「姓鄧的，我和你拼了，你今天不解決，老子就不回去，老子充其量一死！老子也活得不耐煩了，姓鄧的，我們一家大小今天就到你家裡來吃飯，老子一家餓死了，變餓死鬼還要找你。」

醉漢一個勁在吼，不過聲音越來越嘶啞。「四十塊錢怎麼活！怎麼活……」他沒有間斷的吼著，一直到兩腳的抱箍都上好了鉚釘，他仍坐在那裡，眨著慢慢清醒過來的醉眼不停地吼。

兩個就業人員，提著二錘準備離開，卻被

衛兵喝住，打開了隔壁的那房門，命令兩人將他硬架著拖了進去，那沉沉的鐵鐐在三合土地面上，拖出了一束白色劃痕，隨著一聲沉悶的倒地聲，隔壁的門上了鎖。

還沒等兩人走出院壩小門，就聽見，一連串咒罵和哭泣聲從隔壁屏發出來。並用那剛上好的腳鐐，一下下撞擊那木門，一直鬧到天黑。

天剛擦黑，老葉籃子裡送來的飯菜比往常增加了一份，今天「過節」，三個碗裡都裝得滿滿的，紅燒肉的香味非常誘人。我壓低了嗓門問他下午關進來的人叫什麼名字？他只說了句：「高世清，場部蔬菜組的就業人員」，便不開腔了，我不便多問。

等他送完了飯，剛剛離開小院，那圍牆上的木門前又響起了一陣清脆的女人叫門聲。

「誰？」守門崗的小子端著衝鋒槍，在壩子角落的隱蔽處喊道。一個個子矮小的女人正提著個籃子，在小門門燈下站著敲門，門崗走了過去。

「你是誰，來這兒幹什麼？」

「怎麼不認識啦，我來替高世清送點過節的飯菜。」女的回答，語氣傲慢隨便，好像同那小夥子很熟。

「哪裡的話，金幹事，管教科交代過，關在這裡的人任何人都不准私自接近，場部伙食團剛剛才給他們送過飯，不用你操心啦。」衛兵已經認出來人，用緩和的語氣拒絕著，然而女人沒有絲毫退卻的意思，繼續喊道：

「怎麼？獲得公民權的人，連家屬都不許接近？」語氣裡含著明顯的抗議。

「不是那個意思，實在是我不敢違背規定，我們有負責人哪。」衛兵繼續地用解釋的口氣加以拒絕。

「這麼說，我就只好在這兒等囉，」女人放下手裡提的籃子，看來今天是非見不可了。兩人相持在木門的裡外兩側，沈默了一分鐘，女人終於發話：

「這樣吧！我也不為難你，就請你向管教科通報一聲，就說我給丈夫送過節飯來了。」哨兵進入旁邊的小屋裡打電話，五分鐘以後，昏暗的石梯坎最上方出現了一束直射小門的手電筒光，一個人影快步從上面走下來，直到距離小門大約只有五公尺的石坎上，用手電筒直端端地射著守候在那裡的女人。

女人毫不示弱，昂起了頭，迎著這束挑釁的手電筒光大聲吼道：「請你懂禮貌一點，用不著用手電筒這麼射人，又不是不認識。」她早已認出來人便是鄧揚光，鄧揚光只好收起手電筒，把它背在身後，左手叉在腰間，極不耐煩的發問：「你上這兒來幹什麼？」

「我來為丈夫送點吃的，明天是國慶日了，鄧科長，不可以麼？」女人挑釁的口氣顯然令這位鄧科長感到難堪。

「你可以把送來的東西轉給衛兵，他們會按你的吩咐去做。」鄧揚光壓著自己心頭正在上冒的火。

「高世清是就業人員，按你們的政策是獲得公民權的人，他今天犯了什麼法，你們憑什麼把他弄到這裡來關起？就是逮捕也得出示逮捕證，得拿給我們看，你們什麼手續都沒有，想把人抓起來就抓起來，這樣做，你自己也知道叫什麼？請你放明白，我們可不是一般的老百姓。」女人沒有示弱，她那進攻性的口氣，咄咄逼人，任何人都會刮目相看。

鄧揚光顯然被逼得惱羞成怒了，在他看來，這個女人是絕對沒有權力來指責政府的，他恐怕也從未受到過這種指責，便高聲的喝道：「金梅，我提醒你不要在這裡胡鬧，這對你沒有好處。」語氣盛氣凌人。然而今天這女人顯然已經發橫，其實她的丈夫已經說出來了，一個沒法活下去的家庭，一個被逼得走上絕路的人，沒有什麼可怕的，何況是這位小小獄吏的威脅。於是她提高了噪門繼續回敬他：「你們做事總得按政策吧！逮捕證在哪裡？就是逮捕了，我們家屬還有探親權。」看來，棋逢對手針鋒相對了，不見到自己的丈夫，這女人是絕不會甘休的。

營房裡的幾十名士兵，已全部集中在門邊。他們是些剛剛入伍的農民，還沒見到過這種好戲。小夥子在交頭接耳，對於雙方的吵架，信守中立。

鄧揚光此時已完全被對手激怒，命令道：「衛兵，把她弄走。」兩個哨兵，遲疑地把槍交給了其他人，跨出門去拖她。

不料，她敏捷地向右邊的石坎一個劍步，躍離開她擺飯盒的地方三公尺遠，然後一個騎馬樁招式站穩以後準備迎敵，口裡卻大聲喝道：「老娘幹革命穿黃馬褂的時候，你們還在打橫捶呢？誰敢動手？」兩個年輕小夥子立即退縮下來，鄧揚光見狀也開始軟了下來，想了想，朝那女人問道：「你要幹什麼？」「我不想幹什麼，無非是給我丈夫送口過節的酒飯，就是我們一家人窮得沒飯吃要餓死，也讓我們夫妻吃頓團圓飯再去死！」

女人語氣裡充滿了悲傷，在場的士兵們一片寂靜！鄧揚光無可奈何跨進了小門，走到院子裡，將他們一個帶中尉軍銜的人拉到那放電話的房間裡。不一會兒，那中尉軍官一個人走了出來，打開木門放那女人提著飯盒跨進了小院。

隔壁的房門打開了，女人提著飯盒走了進去。院子裡的軍人們也漸漸散去，只有那軍官還立在隔壁的房門口。他的身後還圍著幾個好奇的年輕人，他們想知道這一對患難夫婦何以會落到這個地步。

隔壁傳來了一股劣質酒的氣味，聽他倆竊竊的細語，偶爾還夾著一聲啼泣，我猜出他倆正對坐而飲！對坐而哭！一直到深夜十一點已過，女人才在那中尉軍官的勸說下，收拾了飯盒怏怏離去，聽到那高世清用混濁的聲音在獨自低吟：「自送別，心難捨……憑讕袖拂揚花雪，溪又伴，山又遮，人去也……」

過了三天，高世清從隔壁放了出來，戴著

那付腳鐐被兩名刑釋人員帶走。大約又過了十天，我的禁閉室，又關進來一個三十多歲姓張的就業人員。他一進來，我便詢問他何以被關到這裡面來？他直言不諱地告訴我：「想走。」

「上哪兒去？」

「去成都或重慶，離開這個鬼地方。」雖然我知道，在中國刑滿人員的社會地位同犯人並沒有多大區別。

毛澤東早在他的階級成份論中，將一切敢於同他「作對」的勢力，統統歸結為地、富、反、壞、右、五大類。隨著他建立的專制政權，這五大類還將繼續擴大，一遇風吹草動，毛澤東心血來潮，五類份子便戴著帽子以各種莫須有的「罪名」被挨打、批鬥、遊街，成為嚇唬百姓而被殺的「雞」。

「就業」和「服刑」其區別僅僅在前者是可以蓄髮，選穿藍色服裝以外的衣服；後者光頭，藍服。前者每月廿元錢，自己花錢吃飯，後者用「集體伙食」。算下來前者去掉伙食以後剩餘的部份，與後者的零花錢也差不多。

此外前者在允許條件下可以結婚、安家、探親，後者則什麼也沒有。不過前者的工資如此低微拿什麼去結婚安家？同時就業毫無擇業自由，他們如果想自作主張，離開指定的勞動地點，便將受「逃跑」論處，抓回來與犯人「同罪」。

故而就業人員又稱為「勞改釋放犯」。官方簡稱為「勞動力」，這叫做：「把他們打倒在地，踏上一隻腳叫他們永世不得翻身，」中共就是靠樹立這麼一個被專政的對象，才鎮住了數億百姓。

這一次，姓張的小夥子正好與高世清「同案」，他們不僅在一個菜蔬隊服役，這次又組成了「逃跑集團」而被關壓起來。進小監以後，金梅還來看過他，並送來了一本《紅與黑》。

於是他便向我講述有關高世清的故事——

他原是解放軍成都軍區戰旗文工團的一名少校軍樂指揮，因什麼革掉官職和軍銜，由成都軍事法庭判處了他三年徒刑，在那個年代是說不清的。

他的妻子金梅，原屬同他一個軍隊文工團的舞蹈演員，高世清被判刑後送勞改隊服刑。深深愛著他的金梅已有了孩子，便從部隊文工團復員轉業到了高世清所在勞改隊，成了一名幹事。那門衛的小青年稱她為金幹事便由此而來，按中共黨紀，金梅必須與高世清離婚，但遭到金梅拒絕。

高世清刑滿釋放後，金梅的公職也被革去，黨籍被開除，成為中共的又一「叛逆」，金梅身分也從幹部變為「勞改釋放犯」家屬。接著又生了一個孩子，從此以後，高世清便成了四口之家的戶主。現在兩個孩子大的才八歲，小的才四歲。單憑著他每個月僅四十元的工資，要供四張嘴吃飯其艱難可想而知。

在當年，就業人員一般是沒有條件結婚安家的。

為了彌補家庭的不足，金梅包下了場部幹部們的衣服，靠為人浣衣，起早貪黑艱難度日。不料，就業人員中新近增加了幾個家屬，也在替人洗衣服，金梅所包的衣服便一天天減少，又禁止去其他地方謀生，一家人經常為孩子而哭泣爭吵。不得已，幾次向場部提出困難補助均遭拒絕，理由是：「你的工資是就業人員最高的，有的幹部也不過這點錢。」故而與場部屢次發生爭執。

在鄧揚光眼裡金梅是下賤墮落的女人，是革命隊伍中的異己份子。既然如此，也當自然的被當成了奴隸，劃成五類之列。高世清這一家，就是連孩子在內全家人都餓死了，也是死不足惜。

面對著啼飢號寒的孩子，實在無法再忍下去的高世清和金梅只好打溜的主意，可是還沒有跑成，計畫便洩露了，高世清一家受到了更嚴密的監視，連鹽源的縣城都不准去。

就在這種申請補助不給，請求他去不准，一家人靠那四十元一月的「勞改錢」，生活無法維持下去的情況下，十月一日前，他足足喝了一瓶用酒精兌成的白酒，帶著醉意藉著酒勁，獨自撞進了場部大樓，在通往場長辦公室的路上，搖搖晃晃的碰上鄧揚光。

鄧揚光嚴厲地訓斥他是裝瘋賣傻，無理取鬧。此時高世清酒勁發作心燒如焚，將一腔蓄了不知有多久的怒火，向這位「鄧大人」燒去，指著他的鼻子罵他人面獸心，罵中國共產黨都是一夥不把人當人看的豺狼，還揚言國慶期間全家斷了炊，就要上他家去要飯吃，否則，就要和他拼命。

鄧揚光見勢不對，立即縮回辦公大樓裡叫來四名衛兵，將他痛打一頓，然後便將他押到了這裡。

聽到這姓張的年輕人講完高世清一家的這段故事，回想起十月一日前一天見到的情況，我不禁想到高世清和他的妻子金梅，算跟共產黨當了幾天啦啦隊的人，一經被一腳踢開掉進監獄中。照樣成了被剝奪得一無所有的奴隸。

三天後，那姓張的就業人員便被叫了出去，那高世清被帶走以後，也再沒有回到小監來！小監裡又重新剩下了我和陳力兩人。

「國慶」過後，我便將我寫的第一篇，從牆角的耗子洞裡傳給了陳力。他的語文底子比我好，傳給他看，一方面互通著彼此的觀點，一方面也含有請對方斧正的意思，兩天後他將我寫的東西傳還給了我，並附上了一張紙條。在我的原稿上留下了多處記號，要我自己改正錯別字，並作文句上的修改。

字條上的大意寫道：「入獄多年所見所聞，使我們更加成熟。我相信獨裁者最終會受到歷史的懲罰。我們現在就在這裡作控訴的準備，等到天亮的時候向老百姓有一部原原本本毛澤東罪惡的記實，取名『獄中紀實』為好。」

可惜，我們想盡了一切辦法，都沒有倖免

牢獄中密如梳篦的搜查，獄中所寫的東西只好撕掉。

大約十月下旬一天，吃過早飯以後，給我們送報紙和「閱讀資料」、紙筆的年輕幹事，手裡拿著兩張套紅印刷的人民日報，又一次來到了小監中，他把報紙拿給我以後傳達鄧揚光的指示，要我們看後寫出心得體會交到管教科。

那報紙上印著紅色字體的巨幅標題：「原子彈爆炸在我國試驗成功」。那一天報紙滿篇是「全國人民熱烈歡呼」，通篇的「又一曲毛澤東思想的勝利凱歌」。在這一天沒有登載其他任何消息，中國可以餓死千萬老百姓，而不能沒有大規模殺人的原子彈。

我真不知道在餓殍遍野的中國，還有什麼前途。

此時，占人口絕大多數的農民，還只能從自留地裡巴望多收些蔬菜，過著「糠菜半年糧」的日子。中共決策層中直到現在還在唱著人民公社萬歲，說不準什麼時候又來一個政治運動，就連眼前這點吊命的糠菜也保不住了。

過了幾天，鄧揚光親自來到小監問我，對我國第一顆原子彈爆炸成功的看法和體會寫好了沒有？這一次我乾脆拒絕了他，我告訴他，因為我無從下筆，所以沒有寫。心中想道，這麼一篇東西，對這個頭腦簡單的民族主義狂，能起什麼作用？我只能不寫。

又過了幾天，曾給我們送來報紙的那位年輕管教幹事，拿了一捲紙，第四次來到小院，衛兵打開了兩個小監房門，我倆被叫了出來，站在院壩裡面對著他，看他滿臉嚴肅打開那紙卷，原來是一張劃著兩處紅勾的，西昌中級人民法院的判決佈告：兩名繼續進行反革活動的「死頑分子」被處以槍決。

他筆挺地站在那裡，好像在宣讀聖旨，那時正逢中午，我們在風中足足站了半個小時，被風吹得全身冰涼，心中明白這是當局對我們的警告。

宣讀完畢，他又發給了我們白紙，要我們寫出兩個月反省的小結，我最後仍決定「交白卷」。

風季已經到來，每到中午以後，呼嘯的西北風掠過，令人心寒也心煩。尤其是監舍木門與地隔著兩公分寬的縫，掠地而起的乾風一股股地從那裡把院裡的泥沙刮了進來。

有一天趁送飯之際，我向開門的衛兵說這個難處，那衛兵倒頂和善，好像是一個剛從學校畢業的學生，當即找來了兩件破軍衣，要我用來塞在那縫中，這麼做，風沙倒是鑽不進來，就是屋裡變得更黑了。

第五節：羊圈裡的鬥爭

眼看天氣一天天冷起來，早晨，老葉送飯來時，我看到了對面那排房頂上已開始蒙上了一層薄薄的輕霜。十一月中旬一個早上，衛兵打開房門後，吩咐我們吃過早飯將各自的行李捆好，聽候轉到另外的地方去。

上午九點多鐘，陳力戴著幾公斤重的鐵鐐，我提著兩個人的行李包一前一後地走出了那小院的木門。站在石梯上，朝下望去，小溪的流水已經消失，那情景又恢復到我們剛到來時的樣子，只是小溪水面上結出了一層薄薄的冰。

出了場部大門，我們走上一條大約一公尺寬的田坎上，緩緩向著對面大約距離兩百公尺遠，一排在泥山腳下的平房走去。走完田坎盡頭，我們才看到一條很寬的堰溝，橫隔在那平房的前面。

此時那堰溝中已沒有一滴水，由沙石沖積成的溝底非常堅硬，走過堰溝，是一排由四間屋子並列而成的平房，背後山的前面還有一段半截圍牆，平房前面還有一個大約二十平方公尺的土壩子，壩子裡灑著許多羊糞疙瘩，留著羊蹄的腳印。

屋子裡雖已打掃，但能聞出一股很濃的羊

羶氣，看來這是一個剛剛騰出來的羊圈。

衛兵拿出鑰匙打開了最左面兩間屋的木門，我被指定搬進靠最左邊上的那一間，陳力則搬進了我右邊隔壁那間。屋角的一角已鋪著一層厚厚的穀草，這裡比倉庫那小屋更大一點，靠門這邊牆上留著一扇寬大的窗戶，所以顯得比那裡寬敞、明亮，可以依憑那窗口，向外遙望面前那片剛走過來的場部蔬菜地，比那倉庫的「小監」有了一片開闊視野，只是比原先那小屋更冷。

我打開了破棉墊子和破被蓋，將我那口破皮箱安置在「床前」，上面放著鄧揚光送來的報紙和紙。環顧了一下四周，泥牆上照樣印著從瓦縫裡射進來的小圓光斑，只是它的位置與原來那黑屋子不同，我需要經過兩天的識別，重新建立起計時的標準。寬大的屋子可以容我在這裡轉圈、跑步、活動身體。

第二天上午，門外人聲喧鬧，我從鋪上站起來，隔著窗子向外望去，只見八名就業人員抬著一個巨大的綠色哨棚，從對面的場部沿那條我們走過來的田坎，喊著號子向我們這兒搬來。

哨棚到位後，安放在距我這間「監舍」右側，大約五公尺遠的前方的堰溝邊上。從此以後，每四小時輪換一次，由駐軍派出專門看守我倆的士兵，就坐在那哨棚裡站崗，煞似森嚴。

真的，我倆何德何能，值得場部為我們專派「守護」的衛兵？怕我們身上的瘟疫擴散感染他人？還是怕人心被我們所影響？此種裝腔作勢，豈不抬高了我倆的身價？可惜，這兒是羊圈而不是封閉的軟禁「桶子間」。不過，我們並不計較，因為從甘洛開始，與牛羊共圈本是我們受到的待遇。

我們剛遷入這「羊圈反省室」一個月以後，一天上午八點左右，我正按我自己規定的作息，扒在窗口上作深呼吸運動，忽然看到就在我們走過來的田坎上，六、七個就業人員，正扛著一些破爛的櫥櫃之類的傢俱，朝著我們這裡走來。相距大約三十公尺處，我已經辨認出，來的人竟是高世清和他的一家。金梅與他一前一後抬著一張大床，後面還跌跌撞撞的跟著兩個端小木凳子的孩子。

真想不到我們小監，右面空著的那兩間屋子，原是給這一家子準備的。天哪，這不真有點像中共自己的小說《紅岩》裡所描寫的小蘿蔔頭一家麼？我正在思索著，那些搬家的人已經走到門前堰溝邊上，經過哨棚時，高世清拿著一張紙交給了「哨兵」。然後六個就業人員，七手八腳的把那些破傢俱，搬進了還空著的那兩間「羊圈」裡，我們還真成了「鄰居」。

（一）可憐的孩子

高世清在那一次大鬧場部受到什麼處罰？他的腳鐐是什麼時候下的，我一直都沒有弄清楚，但是經過了差不多兩個月之後，這一家人全家都搬到了「禁閉室」「虎穴」中，與我們隨時可能處以極刑的人搬到了一起，那肯定是被當局認定是「全家犯法」的就業人員尖子了。

十月一日前的那天下午，金梅來禁閉室探望她的丈夫時，因為天色已晚，我在門縫中並沒有看清她的面容，現在終於看明白了，這是一個年齡已過四十，身材矮小的女人，滿布皺紋的臉上和點點雀斑，已經刻下了她所遭遇的不幸和多年累積的幸勞，人長得並不漂亮。

自從她們全家搬來後，我便天天看到她，每天下午都從場部那邊背回一背沉甸甸洗乾淨了的衣服，晾在她剛剛架在門前兩排晾衣繩上，等到一下午的太陽和風將這些衣服吹乾以後，她才收好折好，又裝進背兜，在傍晚的餘輝中將那些衣服又背過田坎，送到對面場部去。

每當看著她那負重的矮小背影的那一刻，我絕不敢同國慶日那天下午，面對鄧揚光那番語出驚人的金幹事聯繫在一起，尤其不敢相信，這是一個多才多藝能歌善舞的女郎。

對鄧揚光來說，是為了怕他們像瘟疫般影響馴順的農場就業奴隸們而採取的隔離措施？不過大人姑且該受「反省」，但兩個幼小的孩子又招惹上了誰呢？

從那天以後，每天我都能從窗子的鐵欄後，看兩個穿著破爛的孩子，坐在河邊的泥土堆上曬太陽。大女孩穿著一件褪了色的藍花舊棉襖，上面打滿了花花綠綠的補丁，而小男孩穿的是一件又長又大的紅棉襖，也許是他的姐姐穿過的，上面的補丁幾乎將那原先的底色遮蓋完了。那腳上穿的卻是補了又補的破布鞋，他的腳趾頭還露在外面，在這冰天雪地裡凍得通紅。

看來那金梅為了兩個孩子不受凍，也不知在燈下一針一線補孩子們的衣服和鞋，熬過多少夜。

以後每到太陽將壩子裡積下的霜溶化後，我就看到小男孩跟在大女孩的後面，從屋裡走出來，在他們每天選定的地方坐下來曬太陽取暖。

那女孩看上去最多不過十歲，而那男孩大約只有六歲，兩個菜色的小臉上看不到一絲正常孩子應有的紅潤，縮著那凍得像紅蘿蔔頭的手指揣在懷中，呆呆地望著他們面前的羊圈，不時還向那崗哨，以及那轉悠的哨兵投去困惑而有些害怕的眼光，真像一對沒有長大的小老頭和小老太婆。

每當早上，老葉提著竹籃給我們送飯，兩個孩子便目不轉睛地盯著那竹籃，當老葉從籃子裡取出盛著飯的盅子和菜碗遞給我們時，那兩雙灰色的眼睛就會隨著我們接在手裡的飯菜緊盯不捨。

看著兩個孩子的樣子，令我感到心碎。有幾次，我情不自禁地從鐵窗裡伸出手來招呼他們，他們卻沒有理會我的意思，並不理我。

直到有一次老葉送來饅頭稀飯，我拿著饅頭向他們伸手遞過去，那小男孩便從土墩上站起來，歪歪倒倒的向我跑過來，從我的手中接過饅頭，便怯生生的跑了回去，坐在他的姐姐身邊。

兩個孩子分食那個饅頭的鏡頭至今還保存在我腦子裡。在正常情況下，我也該是有孩子的人了，如果我身陷在高世清的境地，看到我的孩子因為父親的窮而落到這般地步，我又怎麼想呢？

（二）寒月悲歌

鹽源的十二月，白天每天都是萬里晴空，但是一到中午以後，那飛沙走石的西北風，就把太陽帶給這兒一上午的溫暖全部捲走，一入夜晚，寒氣逼人。

在皓月當空，夜明星稀的晚上，明月撒下那股沁人心脾的美景，卻因荒郊野嶺讓人感到格外冷，我常常在這樣的夜晚吟誦蘇武牧羊，或正氣歌，然而今天晚上，就在這明月摧人暇想之夜，羊圈的那一頭，傳來了一曲幽揚淒惋的手提琴聲，那是高世清在拉琴。

我早就聞聽那高世清在戰旗文工團，擔任樂隊指揮之前就是該團的第一小提琴手，此時那琴弦中溢出來的分明是一曲黃水謠，不過，面對著這冰冷的月光下，那哀怨的琴聲裡，抒發出來的卻是他流放他鄉的哀怨，是對他遭遇的綿綿恨意，和他對這個囚禁他地獄的控訴。

我和陳力都從自己的草窩裡爬起來，倚靠在那鐵欄下，沐浴著那寒月透進來的銀光，靜靜地用心和著他的琴聲低低吟唱著：「流浪……流浪」，眼前好像又出現了我們這一群從重慶到甘洛；又從甘洛到黃聯關；從黃聯關到鹽源，提著破爛的行囊疲憊不堪，被槍押著踉踉蹌蹌的人群。

心潮被琴聲拔得亂亂的，想喊，想引吭高歌，可歌從何來？

中華民族在異族蹂躪下，多少同胞背井離鄉，出生入死才拼出了一個抗日勝利的和平環境，沒想到砲火連天的內戰，攪亂了老百姓休養生息的夢，中華民族到了我們這一代，怎麼就生出這媚外的國賊對內逞強的梟雄？

一百年在顛沛流離中做惡夢，而今又遭受梟雄強加在我們頭上的新災亂，我們這一群受苦受難的人，難道不是掙扎在這荒山野嶺中新一群的流浪者？甚至於比流浪者更不如的奴隸群麼？

哪年哪月才能回到我的故鄉！想著想著，我的淚水流下了腮邊，這正是：「落落何人報大仇，沉沉往事淚長流，淒涼讀盡支那史，幾個男兒非馬牛」，林則徐當年禁煙被貶，作歌一曲謂：「送我涼州浹日程，自驅薄笨短轅輕。高談痛飲同西笑，切憤沉吟似《北征》，小丑跳樑誰殄滅？中原攬轡望澄清。關山萬里殘宵夢，猶聽江東戰鼓聲。」

在昏庸的滿清末朝，他自覺無力抗衡群醜，而今我輩，就簡直像菜板上的肉被人任意的宰割。

有時候想到絕處，痛感生不如死，然而黃遵憲有詩云：「頸血模糊似未乾，中藏耿耿寸心丹，琅函錦篋深韜襲，留付松陰後輩看！」好一個留付松陰後輩看，我們這些被暴政流放到這裡來的政治犯，無國可報，無君可忠，看來我們唯一能做的，就是把這一段抵制獨裁暴政的鬥爭，如實寫下來，能「留付松陰後輩看」，就是我們平生最大的告慰了。

我正揮淚沉思，突然一聲輕脆明亮的女高音，劃破那個被琴聲撩破的悲涼夜幕，聽那歌聲悠揚圓潤，那嗓音的功力，遠非三年五載可以練成。現在可是在用她的心在唱，用血在泣訴，用自己悲慘的遭遇，喚醒那些在這夜中正酣睡的人們，那歌聲讓我立刻想到她背衣服，不，是背一背重有千斤的生活重枷啊？

此時此刻，我彷彿看到那弱小的身軀，牽著她兩個可憐的孩子，正翻過那泥濘的小河翻進了小金河，翻進了長江……

那歌聲像聲聲啼血的夜鳥向人展示破碎不堪的巢！那歌中浸進了她心裡滴出的血，使聽者不得不正視她的苦難，正視我們這一代人經歷的無人傾訴的悲傷。

琴聲和歌聲，把這荒涼羊圈的夜攪得澎湃起來，崗哨裡的士兵停下了他那踢踏作響的腳步聲，在月光下駐足聆聽，周圍的荒野斷垣立著耳朵，風也凝滯沒有響聲，好像不願打亂這寒夜歌聲帶給周圍的共鳴。

我聽見隔壁隱隱傳來了抽泣聲，我也抑制不住自己，把大滴的淚珠灑落在窗簷下的泥牆上，大聲朗讀秋瑾的《滿江紅》：「算平生肝膽，因人常熱，俗子胸襟誰識我，英雄末路當磨折。」這才是我內心的回音，一直到很晚，天上開始下霜以後。

我真想這琴聲和歌聲穿過那面前的空壩，傳到對面的監舍裡，使更多的心靈為之共振。它可以融化這高牆深獄中的殺機！可惜今夜在這裡的聽者，除了我和陳力便只有哨兵。可是，我恰恰沒有估計到，羊圈裡的音樂竟傳到了三百公尺外的場部去了。

沒幾天，鄧揚光帶著一名軍官兩名士兵，向我們這裡趕來，他們在哨棚裡向值班的衛兵不知吩咐什麼以後，那戴著大尉軍銜的軍官，走到我和陳力的窗前，帶著警告的語氣說，隔壁住著的高世清和金梅一家人非常反動，你們不要受他們的影響，而擾亂了你們的反省。

我和陳力聽後哈哈大笑，使那個神氣活現的軍官頓時陷入了尷尬，停了一會兒彷彿才回過神來，帶著怒意訓道：「你們笑什麼？」

我接口道：「我們又不是普通人受什麼他人影響？你們已把我們倆當成了最富有傳染力的病菌，而把我們與大監的犯人相隔離，還加上特別的警衛人員替我們站崗，我們招惹誰啦，值得你們如此特別的關照，而隔壁的鄰居，是還保持著公民權的就業人員，說影響恐怕恰恰相反才對。」

陳力在隔壁也應和著，「我們同你們的衛兵相處得雖說一般，可從來沒看到誰影響誰，平時你們紀律很嚴，我們可沒有跟任何人講話，隔壁關的是什麼人，我們也不知道，我們對誰都是和平共處的。」說完他大笑起來，弄得那位大尉反而很難堪。

四個人重新回到了哨棚，也不知道商量了什麼，便悻悻的離去了。老鄧的來訪恰恰好證明：「就業人員」在他們這些牢頭們眼裡，永遠都沒有獲得「新生」的那一天。因為關在這裡所有的人，都是一群被壓迫的奴隸

若要說影響，受得最深的，恐怕是對那些站崗的年輕士兵們。他們從農家或工人家裡走到這裡來，本身還很單純，難道他們對被弄得窮困潦倒的中國一點不反感？幾曲琴聲幾首歌不會引發他們的深思？就是那鄧科長也會心驚肉跳，化解他的成見觸動他的人性？現在他跑到這裡來替誰發警告呢？

君不聞當年韓信，月下一曲楚簫就瓦解了項羽十萬江東雄兵麼？難道這動人心弦的歌聲不等於告訴人們，他們平時在廣播喇叭之中，所無法聽到的中國土地上發生的傷心事麼？

（三）學生兵

這一天，我正坐在草窩裡，合掌閉目，凝神打坐。這是我每天都要做的功課。一來為了練練氣功，舒一下一夜的濁氣，二來是養成安靜思考的習慣。突然聽見，鐵柵窗上傳來一聲問話：「年輕人，做什麼呢？」

我微微睜開眼睛抬頭望去，覺得臉挺熟的，腦子裡細細尋思，猛然想起來，那不是曾在對面倉庫裡的反省室裡，給我找來破衣服塞門隙的那一個學生兵嗎？在倉庫那邊，牆上沒有現在這樣「敞開」的窗，很難找到彼此說話的機會，現在誰當班，誰都可以走到窗前來同我們攀談。

我斜看了他一下，看他滿面孩子氣的臉上並無敵意，年紀大約才二十出頭，怎麼反而稱我為「年輕人」？我沒有理他，然而他卻並沒有生氣，他的上司，或鄧揚光曾向他們打過招呼，所以對我的冷談並不感到意外，見我仍閉目禪坐，便在門口壩子裡轉了兩圈又回到了我

的窗下，開口喊道，「喂，想出來活動一下身體麼？」聲音裡仍帶著友善。

「想又怎麼樣？你敢放我們出來曬太陽麼？」陳力在隔壁發話了，話中帶刺。

「好的，你們出來吧，這屋子裡怪霉氣的，出來曬曬太陽，透透風有利於身體健康。」我們平時被這些衛兵們打慣了罵慣了，我們的敵意是自然形成的。但我們在任何時候都抱著良知是可以被啟發的，因為我們是正義的，即便是對劊子手，原來被蒙蔽的良知是可以經過啟發而改變的。更何況這些涉事很淺的年輕人，我們相信我們的影響可以收到意想不到的效果。

他邊說邊從哨棚中取來了開門的鑰匙，打開了我們的房門，一邊還說：「如果你們的被子受了潮，那麼趁這個機會拿到壩子裡見見太陽也好。」他一邊說著一邊拿著鑰匙退到哨棚裡去了。

我和陳力緩緩地走出門口，迎著久違的太陽，眼前有些發黑，一邊揉著眼睛，定好神後，選中了一段斷牆的兩塊牆腳石，並排坐在那上面。

那時，還沒有起風，高原的冬天，萬里無雲，在柔和的陽光下，我感到溫暖而舒適，回過頭去看房子的那一頭，金梅家的兩個大人已經為忙生活而去場部了。兩個孩子還沒出來，整個羊圈周圍只有我們三個人。

年輕人放下鑰匙從崗棚裡出來，走到我們面前，選了一塊石頭，面對著我們坐了下來。他先問了我們倆是什麼「犯罪」？我們說自己是右派，升級進監來的。他也毫不介意的介紹了自己，他說：「我姓鍾，入伍之前是成都的一名中學生。」

他向我們介紹說：「我們那個學校有幾個老師也是右派份子，他們是全校教得最好的老師，就是弄不清楚他們為什麼要鑽牛角尖呢？」

接著他又發出了一連串的問題，我還記得

他老是擔心，「三年自然災害」今後還會不會再發生？為什麼蘇聯這麼快就同我們國家翻臉了？還要向我們逼債？原子彈在我國都已經發射成功了，為什麼我們周邊的小國家還要反華？

看來這是一個喜歡獨立思考的年輕人，從這些問題中知道，他並不相信他的部隊和上司灌輸給他的東西。

中共宣傳機器，每天放發出假話連篇的宣傳品，對不動腦筋的人才會起麻醉作用，只要稍肯動腦筋，想一想看到的事實與宣傳牛頭不對馬嘴，便明白了。當然也有死心塌地幹蠢事的，那也只能是一部份人。

於是我們倆滔滔不絕的講大飢荒，講老百姓處在水深火熱之中。以我們親身的經歷講自然災害純粹是胡亂指揮的結果。講原子彈在我國這麼貧弱的條件下，不但老百姓不歡迎，就連蘇聯也不支持。

可惜我們當時同全國百姓一樣，被閉目塞聽所苦，講不出國外發達國家，尤其是臺灣的發展情況，未免在講大陸的落後時缺乏對比和吸引力。

他聽得津津有味，當我們痛斥毛澤東的罪惡時他居然沒有反對，取了默認的態度，把頭轉向場部方向，深深的陷入思考之中，兩個小時的曬太陽在我們的探討中很快過去了，已經到了中午時分，西北風呼呼的吹起來，也不知道金梅的兩個孩子是什麼時候出來的，坐在隔我們大約五十公尺之外盯著我們。

當送飯的老葉熟悉的身影，穩穩從對面的田坎上向我們走過來時，跟在他後面是換班的崗哨，我們才站起身來，各自回到自己的監舍中，趁著今天這個機會，我們把坐在對面的兩個孩子叫了過來，把給我們送來的飯菜勻了一些給他們，特別是那小男孩，當我撫摸著他的小腦瓜時，我才看到他很久沒有剃過頭了，我喃喃的說：「可憐的孩子。」

從那以後，凡是這個小夥子值班時，我們

就會被放出來放風，甚至於我們還品嚐他從食堂帶來的烤饅頭和烤山芋，在我們坦誠的交談中，看得出一切都在潛移默化，他已經把我們當作了他的朋友而不是敵人。

在中共製造人為仇視而禁鎖的中國大地上，人們仍然可以通過歌聲和交流變得友好相處，羊圈反省室裡發生的一切證明，「人性」並沒有被階級鬥爭的毒液所悶死，金梅同衛兵們處得非常的融洽，有時她還專門提前背回洗好的衣服，為這些小夥子唱他們喜歡聽的歌，而這些士兵們也常常給兩個孩子帶些饅頭之類可以充飢的東西。

羊圈裡發生的這一切立刻引起了鄧揚光的警惕，並且很快採取了果斷的措施，幾天後在鄧揚光親自督促下，金梅一家被遷出羊圈。臨走那一天，因為受到嚴密的監視，彼此都沒有表達惜別的機會，唯獨那六歲的小男孩在走上通向場部那條田坎時，還不斷的回頭向著我們倆的窗口張望。

彷彿他在想，這短短二十多天來那關在黑屋子裡的叔叔是誰，那情景興許已刻在他稚嫩大腦中一輩子也忘不了。托蒼天安排，這短短的日子裡，緣份已將他們哀怨琴聲和歌聲，深深凝在這孤屋斷牆中，也牢牢地紮進了我們的心裡。

「明眸皓齒今何在？血污遊魂歸不得。人生有情淚沾臆，江水江紅豈終極。」高世清和金梅一家是我蹲小監第一次碰到的就業人員一家，原來常聽說刑滿以後，與犯人沒有什麼區別，但卻沒有接觸和體驗過。聽那曾同我關在一起的張姓就業人員講，那金梅原是農場裡的一個小幹事，就因執意不與高世清離婚，便招來了同我們為伍的下場，連孩子也不放過。

而孩子們可知，如果這個殘暴的世道不變，即使他們長大了，也會因父母親的「成份」而受累終生。我想，這大概就是中共內部分裂的內在原因之一，在這個不講信義不講忠孝的政黨裡，所有的成員不都是面合心離的？

一九六五年初，當金梅的一家剛從羊圈遷

出後，沒過幾天，門前的崗哨上也另換了一幫人馬，那位姓鍾的學生兵也從此再沒有見過他，開始我和陳力還沒有介意衛兵換了人，照例進行我們每天都已相沿成習的作息：早上起來練練功，然後是看報、寫作，就是入夜以後羊圈裡一片死寂，不但再聽不見琴聲和歌聲，就連說話聲也少了。

（四）三星閻匠

自從衛兵換防以後，新來的人是些年紀較大的士兵，不像以前讓我們出來放風，我們每次說話都要遭到他們的訓斥！同我們過去接觸的老管一樣，個個板著臉，兩個眼睛隨時都流露出敵意。

換防後的第三天，我正按照往常的習慣，隔著牆大聲問陳力一句成語的典故時，一名佩戴上士軍銜的中年人，幽幽出現在我的窗前，那人滿臉橫肉，一雙眯縫的細眼，嵌在胖胖的面龐上，下巴還長著一顆令人很討厭的黑痣，當他的目光碰到我的眼睛後，便用安嶽土話嚷道：「你們兩個在講什麼？關在小監裡還敢隔著牆說話，想找死哇！」他那小眼裡露著凶光，胖臉上顯得十分輕蔑。

經驗告訴我，對這樣的人初次見面決不可示軟，否則今後他會不斷得寸進尺找麻煩，遲疑了一會兒，隔壁的陳力已經發了話，他說：「人長著嘴本來就是吃飯說話兩件事，我們可不像你長著嘴只曉得捅飯。」

那衛兵立刻走到他的窗子面前罵道：「什麼野物，敢在老子面前撒野！你這個龜兒子，你這個王七加一蛋竟敢跟老子頂嘴！」安嶽土話夾著很重的捲舌音，使他原本的凶相很瘋狂，我立即站起身來拖著他的把子向他對答道：「喂，嘴巴放乾淨一點，你跟誰充老子呢？我們可沒得罪你，你憑什麼罵人？」但是他毫不示弱，使出一副潑婦罵街的本事罵道：

「我看你這龜兒子，媽生你就變孬種。這人還沒有變全還跟老子拌嘴。」看來這人是個農村罵架的好手，一面罵一面又朝我的窗下走過來。

「我看你長得夠肥的，要過年了吧，夠秤了！」陳力在隔壁同他對罵，對於這樣的人除了挖苦奚落，沒有其他的語言同他對話。

「混蛋，你敢洗刷老子，你不認認老子是誰？」腦羞成怒已使他說走了嘴。他向陳力亮著他肩章上的三顆五角星，其實我們早已看清了他的身分，不過是一個班長。論年紀來講，只有戴著他的三顆泡泡守到退役了。

三顆泡泡在安嶽的窮山溝裡夠威風，可以嚇唬沒見過世面的農民。「我看到了，你領子上不就別著三顆泡泡的領章麼？三星閹匠！怎麼樣，好不好你還是一閹匠，回農村還可以替人閹豬兒，找頓飯吃也不枉在部隊裡混那麼多年。」陳力在隔壁狠狠挖苦著他。

「對了，三星閹匠。」我跟著確認道。

「你這小子敢再說一遍，你他媽的臭雞蛋撞石頭，撞破了不如一泡屎。」他氣急敗壞，語無倫次，罵不絕口。

為了挑逗這個傢伙，我從鋪上站起身來，隔著窗欄一字一板的大聲嘲罵道：「你那頸圈上三個泡泡，該挨刀了。」陳力在隔壁哈哈大笑。

肉臉氣得直跳腳，但因為沒有找到開房門的鑰匙，只好用手裡自動步槍的槍托，朝著我監舍的木門狠狠的砸了幾下，用拳頭在我的窗口直晃。我們對他這種令人發笑的歇斯底里又回以笑聲。

討了如此的沒趣，上士喘著氣回哨崗裡去了。我們可並沒有把這場對罵記在心上，而是把它當作彼此間為了爭各自面子的一場遊戲，也是為了保住我們所爭來的自由權利對粗暴干涉者的回敬。

對於無知的暴徒，你越軟弱，他就越要欺負你，這是我們同這些人相處中，摸索到對方的脾氣。

不過，我們還真沒想到如此一番對罵，竟

被這位心胸狹隘的安嶽鄉巴佬，當成了一場必欲報復的奇恥大辱。過了幾天，他不知從哪裡端了兩盆鋸木粉來，用一些紙引燃幾分鐘後，便成了一盆滾滾的濃煙。就在那燃著煙火的鋸木粉上面，撒上了兩包「藥粉」，並用扇子去搧那鋸木粉噴出的滾滾濃煙。等到形成了黃白色的煙霧後，便將我和陳力的門口一處放了一盆，再用扇子將那滾滾黃煙從門縫裡搧進來。

一股粉濃煙迅速瀰漫了小屋，這殘忍而愚蠢的傢伙，竟來了這麼一齣「毒氣」戰，是我們沒有料到的。

屋裡沒水，也沒任何可以用來從門縫裡潑出去撲熄兩盆毒煙的泥沙。濃烈的毒煙嗆得我直咳嗽。看來這蠢豬是想把我們毒死在裡面！我們開始大聲的怒斥：「法西斯！法西斯！法西斯放毒氣了！」

法西斯用毒氣彈去殘殺婦女兒童，都不敢在光天化日之下，何況用這種手段來對付兩個被關在禁閉室裡的「囚犯」。這手段他是不是從希特勒那裡學來的？我們的怒吼絲毫沒有阻止住他那雙罪惡的手，相反他反倒越搧越起勁。在他發狂的揮著扇子時，屋子裡的毒煙越來越濃。

我們只好向對面的場部方向大聲呼救：「殺人啦！殺人啦！法西斯殺人啦！」我們的喊聲和滾滾濃煙，首先驚動了正在那田坎兩側勞動的就業人員，沒到五分鐘，場部的那面，一位戴上尉肩章的軍官從田坎上跑步而來。三星閹匠似乎預感到了什麼，慌慌張張把兩個盆子端到斷牆外用泥沙蓋住。

當他們的上司匆匆趕到時，兩間屋子裡嗆人的濃煙開始向窗外散出，毒氣盆已經熄滅「不見了」。上尉的臉色十分難看，他的下級此時正垂著雙手站在那裡，聽我們邊咳邊向他訴說剛才發生的事一聲沒吭。「盆子哪裡去了？」上尉朝他喊道。

他遲疑的走到斷牆外，把藏在哪裡的兩個盆子端了出來，依然地木然垂著頭站在一旁，不時用眼睛去看站在我們面前的那位上司。

也許他壓根都沒有想到他剛才所幹蠢事的後果。只挖空心思，想用這種辦法來制裁傷了他自尊心的兩名囚犯，並以此炫耀自己在「階級敵人」面前的革命性，沒想到幾天前我們那場對罵，以這麼一種結果收場！

嗚呼！中國人之愚昧可恨，可見一般。這麼一個普通的士兵脫下軍裝便是一個普通的農民，身上竟埋藏著以殘殺自己同胞為樂趣的劣根。這種劣根，我們已經在所經歷的大大小小鬥爭會上體驗過好多次了。

正是中國人由於愚昧而相互殘殺的劣根性，才使毛澤東可以輕易加以利用，並煽起大規模內戰的民族潛因了。然而，這個逞強逞能的上士，此時在他上司面前已威風掃地，呆呆站在那裡，活像條夾尾巴狗。

從此以後三星上士便消失了，我們再沒有見到過他。

（五）糞潑崗哨

在三星上士，從我們的窗前消失了一周以後，一個滿臉雀斑的中士替代原來的上士，在崗哨中充當「頭」的角色。從交接班時對他的稱呼，我們知道他是場部駐軍的伙食班班長，有一口很純的自貢口音。也許他的上司在他來之前，曾因他的前任事件向他作過交代，這位看上去同樣自負的人在上班時，一直用鐵青的臉色保持與我們的距離，從來不在我們窗下逗留，也不同我們說一句話。

這樣也好，雖不像金梅一家還在時，那一段老管們與我們融洽相處的日子，但能保持河水不犯井水，也落得安靜些，我們可有我們的事要幹。

那時間，場部為駐軍所需的蔬菜，專門在場部蔬菜地的旁邊，劃了一片菜地給他們，還把田坎旁的一個糞坑劃歸他們使用，這位中士原來可能是個菜農，他來後，便在原來金梅住家的那一頭放了一挑糞桶，規定送飯的老葉，我們屋裡的屎尿不准隨意亂倒，在每晚送飯時必須倒進他準備好的糞桶裡。

在他來之前，我們平時的屎尿全倒在那斷牆旁邊，不知由誰種的核桃樹下。經過一個冬天澆灌，過了春節後，那兩棵一人高的樹上已長出綠葉。

門前堰溝兩邊去年插下的柳枝也吐出了嫩綠的芽，下過兩場春雨後，風漸漸減弱，天氣漸漸開始暖和。

我們對中士興出來的規矩倒也沒有什麼非議，種菜需肥這可以理解。只是因為陳力戴著腳鐐行走不便，現在每天倒屎的桶比原來遠得多，兩個房間倒尿桶的工作便由我一人承擔我也樂意，反正每天我也找著機會活動身體，藉此透透空氣放放風，何樂而不為。

只是偶爾不慎倒灑在地上時，被那中士看到便會板著臉罵我「寄生蟲」，使我頗為反感，但我沒有同他計較。三五天以後，積糞的桶便裝得滿滿的，開始他安排了一個剛剛入伍的士兵，將那挑糞水挑到兩百米外的自留糞坑中倒掉，再把騰空的桶送回原處。

自從羊圈這面，士兵與我們之間，產生了先前那姓鍾的學生兵與我們交往的事情後，趁著駐軍換防機會，鄧揚光收回了我們禁閉室由衛兵保管的鑰匙，把它交給了送飯的炊事員老葉。

所以平時，這些士兵是進不了我們門的。那三星上士本欲破門而進，將我兩痛打一頓，皆因進不了門而想出用毒氣懲罰我們的主意。

現在這位雀斑打著利用我們兩個勞動力的主意，也因沒有鑰匙而未能如願，有一天下午五點鐘，老葉就已送來了晚飯，當房門打開以後，那雀斑從老葉的手裡將鑰匙要了過去，老葉不敢違抗，只是向他關照說：「管教科交代過，任何人要小監的鑰匙，都必須經過他們的允許。」那中士不耐煩地擺了擺手說：「我會跟你們的鄧科長說的。」

當我們吃完飯以後，中士不但沒有鎖上房

門，還把我們倆叫了出來，指著那牆頭已經裝得滿滿的糞桶，命令我倆抬到對面的糞坑裡去。我倒不要緊，可戴著十斤重鐐的陳力就難了，我倆都已經整整半年多沒有勞動，腳也是虛晃的，抬著這麼滿滿一桶糞水，加上那糞桶上所繫的是一股單棕繩，抬起來桶在中央晃動，使我倆一前一後無法同步。

還沒有抬出十公尺，那桶裡好像有兩條大魚在翻騰，濺出的糞水幌了我們一身。尤其是陳力，越抬越覺不對勁，將那桶糞水抬到距哨棚大約五公尺的地方，停下腳叫放下扁擔，站在那裡不走了。

那雀斑把臉一抹，眼裡射出凶光，口裡一迭聲的叫罵道：「狗日的勞改犯人，吃了睡，睡了吃，不勞動，老子今天就要強迫你抬！」說著，他手裡端的自動步槍槍尖刺著我的腰部，陳力狠狠的瞪了他一眼吼道：「我沒有義務替你勞動，你要我勞動，叫人把我的腳鐐下了，不然我怎麼抬？」雀斑又將臉轉向陳力，刺刀尖挑著他肩頭。「今天老子要你抬，否則老子要你吃槍子！」說著，果然的往槍膛處上了彈夾，槍口對著陳力，眼看又要發生一場意想外的衝突了。

我同陳力交換了一下眼色，慢騰騰地將那一桶屎尿抬了起來，陳力將他的腳鐐，猛烈的拉動，打在崗棚前的石板上嘩嘩作響。雀斑以為他逞威得勢，發出一陣勝利的吆喝：「走！」

剛剛抬到哨棚邊敞開棚門的前方，突然間，陳力身子一側，一個踉蹌整個身體帶著那桶繩，向那崗棚門口倒去。我順著這勢頭，也朝那方向倒去。一剎那，那桶糞水藉著我倆的合力，不偏不倚的全部潑進了哨棚中，把棚中的坐椅，防寒大衣，徹底澆洗了一個透！棚裡一片惡臭。

這出其不意的行動使雀斑驚呆了，五秒鐘後，他才回過神來，尖叫著，跳到附近的那片菜地裡，撿起牆角下盆子大的土胚，向我的頭上猛砸，我的頭上一熱，感到已被土胚打中的地方血流了出來。於是把身子縮成一團，一邊大聲喊著：「打！你打，我跟你拼了。」一邊打著滾，往他站的地方滾去。

雀斑被這種與之拼命的動作驚呆了，迅速的撿起從肩上滑下來的自動步槍，朝著天上扣動了扳機，一梭五發子彈凌空而起。一面又飛速地從斷牆角跳開，躲避我滾撲而來的身體。

我順勢坐起身來，指著他痛罵不已，陳力卻在那崗哨旁哈哈大笑，這時雀斑已站出與我們十公尺遠處，手裡的自動步槍對準著我們，一面在抖沾在他衣服上的大糞。一面又不時回頭向場部的方向張望。看得出，他正準備看誰來收拾這狼狽不堪的現場。

清脆的槍聲立刻驚動了二百公尺外的場部營房。鄧揚光和一位上尉，一名士兵正急匆匆地從田坎上向這邊走來。

大約一分鐘以後三個人趕到，一身是泥的我，頭上流著血還坐在地上呻喚，陳力叉著腰在那兒朝著雀斑冷笑，雀斑此時當初的威風頓然消失，從崗哨棚中溢出來的尿水還在不斷地流，那片被糞水污染的地方泛出一股股奇臭。上尉見到此情景捂著鼻子，哭笑不得。他的部下連連發生如此荒唐事，令他十分難堪。

鄧揚光皺著眉頭，悄悄地問那雀斑：「鑰匙你怎麼拿到手的？」

我站起身來，膝蓋剛才在地上翻滾時擦破了皮。臉上除了被那土胚擊中，耳邊擦出血留著傷痕外，身上其他地方還沒有傷著。一面拍打滿身的泥土，狠狠地向那雀斑瞪了一眼，便慢騰騰地走回我那監舍去。

四個人在窗外說了大約半個小時的話，隱隱的聽得出，爭執得很凶。只聽見那鄧揚光壓著嗓子喊到：「幸好還沒有發生更大的意外，否則這責任誰負得起？」當換崗的士兵來到時，四個人才慢慢地離開那裡，那雀斑跟在最後，低著頭。

不一會，四個人的身影便消失在田坎上的

夜幕之中，場部那個方向傳來了電影話筒裡放出的音樂聲，電影也開映了。

一場激烈的風波，總算平息了，從此以後，那雀斑也從羊圈的崗哨中消失了，我們每天的糞便，依歸倒在那兩棵核桃樹下。

（六）挨打

雨季剛剛來臨的一個下午，天刮著大風，烏雲滿布，天色也越來越黑，看樣子一場傾盆大雨就要來臨了，此時當天值班的一個身材很矮的中士，像幽靈般的站在陳力窗下。

陳力正聚精會神地匍匐在舖上，將剛剛捕捉到的一點靈感寫在紙上，所以根本沒注意到那窗下還扒著一個人。那扒在鐵窗下的中士大概因為天色太暗，並沒有看清陳力在幹什麼，眯著眼看了老半天，於是將手中步槍的刺刀在窗條上碰得乒乓作響，大聲向裡面命令道：「寫什麼東西，拿給我看看！」陳力突然被這大聲喝令聲吃了一驚，抬起頭來，十分惱恨這傢伙無緣無故打斷了他的思維，回答道：「你沒有任何資格命令我，把我所寫的東西拿給你看。」

中士被他的這句輕慢的回答震怒了：「我要你拿出來，你就得拿出來，不然我要你吃槍子。」他怒吼道，這種拒絕是習慣於欺壓囚犯的人絕對無法接受的，陳力一動不動的坐在那裡閉目靜待，也不答腔，好像窗外並沒有人站在那裡。

對他的這種藐視，中士的臉氣得鐵青，一隻手握著槍柄，將那槍膛裡的彈匣子弄得啪啪作響，但最終還是不敢發作，獰笑了一下，無可奈何地走開了。十分鐘以後，老葉一手拿著一把雨傘，一手提著飯籃子，匆匆的送飯來了。

陳力那屋子的小門打開了，當陳力從老葉手裡剛剛接過飯盅，還沒等老葉返身出來，那矮子已經閃身而入，用他的步槍刺刀頂著陳力的背，連推帶擠地將他逼到羊圈前的斷牆土堆上，並從崗棚裡取出早已準備好的一根棕繩。

捆人是這些槍桿子懲罰不馴者的常用刑罰，我們對換防以來這批軍人的反抗態度，積下怨恨，對方隨時都想找岔子尋機報復。

他把陳力叫到壩子裡，開始用繩子抽打陳力，陳力一動也不動的站在那裡，老葉見狀，立即收起了空籃，提著雨傘匆匆離去了。而我正扒在窗口上，心裡為陳力擔心，灰暗的天空開始打下豆粒般的雨點，濺在那十斤重的鐵鐐上錚錚作響。

中士將繩子套在陳力的肩上，我見此景按耐不住大聲吼道：「老管要殺人啦，老管要殺人啦！」中士也許沒有想到，與此無關的我會如此的聲援，加上傾盆的大雨已經如瀑布般狂瀉下來，便放開了陳力，轉身一個剪步，射進我的房子裡，做了一個快速的擒拿動作，將我掀翻在地。

接著他那雙拳頭向我的胸部腰部雨點般落下，我立即將身體縮成一團，任隨他拳腳相加。足足挨了五分鐘的打，腰已經不能動彈，那矮子好像已經打累了，喘著氣，放開我，走出屋去。

陳力並沒有走開，他仍站在雨壩中，全力的扯著嗓子喊道：「打死人啦，打死人啦。」雖然這吼聲在澎湃的大雨中被湮滅得模糊不清，那矮子卻從哨棚裡將雨衣披好，準備再次向陳力動手。

忽然黑糊糊的田坎上茫茫的雨霧中，向這兒射過來兩束雪亮的手電筒光，隱約聽得清楚雜亂的腳步聲和說話聲。鄧揚光和老管的上尉指導員出現了，中士停了手，我掙扎著從地上爬起來，只是腰桿直不起來，嘴裡覺得一股股血腥臭，頭上已經打起了幾處青包。等到小監的門上了鎖，窗外漸漸沒了人聲，我才用破棉絮擦乾自己身上的泥汙，掙扎著爬回自己的草窩。

這一次我受傷不輕，第二天送飯的老葉，還為我帶來場部蔬菜組的就業衛生員為我作了檢查，包紮了傷口。還好，腰部只是比較嚴重的扭傷，我躺在床上一連五天，頭上的青包慢慢的消退了，腰桿也能曲伸，直到至今，每遇天氣變化都還常常發作，一場暴打又像暴風雨般的過去了。

在反省室裡，日常與我們打交道最多的是站崗的哨兵，這些文化層次極低，受過特種的訓練，在大監裡養成了對一般犯人呼來喝去，在他們頭上拉屎、拉尿已成習慣，我們對他們堅持不卑不亢，據理力爭的態度，在不斷地較量中，使他們原先的盛氣凌人的架子得以收斂。我們難免要挨打，但依仗著這點鬥爭，保護了我們人格的尊嚴，爭來了較為寬鬆的生活權利。

我們可以在監舍中跑步，練氣功，隔著牆壁和陳力大聲交談，討論我們感興趣的問題，甚至於隔著牆唱歌猜謎語，遇到像自貢中士和安嶽上士的無理之徒，讓他們賞盡被奚落的滋味。幾次衝突後，他們自認為對我們這兩個人多管閒事，除了自討沒趣，什麼也不會得到。

我們在羊圈裡建立起來的特殊的生活秩序，影響到我今後一生，使我們懂得自由在任何情況下，都得靠自己用鬥爭來換得，當然，這要符合社會公理，一個人只有始終代表著正義，那麼並沒有什麼值得可怕的！

後來，當我們出了禁閉室到了大監裡，才聽說，我倆在小監裡的這段生活，競在流放者中廣為傳播，甚至傳得非常離奇，有人說，我們在小監中與老管們對打，老管們用槍打我們，反而子彈彈了回去，使打人的人還受了傷住進了西昌醫院。還說我們倆是國外派來的間諜，有人看見小監裡經常有女人出入，便是共產黨用美人計來套我們的口供，等等。

他們哪裡知道，我們在小監裡整整一年半時間，每時每刻都在同獄吏們抗爭，我們這些平凡的故事，沒有任何傳奇之處，我們能在特種監視下，有歌聲，有說笑，有練功打坐，給我們吃幹部伙食等等，既有當局的政治目的，也許還有中共內部矛盾在起作用，當年全國大災荒的嚴重後果，經濟的崩潰導致了中共上層的分裂，已日益顯露。

蒼天保佑著我們，其中我們憑著人性，道義和良知這些人類永恆的力量，使我們免了許多意想不到的災難。

很難說清一九六四年，農場的當權者，把我和陳力關在這裡，與普通流放者完全隔離反省的真實用意。

既然中共已經分裂，毛澤東的陰謀受到很大「抑制」，我們也在一九六五年九月經過整整一年半的反省，沒有受到任何刑事追究，悄然從小監裡放了出來。

後來聽說，當時在我們進小監時，農場管教科上報過我們的「死刑」材料，然而農場的第一把手在批示這個材料時，卻說：「這兩個人還年輕，又是知識份子，本質上並不是根深蒂固的，根據對知識份子實行改造為主的政策，仍應堅持對他們教育為主的基本方針，以達到使他們回心轉意重新做人的目的。」

放我們出小監的那一天，下掉了陳力腳上的腳鐐。在幹部伙食的催養下加上我平時規律性很強的生活規律，我的體重增加到七十公斤，這真是因禍得福，不過，迫害也罷、保護也罷，對個人並不重要。

第六節：第二次絕食

一九六五年九月中旬的一個上午，我們收拾好自己的破爛行李，跟著鄧揚光搬到了緊靠著場部的基建三中隊。這是一個剛剛新建的，以關押青年刑事犯為主體的中隊，設有機械組和基建組兩大組，集中了具有一技之長的年輕人。

基建組有從事製造磚瓦的、有從事建設房屋的、有從事木工的，機械組主要是拖拉機耕作、保養、維修，我們所住的羊圈從此空著，一年以後，在這一面山坡上建立的農六隊，又將這裡當成了真正的羊圈。

就在到基三隊來之前，鄧揚光一副嚴肅的面孔向我們宣佈說：「經過你們一年多的反省，你們應當體會到政府對你們施行的人道主義教育：反省期間給你們毛主席著作；給你們報紙看；讓你們瞭解國際國內的大好形勢，想來你們已經對自己的反動觀點有所認識。現在我們又把你們放回大監，給你們重新在勞動中進一步改造自己的機會，希望你們珍惜這個機會，重新做起。現在，你們應當對這一年多反省作一個小小的自我總結，將你們通過反省的收穫寫出來，特別要重點批判修正主義觀點。」

我和陳力聽到這番話只是相對一笑，倒是懷疑這位貌似正統，外表嚴肅的監獄管教頭，將我們寫的那麼多「材料」弄到哪裡去了？我們可沒有共產黨作風，專以裝糊塗唬弄人為能事，說的一套，做的又是完全相反的另一套，在小監中，我們所寫的與他所希望的完全相反，難道還不明白嗎？

當然在這黑白顛倒的年代，欺騙已成普遍原則，我們倆只好用沈默不答來回答這位管教。他明明知道我們不會寫什麼「反省」，又拿什麼來胡弄他的上司？

基建三中隊當時的編制一共一百六十人，我同陳力分別編在兩個作業組中，因為已經有一年沒有勞動，走起路來有一種虛弱的感覺，尤其是陳力，下掉那沉重的腳鐐後，好幾天走起路來一跳一跳像一個袋鼠。

當時我所到的小組，正在修補通往古柏和白鳥兩個分場的馬路，早出晚歸全靠步行，而我根本無法跟上，所以仍然在監舍看報。

大約十天以後，管教幹事童某把我們叫去，說為了體現政府的人道主義和「感化」政策。規定從明天起，半天參加勞動，半天反省學習。

由於我無法跟隊去修路，所以安排給我的任務是給基三隊所管轄的磚瓦廠「收方」，每天我要清點在那裡勞動的每個人所打磚坯的數目，以及燒製熄火後出爐磚瓦的數目，並寫在一本專來記載的本子上。

基建三隊的成員多半是關過少管所的孩子們，在飢餓年代裡，他們絕大部分都沒有上過學，因飢餓而去偷竊，甚至於為了幾個饅頭而去殺人的就有一半以上。但是這些人中絕大部分良知並沒有泯滅。求知欲和追求真善美的人格秉性，依然存活在他們身上。

在強烈的求知欲下，他們把熟記水滸和三國演義的陳力當成不可多得的良師。經常的聚集在他的身邊聽他從「王教頭私走延安府」一章一回地講到「宋江怒殺閻婆惜」，說宋江如何上了梁山；從「桃園豪傑三結義」講到「七星壇諸葛亮祭東風」說赤壁大戰。

這些故事對他們產生很大的吸引力。其實這些在民間廣為流傳的故事，他們也從戲曲和民間傳說中知道過一些片段，但並不知故事的來龍去脈。從他們聽故事的專注表情上，可以看出他們把我們當成五體投地的師長。經常圍聚著陳力直到深夜十二點以後，不願散去。

我們漸漸把故事拉向近代，轉到他們很少聽過的譚嗣同戌戌變法和孫中山的三民主義革命。讓他們明白，自由平等是人類美好的追求，並不是毛澤東污衊為資本主義的洪水猛獸，漸漸把他們的興趣和話題，集中到與他們生活密切相關的問題上。

在我們啟發下，他們坦露出他們心靈中的空白。例如他們始終沒有去想，也從沒有弄明白，今天和平建設環境，搞得連飯都吃不起，原因在哪裡？豈是「天災」「蘇修」可推諉？中國今天的災難是怎樣造成的？他們為什麼從小就沒有讀書？為什麼糊里糊塗就進了少管所？這些長期被中共的欺騙愚弄得一無所知的人們，開始明白一直沒弄清的問題。

當他們向我們詢問小監裡的種種傳聞時，我們告訴他們真實的故事。揭露中共打著無產階級專政旗子，幹下對人民血腥鎮壓的種種事實；他們心中許多人因此而茅塞頓開，例如孫明權以後還在抗拒暴力鬥爭中，做出轟轟烈烈的事。

然而，就在陳力故事會的人群中也有頭腦糊塗，對當局抱著幻想的人，陳力的故事會很快被嗅覺靈敏的場部管教科所注意，鄧揚光再次親臨基三隊，當面警告陳力叫他不要再像以前那樣執迷不悟，在犯人中繼續「放毒」，聲稱政府的教育和挽救，不要被錯誤認為「軟弱可欺」；我們的言行一筆一筆的記錄在余幹事那本記錄本上，我們終於惹來了新的麻煩。

九月下旬的一天，余管教親自主持了陳力所在小組對陳力的批判會，會上余管教翻開他那本記錄本，有時間有地點的列數自我倆進入基三隊的一個月時間裡，在犯人中散佈的種種「反動」言論。

可是這一次批判會完全出乎主持人的意外，陳力用辛辣的語言單刀直入挖苦了他：「難道我說的不是事實麼？余幹事，你為什麼老愛用你自己都不相信的假話騙人呢？老百姓面臨飢寒交迫還成天喊形勢大好？你不覺得食不果腹的境地裡，不敢說真話是可悲的嗎？你自己已經麻木不仁了，還要強迫別人俯首聽命，這不是甘當奴才麼？」會場報以鬨堂大笑。

懊惱成怒的余管教終於撕下了「感化」教育的面紗，當場宣佈，對陳力重新帶上手銬，並從即日開始，全天參加勞動。

與此同時，由於我在收磚坯時虛報，在窯子上與陳力相互呼應，攻擊共產黨政策。故而取消我的收方資格，同樣從即日起全天體力勞動。

九月三十日為了抗議這種野蠻的暴力壓服，我們早上拒絕起床，拒絕領食囚飯。這一次我總結了上次古柏絕食的經驗，預先以書面的形式提出了一個要求，要求隊部答應停止批鬥會，停止刑具，停止對我們強迫性勞役。

我們心中十分明白，採用「絕食」這種

在文明高度發達的社會中，反抗迫害的政治鬥爭手段，是不適合於草菅人命的「無產階級專制」主義的。這根本的原因在於當局是沒有道理的，然而我們處在一群對我們十分友好和支持的青年中，因而是可以產生感染，擴大影響的。

中午，鄧揚光來了，他可能是因為同我在古柏的較量中，自認為積累了相當豐富的經驗，掌握了挫敗我們的訣竅。他板著臉走進了監舍，一大群年輕人圍在屋裡，正同我們倆交談。

進來後，他要大家統統離開，然而大家要看這位頭號管教，怎麼處置這兩個頑固不化的份子？圍在房裡的人反而越來越多。鄧揚光大聲問道：「你們倆吃不吃？」我倆不屑回答他這種多餘的問題。

鄧揚光環顧了一下四周，皺著眉頭，現出十分的不滿意出去了。不一會兒，他帶著那余管教邊說邊走了進來，那口氣分明是在指責余管教。余管教沒有吭聲，但一臉的不高興，一走進來便怒氣衝衝地指揮兩個小組長，將我的鋪位，搬到隔壁木工組的監舍裡，接著又把陳力的鋪位搬到一間保管室裡。

這麼一搬所有圍觀的人便散去了，一直折騰到下午一點多鐘，所有六名年紀稍長的老木工都被叫了出去，屋裡只剩下鄧大人、老葉和我。

然後向我宣佈政策：「我們執行政府的人道主義，從現在開始，每頓的飯菜都按時地給你送來，如果你不吃，那麼到了下一頓，便將上一頓沒吃的端走，只留下當頓的，你吃不吃是你的事。」

說畢又轉身向老葉交代道：「你按時送飯，只有送飯來時才能開鎖，送完飯便將房門鎖上，」說完後還補充了一句：「他們倆有什麼情況，隨時向我報告。」

我和陳力聯合的絕食鬥爭就這樣開始，同上次在古柏那次孤軍奮戰相比，我踏實多了。

我知道許多人的眼睛都在看著我們，我倆雖相隔一方，心中對這次絕食能否爭取到三個基本要求？沒有絕對的把握。但人們的支撐鼓舞著我，監獄方也有明顯的分歧。

這是又一次毅力和意志的考驗，可以說每一分鐘都在受刑，這是飢渴和生命的搏鬥，尤其是第四天以後，因為沒有水喝，我們再也無法忍受下去，喉嚨裡已經打不過轉。靈與肉在拼搏，每一秒鐘都要靠意志來克服飢渴的難受！

正好，天忽然下起雨來，這也許是十月鹽源的最後一次大雨。我掙扎著站起身來，爬在窗子上，凝望著灰色的天空，於是，我顫抖著拿起了盅子，將手伸出那鐵條窗框，伸向那窗前屋簷滴下的雨水，這可是天賜的自然水。而不是統治者送來的水，為了堅持下去，我喝下了這發黃的屋簷水。

我真沒想到，我竟然熬過整整十一天這麼長時間！心裡雖然已經很慌亂，但腦子裡依然十分清醒，我不知道還能堅持多久！我在等待著場部對我們所提要求的最後回答。我的窗下幾乎天天塞滿了人，他們常常被余管教驅走，驅散了，余管教轉個背又來了，他們關切地看著昏睡在床上的我，彼此悄悄地議論。

第十一天下午，農場的最高行政長官高德勝終於露面了。

兩名壯實的少年犯把我從床上架起來，跟著余幹事，輪流背著我，踩過剛被雨水浸泡的泥濘操場，到了場部那熟悉的石梯坎，我被背上了石梯坎最高處那排平房，背進了「場長辦公室」。

坐在我對面的皮沙發上五十多歲的書記兼場長，瘦長的個子，面容蒼白，我還是第一次見到他的尊容。在他的旁邊坐著矮胖的陳文仲，今天鄧揚光不在。進去時我被扶到高書記對面的椅子上，陳文仲死死盯著奄奄一息的我。

等我坐好以後，高書記開始發話：「今天

找你來是想瞭解一下，你有什麼想法？改造嘛，不怕犯錯誤，我們的目的是改造思想，不是消滅人的肉體，這是黨的一貫政策，今天你可說說現在的思想，有什麼要求也可以提出來。」他操著一口鼻音很濃的陝北口音，語氣柔和。

因為久積的敵意，我築起了一道心理上預設的防線。略微停頓了一下，他繼續慢慢地說下去：「當然，你可以提出你的要求，但是你必須清楚你的身分，所以你不能無理取鬧，提出一些不合實際的要求。同時，你可以保留你的觀點，但你必須服從真理，在真理面前修正自己的錯誤。」

看來，這位農場的最高元首，一直都十分關注我們。聽得出，他細細地讀過我們在小監中所寫的東西，同時說話很謹慎，留著充分的餘地。

一名工作人員，給我遞上一盅濃茶。陳文仲示意要我喝水，他們當然清楚我的身體狀況，我搖了搖頭，因為在沒有達成任何協議之前，我不可能接受對方任何的食品，包括送來的茶水。更何況還有一個陳力，我們必須採取同一行動，即使恢復吃東西。

我明白，面前的這位農場最高長官，要我說出這次絕食的要求。

「好吧！首先我認為我和陳力都沒有錯，我們所講的都是中國已經發生和正在發生的事實，我們不能接受變相毆打的鬥爭會，陳力也不該因此而帶手銬。」我說話非常吃力，我自已都能聽見我說話的喘氣聲。

停頓了一下，又接著說：「我們剛從小監出來，腳是軟的，不可能馬上參加小組勞動。我們的條件就是在絕食前以書面形式寫下的三條，我相信高書記不僅知道，現在要我複述出來，好給個答覆對吧，我的話只有這些了。」

又停頓了五分鐘，陳文仲發話了：「孔令平，首先，我們並沒有對你們進行毆打，誰也沒有佈置召開你們的鬥爭會，但是，我們絕對不允許你們亂說亂動，特別是明目張膽地攻擊三面紅旗和大好形勢。余幹事開會批判你們沒有錯，目的還是幫助你們改正錯誤的認識，就像我們幹部誰如果有錯誤，我們還不是照樣要批評幫助，至於有人在批判會上動手打你們，那是錯誤的，我們從來就禁止這麼做，否則怎麼叫思想改造以理服人？」

他這一番侃侃論述，很嚴密。可以說實際上已經答應了我們的第一個要求，但沒有認錯，這乃是中共的「原則」。

「至於刑具嘛，我們可以下掉，刑具本來就是對犯人超越常態的越軌行為一種防範手段，只要你們不再公開放毒，我們根本沒有必要給誰戴刑具；關於勞動的問題，首先你們是犯人，結束反省，參加勞動是必須執行的，由於開始勞動有些困難，需要一個適應過程，我們會合理安排的。」

陳文仲的這段宣佈，是照已經起草好，經過周密思考和討論才作的決定，既答應我們的條件，也是替他們打圓場下臺階。

「不過也應該講道理，大學生嘛，有理性，不要一味的任性。生命是可貴的，不應當用生命開玩笑，所以你們應當正常生活，不吃飯怎麼行？能解決什麼問題？」這才是他今天要表達的最後意思。說完這番話他注視著我，我想，當時的我的樣子一定像死人一樣可怕。

我被剛才背我來的兩個小夥子背回基三隊，隨後兩個小夥子又將陳力背到場部去。

晚上，余幹事親自跟著老葉為我送來了特地熬製的白稀飯，一直守著我直到看我吃完後方才離去。一盅稀飯剛剛下肚，沒過半小時，腹中便咕咕直叫，接著便是水瀉般的腹瀉。剛剛喝下去的稀飯穿腸而過。看來似乎一點都沒被身體吸收，反而我的身體就像虛脫般的，大腦似乎已經失去指揮能力，全身輕飄飄的。

心裡卻有說不出的難受，像剛剛生了一場大病，如此整整折騰了一晚上，直到天亮才昏昏入睡。

第二天照例是稀飯，不過裡面加進了糖，這一次喝下就不像昨天。身體漸漸的感到暖和，用手觸摸自己的腳，已能感覺出那冰冷的腳心。

第三天，前天送我去場部的兩個小夥子又奉命要將我背到場部去。但是，我已經能起床慢慢走路，便柱著一根竹竿，在他們的攙扶下，由余幹事跟著，再次來到場長辦公室。

同前一次的座位完全一樣，我的對面除了這位高書記就是陳文仲。不過，在我們的對話開始之前，陳文仲打開了一個放在他面前的綠色檔夾，待我坐定以後，一邊向我提問，依次的記錄下我的姓名，年齡、籍貫、民族、出身和原判罪名，刑期。我知道這乃是一種常規的「預審」。

看來，場部是把我們這次絕食鬥爭，當成了一個案子來「審理」了，也許還兼有對我幾次申訴的答覆，所以，我在心裡揣度這位高書記葫蘆裡賣的什麼藥？完成這一套方式記錄後，陳文仲要我當著高書記的面，暢訴自己的觀點。特別還強調要我「不加保留，和盤托出向黨交心」。

我十分厭惡這「交心」二字。這仍是中共的職業黨棍們一種時髦的用語，劃右派時，正因為這「交心」而使多少幼稚的學生「蒙冤」！

我看了一眼這位臉色蒼白，已上了歲數的高書記，雖然也在猜測對方的意圖，但是我已經沒有學生時代那種惶恐不安，抱著請求寬恕的「幼稚」了。既然已在我的文章和大會發言中，公開講了中國老百姓所不敢說的。今天當著這位場部的第一負責人，反而緘口和隱瞞，只能表明自己的膽怯和虛弱！所以，我當然要說，不過因為身體極為虛弱，提不起精神來，我的說話中氣不足，語音低沉，顯得疲憊不堪，中間不時因氣換不上，幾次停頓。

（一）攻心

首先，我表達了我的冤枉，學生時代的

我，並不符合右派份子六條標準之任中一條，在我幼稚的學生頭腦中壓根就沒想過推翻共產黨。接著，便按照我的經歷，從下鄉一直講到現在的全部過程，重點講對「三面紅旗」的切身體會，列數中國的災難現狀，痛斥「階級鬥爭」的殘酷，痛斥中共公開欺騙百姓的愚民政策。

這位農場的第一把手沒有打斷我的話，從他一支接著一支抽煙的動作，看得出他在緊張的思索著。聽到我對毛澤東指名點姓的痛罵非但不加制止，甚至連一點反感的表情也沒有。因為我所說的是事實，是平時人們不敢說出的真心話，陳文仲也沒有作記錄，而是聚精會神聽我用了整整兩個小時講完我的話。

當我說完以後，停頓了十分鐘，陳文仲好像在整理自己的思緒，然後慢騰騰地說出了一番令人深思的話：

「我要告訴你，你若用小說《紅岩》裡的江姐許雲峰精神來對付共產黨就大錯特錯了，你要知道共產黨就是搞這一套的，我們知道該怎樣對付你，你們不會得逞的。倒不如從現在開始，放棄你們的反動立場，才會有你們的出路。」

聽到這位特工頭目說出如此令我費解的話，首先，他用他們供奉在神聖信仰神殿裡最完美的化身，同我們這種任由他們捆打侮辱的階下囚並提，令我吃驚。難道我們的所作所為，與他們供奉的偶像是相似的？也許吧，我們提出的民主思想原是共通的。

可我們算什麼呢？平心而論我們的反抗是被逼出來的，我們只是被冤枉的普通人，我們曾對統治者存在若干的幻想，而決無那麼「高尚」的解放全人類的理想，我們從來沒想到過當人間的救世主。我們所希望的不過是被人解救，還我自由和清白而已，難道共產黨信仰神殿裡的尊神也不過如此「平庸」麼？

不過從他的話裡，倒聽出了他們對我們的那種「抬舉」，如果，我們的行為果真在他們心目中到達了他們尊重的地步，那倒是要實實在在地洞察他們的內心。其實，承認我們所說的是真話！承認我們代表著真理！只是在「強權」壓迫下不好公開這麼說，卻在無意中露出了自己的內心。或者說，他們根本不相信真有那「永貫長虹」的共產主義。

可惜，他們全錯了，錯在用抽象的、虛幻的，也是反人性的信仰來玩階級鬥爭的遊戲。說得真實一點，共產主義廟堂裡供奉的所有神像，都是些凡夫俗子，有的簡直就是人間魔鬼，而決沒有大義凜然的神。

此外，這陳文仲的知識未免太貧乏了，中華民族中敢於蔑視敵人，為捍衛正義和人類尊嚴而視死如歸的精英還少麼？投江殉國的屈原，詈賊不絕，咬破舌頭以鮮血濺賊的顏杲卿，身陷敵營慷慨就義的文天祥，一門忠烈精忠報國的岳飛，至於血戰沙場壯志殉國的愛國志士更是比比皆是，為抗日捐軀的名將，就有兩百多位，就連中共統治下英勇反抗，殺身成仁的也不在少數。

僅我們這小小農場後來產生出來的劉順森、張錫錕、陳力等，雖然鮮為世人所知，但他們難道不是為反抗獨裁，反對暴政而慷慨獻身的英雄麼？難道他們的名字不是中華民族流芳萬古的楷模麼？這是虛幻不實的共產主義信仰不可想像的，也是不能與之相比的。

同高書記長達三個多小時的長談結束了，我無法估計出這樣坦誠的交談會給對方留下什麼印象，當時我想假如他對我們的觀點表示贊同的話，那麼毛澤東關於「皮之不存，毛之焉附」的那個結論，還適不適用於他？如果他從內心上很是同情我們，甚至根本就已經一鼻孔出氣了，那麼他這個二萬五千里走下來的紅小鬼又將依附在哪一張皮上呢？

「鬥爭會」當然是毫無結果地結束了。大約因為我倆給基三隊的余幹事與管教科帶來的麻煩，畢竟這個隊裡有大量從少管所調來的少年犯，這些才十八、九歲的年輕人，就已經心服口服的成了我們的學生了，所以沒過幾天，我們倆便從這裡調到緊鄰的農業一中隊去。

為了分化我們倆，陳力再度關進了那個中隊的反省室，而我暫時的分到了這個中隊的第一小組，隨組勞動。但暫時不記任務，那時已過了元旦，正是農閒時節，勞改隊中農閒時正是驅趕流放者興修各種堰溝、水渠和蓄水壩的時間。

第一天出工，一大清早農一隊的全體勞動力便冒著寒霜，整隊向距離五里以外的一號水壩工地開進，按照農場的規定，這年冬天二道溝地區附近的農業中隊，擔負著給所屬中隊地區供水的二號壩，加高加厚的任務。

邁過農三隊的那個大彎的時候，我不禁想起了前年，我們剛從黃聯關來到這裡的情景。而今，那四周圍已經築起了圍牆，圍牆前就是我們通向水庫的這條初具形態的「公路」。我一連幾次的環顧這裡，心中想著在豬槽裡抓馬鈴薯吃的鄧自新還在不在？想到當年風沙滿天，我們鏟草皮燒馬鈴薯的往事。

繞過農三隊，我們已看到了橫亙在二道溝兩側，截斷了上游流水的庫壩，是二道溝的最高點，鹽源的雨要到五月才來到，春耕所需要的水，都依仗著這水庫裡的積水來灌溉。

現在，就在這條待加高加厚的庫壩上，南側兩台挖土機和三台推土機，正穿梭著將壩的南坡山上的泥土往大壩上填。兩側的泥巴山樑以及坡壩上一千多名挖土打夯的勞動力正在取土，平整，準備加高的壩基。

算來，我已快兩年沒有參加勞動，勞改隊裡都在每人頭上劃了「硬任務」。農一隊的勞動力絕大多數是來自農村的新犯，他們的勞動力都很強。而且為了趕在颱風以前，就能完成全天的任務，所以一上了工地便會緊張地幹起活來，這同基建三中隊的少年犯們有很大的不同。

那時節，聽說內地的農業收成已有相當復甦。農村已經普遍的回到三自一包的狀態。從大家收到的包裹中寄來的東西中多半是臘肉、花生之類，是我們在監獄中多年都沒有看到的。然而監獄裡的生活並沒有多大改變，依然的每個月三十斤口糧，每頓端在勞動力手裡的還是半罐飯和一瓢見不到油星的水煮蘿蔔。

這些來自農家的子弟，都親身經歷過「三年災荒」，他們對少年時代吃草根樹皮的日子記憶憂新。每個人都明白，是當年人民公社犯的過！只因為在監獄中一灘死水的政治空氣下沒有說出而已。我經常給他們講，我們這一代人的災難是政治的原因。只要毛澤東統治繼續一天，老百姓的苦日子就會持續一天。

（二）禱告

眼看一九六六年的春節快到了，監舍裡的人們都會圍在一起，議論的話題都離不開過年，農村中，自古以來普通的農家都不會虧待這個節氣，早早就要從豬圈裡牽出早已準備好的過年豬來，整個春節從小年夜開始一直過到正月十五日，講究的農家都要祭祀祖先，請財神和農神灶神到家，保佑全家在新年裡平安，就是殺不起豬的再窮的人也會從親戚家，用平時節省下來的錢去買些豬肉、雞鴨在祖先面前磕頭祈禱。

年三十晚上的年夜飯正是全家團聚的日子，怎麼樣都有一刻歡聚熱鬧的時光，現在，經過人民公社的剝奪，家裡能殺得起豬過年的人已經不多，但無論如何這年三十的團聚和豐盛的年夜飯總是免不了的。

現在，這些身陷牢籠的農民，都只有把團聚的夢放到年三十晚上去做。

在監獄中，我已習慣了冷冷清清的獨自思念家人。今年的春節是我跨出小監以來，能同許多人在一起共度年三十的第一次。

春節前幾天，人們一有空都會圍著炊事員打聽今年的春節供應，這兩年比飢荒年有些改善，按照當時城鎮居民的供應，犯人每人都有二兩的豬肉可盼！可是這裡的老犯人告訴我，自從建隊以來的半年中只吃過一次肉，時間久了，勞動力們雖然晚上做夢都會夢見吃肉，可早已養成了不吃肉的習慣，元旦的時候，事務長就宣佈，因為供應每人只有二兩，不如過春節時加在一起，大家吃得痛快一點。

現在終於盼到這一天，大家少不了圍著炊事員打聽，得知今年春節每人有三兩肉供應，加上上次元旦的二兩，足足半斤了，按說辦個農村裡常見的土八碗席也就夠了。

消息傳開，憑添了幾分過年的氣氛，大家議論紛紛，有人還算著這半斤肉如果切成回鍋肉，那起碼也會吃到鎳幣那麼厚的回鍋肉二十片之多？然而，在這種豬肉比山珍海味都稀貴的年代，大家最擔心的是不是分足了分量？不但隊部的庫房因「鼠耗」而打折扣，還會不會發生甘洛農場西西卡中隊過五一節，像代昌達那樣，把肉偷來埋在煤堆裡這樣的事？這可是誰也說不準的。

這兒的廚房可不像西西卡四面敞開還選了「監廚」，在司務長當眾過稱後將肉送入鍋中，任何人都可以看到炊事員做了什麼手腳。

過年那天廚房就事先貼出「告示」，任何人都不得入內，廚房的大門緊閉著。

除夕的那天上午，沒有上水庫，所有的人集中在菜地施了一次肥，下午鍾管教吩咐各班組按所劃區域「打掃清潔」，掃除完畢，便關上鐵門，人們在院子裡便被禁止外出，於是幾個人便端出了小桌，擺上棋盤和撲克在那裡玩，有些人在水槽洗衣服。

農一隊從甘洛農場一起調來的人除鍾平波和何建，我就沒有相熟的人了。鍾平波是雅安搶饅頭的幾個主要參加人之一，他指了指南邊那個往常堆放農具的小屋，打聽陳力的情況。

我向他索問從甘洛農場帶到這兒來的那些書，於是走進他的監舍裡取來一本《巴黎聖母院》，那書面已經磨得很爛，那個年代對我們來說什麼都可以丟，惟獨這些書是我們的珍愛，監獄裡保存一本書是太不容易的事。

看看已經到了五點鐘，幾個鼻子最尖的年輕人，在院壩裡向大家大聲宣佈今晚的節目是回鍋肉，而且扮著鬼臉嗅著從廚房門縫中飄出來的肉香。

早已盯著廚房大門各組當天分肉的值星，已將分肉的菜盆洗淨，只等大廚房領取飯菜的窗口打開，便端著盆子去完成這最精彩的節目。因為聽說每個人的肉平均足有半斤，一個組有七八斤肉，生怕一盆子裝不完，所以都準備了兩個。

五點半鐘，廚房的窗口終於打開了，炊事班長站在那窗口大聲向壩子裡宣佈，各組先把盆子貼上組別，便將它們遞進去，說是一次性把肉分完，等分完了肉，各值星把肉端到所劃定的圈子裡，再依次排輪子到窗口領取罐罐飯和「油煎菜」。

可是，當回鍋肉剛剛分光，各值班員端到自己的盆子以後，便有人在窗口下吼道：「怎麼搞的，本組二十個人，每人半斤，足有十斤肉，光肉切碎成片後就可以裝滿一盆子了，可現在，那菜盆裡看到的全是地瓜片，大半盆就裝完了！」他這一吼馬上就有幾個人七嘴八舌的議論開了，那炊事員心裡有鬼，只是當作什麼也沒聽見，躲進廚房關上了門。

等到大家將自己得到的那一份端在手裡，細細數著碗裡的肉片，壩子裡沸沸揚揚地吵開了。記得我那一次所端的那份，除了六點肉外全是地瓜片，地瓜片與肉在不經意看時頗為相似，炊事員真是精於以假亂真那一套！可是還是被久未見肉的人當場截穿了。

有人端著拿在手裡的那一罐，看看別人拿的是不是都一樣？經過一番比較後，便端起了自己的那一罐到隊部辦公室去找值班的鍾管教，數著地瓜片裡的肉給他看，鍾管教只好走到壩子中間，裝出很關心的樣子，去看那些來告狀人端給他的罐子。

突然，他在第三組的監房門口停下了腳步，在那門口處，鍾平波正在門口用木箱子壘成了一個高高的「台桌」，「台桌」正面的木板上正對著壩子，貼著一張不知道他從哪裡弄來的毛澤東畫像，畫像左邊，豎著一支用松明子點燃的「燈」，台桌的上面，放著他領到的那地瓜肉片和一罐菜飯。

只見那鍾平波佈置好以後，不慌不忙的看看鍾幹事正注視著他，便隔著門前的陽溝朝著那肉和畫像，跪下連連磕頭！一邊大聲的喊道：「毛主席啊！托你老人家的福啊；今年過三十吃年夜飯，我才吃上你老人家賞給我的三片肉呀！毛主席呀！托你的福呀；沒你老人家我怕要餓死街頭了。」

邊喊邊轉過身去，衝著那鍾管教喊道：「你們還管不管，是哪一個偷肉的也偷個合適，大年三十的，名義給我們有半斤豬肉，結果只有這三片肉。」一邊說，一邊用筷子穿起碗裡面的三片肉在那姓鍾的面前直晃，一面又念叨著：「毛主席，你可親眼看到了吧，這大年三十的，我們就只吃了三片肉過個年哪。」

說話間，那壘起來的木箱子不知道受到什麼震動，向著天井方向傾翻過去，隨著一聲落地的響聲，那放在木箱上的油湯，跟著那盛菜的鐵缽不偏不倚地潑在毛澤東那張畫像上，弄了他一臉的菜和油。

此時那個組的組長，一面拉著鍾平波勸他冷靜，一語雙關的說「有啥問題你向管教幹事反映」。

天色已經黑下來，被包圍的鍾幹事已被院子裡的人圍得水洩不通！大家明明是在咒罵監獄，咒罵共產黨。陷在重圍裡的鍾管教除了聲嘶力竭地想用吼叫鎮住大家，但他已經黔驢技窮，農一隊的壩子裡鬧得像翻了天似的。

大約十分鐘以後，救火隊隊長鄧揚光，帶著四名全副武裝的士兵和兩名幹事，急衝衝的趕到了這裡。

叫開門以後，兩個幹事拿著話筒向圍在壩子裡的人喊話。農一隊的人本來都是些老實的農民，一見帶槍的人進入壩子，很快就被話筒裡的喊話所鎮住，紛紛回到自己的監舍中，站在監舍的門裡面，向壩子裡張望好奇的望著事情會怎樣的收場？半個小時以後，鍾平波被帶進了隊部辦公室，院子裡也漸漸的平息下來。

直到十點鐘光景，關押陳力的那間屋子被打開了，鍾平波也被關進了反省室。一年以後，就是一九六七文革發動以後的第二個春天，他就為這件事和雅安監獄的「前帳」被判加刑五年，在加刑中說他出身農民，中專學歷。

就在那一次加刑大會上，他面對著在場的萬名流放者，鏗鏘有力的回答說：「歷史將宣判我無罪！」又過了十五年到了一九七九年，我聽說他獲得平反，只可惜，我們相隔幾十里地，自從我們離開農一隊後，就再沒見過面。

第七節：農六隊

春節過了沒幾天，一個早上，我被一個身披風衣、身材修長、年紀大約三十歲，比起其他獄吏來，外表顯得文靜的中年人喚出了農一隊。帶上我的破爛行李，跟著他來到了隔著二道溝，僅一溝相望的農業六中隊。

這是座剛剛修好的監獄。如果從天空向下俯瞰，整個橫貫南北的二道溝，便像夾在東西兩邊起伏不迭的泥巴群峰之間。農六隊就位於這群峰西面中段的一個山頭上，不過從農一隊向這裡看去，卻看不出這裡隱蔽著一個新建的，專門關押重刑「反革命」犯的中隊。

如果把這個隱藏六隊的山頭，看成一個面東而立的巨人頭，那麼這巨人頭的後腦勺被削平的地方便是農六隊的建築群，留下了這人頭面朝二道溝的山坡，使人想像到這是人頭的「臉」，農六隊就將這張臉隱藏在這個小山頭的背後，似乎農六隊的造型師一開始就要借這張臉，來掩蓋今後在這裡發生的血腥罪惡吧！我們從羊圈小監出來，經過基三隊和農一隊足足四個月時間，卻沒有發現這裡隔溝而建的建築群已悄悄動工。

當然更不會料到，我未來的十三年青春年華會埋葬在這裡。

我在「風衣」的帶領下進入這片建築群時，監獄的圍牆還沒有築，這片建築群的南北和東西方向都超過一百公尺以上，周圍是靠西南北三排土牆平房，與東面那「臉」後部削出的最高足有十公尺的土坎圍成的，圍在中間幾乎是方形的壩子，足足有五千平方公尺以上，這便是農六隊的雛型。

我被「風衣」帶到時，壩子裡靜悄悄地，除了幾個人在東北角上修築未修好的圍牆，壩子中間到處是一堆堆的積土。壩子中央沒有一個人，我在壩子裡等了大約半小時，等到「風衣」從隊部辦公室辦了交接手續後，便在他的指定下將自己的破行李，搬進了北面那排監舍靠西的第一間監舍裡，監舍也像農一隊一樣，通鋪上鋪著稻草，四方的土牆圍成一個口袋屋，光線十分的昏暗，從鋪草中散發出一股霉氣。

那鋪上已住著幾個人，此刻他們上班去了，我在鋪上放下了自己的行李後就走出監舍門。

靠西邊的那一排房子一共十五間，靠北面的那一排，也就是我搬進去的那一排也是十五間，靠南邊那一面，中間一道寬八公尺高六公尺的兩扇鐵門上，是一個寬大的崗樓，鐵門西側是一排用作廚房、食堂、保管室的磚牆房子，鐵門的東側是一排用磚頭砌成的屋子，是管教人員的辦公室和他們的寢室。那山頭未被削去的「臉」，高十公尺的土墩上又修築了一個崗樓，這崗樓的後面就是瞭望二道溝而修的磚瓦結構的駐軍營房，兩面兩座崗樓中，架著兩個巨大的探照燈和兩排供機槍用的洞，虎視著下面的整個平壩和監房。

中午時光，工地上收工回來的人陸續到了壩子裡，我老遠就認出了鄧小祝和劉順森，他們最近才從古柏調到這裡，我們在一起的時間，除雅安監獄的一段經歷，在甘洛基本上分在斯足和西西卡兩地，後來在黃聯關調古柏時，因為我不久就進了小監，所以同監相處的日子很短。

一見面，回憶這一年多，如像在另一個地方遊歷了一圈，他們在大監裡常聽到我和陳力的故事。只是他們聽到的不免失真，現在看到我身體長得好好的，都說我因禍得福，並祝賀我健康的回到大家身邊。大家又紛紛問起陳力的下落。

農六隊現在暫時只有六十幾個人，據他們介紹，這裡按規劃是要集中兩百人的編制，全農場刑期在十五年以上的「反革命」，都要集中在這裡。並且還告訴我，今天將我帶到這裡來的風衣叫李培連。

暫時大家的勞動依然是積肥備耕，除留下了幾個人繼續修築圍牆，其餘的人在附近山樑上鏟漚草皮灰，我們當時根本沒有想到這種勞役，將帶來嚴重的水土流蝕。給長江流域帶來新的災難，不過這個損失比起大躍進，人民公社所造成的災難就是小巫見大巫了。

整個農六隊的壩子還沒平整，推土機留下的大量積土沒有清除，臨時擔任中隊長的榮老頭，將這些平壩子的勞動分攤給幾個組，用石灰畫出了各組的包幹區域，下午收工回來後，驅使大家以「義務勞動」名義繼續在壩子裡運土挖土，一直幹到天黑。

（一）抗工

這幾年，囚糧一粒沒增加，各個中隊只有靠自己種的蔬菜和馬鈴薯，一直維持著每頓半罐飯、一瓢菜的半飢半飽日子。像農六隊這種剛剛新成立的隊，保管室裡沒有積存的菜，所吃的那點「老梭邊」，還是靠臨近的農業中隊調來的，當年甘洛農場的飢餓頑症好像盯著我們。

大量的體力消耗和營養不良，無異於慢性死亡，山樑上剛剛開墾出來的紅色處女地，不像初來農三隊土裡有未挖盡的馬鈴薯可找。也不像古柏有馬廄裡撒落的四季豆可撿。就是逃亡還得翻越東，西兩面的大山，因逃亡而凍死餓死在大山上的屍骨隨處可見。

我們中相當的人都是從甘洛農場的鬼門關撞過來的，看到這幾天「水腫病」在開始蔓延，大家便有了思想準備，與其屈從於皮鞭，接受高強度的勞動而耗盡體力死去，還不如公開抗拒勞動保存自己的體力，當然集體的罷工在監獄這種條件下是要講策略的，大家必須齊心，擰成一股繩，有了甘洛農場的鬥爭經驗，集體抗工便悄然爆發了。

有一天早上，六組的王士其沒有起床，他躺在舖上喊肚子疼。那天正碰上榮老頭值班，當六組的組長清點人數時，跑到他面前向他報告，王士奇和羅家文兩個人稱病沒有起床。大值星馮俊白也向他報告說：「昨天下午兩個人收工回來就在喊肚子痛，義務勞動也沒參加。」

榮老頭聞報面帶慍色，原本就紅光滿面的臉變得更加紅了，追問道：「什麼病，那麼怪，醫生看過沒有？」隨即高聲傳喚唐啟榮的名字。唐啟榮從監舍最後的臨時醫務室跑出來，按照榮老頭的命令進了第六監舍，那裡面，還在傳出陣陣呻吟聲。

過了一會，唐啟榮向榮隊長報告：「兩個人不發燒。」監獄規定，為了鑒別勞動力是否真有毛病，一律用量體溫的辦法來測試。六監舍門口幾十個人圍觀榮老頭，看他怎麼處置王、羅二人？榮老頭已經集合好準備出工的隊伍，聽唐啟榮這麼說便厲聲喊道：「叫他們趕快出工，今天的任務要完成了才能收工，馮俊伯，你給我下午量方的時候管緊一點。」

在他的催促下，圍觀者開始向崗樓的哨兵報告人數，列隊走出了那兩扇大鐵門。等到人們都已離開壩子，榮老頭便拄著他的拐杖，一瘸一跛地走向六號監舍的門口。馮俊伯跟在他的後面，他的心裡最明白兩人是怎麼一回事？

但表面上裝著討好的樣子勸道：「你老人家，腿不方便，最好還是不要進監舍了。」

榮老頭用眼睛向他瞪了一下，沒好氣吼道：「你們這些組長也不知怎麼當的，昨天下午三點鐘我上坡檢查，你們那工地上一個人都不見，還真不知躲到哪裡去了，等會兒，你跟我一起去，看看你們十來個人積了五天的草皮，叫你吃下去，你都可以吃下去，今天倒好，索性兩個人都病了，連工都不出了。」

說完，便進了那監房，房子黑洞洞的，羅家文睡在第三個舖位上，他正用被子將頭死死的蒙著，王士奇睡在最裡面的位置上，正側著身子在叫喚。榮老頭走到羅家文面前，用手中的拐杖去挑他蓋在身上的被子，卻挑不動。一怒之下便狠狠地朝他身上抽了一拐杖，可惜他畢竟裝的假腳，比不上張棒棒那河南佬強壯有力。用力抽下去的拐杖碰在王士奇身上卻彈了回來，那反作用力反而使他的身子連晃了兩下。

「衛兵，衛兵！」他向崗樓上吼道。崗樓上沒有馬上回應他，於是他拄著拐杖一跛一顛的走到壩子中間去，大聲的吼道：「衛兵聽到了沒有？」崗哨上探出了一個頭回答道：「都去場部操練了，這裡只留下兩個值班的。」

「兩個人也給我下來，準備兩根繩子，到六號監舍去，把兩個睡在床上裝病的給我捆起來，押到工地去。」他斷斷續續地吼道，聲音因震怒而顫抖嘶啞，本來就很紅的臉變成了紫色，那握著的拐杖，不停的朝地上篤著，篤起了一串的泥洞。崗哨上沒有回應他，他站了一會，無可奈何的向鐵門走去，不一會門裡走出鍾幹事和余幹事來，兩個人手裡提著棕繩，逕直向六號監房走來。

站在門口的唐啟榮趕忙向王士奇喊道：「余幹事來了，還不趕快起來，免得皮肉痛苦。」說完便悄悄地躲進醫務室裡去了。馮俊伯站在監舍門口迎著兩個管教，尷尬的陪笑道：「兩人在穿衣服了，我一定督促他們上工地。」

當兩個幹事人走到六號房門時，羅家文已經站在舖前，穿上了厚厚的破棉衣，一邊捂著肚子還在不停的呻喚，看那樣子確實疼得厲害，王士奇也站在羅家文的身後，一邊用大毛巾捆在頭上，高聲的呻喚著頭疼，兩個拿著繩子的人看到這般摸樣，顯出一種鄙夷的神色。

那一臉雀斑的鍾幹事吼道：「裝得挺像！」那姓余的向屋裡四面張望著狡猾地追問道：「人說外傷看得見，內病吃不得飯。你們今天早上吃了飯嗎？」羅家文回答道：「沒有。」姓余的緊緊追問：「那麼飯到哪裡去了？」馮俊伯馬上接口道：「別人幫拿的也知道誰拿去了。」

姓餘的怒吼道：「少給我耍花招，滾，給我立即上工地去。」

鍾花臉手裡拿著繩子在王士奇的眼前晃道：「你們兩個今天就是死也也要死到工地上去。」轉過身來向門口的馮俊伯命令道：「馮俊伯，人交給你，你負責把他們押到工地上去，告訴你們，聽清楚了，他倆哪一個敢拒絕勞動，立即回來向我報告，我捆你時不要告饒！」說完轉頭走了出去。

折騰到這個時候已快十點了，兩個人披著爛棉襖，頭上纏著破布，像得了重病的病人，拖著似千斤重的腳步，在馮俊伯的監督下向崗哨報告以後，出了大鐵門，緩緩向四號樑子走去。

四號樑子上一片由拖拉機翻出來的處女地，像一個光禿的山包上頂著的一片紅土，四周大約三十公尺寬的環形草地包圍著它，活像一個禿頭巨人頭的四周圍留著一圈亂頭髮一樣，六組一共十六號勞動力便在這圈草皮上勞動。

榮老頭交給他們的任務，是將這些帶著泥的草皮鏟起來，再運到那剛剛開墾的土地上，隔著一定距離堆碼起來燒製成草皮灰。三個人從遠處望去，那四號樑子分明只有五六個人在勞動。

當馮俊伯帶著兩個病號走到時，鄧自新說道：「怎麼樣？沒有穩住，還是被趕了出來？」那王士奇把自己的頭上包的破布扯了下來，坐在地上苦笑道：「還差點挨了繩子，那鍾麻子凶得很。」文廷才卻在一旁接口道：「怕什麼，今天他真的捆了你，明天我來，我就不相信那榮老頭、鍾麻子捆得服六隊的兩百號人？」

「對，大家想想看，甘洛農場死那麼多人，還不是因為那些怕挨捆的膽小鬼拼命的去掙表現，結果那些死的人哪一個不是腫得像水棒一樣。」「對，我們幹得越多，越死得早，大家一條心，看那個鍾麻子把我們咋個辦？」

大家七嘴八舌地議論開了，馮俊伯看了看工地上的人問道：「時間恐怕差不多該換班了」，接著又說道：「你們每個人幹什麼都要把穩一點，只要不出事，擺平了，少找麻煩怎麼都行，你們也替我想一下，組長不好當啊！」說完便朝左面的山溝裡走去。

這鹽源二道溝，兩面山包上，被雨水沖刷出來的山樑之間深溝兩側，分佈著許多像人工挖出的地洞，這些凹進地裡的泥洞上，都有可遮雨的「帽簷」，大的泥洞可以鑽進六七個人，小的也可以藏住兩三個人，人藏在裡面可以望見外面，而洞外的人，除了正面對著洞口，任何其他的方向都不會察覺洞裡隱蔽著人。

風季到來時，我們就仰仗這些老天賜給我們的洞穴，在下午狂風大作時，用以躲避狂風對我們的摧殘，那時，在「爭生存」這一點上，各組的成員保持著空前的一致，連組長們也在內。

大家達成協議，下午大風起後，便將一個大組劃成兩個小組，一個組的人在工地堅持「頂風」，另一組便在洞裡休息，兩個小時一輪換，如此做法，主要是蒙隊部的眼睛。倘若站在監獄的大門口，遠遠的向山樑上無論哪一個工地望去，都可以看到那兒始終有人在勞動。

大家藉此保住體內的熱能盡可能不被狂風吹走。為了使洞裡保溫，大家還從牛棚邊的草樹上，弄了些稻草將洞裡的地面上鋪好，人還可以在上面睡覺，不過飢餓的時候，人是難以入眠的。年事高的國民黨軍官，脫了產，白天不出工地，就在洞裡專門給大家講三國演義。

馮俊伯和文廷才走下左面的山溝，走進第一個泥洞時，只聽見徐伯威正在講袁紹和曹操的官渡之戰，洞中正響著他的聲音：「袁紹攻打許昌不克，見曹操放棄了白馬鎮，引兵延津渡口，擺出渡河架勢，袁紹不識此計，率主力西進阻止曹操渡河，不料曹操虛晃一槍，親領一支輕騎兵奇襲白馬，包圍了袁軍駐守白馬的大將顏良，關雲長力斬顏良於亂軍之中，白馬之圍遂解。」

這徐老頭原是范紹增手下的一名少將參軍，成都人，被捕前還在四川大學哲學系教過尼采，頗有些資歷。加上獄中平時忍字當頭，常常給管教們介紹些當年老成都的佚事，頗得隊部管教們的好感，不管是當兵的還是獄吏們如何飛揚跋扈，他都能裝出一付笑臉唯唯諾諾，使人無法猜測他的內心。

入獄後他很少參加體力勞動，幹些收方，清點人數或看棚之類的「輕活」，連許多一貫靠彙報情況討隊長歡心的組長，都很羨慕他。

馮俊伯走進山洞，便對徐老頭笑到：「講話費精神，你老人家也該歇歇嘴了。」一面把自己裝開水的大盅子遞了過去。洞裡的人知道，到了換班的時候了，便都站了起來陸陸續續的走出洞去，一直到換進來躲風的人，重新將洞子填滿。徐伯威喝了水，等大家落坐以後，故事又重新開始。

王士奇裝肚子疼的做法迅速的傳染給了四組，過了兩天四組的組長在早上出工時，向榮老頭報告說：「昨晚本組又病倒了三個人，現在還躺在床上喊肚子痛。」沒料到這一次，榮老頭並沒有發火，只是瞪了他一眼，口裡卻嘀咕道：「什麼肚子痛，分明是肚子沒填飽。」旁邊的張清富補了一句：「還是榮隊長英明。」

獄吏們能夠承認飢餓，向流放者作一點「寬容」，比起甘洛農場和古柏的管教們動不動就窮兇極惡的毆打流放者，也算是一種「轉變」。

漸漸的，整組的人便在下午三點鐘的時候，偷偷地從大風肆虐的工地上溜了回來，蜷縮在各自的監房裡。除非榮老頭查房查到了，用他的拐杖吆喝著將偷偷回來的人重新趕上山去，或者叫他們在院子裡清除那些積土。

有一天下午，三點鐘風實在太大，刮得人透不過氣來，幾乎全隊的人都回到了監舍。榮老頭在壩子裡一面吼著，一面挨著監房把人都趕下鋪來追上山去。

當榮老頭拄著拐杖一步一跛的走了出去，屋裡就剩下了我和徐伯威兩人。徐伯威走到監舍門口，向外望了望，確認門外的過道上已經沒有人時，才把監門輕輕掩上，走到我的旁邊，神秘的問道：「你看過最近的參考消息嗎？莫斯科和北京都鬧翻了，赫魯雪夫最近在大衛營點著毛澤東數落他！」

我搖了搖頭，望著這個平時行為說話都十分謹慎的老頭，從來沒有露過反對共產黨，反對毛澤東的話，今天居然道出內心裡還有一個隱藏的世界。

只見他在自己舖位的草堆裡翻找著什麼，不一會便從亂草中拿出了幾張已折得很舊的小報，並向我嚴肅地說道：「這是我從隊長辦公室裡帶出來的，你看後不要再傳給其他人，直接還到我手裡。」

參考消息，是中共的內部讀物，但畢竟不同於普通報紙，在嚴密的新聞封鎖下，上面摘登著世界各大通訊社所發出消息的摘要，其眼界比國內其他報紙寬得多，有時候可以從中得到一些可供分析思考的見聞來，所以這是我們千方百計弄到手的讀物之一，並沒有這徐老那樣的神秘和少見。

於是我將報紙接過手，一面向他點頭說：「放心，我看了馬上就還給你。」當我接過報紙剛打開，他又將身子靠近我，附在耳朵旁說道：「陳力是我們在成都監獄裡的老朋友了，我來場就聽說你和陳力關在小監裡，其實，你們的看法都是對的，中共早輸掉了民心，他們不會長久的，最近你們還聽說到什麼好消息嗎？」

我望著他那微泛紅光的臉，心想又是一個將內心埋藏很深，用韜晦對付共產黨的人。從此，我們變得親近起來。

（二）思想改造試驗田

逃工抗工的人越來越多，為了遏制這種現象的「蔓延」，榮老頭將中隊所屬的八名幹事全部分攤給每一組，上下班都由分攤到組的幹事領隊，並且負責守在工地上進行監督。

同時，通知崗樓上的駐軍，派更多的巡邏士兵加強查房，一但發現有無故逃工的立即拉到院壩裡罰站。但是，這並沒有減少逃工的勢頭，負責領隊的幹事不會在工地上挨風吹，崗樓上的駐軍也未必按他的佈置去做。

有一次，被榮老頭抓了一個全組不出工的「典型」，老頭子親自召集會議，把全組人喊到院壩，坐在那裡開會「找原因」。其實是讓逃工者狠狠被風吹刮著，以示懲罰。

全組人裹著加得厚厚的棉衣，個個將頭縮在棉衣裡，任憑老頭子狂怒的吼卻無人理睬他，一直坐到晚上九點鐘，整整幾個小時，一無收穫的散會。六隊死豬不怕開水燙的老犯人，一直維持著原來那種死氣沈沈的狀態。

直到三月份，陳力也從農一隊的小監放出來，押到了這個中隊。

李培連當天晚上，主持了中隊建隊以來第一次十分「正規」的點名儀式，他拿出厚厚的點名冊對全隊二百多號人進行了編組，我和陳力連同本農場十名國民黨縣團級以上的「歷史反革命」，集中的編成了一個小組，他自任為這個小組的「指導員」。

第二天全隊停工一天，按照他編的點名冊，將全隊的人按他所編的組重新調整了監舍。下午，其他的組出工後，卻把我同陳力以及新編組的成員留下來，他從隊部辦公室端了一張靠背木凳，坐在監舍中間，主持了第一次學習會。

「我姓李，李培連，從現在開始，按照管教科的決定，將你們編成了一個試點學習組，由我負責你們今後一段時間的學習和改造。」

「這個隊已經成立一個多月了，暴露出的問題特別多，你們都是投入改造多年的老犯人了。我看，思想上還有很多問題，當然，勞動是改造的手段，但光有勞動是不夠的，我們共產黨人向來以改造人的思想作我們的宗旨，思想沒有改造好，勞動也不會收到積極的效果，所以從現在起，我就在這個組做『試驗田』，想促進一下諸位在座的思想改造。」

坐在我旁邊的陳力低聲說道：「不知道當局又在耍什麼花招？」

這兩年，我經歷了古柏，二道溝小監反省室，基三隊、農一隊，絕食鬥爭就達兩次，與管教科可謂面對面的鬥爭。看來今天這位指導員與粗俗的獄吏相比，確有些異樣，是中共對我們這些人變換什麼手段，還是政治氣候的變化，我們暫時難以預料。

「我看這人未必不是更加陰險和狡猾的人。」陳力從鼻子裡哼道。

李培連好像已經察覺出我們在議論他，看了我們一眼，繼續說：「你們這個組一共十三人，暫時由周學祝擔任學習組長，因為現在還處在備耕農閒時間，下午風大，加之，你們的年齡大多都已五十歲以上的人，所以從現在開始，一段時間上午繼續出工，下午則留在監舍裡組織閱讀和討論。

學習的材料是《共產黨宣言》，《聯共（布）黨史》的有關文章，以及『關於正確處理人民內部的矛盾』，『在全國宣傳工作會議上的講話』，『實踐論』，『矛盾化』。學習方法是邊讀文件邊對照，聯繫國內形勢和本人的思想實際，談談你們的認識，允許並希望大家能各抒己見，講不同的看法。」

學習便這樣開始了，我們這個組除了我和陳力外，其他的成員大致可分為兩類，一類是已在公眾場合亮相的「狗」們，例如朱國驥、王德權這些都是共產黨刀下留人從狗洞中逃生過來的人，為共產黨的強權折服，也想從監獄的狗洞裡再爬出去。所以這幾年一直扮演勞改積極分子角色。

其餘的例如李克由、徐伯威、卓元民、毋建武等人，對於自己成為共產黨階下囚，蒙不殺之恩已嚇了一大跳，但看到共產黨強姦民意的種種劣跡，心存芥蒂。人到屋簷下除了當順民，幾個泥鰍還能翻大浪？所以在這種「不滿」和「無為」兩種情緒支配下取了壁上觀態度。

這種人會在良知支配下，趨向我們，所以對他們也只能取和睦相處的態度。而花費口舌和精力去對付周學祝、王德權、朱國驥這類人，要改變他們人格上的缺陷，卻是一件吃力不討好的事。

當然學習過程中免不了激烈的爭論，李培連究竟想看什麼？他努力想作出一點「思想改造」的業績呢，還是在接受上峰的旨意？帶有中共內部的派系鬥爭色彩？所以，我和陳力帶著一種複雜的心情和猜測，帶著觀察和思考的頭腦參加了這場學習。

果然，學習從開頭到結束，就是以兩種根本對立的立場的唇槍舌戰而進行著。第一天的上午，就按李培連的佈置由周學祝宣讀共產黨宣言。一個小時的誦讀，大家倒也聚精會神，我看了看徐伯威，他肯定在想李培連葫蘆裡裝的什麼藥？其實，共產黨的派別，一定會在最後表現出來。

周學祝宣讀完畢，朱國驥首先發言，這個

已經快六十的人，重複著中共的老腔調，從滿清末年列強瓜分，講到日本入侵，他甚至於講國民黨在戰場上的潰敗，講自己上軍校參加了「反人民」的內戰，講自己的認識和痛悔，最後以原子彈的爆炸講到了社會主義在中國的成功。說；「中華民族只有在中國共產黨的領導下才能站起來！」

他講話時，唾沫橫飛，給人一種激動的感覺。彷彿忘了這麼多年來老百姓在中共統治下過著什麼樣的日子。或者是他被中共的強權嚇怕了，他一點不敢接觸四年內戰七年革命給老百姓帶來比牲畜不如的生活。

聽他講完，陳力再也忍不住了，他列舉了中國老百姓的生活現狀以後，說道：「倘若，中共所描繪的共產主義天堂是在『革命』成功十五年來一個接一個令人心有餘悸的運動；是老百姓衣不禦寒，糠菜半年糧的生活，那麼老百姓為之捐軀的革命戰爭還有什麼必要？尤其是人們連話都不敢說，否則就要挨打，坐牢，那麼中國人誰站起來了？至於原子彈，難道不是老百姓用大量血汗被強迫馱起的戰神麼？」

接著陳力發言，我補充道：「一個對民族負責的政黨，一個對子民負責的領袖，不在於他的口頭承諾，而應當對他的行動的後果負責，產生了今天這種後果，老百姓還在繼續為這種後果不斷的付出生命的代價，卻不願立即調整自己的政策，表現後悔，反而殺氣騰騰把這一切上推老天，外推蘇聯，內怪反革命作亂，繼續用罪惡掩蓋今天更大的罪惡，這樣的人遲早要受到歷史的清算。」

爭論如火如荼的進行下去，李培連一言不發，在思考還是想借我們這倆張嘴，來宣傳他自己想說而又不敢說的話？至於像徐伯威這些老於世故的人聽得來非常起勁，因為我們所講的可是他心裡想說又不敢說的實話。

學習的第二節課，開頭仍是由周學祝宣讀「關於正確處理人民內部矛盾」。九年前我在校園裡第一次聽到傳達這個講話時，完全弄不清講話人的真實動機，當時歐洲發生的匈牙利事變和波蘭獨立工會，已鬧得沸沸揚揚，當時我們這些幼稚的大學生，絕大部分還蒙在鼓裡。

對這一曲美妙的迷魂音，很少人會去探究其中的原因，大學生們所接觸的民主，自由，三權分立的歐美口號，沒有幾個能說清楚他們的歷史背景和包含的內容。政治課每天向我們灌輸的全是蘇聯的社會主義如何美好，「蘇聯的今天就是我們的明天」。

可悲的是，誰也不知道今天蘇聯究竟怎麼了，當時我們已聽到了史達林時期，社會主義給俄國帶來的災難。

然而，無論是恐怖還是激情，都迅速被今後的社會主義結果所糾正，野心家的猙獰嘴臉也在輪番的「實踐」中暴露無疑，曾被欺騙和恐怖所征服的年輕知識群體立即分化，一部分變成了瘋狂的專制主義的倀鬼，一部分則變成了專制壓抑下的反抗者。就連鄧拓、吳晗這些共產黨的才子們，也會從大鳴大放時期的「左派」積極份子，變成了反革命修正主義的幹將。

就以我們面前這位正在主持我們這次學習的，原雅安農學院馬列主義教研室主任李培連，當年曾充做該校的右派學生的屠夫，當今重新學習這一篇〈關於正確處理人民內部的矛盾〉時，他會情不自禁的說道：「這幾年確實出現了災難，許多人餓死了，人民心頭壓抑的話不敢說。」

看來，李培連比朱國驥，周學祝之流真實多了，這是他從中共的上層得來的解脫，他說「極左的思潮在共產黨內佔據了上風，革命嘛總有左右搖擺的時候，主流還是好的」，這一番話的言不由衷，會在今後實踐中繼續得到證實。

「所以，我主張這次學習，大家要講真話，只有說真話，才能接觸自己的思想也才能談到思想改造。」這是他的言不由衷的苦惱，還是敢於去觸「文字狀」的禁區，只有他自己才清楚。

於是他在這次學習上提出了三個讓大家認真思考的問題：第一，該如何看待中國眼下的經濟困難和飢荒，這些陰暗面是十個指頭裡一個指頭的問題，還是該根本否定三面紅旗？第二，中國眼下的困難是不是社會主義過渡時期難免的過程？第三，壓制各種反社會主義言論是革命的需要，還是不講民主施以霸道？這三個問題反映出了，李培連多少有一點講理的成份，而講理是獨裁主義絕對忌諱的「禁區」。

不過，倒可以看出他迷信毛澤東的天真，李培連倘若還保存人的基本良知，總有一天他會認識到，在中國他所信仰的共產主義，原來真是野心家玩弄的一場政治騙局，所以當爭論繼續下去，越使他陷入了無法調和的矛盾中，「學習班」既不能按照他的努力，使我們相信中共宣傳沒有欺騙，也不可能讓我們在監獄中，在他主持下變成公開批判毛澤東的講壇。

有一次爭議達到高峰時，雙方都不能說服對方，陳力提出了一個方法，他說：「我看我們這種小組討論得不出什麼結果，除非我們大家都遵守一個規則，也是我們這許多年來實際的法則：『強權便是真理』，否則我們誰都不會相信，中國發生災難是社會主義過渡時期中不可避免的。」

其實陳力點出這一點，才是中國政治的癥結，在這個世道裡要麼屈服於強權的淫威，中共怎麼說我們就怎麼信；要麼就當盲人瞎子，不管發生了什麼，都不知道什麼才對。

對這個結論，李培連堅決加以反對，他列舉了哥白尼和布魯諾[5]，以此來證明犧牲於強權的人並不承認強權就代表真理，其實強權是不是真理的問題，是同人性的善與惡同時並存於人腦之中的複雜而奧秘的東西，監獄中的獄吏們也不能在內心世界裡逃避善與惡的較量。

---

5 Girodano Bruno, 1548-1600 義大利傳教士，因為推廣哥白尼地動説，後遭天主教會火刑燒死。

如此看來這次學習是李培連們，試圖用一種稍有人性的「思想改造」來替代繩捆索綁的棒棒主義。

在這個嘗試中，他帶著一種天真的想法，來替自己信仰上出現的危機解脫，試圖證明毛澤東也承認人的理性和感化。不過，他會在更多的人生實踐中明白，在專制主義狂的字典裡是根本找不到他渴望的理性的。

奉行獨裁的狂人是無法容忍忠言的，迄至今日，獨裁者只相信順我者昌，逆我者亡的邏輯。

到此時，李培連可能做夢都沒想到，北京城裡正在醞釀著一場置他的理性於死地的文化大革命陰謀。雖然這位在九年前曾充當「右派」學生的殺手，現在還沒有意識到他的理性沒有紮根在專制主義的皮上。

第八節：參觀

正當我們的學習剛進入辯論高潮，一九六六年三月下旬，農場接到四川省公安廳勞改局的通知，要所屬的所有勞改單位按照規定的比例，挑選代表，去成都參觀由公安廳所組織的「形勢教育」專題活動。

參觀的內容包括成都的市容，以及當時正在青羊宮展出的「全國農業學大寨五十五面紅旗全國巡迴展覽」和「全國三新產品成果展覽」。

中共建政以來，曾組織過幾次在押戰犯到社會上參觀，其用意不外乎是向在押人，展示國家在中共領導下取得的「輝煌」成就，以加速對他們的洗腦，並藉此來向國際社會顯示他們「勞改」的人道主義，以改變孤立的國際處境。

不過這一次參觀，是在國家經歷了一次和平時期的空前災難，一場大規模的飢荒剛剛「復甦」之際，想借犯人之口，來「歌頌」被國內外普遍譴責的「三面紅旗」，帶有明顯的打腫臉充胖子這種自欺欺人目的。

按照省勞動廳分配的名額，鹽源牧場派赴本次參觀的總名額共二十二名。場部分給六隊的名額占了三人。而李培連又從他舉辦的這個改造思想為主的「試驗田」中指派了兩個人，一個朱國驥，一個便是我，朱國驥是選出來的思想改造好的代表人物，我當然是「實驗田」裡要進行「攻堅」的人物。

選擇我們倆一起參觀學習，「全面」的反映管教科正、反兼顧，有一種「效果」上對比的考慮，也是加強監督，及時收集反應的一種手段。

（一）劉順森

剩下的一人，李培連選中了劉順森。一九六三年從重慶監獄調往甘洛途中，我們在雅安監獄搶饅頭事件中相識，但一直分在兩處，彼此還沒有朝夕相處的機會。這一次相聚，我有機會詳細知道了他的出身、家庭等等。

他出身工人家庭，父親和母親都是工人，用共產黨的話說，祖宗三代都是工人階級，本屬於「革命」依靠對象，就因少年時代讀到蘇共第十九大上，赫魯雪夫所作反史達林秘密報告中，少年敏銳的他，恰對中共產生相反的認識。

後來他又從姐姐在重慶市青年團機關工作的便利，得到了當時從來沒公開的黨內「機密」材料，更深的認識了中共內部的虛假和殘暴。加上一九五八年他親眼目睹了中共對知識份子無理的摧殘，以及糧食定量的災難性結果，與陳力可謂同一類型的人，成為毛澤東主義的叛逆。

一九五七年，僅十五歲的他，因為在街上散發反對糧食統購統銷的傳單，涉及當時中共在糧食問題上的「秘密」材料，而被認定散發反革命傳單，被抓進了重慶市少管所。

李培連評價他是：「初生之犢不怕虎，是一個不知天高地厚的少年狂」，這次在兩百人中選中了他參加成都的學習，足見管教科對他的重視！

三月十三日，按照場部的通知，全農場選出來的二十二名代表集中在農一隊，進行了為期兩天的參觀前學習，我們三個人帶上換洗衣服和毛巾，跟著鍾管教再次來到農一隊。

離開這裡只有兩個月，鍾平波除夕之夜在這片壩子裡的精彩表演，彷彿是昨天才發生的，一直沒有找到機會同他交談，我和劉順森商量後，決定趁此機會同他聚一聚，那次相聚彼此非常坦誠。

自從黃聯關調到西昌，鍾平波一直就在農一隊，這因為他的刑期較短，而我和劉順森刑期都是十五年以上，大家講了一些分別後的見聞，講到對這次參觀的看法，他態度非常冷淡，說農一隊近三百號人僅只有一個名額，而且是一個平時負責出工集合的大組長，用他的話說：「這是做給別人看的，沒什麼意思。」並且說最近從成都來的人，講到內地情況，老百姓依然穿補巴衣，半飢半飽度日，所以沒有什麼可看的。

參觀集中的當天晚上，偏偏趕上停電，全場一片漆黑。派出去監督大家的幹事一個也沒有到，負責這次帶隊的管教科股長龐玉篤，顯得十分緊張，他擔心摸黑跑了人就負不了那責。所以趕緊吩咐農一隊的余管教，將二十二個人集中在幹部會議室，點起了蠟燭，組織了參觀第一次點名和座談。

龐玉篤拿出點名冊，點過名以後便叫大家坐談對這次參觀學習的體會，參觀還沒有開始，「體會」又從何說起？自己被管教科相中，在農場近萬人之中，中了這難得的頭彩，明擺著要大家對場部進行一番感激零涕的吹拍，對本來就很低下的犯人，受寵若驚，這本就是預料中的事。

坐談會一開始，朱國驥迫不及待的放了頭炮，接著，依次都表了態。說些不辜負之類的奉承話。惟獨只有我和劉順森以及古柏來的代表，始終緘口沈默，因為講違心話，實在有悖於這麼多年的親身體驗，事實的傷痕實在太深了。這恐怕絕不是一兩次參觀所能撫平的。本來沈默表示我們的反對已經是很策略，何必在這參觀前夕去掃了這位龐玉篤的興？

可偏偏他指明點姓的要我講講我的感受，既然如此，我也不能不識抬舉，便從容的說道：「首先聲明，對參觀這件事，我本來就沒有太大興趣，所以也不會說感恩戴德的話，只是希望我在參觀中看到的事實，能與報紙上的宣傳相一致就好了。」

那龐股長早就習慣了我這種不冷不熱的反調，倒是朱國驥卻認為，我應該體會到這是管教科對我的關懷。真沒想到，在農六隊的較勁他還覺得不過癮，現在居然到了這裡還要糾纏我玩。「感恩戴德」顯然被他理解為我對他的挖苦。

不過，事實很快令人信服地證明我的冷淡是對的，按照這二十二個代表估計，管教科會對我們出去參觀學習的人，生活應有所表示，大家猜想在這短短的幾天參觀中，不會再吃每天一斤的定量，其次至少也要在這幾天內讓代表們不受約束，晚上可以住幾天旅館什麼的，以顯示政府對我們的寬容和信任。

到了第二天龐股長便將二十二名代表分成了五個組，每個組都安排了一名管教幹事跟班，出發前首先就向我們宣佈本次參觀的紀律，規定參觀期間禁止單獨行動，有事要離開組必須經本組管教幹事同意，否則擅自行動則以逃跑論處。看來我們仍要在槍桿子監督下完成「參觀任務」。

龐股長宣佈的出行紀律，反映出對大家的不信任，原先歡天喜地的個別「代表」被潑了當頭一盆冷水，第一天發言原先激動的情緒已經熄滅。

至於生活，龐股長繼續宣佈道：「在隊上定量的基礎上，每人每天增加二兩糧食。」原先打算吃幾天飽飯的人失望的看著他。散會後，看看時間還早，有錢的人都一齊朝場部走去，在小賣部買了許多餅乾、乾糧之類的東西帶上。

三月十六日一大清早，二十二名「代表」便坐上了一輛帶棚的卡車，在另一輛吉普車裡載著五名管教幹事押送下，卡車向成都進發了。車行途中，大家沒有說笑，開始集中那天的新鮮氣氛，被龐股長宣佈的「紀律」和森嚴的守備徹底破壞了。就連情緒最亢奮的朱國驥也搭拉著腦袋，在擁擠的車裡一言不發。

當然龐玉篤們根本不在乎這些參觀者們在想什麼，他們向來是奉命辦事，最大的忌諱便是有人從他們的手底下跑掉。

於是，劉順森開始向朱國驥取笑道：「別垂頭喪氣的，你當了上萬犯人的代表夠體面的？」對方報以苦笑！

第一天行程，中午在平川附近的一個小飯店裡停車吃午飯，這是我們到鹽源來第一次進館子。原先已聽說三自一包以後，農業開始有點復甦，進飯店再不像原來那樣，除了交納糧票和配給一瓢連油星都看不見的牛皮菜外，便只有憑糧票才能買到的「高級餅子」。今天這一頓吃的是玉米麵與米拌在一起的「乾飯」，三個盤子裡裝的雖然都是些青菜蘿蔔之類的東西，但已能品出「油炒」的滋味，每人四兩飯，裝了一個「冒兒頭」，吃下有飽感。

能體面的坐在飯館裡，同幹事們異桌同餐，使朱國驥又笑顏逐開起來，吃完飯上車以後，大家還猜今晚西昌會不會住旅館，因為飯館都准「代表」們用食，為了體現「參觀」的特殊需要，住旅館又怎會成一件難事？古柏來的兩個年輕「代表」還大談「自然災害」時期的旅館，是憑戶口和「票證」去住的，這我倒是第一次聽說，下午的旅途顯然活躍了許多。

可是，當我們到達西昌時，敞篷卡車卻逕直的開到了西昌看守所門外，那時大約是下午五點鐘光景，天色尚早，幾個年輕人苦苦要求龐股長允許他們能「集體」去西昌街道上「參觀」。並說了一大堆為更好完成本次學習任務的好話。

可是這位龐股長毫不猶豫地將我們趕進了那監獄的鐵門裡。還向西昌監獄的守門值班幹事交代了總人數，「交差」完畢後，吉普車開走了。

我們這二十二個鹽源來的囚犯，排好了隊，由那接收我們的幹事帶領著鑽進了黑洞洞的鐵門，來到兩間顯然是早已為我們準備好的監房裡，那裡面撲來一股臭味，定睛一看，原來是一桶盛滿尿的罐子敞開放在屋角落裡，地上鋪著草，看樣子是關押犯人騰出來的監舍。

在車上討論得興高采烈的小夥子不開腔了，「旅館」豈是我們住的？等待我們一路的肯定就是沿途這樣的帶臭味的牢房。還好，不一會炊事員給我們挑來了菜稀飯和二十二個碗，大家喝了稀飯便倒在那草舖上睡去，半夜裡彷彿聽到隔壁監舍裡傳來的鐐銬聲、咒詛聲。

第二天的行程，幾乎重複著第一天的樣子，晚上又在石棉的看守所裡過了相似的一夜，幾個年輕人做的「旅遊」夢徹底破滅了，如果此時龐玉篤再要組織「代表們」談「參觀前的感想」恐怕就很實在，就不會有人發表「感激」政府的人道主義發言了。

第三天晚上到達雅安時，天色已經很晚，我不由得又想起了三元宮，進入雅安城以後，我便從汽車後面開的棚窗口，下意識的張望，想重新的回顧一下三年前搶饅頭的地方，卻沒想到汽車在雅安城裡，拐彎抹角的把我們送到一處高大建築的鐵門外停了下來，我們將頭探出車棚張望，只見鐵門旁邊的門燈下面，掛著醒目的招牌「雅安磚瓦廠」。

恰好那一天又正逢星期六，鐵門緊閉，龐股長一邊打著門，一邊向黑壓壓的大樓裡喊了好一陣子，才走出一個老頭，他一面走來，一面在揉著惺忪的睡眼，當龐管教隔著鐵子門向他說明了情況，並亮出證件，他才慢騰騰的打開了大門。

汽車開了進去，在一棟大樓前面停了下來，我們下車後，龐股長帶著命令的口氣，要看守人趕快通知值班幹部，守門人回答說：「今天星期六，大家早就回家了，辦公大樓裡沒有一個人。」一邊說一邊還埋怨說：「為什麼你們來前不早一點通知？現在上哪兒去找人？」

龐股長只好指著我們這二十二個人向老頭說道：「就打開你們的會議室什麼的過一夜，明天還往成都趕路。」商量了好一會，我們被帶進了一個寬大的屋子裡，裡面是一排排的靠背長椅，看來今天我們只好將就在這兒「和衣而眠」了。

住處找到後，肚子早已餓得咕咕直叫，我們又走出大門，叫開了近旁一個小飯館，店夥計為我們重新捅開了已經封好的爐子，在那裡每人吃了一碗麵。

當我們回到今晚落住的大房間裡，龐股長照例把我們交給了守門人，便離開那裡，開著車另找住處去了。

我們被鎖在辦公大樓裡，打開那屋子的窗戶，庭院裡將一股股玫瑰的芳香送了進來，我從窗向外望去，依憑著月黑頭，可以分辨出那走廊邊黑壓壓一片的灌木叢，心裡有一種說不出的壓抑感。

第二天，已經八點鐘了，所有的二十二個人已經醒來，將就著在安在走廊角落的自來水龍頭，取出毛巾洗了臉。走出那屋子，其餘房門都上了鎖。便走出這棟大樓的門，沿著石梯走了下去，石梯的兩側是花圃，裡面栽滿了玫瑰和月季，昨夜的芳香就是從這裡傳出的。玫瑰的花藤覆蓋了四周的牆角，整個環境倒十分幽靜，院子裡靜悄悄的毫無動靜，也不知道有沒有人。

只是奇怪昨天那開門的老頭卻沒有看見，而昨晚進來的大門上一把大鎖靜靜的吊在那裡，看樣子那老頭還在睡覺，這老傢伙也真貪睡，看看掛在辦公室樓門口的那口大鐘，已經是九點了。

「組長們」沒有一個露臉，倘若此時，有人乘機不告而別，這龐股長的約法三章便只好落空。最令我們感到難受的是，昨晚填進肚裡的那碗小麵實在不抵事，胃裡空空的直叫，本無散步興趣，但是，乾巴巴在大門上等，還不如走走。

於是我和劉順森信步沿著那灌木夾著的過道向裡走去。兩排平房中一排被變電室占去，空著的另一排好像是車庫，上了鎖，四周的圍牆很高，上面架著電網，估計這裡原來可能是規劃作犯人監舍的，但不知什麼原因沒有這麼做。從牆頭上望去，大約兩三里遠是磚瓦廠的煙囪，原來真正的磚廠並不在這裡。

耐著性子，我們一直等到十點鐘，依然沒有一個人來，彷彿這二十二名代表被人遺忘了似的。幾個年輕人早已按捺不住，扒在釘子門的鐵條上朝外面大喊「開門」，嘴裡咕嚕著牢騷和怪話，然而這都無濟於事，便相約著合著拍子，一齊合聲大喊！附近樓房裡的老百姓，驚奇的打開家門朝這裡張望。

看看掛在辦公室樓裡的時鐘已經十一點鐘了，人們在牆角找到了一些磚頭，不知誰還找來了一根鐵棍，不管三七二十一，怒氣衝衝的劉順森對準那鐵釘子門上的鐵鎖砸去，門被砸得乒乓作響。

一個人影在大門外出現了，幾分鐘後，幾名全副武裝的民警趕到了鐵釘子門外，二十二張嘴開始向民警陳述事情的經過，說我們是到成都參觀的代表，昨晚把我們關在這裡，飯也沒吃，現在快到中午了，還不見帶隊的人來。還說：「如果我們趁大樓裡沒人，把所有辦公室偷個精光，你們上哪兒去找人？」員警們正在商量怎麼辦，龐股長的吉普車在這個時候開到了。

大門外也圍了一大群人，人們七嘴八舌的議論開了。龐股長下車後，故作驚訝的問道：「昨晚我已經跟他們的隊長在電話上聯繫好了的，怎麼到這個時候還沒人來？」又問道：「昨晚開門的那個老頭呢？」圍觀人群中的一個老太太發話了：「他一清早就走了，我看見的。」

劉順森按不住喊道：「這些國家幹部，吃飽了肚子，平時什麼事都不幹，星期天只顧自己尋歡作樂，連自己的辦公室和正事都不幹了，我們這二十二個人可是餓著肚子被關到這個時候。」那龐管教立刻板起面孔，隔著釘子門苛責道：「你一個犯人罵誰呢？你有什麼資格在這裡吵鬧撬門？」

圍觀的老百姓又一陣亂哄哄的議論，聽得出他們對這個官僚的橫蠻態度頗不以為然。磚瓦廠的隊長終於出現了，他提著一大串鑰匙，從老百姓圍觀的人群中擠了過來，費了好一陣勁才把門打開，看樣子那鎖也不知道被哪塊磚頭砸中，鎖心變形了。

鐵門打開了，龐玉篤立即把二十二名「代表」重新叫到昨晚過宿的房子裡，關上了門，一迭聲吼著，要劉順森明確自己的身分，並且承認今天帶頭喧鬧砸鎖是一種嚴重犯罪行為，而劉順森據理力爭說，這明明是龐股長一手造成的，大家無憑白故餓著肚子被關了半天，如發生更大的事故，你有不可推卸的責任，兩個人唇槍舌戰地在屋子裡幹開了。

所有同行的二十二個人都瞪大了眼睛，靜靜地聽他們吵架，他們中也許多數人還沒有看到這備受打罵的犯人，敢同管教幹事們如此頂嘴。

誰不耐煩地吼道：「我們都整整餓了一夜加半天了，到現在還粒米未沾，先把飯給我們吃了好不好？」大家便一鬨回應，爭吵才得停止。我們被叫到磚瓦廠的犯人食堂裡吃了飯，這一頓與鹽源農場一樣，吃的是罐罐飯。

下午，龐玉篤重整力量，由五個組長壓堂子，正式的召開了對劉順森的批判鬥爭會。會上龐玉篤重申這次參觀的「紀律」，強調大家不要以為出來參觀，就忘了自己的身分，在他眼裡，任何時候只有他們騎在我們頭上拉屎拉尿的份，絕對禁止我們的反抗。

不由分說，當場就以「聚眾鬧監」的名義，給劉順森帶上了手銬。還說因為念及劉順森年輕，考慮到參觀期間從輕發落。

這可是當年我們看到戰犯們參觀所絕對看不到的場面，大家親眼看到這件事的始末，內心再次受到了震動，就連朱國驥都一言不發了，我在臨出發前的一番話，果然的言中了。

我們在磚瓦廠就這樣多滯留了一天，這天晚上那磚瓦廠的隊長總算出於「人道主義」考慮，派人送來了二十二床被蓋，西昌三月底確實相當冷，前一天晚上可以說是凍了一晚上，先前還在唱讚美歌的同行者，也一齊的罵起娘來。

這天晚上我和劉順森搬了兩張長凳拼在一起，背靠在椅背上，一邊聊著三元宮搶饅頭的那晚故事，大家都圍攏來津津有味的聽著，忽然，劉順森理了理手上的手銬，從長椅上站起來用那手銬敲擊著凳子的靠背，潤潤喉嚨引亢高歌起來，仿葉挺「黑牢詩」自編歌辭唱道：

「帶銬長街行，告別眾鄉親。男兒從此去，壯士不回頭。長夜盼天明，拂曉待雞鳴。」唱罷，聲音裡帶著哽咽，滿屋子裡的人都鴉雀無聲，也許觸景生情了！其實這麼多年來，我們何嘗不是帶著沉重的枷鎖，行進在這漫漫流放地的長夜之中？到了這個時候，參觀的人中幾乎沒有一個是開心的。

（二）帶著手銬參觀

第二天一大早，我們上車時，龐玉篤總算給劉順森下了手銬，這原因當然是給他自己留面子，眼看就要到成都了，他總不能押著一個戴手銬的人來參加這堂堂皇皇的參觀學習吧！

下午四點鐘左右，汽車經過新津後沿著平直寬闊的公路奔馳起來。同車的人中家在成都的就有五六人，回到自己家鄉，便開始相互指點著窗外，討論這一帶的地名和小吃習俗，氣氛才開始活躍起來。

川西平原的陽春季節，比之鹽源大不相同，春分已過，平坦的農田已點點翠綠，這正是栽秧季節，農夫們在田裡栽插的鏡頭，迅速喚回了六年前我在南桐農村裡所見的印象，潛意識中，渴望看到面前是一片繁忙的景象，心底裡絕不希望那災難歲月的農村繼續持續下去，即使毛澤東還沒有垮臺。因為災難的直接承受者難道不都是普通老百姓麼？其中當然也包括我們。

六點多鐘，我們的車終於駛進了寧夏街監獄，與三年前充軍甘洛離開時相比較，陰暗的牢房，碉樓，老天井和狹窄的過道幾乎沒有任何變化，只是比三年前，現在監獄範圍擴大了，可以來回散步和活動，不像上一次戒備森嚴的整天關在牢房裡不敢出來。

這一次我能獨自出入監房，走出狹窄的過道，走進右前方的操場，還可以從那裡轉過牆角走到很大的廣場中。那兒塔著戲臺，是提供文藝演出和開監獄大會的地方，我默默看著那寬大的戲臺，心中想，多少人從那上面下來以後，便被送上了殺場，或送去流放。

兩天以後，各地的人員陸續來齊，監舍裡已住滿了人，白天天井的小院子裡圍著一堆一堆人群，彼此交談互通各勞改隊的情況，氣氛頗為熱鬧。

在過道出口的右前方那一片操場中，聚集滿了到會的參觀者，其中最引人注目的是穿著奇異，裝扮特殊的少數民族「代表」，有藏族、苗族、彝族。來到這裡他們都穿得異常鮮豔，還為大家傳講少數民族的語言，例如「吃飯」怎麼講，「你好」「再見」「走路」等等簡單的辭彙，吃飯時拿出他們帶來的特備黏粑奶茶。為大家表演「吃抓飯」，寧夏街一時變成了中華各大民族的監獄。

我本想同他們交流，看看在這些表象背後隱藏著多少殘暴的血腥壓迫，中共統治以來少數民族地區也沒有安寧過，要他們馴服的接受毛澤東那一套「社會主義改造」，必會遭遇反抗。這幾個「代表」興許就經歷過被稱作「平定叛亂」事變，會向我們提供真實的內幕，瞭解毛澤東在民族問題上的「霸道」。可惜，一來語言不通，二來到處都是當局的耳目，還別說交談，便是同他們接觸久了都會受到干預。

扳著指頭入監已過去七個年頭了，在這七年中，我們吞下了災難的最壞苦果，經歷了那麼多飢寒交迫和慘無人道的折磨，已遠不是七年前的學生時代，可以被假象所矇騙。我會帶著七年煉獄中已成熟的見解和敏銳的洞察力，進行有效的「參觀」，我會躲避不應發生的麻煩，我會抓住給我的，這種實地觀察和體驗社會的機會，得到真實可靠的東西。

第三天，全體參加本次活動的上千名代表，在廣場上集合，本次參觀的組織者宣佈，參觀學習的佈置和日程安排，整個參觀活動預計在一周內完成，整個參觀人員劃分為兩個大組，分頭進行。

我們這個大組，第一天重點參觀春熙路的商場和菜市，及人民南路的市容建築；第二天參觀新建起來的文化宮，以及騾馬市的市場和商場；第三天便是去青羊宮參觀正在那裡展出的「全國農業學大寨」五十五面紅旗巡迴展覽；第四天便是去人民公園，參觀那裡展出的「新技術新工藝新產品」的工業成果展覽；第五、第六天便是分組討論和學習，總結各人參觀心得和體會。

龐玉篤歡迎大家投稿寫文章，同時宣佈參觀期間七天內，每晚都會在廣場放映電影或成都監獄演出隊排練的文藝節目匯演。

整個參觀都讓我們坐著公共汽車到達安排的目的地後，便下車排著隊伍有次序進行，允許在市面上自由行動的時間幾乎等於零，我們同市民最多也只能打打招呼，不可能同他們交談，四天的參觀無非是讓我們看看，自從：「調整、鞏固、充實、提高」八字方針貫徹以來，我國經濟建設的「成就」。

可惜，事物總是存在兩面的，用之過濫的「思想改造工作」便成了「假、大、空」，至於農業學大寨，則是一竅不通農業生產的毛澤東，堅持他的根本行不通的「社會主義改造」又一精品！他想以此來掩蓋推行三面紅旗的慘敗，為三年的飢荒和災難辯解，也是奪回那「三自一包」佔領的「農村失地」。至於三新展覽恐怕只能作「形勢大好的陪襯」。

我們就這樣坐著公共汽車，從位於成都市中心西北方的寧夏街出發了。同六年前我到孫家花園從囚車裡掠視災荒的那種蕭條相比，我們今天看到的成都市容、市場確有些起色：商店裡有了貨物；肉店裡也掛著豬肉；菜市的攤位上擺著各種蔬菜和副食；食店門口不再有長長隊伍排著焦急的市民，倒是店小二吆喝招攬著客人們用餐。

不過，要講「繁榮」卻絕對不夠格，堂堂四川省府，連整齊的街道和高聳的樓房都拿不出來。就以肉店裡掛著的大大小小肉塊來說吧，老百姓只能憑著每月半斤的肉票，才能用平價買到。若要吃「計畫」外的肉，可不是一般貧窮的市民所能買得起的，當代中國人勒緊褲帶，節衣縮食，是在無產階級暴政壓迫下養成的。靠老百姓節衣縮食換來的市場「繁榮」，不是太可悲了麼？

同時「繁榮」也是一個相對的概念，比如說相對三面紅旗時代，可以說今天比那時「繁榮」，但是能將時間的長河縱向延伸而比較麼？「舊社會」有這麼窮嗎？如果同「黑暗無比」的舊社會都不敢比，能說「繁榮」麼？再比方說，同國外比得麼？被中共稱為「水深火熱」的臺灣，就無法作比了，那裡除了時時傳來炮聲，老百姓可是什麼也不知道啊。

在參觀的過程中，我充其量只能像饞貓似的，嗅嗅那副食店溢出來的誘人香味。或者在掛滿西服的商店玻櫥中，對身上那一套臨行時，場部統一發放的新的勞改服自感猥瑣，如此「繁榮」倒是湊合了幾個年輕的「代表」，他們用家裡寄來的錢，買了許多的「蛋黃酥」和「鮮花餅」，塞進早已準備好的包裡，準備拿回去美美欣賞幾天。

我忽然想到，面前這「盛世」分明是三自一包這種對農民鬆綁換來的，是牢牢控制著統治大權的老魔頭，頗不以為然的，因為這盛世帶走了他經營多年的社會主義「大好形勢」，有朝一日老魔頭元氣恢復以後，會不會像一陣風一樣，捲走面前的不甚富足的繁榮，重新回到過去？

使我感到「濃厚」興趣的，是「農業學大寨」展覽。我是學生，生來就有一種尊重事實的習慣，毛澤東真拿出一套嶄新的政策，以公有制為基礎，開拓出一條比任何國家，任何時代都更為發達的農業之路，那麼，我們又何妨不尊重事實，同全國人民一道三呼「毛澤東萬歲」呢？

然而在這麼大的全國災難面前，這位自稱的「革命導師」，為什麼不能為老百姓糾正自己的錯誤呢？

我們參觀農業展覽的那天，天氣特別好，又逢春暖花開的季節，據說，每年在這裡都舉辦花會，惟獨大躍進那幾年卻停辦了。我想當年除了大家一窩峰的去煉鐵，煉鋼，放衛星而無力舉辦外，恐怕因為農業受到重創，花木也無源了？

我們穿過佈滿花卉的走廊，夾在市民行列中進到展覽大廳，正廳裡掛著新聞圖片，擺著的是「改造大自然」的「宏偉」模型，其中當然有大寨大隊虎頭溝的改造遠景，另一個大廳裡則存放著一些良種種子和禾苗的標本，以及農業器械，農藥之類，據說也來自大寨展覽的五十五個典型。

舉辦展覽的說明人，聲嘶力竭為毛澤東改造自然的「偉大氣魄」唱讚歌，那音調和音色都絕對與當年大煉鋼鐵的開始曲一模一樣，慘痛的經歷倒使我擔憂這些抽象的圖片和模型，除了為慘敗的三面紅旗招魂外，幾乎沒看到一點解救飢貧的中國農民，所迫切希望得到的東西。我只好用「假、大、空」三個字來概括這些圖片和模型。

（三）稍加統計的「大寨精神」

那一天，我專門帶去了筆記本，趁解說人員說教的時間，快速簡單地抄下了五十五面紅旗的全部「業績」，一股靈感油然而升，揭穿假、大、空的最好辦法，就是對具體的事例，進行一番實實在在的核算，這是毛澤東三面紅旗時期沒有人去做的事，例如誰也沒有去算算一個土法上馬的小高爐，投入了多少勞動力和原材料，砍了多少樹木，而最後煉了幾噸鐵？誰也說不出一塊實驗田裡投了多少工？費了多少種子和人力，耽誤了多少農時？而第二年又收穫了幾許？這種簡單的經濟核算本屬國家的基本依據，卻被毛澤東黑著臉給禁止了。

因此，誰也說不清楚，那些年，人們在「緊跟著毛主席的革命路線」同「黨中央保持高度一致」的口號下幹了多少蠢事？是因為沒有人想建沒需要核算，還是人們不敢算這些帳？揭毛澤東的底？所以在這場大災難中，竟無人拿出一份有資料，有說服力的調查材料勸阻蠻幹，速速懸崖勒馬。

是因為大家頭腦發熱，被毛澤東的氣壯如牛「氣魄」弄糊塗而沒有想到，還是有人想到卻不敢為之？尤其在廬山上，那些從朦朧中醒來的開國元老們，早知終沒有逃脫囚死獄中的悲慘命運，倒不如在廬山會議上，拋出足有說服力的報告，用資料和事實揭底，就是犧牲了也會名垂千古。

於是，我從五十五面大寨紅旗的典型中，選擇了一個用簡單數字加減法就得出結論的例子——河南安陽縣宅北小屯公社，南滾龍溝大隊的「事蹟」，圖片介紹這個大隊在黨支部「帶領下」，選擇二莊生產隊一條田坎，費了兩個冬天時間，投入八千個勞動力，動用兩千土石方，築起一條長十公尺高差九公尺的石坎，將一塊平時只能種些豆子的坡地，改造成一塊面積二分八厘的平地。

我們不妨把當時最廉價的農村勞力，每個工零點五元計算；並以一元錢一土石方，最廉價的投入來算，為了這二分八厘地，這個生產隊便投入了六千元成本，然後假設改造後每年按畝產千斤的最理想收益，按當時糧價每斤六分錢折算，二分八厘地一年收二百五十斤糧食，除去當年人口、肥料、種子的投入，每年從這二分八厘地裡取回的最理想收入不會超過八元。

這就是說假設這塊田經改造後，風調雨順，年年獲最好的收成，每年所得的八元要補償耗掉的六千元，得花上整整七百五十年時間。

而七百五十年以後會是怎樣呢？不妨讓我們回顧七百五十年前，那不正是成吉思汗的孫子忽必烈在大都建立大元帝國的年代嗎？還看華夏，從那個時代流傳至今的這種簡單的壘石結構，有幾個保存著？像這種民間的壘石結構能耐住一百年不被風化和風雨沖刷，便已是「古蹟」了，這同毛澤東當年一哄而上的土高爐群有什麼兩樣？而大躍進中轟轟烈烈上馬的社會主義業績，到今天沒過八年，所剩幾何？

三年災難，數千萬同胞餓死這慘痛的教訓還不夠麼？毛澤東在指揮他的無產階級「最可靠的同盟軍」時，真是沒有把為之打江山而犧牲的農民兄弟的死活，當成一回事，硬要把他們引向那個不可能有任何「美好前景」和任何收穫的無止境的勞役之災中，讓他們備受飢餓死亡的痛苦？看來，眼前這點靠「三自一包」剛剛復甦的國民經濟，使民不聊生局面暫趨緩和的局面，竟反而成為他積蓄力量陰謀組織一場，打倒敢於同他的「革命路線」，唱對臺戲的「黨內走資派」的本錢！

獨裁欲正醞釀著，一場比「反右派」更大的政治陰謀，使經濟上暫時的復甦，面臨著銷聲匿跡的結局，農業學大寨明顯的同三自一包相對陣，登上了中國的歷史舞臺，中國將發生的社會危機，不是所有人都看得清的。

於是我便寫下了〈從南滾龍溝這個典型看大寨精神〉一文！這是我留在鹽源農場管教科，在文革開始前的一篇有深刻說服力的文章。這一篇當年曾攪動西昌地區的「反動文章」，就是我對這次參觀學習最精彩的總結。

一九六六年四月初，正當報紙上起勁的批判鄧拓吳晗等人的〈三家村劄記〉，姚文元的〈評新編歷史劇海瑞罷官〉已將北京城裡，中共內部的「思想交鋒」極為濃烈的火藥味，從報紙上灑向了全國。可惜被長期愚民政策弄瞎了眼睛大多數中華蒼生，還蒙在鼓裡一無所知。

就在這時，結束了九天的「參觀學習」，我們從成都回到了鹽源農場。

從成都回歸鹽源的路上，暖烘烘的春天忽然變臉，料峭的春寒使我們因少帶了衣服而得了感冒。回到鹽源農場，農場管教科再次組織了參加本次參觀的二十二人，重新集中農一隊，進行了為期兩天的「參觀觀後」的總結學習。

龐玉篤要求我們每個人都必須將成都看到的「大好形勢」寫成「發言稿」，交他審核修改後，依次地在農場所屬的古柏，北烏和二道溝三個分場進行分隊傳達，藉以教育一直對形勢抱懷疑態度的一萬名農場流放者。

劉順森因為路途上挨了刑具，本來早被龐玉篤劃在宣講人之外，我推口感冒不適，提前離開參觀小組，回到了六隊。

六隊的「學習組」全體成員，以空前熱情圍著我們，詢問成都之行的前前後後。一言難盡的我只能平淡的講述了一路的經過，當說到劉順森還為被鐵門砸鎖而挨了手銬的事以後，老頭子們都沈默了。

陳力把我拉到一邊問我怎麼朱國驥還沒有回來，我們就先回來了？我向他講了詳細的經過，特別向他說：「我寫了〈從南滾龍溝這個典型看大寨精神〉一文後，他問我留下了原稿了嗎？我說留下也沒有用，經常都要大搜查的還不是要搜去，反正我的原稿已經記在腦子裡了，隨時都可以寫出來的。

第二天，下午在院壩裡碰上了李培連，他的態度十分冷淡，想來龐玉篤已經向他講了我在參觀中的表現，只問了我一句「回來了？」通知我吃完飯到他的辦公室去一下。

第九節：楊修的故事

晚上，他正在辦公室看書，見我進去以後，並不馬上說話。我盯著他那張陰沈的臉想猜出此刻他準備向我說些什麼？憑我的直覺已經感覺到我這次參觀有違他的初衷。一個「學習班」推薦出去的人，寫出與當局完全相反的東西，等於給他的工作「抹黑」了。但是，我想倘若他正處於一個徬徨的時期，他應當認真的讀一讀我寫的這篇文章，也許他就會明白是非曲直不決定於口舌之辯。

我想只要不是死心塌地地為虎作倀，不盲目崇信而自甘愚昧的人，都不會違背人的認識普遍規律，李培連也肯定一樣。

如此靜默了幾分鐘，他慢慢地抬起眼來，似乎文不對題地問道：「三國志想來你是看過的，不知道你注意到『曹阿瞞兵退斜谷』這一章不？」我一時的被他這個出其不意的問話感到不解，竭力回憶起我在初中讀過的三國志，只記得曹操失了漢中退守陽平關，在斜谷界口被蜀軍圍困，其細節已經記不起來了，便搖了搖頭。於是他不緊不慢的把這段故事細細的講來：

曹操與劉備率軍戰於陽平關斜谷界口，由於糧草被張飛所劫，遇馬超而累累失利，欲退兵恐蜀軍恥笑，正在進退兩難猶豫不決之際，是夜，皰官給他送來了一碗雞湯，曹操看到碗中的雞肋，心中有感。正逢夏侯惇請示今夜軍號，曹操隨口回答「雞肋」。惇出帳傳令全軍，今晚以雞肋為口令。

行軍主簿楊修見傳此令，便教隨軍將士打點行裝，準備回程。惇不解而詢問楊修，楊修說：「雞肋者，食之無肉棄之可惜，今承相進退不得，正思考在此無益，不如早歸，故出此軍令，所以還是早打點行裝，以免臨行倉卒。」

夏侯惇聞言置信，正在令軍士收拾行裝，正好碰到曹操因心煩巡視軍營，見夏侯惇軍內如此行動便召惇問原由，惇答：「這是主簿楊修解破今夜軍令，知道主公已無心戀戰，不日就會撤退，不如早作準備啊！」

曹操想起楊修恃才放曠，累次在朝臣和自己的兒子面前，點破他的內心機密，早懷忌恨素有殺他的心思，這一次終於找到了藉口，便以擾亂軍心的罪名令刀斧手將楊修推出斬首。

第二天，曹操率兵出斜谷界口被馬超魏延大敗，中了一箭幾乎喪了命，這才想起楊修的話，悔不該為了自己的面子而殺了道出真話的楊修，才有如此敗局。遂下令收楊修屍體，厚葬，並傳令班師，帶著箭傷回到了洛陽。

楊修因屢次識破奸詐的曹操肚子裡的花花腸子，因而遭到曹操的忌恨，最後召來殺身之禍的故事，本來就是了解三國志的人所共知的，羅貫中是否懷有警示後世的文人，不可恃才的意思姑且不論，但出在今天社會上，人人自危的時代，在層層封鎖，隔牆有耳的監獄這種險惡之極的環境中，李培連幾乎是坦言了他的觀點，用歷史的典故來告誡一個備受監獄獄吏注目的「反革命要犯」。

在他的心目裡，是否把我看作楊修式聰明外露的人物並不重要，但這種坦露內心，作為一個獄吏確實難能可貴。他這不等於在告訴我，在對毛澤東的看法上，我們原本是一樣的。向我講楊修的故事，僅僅表明他對我「赤膊上陣」的擔憂。

中共黨內派鬥已演化為公開爭奪權力的生

死鬥爭，在激烈的「路線鬥爭」中，哪一個派別的成員都會嚴守心扉中禁忌的一頁，否則隨時會被自己的「同志」抓住小辮子，引來殺身之禍。到這個時候我明白，他組織我們這個特殊學習班真費了一番苦心。他確認，只要還沒有失去人性和良知，處在不同社會層次上的人，都會用不同的方法向惡勢力作鬥爭。

「我看了你這次去成都參觀所寫的東西，」李培連挑明了今天把我找來的用意。「不過，我提醒你不要以為你才最能洞察現實，偌大的中國不乏智者和能人，比你見識廣的人恐怕並不少，他們今天都在沈默和靜觀，沒有像你那樣鋒芒畢露，這些人可並不是你能用愚昧無知、麻木不仁所概括得了的。」

也許在這種光明與黑暗，民主與獨裁的搏鬥之中，一味靠勇氣和犧牲是不夠的，但是何以證明這種「大智若愚」的沈默，不是為內心虛弱所進行的辯護？觀潮和弄潮，所不同的前者是胸無大志，無所作為的旁觀者；而後者是不講時機一味蠻幹的莽夫，隨時可能成為「鐵拳」下的齏粉！

但是，我聽得出來，我們對毛澤東其人，以及他今天「革命路線」的認識還有相當的差距！對這位比一般的獄吏思想深厚的人，我何不借這個機會講出我對將發生變化的看法：

「毛澤東當然不會只是普通玩弄路線鬥爭的政治人物。他集中了中國歷史上所有的封建君王之道，在開國之時為了穩固自己今後君臨天下作準備，你大概不會忘記他早期所作的〈沁園春・雪〉吧！那時候他就產生了一個古代君王無人能同他相比的宿願。」

「他想把中國拉回到一個獨裁的帝王時代。他的『社會主義』既是他認定的王命，違背這王命等於讓他從皇帝的地位退下來，這是帝王根本不能做到的。」

「一個渺視唐宗宋祖，秦皇漢武的人豈能不採用開國元勳所使用的伎倆，他們哪一個不在開國後對開國元勳們大開殺戒啊？劉邦殺異姓諸王，李世民玄武門殺自己的兄弟，朱元璋在得到天下以後，竟會認為他的大臣們一個都不可信。

就連忠心不二，通達陰陽的劉伯溫都只能回青田隱居，對胡丞相以『叛國謀反』罪開了中國歷史上最大的文字獄！你想一想，劉少奇像不像胡惟庸啊！」

「難道毛澤東所有發動的運動，不都是在革命的外衣下，為自己黃袍加身作準備麼？但是時代畢竟不同了，他所奉行的公有制的信條，遇到了嚴酷現實的否定。他必須從這個死胡同裡慢慢的撥出腿來，卻遭逢了國內、國際那麼多的譴責和壓力？」

「要他退出歷史舞臺的聲浪，迫使他為保住獨裁政權重新組織人馬，這就是為什麼他這麼憎恨民主，憎恨代表民主思想的知識份子的緣故了，這也就是他發動『文化大革命』的根本原因。」

「所以，今天不是你所想像的理性和革命的時代。更何況他所主張的革命和階級鬥爭，已經把中國帶到了貧窮和野蠻境地，他已經孤注一擲，走上了消滅一切反對派的絕路上了！」

「所以，只有反抗才是生路，中國幾千年的封建社會不就因為統治階級過分的殘暴，才逼出了農民造反，『皇天當變』來的麼？當然，這可能是漸進的過程，共產黨或者放棄它們獨裁主張。建立一個新的政府！促使它民主化的，在我看來就是老百姓的不斷反抗和鬥爭，如果都是些『大智若愚』的觀潮派，由誰來改變這種苦痛的現狀？」

「現在最需要的是能振臂一呼，讓人民不再沈默的義士，即使這些義士有些人會犧牲自己，但他們能換來民眾的醒悟不是很值得麼？」

對於我這番議論他默默地聽完後，沒有反駁也沒有贊同，我們的爭論似乎並沒有取得完全一致的意見。

但我清楚，對於像他這種開始重新認識中共的人，是不會輕易的表示對我見解的認同的。但是我想總有一天，生活的實踐會修正他原來的那一套「信仰」，而今我必須同他保持最大限度的思想交流，獲得他的同情和支持，也是我的一種勝利。

可惜，這一次便是我們之間在獄中的最後一次思想交流。

其實，我個人也是在不斷的實踐和思考中，才漸漸認識了中共的，與李培連不同的是，我是從對自己所遭遇的無辜迫害，和一家人家破人亡的切膚之痛開始的，而李培連卻是從中共內部分化出來的異類。當年反右派運動，我是被無端受整的學生，而他當年卻是雅安農學院對右派學生進行殘害的打手。在三面紅旗的震撼下，我也未曾想到過毛澤東真是一個千古暴君，他的解放全人類的外衣，以及惡毒的「無產階級專政」的統治，太令人迷惑了。

倘若我這一晚上給他講的這一番道理，拿到一九五八年去向他講，說不定，我不但不能點撥他的盲區，還可能為他「邀功」請賞提供材料。今天我這樣講，會不會對他的心靈起著啟迪作用，我不知道，但我相信會的。

直到今天，毛的遺毒還在被他的繼承人死抱著不願清算，給人深深的擔憂。我是因為我有一種從切身的痛苦中，產生出剷除他遺毒的深切願望，來寫自己的回憶錄的。我把這當成我義不容辭的天職。

首部曲完。

後續請見《血紀—從文革到平反》、《血紀—從平反到改革開放》。

血歷史35　PC0258

新銳文創
INDEPENDENT & UNIQUE

血紀
——從反右到文革

作　　者　孔令平
責任編輯　邵亢虎
圖文排版　陳姿廷
封面設計　王嵩賀

出版策劃　新銳文創
發 行 人　宋政坤
法律顧問　毛國樑　律師
製作發行　秀威資訊科技股份有限公司
114 台北市內湖區瑞光路76巷65號1樓
電話：+886-2-2796-3638　傳真：+886-2-2796-1377
服務信箱：service@showwe.com.tw
http://www.showwe.com.tw
郵政劃撥　19563868　戶名：秀威資訊科技股份有限公司
展售門市　國家書店【松江門市】
104 台北市中山區松江路209號1樓
電話：+886-2-2518-0207　傳真：+886-2-2518-0778
網路訂購　秀威網路書店：http://www.bodbooks.com.tw
國家網路書店：http://www.govbooks.com.tw

出版日期　2012年11月　初版
定　　價　550元

國家圖書館出版品預行編目

血紀：從反右到文革 / 孔令平著. -- 初版. -- 臺北市：
新銳文創, 2012.11
面；　公分. --（血歷史叢書；PC0258）
ISBN　978-986-5915-21-6（平裝）

1. 孔令平　2. 回憶錄　3. 文化大革命

628.75　　101019026

讀者回函卡

感謝您購買本書，為提升服務品質，請填妥以下資料，將讀者回函卡直接寄回或傳真本公司，收到您的寶貴意見後，我們會收藏記錄及檢討，謝謝！

如您需要了解本公司最新出版書目、購書優惠或企劃活動，歡迎您上網查詢或下載相關資料：http:// www.showwe.com.tw

您購買的書名：______________________________

出生日期：________年________月________日

學歷：□高中（含）以下　□大專　□研究所（含）以上

職業：□製造業　□金融業　□資訊業　□軍警　□傳播業　□自由業

□服務業　□公務員　□教職　□學生　□家管　□其它____

購書地點：□網路書店　□實體書店　□書展　□郵購　□贈閱　□其他

您從何得知本書的消息？

□網路書店　□實體書店　□網路搜尋　□電子報　□書訊　□雜誌

□傳播媒體　□親友推薦　□網站推薦　□部落格　□其他__________

您對本書的評價：（請填代號　1.非常滿意　2.滿意　3.尚可　4.再改進）

封面設計____　版面編排____　內容____　文／譯筆____　價格____

讀完書後您覺得：

□很有收穫　□有收穫　□收穫不多　□沒收穫

對我們的建議：______________________________

____

____

____

請貼
郵票

11466
台北市內湖區瑞光路 76 巷 65 號 1 樓
秀威資訊科技股份有限公司 收
BOD 數位出版事業部

（請沿線對折寄回，謝謝！）

姓　　名：＿＿＿＿＿＿＿＿　年齡：＿＿＿＿　性別：□女　□男

郵遞區號：□□□□□

地　　址：＿＿＿＿＿＿＿＿＿＿＿＿＿＿＿＿

聯絡電話：(日)＿＿＿＿＿＿＿＿　(夜)＿＿＿＿＿＿＿＿

E-mail：＿＿＿＿＿＿＿＿＿＿＿＿＿＿＿＿